贵州省瓮安县地方志丛书

瓮安县审判志

WENGANXIAN SHENPAN ZHI

贵州省瓮安县审判志编纂委员会 编

方志出版社
Publishing House of Local Records

图书在版编目（CIP）数据

瓮安县审判志 / 贵州省瓮安县审判志编纂委员会 编.
-- 北京 : 方志出版社, 2017.3
ISBN 978-7-5144-2377-8

Ⅰ. ①瓮… Ⅱ. ①贵… Ⅲ. ①审判—法制史—瓮安县
Ⅳ. ①D927.734.622

中国版本图书馆 CIP 数据核字(2017)第 047278 号

瓮安县审判志

编　　者：贵州省瓮安县审判志编纂委员会
责任编辑：张　昊
出 版 人：冀祥德
出 版 者：方志出版社
地址　北京市朝阳区潘家园东里 9 号（国家方志馆 4 层）
邮编　100021
网址　http:// www.fzph.org
发　　行：方志出版社发行中心
电话（010）67110500
经　　销：各地新华书店
编辑制作：四川省天隆文化传播有限公司
印　　刷：成都市天金浩印务有限公司
开　　本：889×1194　1/16
印　　张：22
字　　数：531 千字
版　　次：2017 年 3 月第 1 版　2017 年 3 月第 1 次印刷
印　　数：001～400 册
ISBN 978-7-5144-2377-8　**定价**：280.00 元

《瓮安县审判志》编纂委员会

《瓮安县审判志》编辑部

主　　　　编：牟　涛

副　主　编：敖洪康

编　　　　辑：廖远德　罗国华　王再科

编　　　　务：左晓芳　卢昌劲　王登余　吴　刚　朱灵敏

资料图片提供：李家烈　粟应奎　敖洪康　郭廷才　吴　刚

左晓芳　易言平　卢昌劲

《瓮安县审判志》编纂委员会、编辑部人员合影

一排左起：卢昌劲　廖远德　敖洪康　张　艳　林　凯　周　艺　李家烈　祝夜明　王资刚　付文忠　张德舜　牟　涛

二排左起：兰　亦　罗国华　粟应奎　何崇尧　唐正奎　郭廷才　左晓芳　沈小伟　王兴菊　杨俊丽　杨　会

三排左起：邓安静　易言平　曾祥军　王登余　杨　莉　刘忠明　陆定平　杜　坤　杨桥生　吴　刚　曹代陶

县法院第十六届领导班子

后排左起：付文忠　周　艺　敖洪康　林　凯　张德舜

前排左起：张　艳　李家烈　牟　涛　祝夜明　王资刚

《瓮安县审判志》审验

初　审：《瓮安县审判志》编辑部

祝夜明	王资刚	李家烈	张德舜	周　艺	付文忠	张　艳
牟　涛	林　凯	敖洪康	薛召贵	龙治平	郭廷才	唐正奎
曹代陶	段仕礼	邓安静	何崇尧	易言平	贺光群	杨桥生
兰　亦	曾祥军	杨俊丽	王兴菊	杜　坤	刘忠明	杨　会
尚　月	杨　莉	陆定平	左晓芳	沈小伟	卢昌劲	王志军
邓太华	覃应奎	宋泽学	胡远志	金秉福	孙治贤	周华彬
朱定勇	况月华	秦付坤	李德华	曹明学	廖远德	罗国华
王再科						

复　审：《瓮安县审判志》编纂委员会

祝夜明	王资刚	李家烈	张德舜	周　艺	付文忠	张　艳
林　凯	敖洪康					

终　审：贵州省瓮安县地方志编纂委员会办公室

范祖贵　王　昱　谢兴贵　谢崇禄　刘德权　王明江

《瓮安县审判志》初审会

2015年3月18日，县法院党组书记、院长祝夜明和副书记李家烈，副院长王资刚、张德舜、周艺，执行局长付文忠，政工科科长张艳，正科级干部牟涛，纪检组长林凯，机关党委书记敖洪康，行政庭庭长郭廷才，县法院原院长王志军，检察院副检察长邓太华，退休干部粟应奎、宋泽学，编辑部廖远德、罗国华、王再科参加审稿会

《瓮安县审判志》复审会

2015年5月18日，县法院院长祝夜明（右二）、副书记李家烈（右一）、副院长张德舜（左一）、正科级干部牟涛（左二）参加审稿会

2015年5月18日，县法院原院长王志军（左二）、县法院政工科科长张艳（左一）、行政庭庭长郭廷才（右二）、退休干部粟应奎（右一）参加审稿会

《瓮安县审判志》终审会

2016年5月19日，县法院院长祝夜明，副书记李家烈，副院长张德舜，执行局局长付文忠，政工科科长张艳，机关党委书记敖洪康，行政庭庭长郭廷才，审管办主任龙治平，研究室负责人卢昌劲，县地方志办公室主任范祖贵，副主任王昱，地方志科科长刘德权，史志馆馆长王明江，编辑部廖远德、罗国华参加审稿会

序

黔南州中级人民法院院长　王亮海

明史修志，是功在当代，利及千秋的不朽事业。方志书籍具有重要的实用价值，是记载“一方山水一方人，一地往事一地情”的重要载体，也是传承本土文化的重要平台。瓮安县人民法院同仁殚精竭虑，组织修纂《瓮安县审判志》，其内容齐备，资料翔实，陈述客观，不失为地方文化之又一创举。

读该志忆往事，不胜慨叹。瓮安县法院建院以来始终坚持党的领导，忠于《中华人民共和国宪法》和法律，依法惩治刑事犯罪、调节民事关系、化解行政争议、加强案件执行，承担了维护社会大局稳定、促进社会公平正义、保障人民安居乐业的应有历史责任。通过几代法院人共同努力，为地方经济社会发展和地方文化形成作出了应有的贡献。这些成绩的取得，很大程度上得益于瓮安的快速发展，人民法院作为重要保障者、参与者、开拓者，所作出的贡献是应当忠实记录下来的。作为一名法院人，为见证如此大事深感自豪。

忆征程硕果累累，展未来任重道远。这部县级审判志，既填补了瓮安县人民法院的史志空白，又为下一轮志书的纂修积累翔实丰富的资料，必将起到“资政、存史、育人”的作用。当法治的车轮滚滚向前，新常态赋予了人民法院新的历史责任。作为司法事业的实践者，我们要继续发扬法院优良传统文化，不断改进公正司法、为民司法方式方法，让人民群众在每一个司法案件中感受到公平正义。

一元复始，万象更新。《瓮安县审判志》一书，朱墨灿然，笔削斑斓。今付梓问世，既对瓮安县人民法院当下和今后工作具有很强的指导意义，也为黔南州各县（市）法院编纂审判志书工作提供有益借鉴。

是以为序。

张海

2015年6月18日

序

瓮安县人大常委会主任 潘玉华

“记载历史，知往鉴来。”这是中华民族几千年来的优良传统。地处黔中腹地、文化底蕴较为深厚的瓮安，在创造性、高质量完成《瓮安县审判志》首次修志的同时，按照国务院、省政府的部署，有计划、有步骤地组织开展乡镇志、部门志、专业志的编纂。我县先后出版发行了《瓮安县国土资源志》《瓮安县人民代表大会志》等十余部志书。《瓮安县审判志》历经三载有余，在全体编纂人员的共同努力下，即将付梓出版，可喜可贺。

作为土生土长的瓮安人，又有在人大常委会工作10余年经历，对《中华人民共和国宪法》和一系列法律法规的执行、监督有着切身体验，对这部志书问世甚感可贵，意义十分重大。《瓮安县审判志》上限至有史可查的清康熙七年（1662年）知县理案，止于2014年，横跨353年历史，内容纷繁婉转，浩渺难择，编者秉持尊重历史，史实有案可稽，择其重要有引领者而录，重点记载中华人民共和国成立后，特别是改革开放以来瓮安贯彻执行宪法和一系列法律法规的法治历程。同时，将我县在法律实践中对宪法进一步完善的点滴贡献予以记载。这充分体现全县广大法律工作者在依法治国、依法治县的实践中，坚守法治为民、法治服务于民的法理思想和终极价值。

该志全面体现了在中国特色社会主义法治体系建设中，基层法官在内心确立对法律的信仰，严格依法办事，忠于法律，信奉法律，严于律己，淡泊名利，耐得住寂寞，守得住清贫，干净做人，踏实做事，摆事实，讲道理，明法理，掂轻重的强烈事业心和责任感。《瓮安县审判志》的出版，凝聚了编者3年多的艰辛，查阅历史典藏数百卷、走访亲历执法者上百人，探颐索隐，古今相衔，豁然贯通而成书，足以体现“修志问道,.以启未来”的必要。

瓮安解放到改革开放以来的法治建设，集中反映了瓮安几代人的法律实践，特别是改革开放后的法治工作，更能体现法律工作者的法治信心与勇气，在经历了2008年6月28日“瓮安事件”后，大胆地提出并实施“未成年人犯罪封存制度”，促进了《中华人民共和国刑事诉讼法》的进一步健全和完善。

有理由相信，这部志书的问世，将会进一步推进我县的法治工作向新的台阶迈进，将会对我县经济社会长足发展起到借鉴和促进作用。

此志既出，以示共勉。是以为序。

唐玉华

2014年9月15日

序

瓮安县人民法院院长 祝夜明

古曰“治天下者以史为鉴，治郡国者以志为鉴”，故以志补史，可知兴替；以史明理，可昭心智；以理励志，可启后人。史志之重要，由此可见，毋庸赘述。

《瓮安县审判志》一书，编纂工作历时三载有余，拜托全体编纂人员努力收集、整理、谋篇、撰写、修改、补充，书成即将付梓，意义重大！《瓮安县审判志》的编纂，是瓮安县法院发展史上的一件大事，是法院文化建设的一个重要体现，更是承前启后、利在当代、惠及后世有益之举。

《瓮安县审判志》一书，不仅反映瓮安县人民法院成立以来各历史时期的审判状况，同时，亦将对今后的工作开展赋予更多的借鉴和指导意义。所以说，《瓮安县审判志》不仅是审判工作的一项重要成果，也是全院干警乃至全县人民一笔宝贵的精神财富。

《瓮安县审判志》一书，综述史实，脉络清楚；内容丰富，资料翔实。不仅真实记录审判工作的历史沿革和变迁，同时也客观反映审判力量的日益壮大和与时俱进。全书除侧重刑事、民商、行政、执行等工作，也兼顾到立案信访、审判监督、后勤保障等内容。按体例划分还包含序、凡例、概述、大事记、志、人物、附录、后记等，可以说是法院工作的百科书。明编纂之要义，察编纂之匠心，知编纂之大略，此为编纂《瓮安县审判志》目的和意义所在。

《瓮安县审判志》一书的编纂，得到州、县史志部门精心指导，本院各部门积极配合，全体离退休老同志鼎力支持，更离不开编纂人员的辛勤工作。在此，谨一并致谢！本书虽经反复审阅修订、数易其稿，却终因水平所累，疏漏和不足在所难免，诚挚欢迎各界朋友给予批评指正，提出宝贵意见，我们将借此为《瓮安县审判志》今后的续修工作积累更多的有益经验。

岁月日益更新，往事犹值追溯。记录历史的点滴，是为了更好地总结经验教训，不断创新，继往开来。展望未来，我们希冀创造新的辉煌！行走于法治之路：百味人生，我们亦有品尝；艰苦挫折，我们不曾退缩；成就辉煌，以为新的起点！护法佑善，实现公平正义，法院将承担起更多的责任与义务，担当更为重大的使命和面临更为严峻的挑战。重任在肩，我们尚需艰苦前行；心存高远，我们犹要励志出发。值此《瓮安县审判志》修成之际，寄语全院同仁：曾经之业绩，已成如烟往事；未来之辉煌，犹待奋蹄扬鞭。让我们以史为鉴，以志为镜，同心同德，再接再厉，共促瓮安审判事业再上新台阶！

砥砺前行克时艰，厚积薄发再起航。是以为序。

2015年6月18日

凡 例

一、以马克思列宁主义、毛泽东思想、邓小平理论、“三个代表”重要思想和科学发展观为指导，贯彻落实习近平总书记系列重要讲话精神和治国理政新理念新思想新战略，坚持辩证唯物主义和历史唯物主义的立场、观点和方法。

二、本志首次编修追溯事物发端，止于2014年，部分名录、图（照片）作必要追溯。1949年12月11日瓮安解放，之前称解放前，之后称解放后。

三、本志遵循“立足当代，详今略古”原则，全面系统记述瓮安县各时期人民法院依法开展的审判执行等活动。

四、本志以类系事，横排类目，统合古今，纵记史实。志内概述与大事记冠于全志之首，以起开卷了然之效，尾设人物、附录、后记，以补之不足。本志由述、记、志、传、图（照片）、表、录为体裁，以志为主体。按章、节、目层次记述。志中机构、人物名录、图片、附录按时间顺序排列。志中所涉案例原、被告以真实姓名称谓，未成年人犯罪以真姓隐名。

五、本志采用编年体与纪事本末体相结合，运用语体文记述大事记。

六、本志所用法言、法语及历史纪年，按当时称谓，以反映时代特征，首次出现用全名称谓，之后用规范简称。历史纪年，中华民国及其以前采用历史纪年，用汉字书写括注公元纪年。本志所涉数字一律用阿拉伯数字记述。

瓮安县人民法院人民法庭分布示意图

1984年7月28日，县法院干警着装留影

1988年12月12日，梁华德（四排左三）、余家治（四排右二）参加全国业余法律大学学习

1990年全院干警合影

1991年，县法院干警参加全县国庆歌咏比赛

1993年3月，县法院全体干警欢送院长陈国强（前排左六）调州法院留影

1994年3月，州中院副院长欧伟玲（前排左二）、县法院院长王志军（前排左三）与最高人民法院干部业余法律大学黔南分校审判专业大专班瓮安学员合影

1998年9月8日，全省法院执行工作会议留影，后排左一为副院长邓太华，后排左五为执行庭庭长李家烈

2007年12月17日，县法院全体干警欢送院长庹文书（前排左六）调州法院留影

2011年1月25日，中院副院长唐学举（二排中），县长尹德俊（二排右三），副县长陈博（二排左三），县委政法委书记、公安局局长吴智贤（二排右二），县人大副主任郭豫参加县法院2010年度总结暨表彰大会并与干警合影留念

2014年4月3日，县法院院长祝夜明（前排左一）与新任命的陪审员合影

2003年8月5日，省高级人民法院院长张林春（右四）一行到草塘人民法庭调研

2008年2月15日，省高院副院长李汉宇（右二）考察县法院工作

2008年4月，县人大常委会主任潘玉华（前排中）、副县长尹德俊（前排右二）、政协副主席周全珍（前排左一）考察县法院工作

2008年7月1日，省法院副院长温杰（前排中）考察瓮安“6·28”事件现场

2008年8月24日，县法院院长戴渊强（右一）帮教涉案未成年人

2009年4月22日，省高院院长孙华璞（左四）在州、县领导陪同下考察指导县法院审判大楼建设工地

2009年9月15日，州中院院长唐黔森（右）考察指导县法院工作

2010年10月21日，县法院院长戴渊强慰问留守儿童

2011年3月22日，省高院副院长李汉宇（右三）到县法院考察指导工作

2011年5月11日，州委副书记、县委书记陈昌旭（左二）考察指导县法院工作

2014年3月20日，县法院院长祝夜明（左二）考察走访企业

2014年7月1日，县法院院长祝夜明（左一）到珠藏法庭调研

2014年3月20日，县法院院长祝夜明（左二）慰问银盏镇太平社区困难群众

2014年3月21日，县法院院长祝夜明（左一）慰问留守儿童

1985年，县法院搬入与政法委、检察院、司法局合署办公的办公楼

1989年9月，中坪人民法庭旧办公楼

1991年10月，珠藏人民法庭旧办公楼

县法院原办公楼档案柜

2008年11月18日，中院副院长胡真理（中）考察新建的中坪人民法庭

2010年3月，县法院新建审判法庭办公楼投入使用

2010年4月，新建的珠藏人民法庭办公楼投入使用

2010年，县法院干警在新建审判法庭办公楼多功能会议室参加全省法院第一次视频会议

2010年10月5日，中院常务副院长玉如敏（左一）考察县法院科技法庭

2011年12月26日，州中院院长王亮海（前排左一）考察指导人民法庭建设工作

2012年9月，新建的猴场人民法庭（原草塘人民法庭）办公楼投入使用

2012年11月，新建的玉山人民法庭办公楼投入使用

2013年1月，新建的永和人民法庭办公楼投入使用

2010年3月5日，县法院新审判法庭办公楼档案室配备的标准化档案密集架投入使用

2013年9月7日，州委常委、副州长、县委书记蒋映生（左三）指导选用县法院新建审判大楼二期工程外挂石材

2014年，建设中的县法院审判大楼二期工程

2006年1月9日，县法院女干警张艳（左一）、左晓芳（左二）参加“三八”妇女节法制宣传

2008年5月29日，木引槽巡回法庭挂牌

2008年，瓮安“6·28”事件维稳期间，县法院在城区设岗维护社会秩序

2008年7月1日，县法院干警慰问前来瓮安维护“6·28”事件稳定的武警官兵

2009年6月26日，州县两级法院集中公开宣判一批严重刑事犯罪案件

2009年7月3日，县法院法警大队干警开展实弹射击训练

2009年7月3日，县法院召开专家组会议，研究涉黑案件审判方案

2009年7月7日，县法院公开开庭审理瓮安“6·28”事件涉黑团伙案件

2010年6月21日，县法院女干警在全县禁毒活动中演出文艺节目

2010年11月2日，州法院考核组验收县法院立案信访文明窗口

2010年12月23日，县法院干警深入农村化解矛盾纠纷

2011年1月12日，县法院干警青年服务队到县福利院慰问老人

2011年，公、检、法、司大接访工作

2011年3月15日，瓮安县人民法院巡回审判庭审现场

2011年5月6日，县法院干警在猴场会议会址重温入党誓词

2011年6月23日，县法院干警重走永和垛丁、擦耳岩、猴场长征路

2012年3月29日，县法院院长戴渊强（左一）参加县禁毒委万人签名活动

2012年5月5日，县法刑庭庭长付文忠（左一）帮教回访失足未成年人

2012年6月21日，县法院干警参加县反腐倡廉曲艺大赛

2013年3月7日，县法院政工科科长张艳（右一）、法警大队政委左晓芳（左一）送法进校园

2013年4月2日，玉山法庭深入农村巡回审理案件

2014年3月26日，玉山人民法庭开展瓮安县人民法院“万名代表听千案庭审”活动

2013年1月11日，县法院副院长牟涛（右二）、行政庭庭长郭廷才（右一）在香洲区人民法院交流考察

2014年4月1日，黎平县法院院长王家刚（左二）到瓮安县法院交流考察

2014年5月13日，黄平县法院副院长吴才福（前排右四）一行在瓮安县法院考察时留影

2014年7月10日，玉山法庭送法进校园

2014年7月25日，县法院法警大队干警开展反恐处突训练

2014年12月30日，法院开展精品节目选拔赛，双拥共建单位武警瓮安县中队官兵上台演出

2007年4月15日，县法院干警参加全县法治理念教育活动知识竞赛获一等奖

2008年，县法院被省高院评为优秀人民法院

2009年3月17日，副院长李家烈（前排左四）在参与“全州法院院长会暨反腐倡廉建设工作会议”领取县法院获全州优秀人民法院奖牌后集体留影

2010年1月28日，申请执行人送锦旗，执行局副局长段仕礼（左一）接受赠旗

2010年2月26日，县法院干警“五个严禁”知识考试

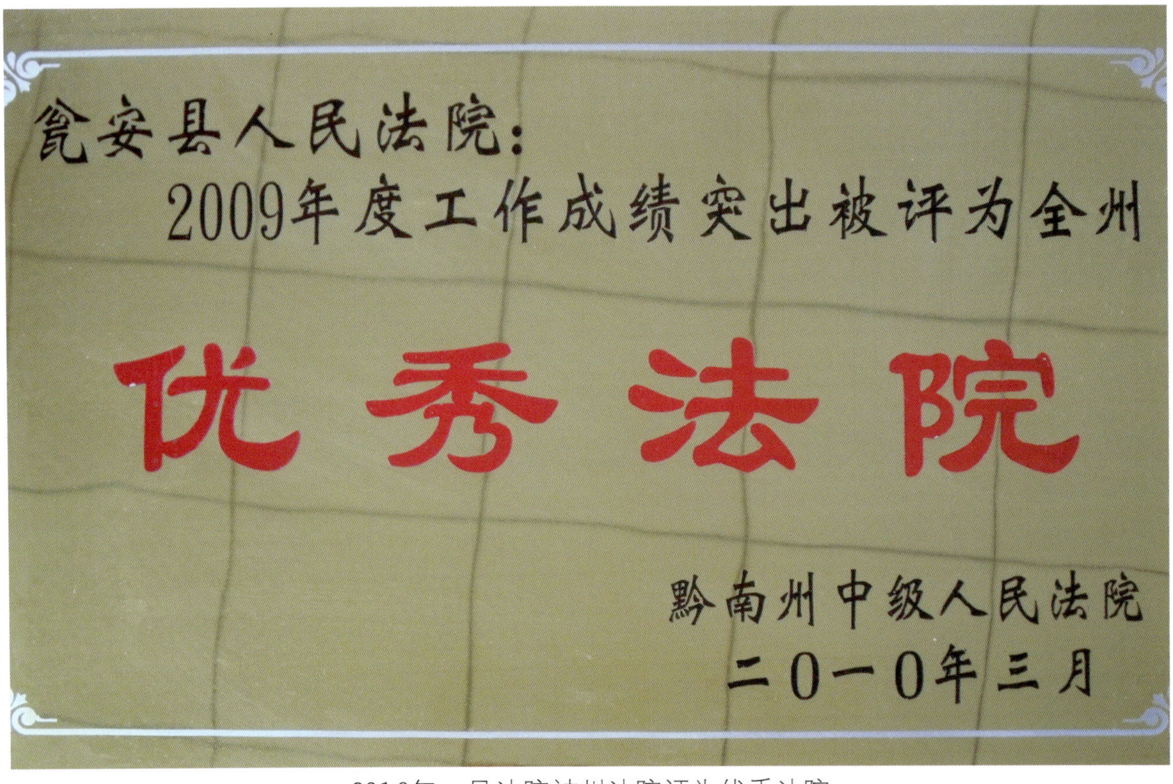

2010年，县法院被州法院评为优秀法院

2011年，县法院被省高院评为立案信访文明窗口

2011年5月11日，黔南州委副书记、县委书记陈昌旭（左二）为瓮安县人民法院题词

2011年9月10日，县法院副院长田军（左一）、民二庭副庭长龙治平（左二）接受瓮安县湖南商会当事人送锦旗

2011年，县法院被省高院评为2009—2010年度优秀人民法院

2012年7月14日，副院长牟涛（左二）及法官曾祥军（左一）、卢昌劲（右一）、周华彬（中）接受当事人送锦旗

2014年，县法院猴场人民法庭被最高院评为全国先进集体

2014年6月5日，执行局局长王资刚（左二）、副局长段仕礼（右一）接受当事人送锦旗

2014年，县法院陈列室存放的荣誉锦旗

目 录

概　述

瓮安县位于贵州中部、乌江中游，隶属黔南布依族苗族自治州，与该州福泉市、贵阳市开阳县、黔东南州黄平县及遵义市播州区、湄潭县、余庆县接壤，面积1962.74平方千米。1949年12月11日，瓮安解放，县政府接管旧司法，改为司法科。1950年5月15日，建立县人民法院，县长吴近仁任命刘平衡为县法院第一任院长。至1952年12月3日，隶属贵阳专区管辖，至1956年5月9日隶属贵定专区，至1958年12月2日隶属安顺专区，此后隶属黔南布依族苗族自治州管辖。其间，1958年12月3日，福泉、瓮安并县，两地法院合并为瓮安县法院。1961年8月13日，福泉县法院从瓮安县法院划出。2014年，全县人口48.86万，辖2街道、10镇、1乡。

瓮安法院工作经历民国前、中华人民共和国成立至改革开放时期、1978年改革开放后几个阶段逐步演变，法制建设逐步提升，人民政权不断巩固，国家和社会稳定得到维护，公、私合法权益得到保护，为构建社会和谐，促进经济和社会发展奠定坚实基础。

一

明万历二十九年（1601）瓮安建县后，县令集司法、行政于一身，诸法合一，不分刑民。

清代，民事案件均由刑科送达官衙县令处理。婚姻案件，以维护封建宗法制和家长制为原则，以家规族规为依据，以不孝者治罪。离婚可凭休书，其他民事纠纷由乡里亲族协调劝解，不成者再到县衙裁决。

民国时期，有民法亲属篇施行，大多沿袭清末民律。法律虽有男女平等标榜，但又继认封建家族主义原则和封建婚姻继承制度。民国26年（1937）设司法处，独立行使审判权。

二

瓮安解放初期，在中共贵阳地委领导下开展声势浩大的“镇反”运动，处决一批匪首和反革命破坏分子。县法院配合土地改革运动，审理一批刑事案件和民事案件。1950年《中华人民共和国婚姻法》颁布施行，县法院通过审判制止买卖和包办婚姻，使早婚、干涉婚姻自由有了较大改变。至1952年，受理刑事案件1323件、民事案件511件。

1953年，根据第二次全国司法工作会议，推行人民调解、巡回办案、就地审判等方式。

1954年9月《中华人民共和国宪法》颁布施行前，县法院被列为政府工作机构。颁布后，开展独立审判。1956年后，县法院审判工作逐步走向正轨。至1965年，审理刑事案件1680件、民事案件1815件。

1966年5月，“文化大革命”开始，县法院被“造反派”“夺权”，干警集中到“学习班”学习。1967年4月，县法院并入县革命委员会治安保卫领导小组。1968年4月，成立中国人民解放军瓮安县公安机关军事管制小组、瓮安县革命委员会人民保卫部，不设审判机构，由军事管制小组承担审判活动。

1973年3月撤销军事管制小组，4月5日恢复县法院。军事管制小组负责审判期间，发生“冤假错案”445件涉及450人。1976年10月粉碎“江青反革命集团”“文化大革命”结束，县法院根据上级部署，复查平反纠正一批“冤假错案”。开展打击阶级敌人破坏活动、打击资本主义势力猖狂进攻的“双打”运动。

三

1978年12月中共十一届三中全会召开后，党和国家工作重心开始转移至经济建设上，法制逐步完善。1979年7月《中华人民共和国刑法》《中华人民共和国刑事诉讼法》颁布，刑事案件报县委量刑的制度取消。

1982年12月4日《中华人民共和国宪法》公布施行，县法院在人民代表大会监督下独立依法办案。1981年6月县法院设置经济审判庭，1984年6月设置执行庭，1987年2月设置行政审判庭，1989年5月设置告诉申诉庭。1997年3月，告诉申诉庭拆分为立案庭和审判监督庭。“立、审、执”三分离内部监督体制逐渐形成。

1991年4月《中华人民共和国民事诉讼法》颁布，县法院落实公开审判制度，接受群众监督。庭审方式由“纠问式”向“控辩式”改革，由当事人举证，法官逐步从证据收集向居中裁判转型。

1995年7月《中华人民共和国法官法》施行后，县法院先后制定《错案责任追究制的暂行规定》《办理刑事案件规范化、标准化的暂行规定》，建立健全纪检、监察机构，防治司法腐败，推行错案追究制。

2005年，根据最高法院《人民法院五年改革纲要》对审判方式等进行改革，实行立案与审判、审判与执行、审判与监督分离制度，一审和再审案件除法律另有规定外，一律实行开庭审理。试行民事审判举证时限制度和庭前证据展示、交换制度。

2008年6月28日“6·28”事件（又称“瓮安事件”）发生后，针对部分青少年犯罪特殊群体，探索和开展对未成年犯罪帮教工作，依法结合庭前、庭审、庭后开展教育，立足对未成年犯罪思想引导和法制教育，减少未成年人犯罪。县法院草拟并与其他部门共同修改审定的《瓮安县违法及轻罪记录消除制度》实施后，效果显著，其成功经验影响深远。2010 年 9 月 1 日起施行的《贵州省未成年人保护条例》以第五十条明确试行。该制度相关内容在 2013 年 1 月 1 日起施行的《中华人民共和国刑事诉讼法》第二百七十五条予以体现。

四

1950 年县法院建立至 2014 年共 65 年，干警 125 人次、集体 81 个次获得县级以上表彰。2012 年，院行政庭被最高人民法院评为“全国法院践行能动司法理念优秀案例先进单位”。2013 年，县法院被最高人民法院评为“无积案先进法院”。2014 年，猴场人民法庭被最高人民法院授予“全国优秀人民法庭称号”。瓮安县法院始终以“全州争第一，全省创一流”的工作理念，增强司法能力，提高司法水平，提升司法公信，办案数量、质量和效率稳步上升，各项工作创新有序发展。

大事记

清　代

清康熙七年（1668 年）

瓮安县设典史掌管刑律、役讼事务。

中华民国

民国 1 年（1912 年）

2 月　由知县（知事）行使司法职权。撤典史，设承审员、管役员、检验员。沿袭清末建置。陶汝夔奉贵州军政府令到瓮安任知县，并兼审理案件。

民国 2 年（1913 年）

4 月　县公署（县府）设典狱员（后改为管狱员），管理监狱、看守人犯。

民国 18 年（1929 年）

县公署改称县政府，县知事改称县长。案件仍由县长审理。

民国 20 年（1931 年）

12 月 10 日　贵州高等法院第 625 号训令，查县府所属之承审，管狱人员，办理司法及司法行政事务案件。

民国 22 年（1933 年）

12 月 31 日　司法收入属国款，而民刑民状费又属司法收入，应于月终缴清定案。

民国 24 年（1935 年）

7 月　瓮安县设立“军法室”，处理特殊刑事案件。

民国26年（1937年）

3月　建立瓮安县司法处。设审判官、书记官、录事、检验员、执达员、庭丁、法警共13人，独立行使审判权。

民国27年（1938年）

3月　县长胡玉书兼任军法官。军法室设承审员、书记员；审理全县军法案件和特种刑事案件。

民国31年（1942年）

11月20日　瓮安县按照贵州省政府颁布《贵州省乡镇调解委员会组织规则》和《贵州省乡镇调解委员会调解办法》，建立县级、乡镇级调解委员会。

民国35年（1946年）

1月　瓮安司法处、军法室，开始清理烟毒案件。

民国36年（1947年）

4月　瓮安军法室奉行政院令撤销，特种刑事案件由司法处受理。

民国37年（1948年）

1月　瓮安县司法处设立主任审判官、法官、书记官、录事、执达员、检验员、法警、庭丁、会计共18人。

中华人民共和国

1949年

12月11日　瓮安县人民政府县长吴近仁率干部战士35人到县城，宣告瓮安解放。

是月12日　瓮安县隶属贵阳专区，瓮安县司法业务隶属贵阳专区中级人民法院领导。

1950年

1月　瓮安县人民政府将国民党司法处改为司法科。

5月　建立瓮安县人民法院，刘平衡任人民法院院长。

1951年

9月　县民主人士袁恩波任县人民法院副院长。

是年　召开19次公审大会，参加群众1.78万人，公审犯人128名。

1952年

5月17日　瓮安县人民政府召开第一届司法会议。

6月　瓮安县成立“三反”人民法庭，吴近仁任审判长，陈梦祥、袁恩波任副审判长。

10月　副院长袁恩波任县人民法院院长。

是月　县法院设人民法庭，雍阳、草塘、永和、中坪、玉山、珠藏、天文设分庭。分庭由区委书记兼任审判长，分管副区长任副审判长。

12月4日　瓮安县行政隶属贵定专区，县法院隶属贵定专区中级法院领导。

1953年

2月　在全县宣传《中华人民共和国婚姻法》，举行婚姻法座谈会。

7月　在草塘、平定营设普选法庭，徐明尧任庭长。

8月　徐明尧任县法院副院长。

10月24日　院长袁恩波向县人民政府汇报省第五届司法会议精神，并布置参加第二届全国司法会议工作。

1954年

2月　成立第一巡回法庭，第二巡回法庭设在草塘，巡回各区审判案件。

3月　瓮安县聘用人民陪审员160人。

10月　建立50个调解委员会。

1955年

3月　罗祥安代理县法院院长。

4月24日　根据贵州省人民委员会〔1955〕第35号文件通知，各区取消数字排列名称，统一冠用地名，为雍阳、草塘、中坪、永和、珠藏、玉山、天文区。

5月9—11日　县第一届人民代表大会第三次会议选举罗祥安为县法院院长。

是月　县法院独立行使审判权。实行人民陪审员陪审制度。

1956年

2月　王家全任县法院副院长。

5月10日　瓮安县改隶安顺专区，县法院业务上由安顺专区中级人民法院领导。

11月18—20日　瓮安县第二届人民代表大会第一次会议，选举罗祥安为县法院院长。

是月　县法院对69个调解组织进行整顿，建立26个调解小组，增加调解员71人。

1957年

9月　参加“三反五反”整风运动。

1958 年

3 月　抽出审判员 5 人，配合公安、检察部门组成 5 个工作组，深入全县六区一镇分别设立临时法庭，巡回就审。

12 月　仉金芳任县法院院长。

是月 3 日　瓮安县改隶属于黔南布依族苗族自治州，县法院业务由黔南州中级人民法院领导。

1959 年

1 月　郑维山任县法院副院长。

11 月　庄桂兹任县法院副院长。

12 月　组织人员对解放后敌伪档案进行清理。

1960 年

12 月 5—8 日　县第四届人民代表大会第一次会议，选举刘盛禹为县法院院长。

1961 年

9 月 11 日　县法院组织力量清理积案工作。

1962 年

10 月　张昇江代理瓮安县人民法院院长。

1963 年

9 月　县第五届人民代表大会第一次会议选举张昇江为县法院院长。

1964 年

6 月　组织人员清理档案工作，通过清理核对，1950—1963 年，共有案件档案 5231 卷宗，其中刑事案件档案 3119 卷宗、民事案件档案 2112 卷宗，尚差 37 卷宗下落不明。

1965 年

1 月　吕兰纯任县法院副院长。

1966 年

5 月 18 日　县委成立“文化大革命”领导小组，法院干警投入运动。

1967 年

4 月　县法院并入县革委会治安保卫领导小组。

1968 年

4 月　县人民武装部派员组建中国人民解放军瓮安县公、检、法军事管制小组（后改为军管会），对公、检、法机关实行军事管制，全县所有案件由军管会受理审判。

1969 年

2 月　县革委作出《关于当前清理阶级队伍问题的决定》，抽调法院干警参加清理工作。

1970 年

5 月　县革委设人民保卫部，下设治安保卫、审理、审判组，行使公安局、检察院、法院职能。

12 月　各区革委会建党的核心领导小组，取代各人民法庭审判职能。

1972 年

6 月 14 日　台湾国民党空飘气球在瓮安县境内坠落，县人民保卫部组织人员收缴反动传单和反动宣传品。

1973 年

3 月　撤销军事管制，恢复县法院，张昇江任院长，方天禄任副院长。

6 月　对全县调解组织进行整顿健全，建立调解委员会 285 个，有调解人员 3317 人。

1974 年

6 月　处理犯罪分子，以交群众讨论、召开宣判大会等方式，不在社会上张贴判决书和布告。

1975 年

4 月　学习无产阶级专政的理论，批判“自发资本主义倾向”和“资产阶级法权”观念。

1976 年

12 月　配合有关部门办理“对过去纯属反对‘江青反革命集团’的人，已拘捕的释放，已立案的销案；正在审查的，解除审查，已判刑的，取消刑期释放，已给党（团）籍处分的恢复党（团）籍”。

1977 年

5 月　开展清查运动，清查与“江青反革命集团”有牵连的人和事。

1978 年

10 月　县法院建党组，以“文化大革命”期间的案件为重点，全面开展刑事案件复查工作。

11 月　对“文化大革命”中因反对林彪、“江青反革命集团”和为邓小平同志鸣不平而被判刑的案件，按照“全错全平，部分错部分平，不错不平”的原则开展复查工作。

1979 年

10 月　罗祥安代理县法院院长。

1980 年

4 月 12—16 日　罗祥安在县第八届人民代表大会第一次会议上被选举为县法院院长。

10 月 14 日　院长罗祥安参加全州法院院长会议。专题研究 10 年“文化大革命”期间死刑案件复查工作。

1981 年

2 月　刘明达任县法院副院长。

1982 年

8 月　向忠富任县法院副院长。

1983 年

10 月　根据省法院《关于民事案件征收诉讼费用暂行规定》，对非财产案件，农村每件收诉讼费 3 元，城市收 5 元；上诉案件按一审案件收费标准减半收费。

1984 年

2 月　罗开发代理县法院院长。

是月　陈国强任县法院副院长。

12 月 1 日　县第九届人民代表大会第一次会议选举罗开发为县法院院长。

1985 年

6 月 26—29 日　县第九届人民代表大会第二次会议审议《瓮安县人民法院工作报告》。

1986 年

12 月　县法院被评为全州司法统计先进单位，统计员刘大洪被评为全州法院先进工作者。

1987年

9月　县第十届人民代表大会第一次会议，选举陈国强为县法院院长。

12月　张庆芳任县法院副院长。

1988年

4月5—9日　县法院院长陈国强在县第十届人民代表大会第二次会议上作《瓮安县人民法院工作报告》。

10月　州法院检查组到瓮安法院检查执行《中华人民共和国经济合同法》《中华人民共和国刑法》《中华人民共和国刑事诉讼法》《中华人民共和国民法通则》《中华人民共和国民事诉讼法（试行）》及《行政法规》《中华人民共和国婚姻法》《婚姻法实施细则》规定等审判活动。

1989年

5月　肖成渭任县法院副院长。

是月9日　设置县法院告诉申诉庭。

1990年

2月　县法院刑一庭、城关法庭、中坪法庭被评为全州先进集体。

是月　县法院院长陈国强、庭长宋勇、助审员孙治贤被评为全州法院先进工作者。

1991年

2月　县法院庭长李家烈、副主任王德仙被评为全州法院先进工作者。

4月3日　省法院常务副院长吴开荣、州法院院长罗应学一行，在院长陈国强陪同下考察草塘人民法庭。

1992年

2月　县法院副主任王德仙被省高院、省人事厅评为先进工作者。

3月　张仕福任县法院副院长、代理院长。

10月16日　县法院完成1992年度《法制日报》《贵州审判》征订发行任务635份，位于全省法院前列，受到省高级法院表彰。

1993年

4月17日　县十二届人民代表大会第一次会议选举王志军为县法院院长。

6月　余家治任县法院副院长，梁华德任县法院副院长。

10月30日　法院党组书记、院长王志军参加全省法律大专班培训，被评为全省优秀学员。

1994 年

8 月 29 日　院长王志军参加州法院在福泉县召开的全州法院院长会议。

10 月　院研究室副主任郭廷才被县委宣传部评为全县优秀宣传通讯骨干，荣获二等奖。

1995 年

12 月　院办公室主任粟应奎被黔南州中级人民法院评为全州法院先进工作者。

1996 年

1 月 20 日　县法院行政庭庭长金秉福在省政法委、省法院、省人事厅在贵阳召开的表彰会上受到省政法委表彰。

12 月　政工科科长陈洪高被州中级人民法院评为全州法院先进工作者。

1997 年

11 月 2 日　成立集中清理跨省、自治区、直辖市，省内跨地区，州内以及跨县（市）委托执行案件。执行工作领导小组由院长王志军任组长，余家治、李德华、李家烈、陈洪高任成员。

1998 年

2 月　县法院行政庭被评为 1996—1997 年度全省法院系统优秀集体，受到省高院、省人事厅表彰。

4 月　县第十三届人民代表大会第一次会议选举庹文书为县法院院长。

5 月　邓太华任县法院副院长。

6 月 5 日　庹文书任党组书记，肖成渭任副书记。

8 月 24 日　长江、嫩江、松花江流域遭受 100 年未遇洪涝灾害，全院干警集资捐款 3500 元。

10 月　李德华任县法院纪检组长。

11 月　县法院行政庭荣获州法院系统先进集体二等功。

1999 年

8 月 10—13 日　县法院干警一行 4 人前往平定营镇三合村送达黔南州中级人民法院二审判决书。当地群众不服二审判决，将二审判决书撕毁。干警一行遭当地群众约 600 人围堵。当晚 11 时 30 分，瓮安县委召开紧急会议，研究事件处理办法。11 日，由副县长姚忠贞、政法委书记雷志励等组成四长工作组，耐心细致做教育工作，13 日事件圆满解决。

4 月　县法院成立新闻宣传中心和新闻发言人，副院长邓太华任新闻宣传中心主任及发言人。

12月　县法院行政庭被评为全州法院先进集体。草塘人民法庭庭长付文忠、永和人民法庭副庭长唐正奎被州中级人民法院授予“人民满意的好法官”称号。

2000年

1月　民事审判庭副庭长王德仙被省高级人民法院授予“人民满意的好法官”称号。

2001年

2月　县法院荣获全州法院系统2000年度目标管理三等奖。

3月　州中级人民法院副院长欧伟玲一行到瓮安督查县法院法制宣传工作。

4月11日　县法院党组成员、副院长邓太华带领执行庭干警到天文镇与天文法庭开展执行宣传活动。

12月29日　县法院荣获全州法院系统目标管理特等奖。

2002年

9月12日　县法院荣获全州法院系统宣传工作先进单位。

2003年

1月　县法院荣获全州法院系统目标管理特等奖。

5月　田军任县法院副院长。

7月　李家烈任县法院副院长。

8月15日　省高级人民法院党组书记、院长张林春一行，在县法院党组书记、院长庹文书陪同下，考察草塘人民法庭。

2004年

1月　县法院被州人民政府评为“黔南州人民政府档案工作目标管理优秀集体”。

5月10日　县法院举行人民陪审员颁证会，19名社会各界人士正式受聘为县法院陪审员，并获颁《人民陪审员证书》。

2005年

1月　珠藏人民法庭庭长李明被评为优秀工作者，受到省高院的表彰。

2006年

10月　戴渊强代理县法院院长。

11月　法警大队副大队长蔡先文被省高院评为优秀工作者。

2007年

1月　县第十五届人民代表大会第二次会议选举戴渊强为县法院院长。

4月12日　县法院依法执结龙塘乡、天文镇人民政府申请强制执行数起移民搬迁案件。

5月31日　州中院唐黔森院长到县法院指导违法违章建筑案件的执行。

7月　张德舜任县法院副院长。

是月18日　王海平县长一行3人到县法院检查党风廉政建设和基层组织建设工作。

12月　县法院立案庭庭长王运祥被省高院授予“全省优秀法官”。

2008年

4月　草塘人民法庭被黔南州委、州政府和贵州省高级人民法院授予“抗凝冻先进集体”。县人民法院被县委、县人民政府评为“2008年度信访先进单位”。

5月6日　州中院唐黔森院长参加瓮安法院审判大楼奠基仪式。

是月15日　县法院干警为四川地震灾区捐款，个人捐款6000元、法院捐款5000元、共计11000元支援灾区。

2009年

5月21日　州中院领导到县法院指导涉黑案件审判工作。

是月27日　瓮安召开“6·28”事件涉黑案件庭审准备工作会。

是月31日　省高院刑三庭庭长王联志、州中院副院长唐学举、州中院刑一庭庭长王剑平到县法院指导“6·28”案件审理工作。

7月7日　县法院公开庭审理首批“6·28”涉黑案件。

8月　省高院党组书记、院长孙华璞，党组成员、政治部主任叶正荣一行视察县法院审判大楼。

11月20日　谢晓东县长一行视察县法院“两庭”建设工作。

12月　省高院授予瓮安“6·28”案件审判组祝夜明个人二等功。

是月　县法院在“红色瓮安、金色家园”读书活动百题问答活动中受到县委表彰，荣获组织奖。

2010年

1月21日　县法院对“玉山帮”黑社会性质组织犯罪案件100名被告人公开宣判。

3月　县法院被州中院授予“全州优秀人民法院”。

5月5日　县法院成立道路交通事故案件审判庭。

7月2日　县法院完成法庭四级局域网建设。

是月12日　县法院与公安机关建立警务联防联动机制。

11月　林凯任县法院纪检组长。

2011年

1月　县法院被州中院评为“绩效考核一等奖”。

2 月　县法院被省高院授予“优秀人民法院”。

是月　县法院立案庭被省高院授予“全省法院立案信访文明窗口”称号；县法院法警大队队长陆定平被省高院授予“全省法院先进工作者”；永和人民法庭庭长邓安静被省高院授予“全省法院办案能手”；县法院民二庭审判员丁昌贵被省高院授予“全省法院办案能手”。

3 月　草塘人民法庭被州中院评为“全州优秀人民法庭”。

是月　县法院研究室主任何崇尧、副主任易言平、刑庭审判员贺光群被县委、县政府评为“政法工作先进个人”。

6 月　县法院党组织被县委、县人民政府评为“先进基层党组织”。

7 月　县法院党组被黔南州委党的建设工作领导小组评为“黔南州五好基层党组织”。

8 月 9 日　州中院副院长唐学举到珠藏法庭检查指导工作。

是月 10 日　瓮安县湖南商会刘向辉向人民法院赠锦旗“秉公执法、伸张正义”。

9 月　州委副书记、瓮安县委书记陈昌旭，县委副书记、县长谢晓东率县委常委全体成员到县法院视察审判法庭建设。

10 月 20 日　全州法院行政审判与国家赔偿研讨会在瓮安召开。

11 月 8 日　省高院党组书记、院长孙华璞，副院长张建一行到县法院视察工作。

是月 26 日　州中院党组书记、院长王亮海，副院长唐学举一行视察县法院工作。

12 月　牟涛任县法院副院长。

2012 年

1 月 2 日　县法院党组书记、院长戴渊强参加省高院在桐梓县召开的法院工作会议。

2 月 27 日　州中院考评组对县法院创建“无执行积案”优秀法院进行考评。

是月　贵阳市中级人民法院、云岩区人民法院、南明区人民法院少年审判庭，就未成年人违月法及轻罪记录消除工作，到县法院进行研讨交流。县法院为 20 件执行案件解决司法救助资金 40 万元。

是月　县法院被州中院授誉瓮安县人民法院“2011 年度目标绩效考核优秀法院”。县法院法警大队被省高院评选为“全省法院司法警察岗位大练兵活动先进集体”，法警大队队长陆定平被评为“先进个人”。

4 月 16 日　州中院党组成员、机关党委书记胡跃飞一行到县法院督查工作。

是月 28 日　省高院考评组到县法院检查验收创建“无执行积案优秀法院”工作。

5 月 6 日　三都县法院党组书记、院长李德林一行到县法院考察交流工作。

是月 15 日　荔波县法院党组书记、院长蒙胜清一行到县法院考察交流工作。

6 月 4 日　县法院党组书记、院长戴渊强一行到建中镇果水村开展党建扶贫工作，为营上、营盘、上排、后司坝村民组的通组道路维修捐赠资金 10000 元。

是月 9 日　何永珍、梁云林、梁昌友为县人民法院赠锦旗“维护正义、两袖清风、执法为民、一身正气”。

是月 21 日　省委党校调研组到县法院调研社会管理创新工作。

是月 28 日　邀请资深媒体记者、编辑对县法院庭室负责人、通讯员开展新闻写作、摄影、网络宣传培训。

7 月 12 日　中逐南方建设股份有限公司彭山分公司为县法院王兴菊法官赠送锦旗“热情服务解忧难，秉公执法促和谐”。

是月 14 日　宋泽会为县法院执行局周华彬、曾祥军法官赠锦旗“执法为民、服务为民”。

是月 24 日　州委常委、县委书记沙先贵率县四套班子一行到县法院视察工作。

8 月 1 日　省高级人民法院政治部副主任王海率考察组到瓮安，对推荐瓮安县法院为“全国优秀法院”候选对象进行考察。

是月 26 日　省高级人民法院司法巡查组到县法院检查工作。

是月 13 日　县法院选送摄影作品《倾听》，获全州法院“廉政文化摄影展”一等奖，《破水》《掌秤人》获优秀奖。

是月 16 日　省委常委、政法委书记、公安厅厅长崔亚东在州委常委、政法委书记、公安局局长王健伍一行的陪同下，到县法院调研违法青少年帮教工作。

是月　县法院法警大队获全省法院司法警察岗位大练兵活动先进集体。

11 月　县法院被最高人民法院评选为“全国法院践行能动司法理念优秀案例”先进法院。

是月 6 日　左晓芳任县法院法警大队政委。

2013 年

1 月　县法院被最高人民法院评选为“无执行积案先进法院”。

是月 15 日　州法院党组成员、副院长胡真理到县法院开展民商事审判工作调研。

2 月　县法院法警大队被贵州省高级人民法院评为“全省法院司法警察执法规范化活动先进单位”。

5 月　祝夜明被任命为县法院代理院长。

是月 29 日　安顺市平坝县法院党组书记、院长孙明勇一行到县法院交流工作。

6 月 3 日　代理院长祝夜明、副院长李家烈、政工科长张艳一行到猴场人民法庭调研审判活动。

7 月 1 日　《瓮安县审判志》编纂工作启动。

8 月 14 日　省高级人民法院常务副院长邹伟、州中院院长王亮海一行到瓮安视察猴场人民法庭。

9 月 30 日　全州法院官方微博和互联网站在县法院开通，首家通过微博直播第一审判法庭公开审判原罗甸县副县长刘明辉受贿 1 案。

11 月 19 日　重庆市平克贸易有限公司，向县法院赠送锦旗“司法为民，维护正义”。

12 月 8 日　湖南省湘潭市人民法院执行局向县法院执行局赠锦旗“鼎力协助，友谊永存”。

是月　县法院被省高级人民法院评为“无执行积案先进法院奖”。县法院执行局被省高级人民法院授予“无执行积案先进法院集体三等功”。

是月　县法院被最高人民法院评为“全国法院践行能动司法理念优秀案例”先进法院。

2014年

2月10日　县委政法委书记韦松、副书记王登华一行到县法院检查工作。

是月12日　黔南州中级人民法院法庭工作考核组对永和、中坪、珠藏、玉山、雍阳、猴场等6个法庭的9个方面（审判执行、法庭管理、队伍建设、审务公开、社会治安综合治理、社会管理创新、物质装备、基础设施建设、便民措施）工作进行考核。

3月　县第十六届人民代表大会第三次会议选举祝夜明为县法院院长。

是月21日　县法院党组书记、院长祝夜明带领干警到雍阳办事处文峰社区走访慰问困难户，看望留守儿童。

4月3日　县法院对选任67名人民陪审员颁发证书。

是月26日　黔东南州黎平县法院党组成员、副院长甘荣慧等一行15人到县法院交流学习。

5月19日　成立《瓮安县审判志》编纂委员会，由党组书记、院长祝夜明任主任，党组成员、常务副院长王资刚任常务副主任，党组成员李家烈、张德舜、牟涛，执行局局长付文忠，纪检组长林凯，政工科长张艳，机关党委书记敖洪康任副主任，副院长周艺任副主任，各庭室负责人任委员，副院长牟涛兼任办公室主任。

是月30日　黔东南州黄平县人民法院党组书记、院长吴才福，党组成员、副院长陈洪、时功富、张宗英等一行15人来县法院交流学习。

8月　猴场人民法庭被最高人民法院授予“全国优秀人民法庭”。

是月3日　党组书记、院长祝夜明到龙里县法院、施秉县法院、余庆县法院考察学习。

9月1日　州中院党组成员、副院长李雪莹一行到县法院调研有关民商事审判、裁判文书简化和人民法庭改革工作。

11月7日　县纪检监察部门组织70名干部到县法院旁听市民关注的“廉租房腐败案”。

是月19日　县法院与县劳动监察大队为农民工兑现工资40万元。

12月5日　县法院组织干警到贵定、都匀县（市）法院交流学习。

是月30日　中国法学会为县法院法人代表祝夜明颁发《中国法学会团体会员证书》。

是月　中国新闻社贵州分社记者到县法院采访全国优秀人民法庭——猴场人民法庭。

第一章 审判机构

第一节 清代时期审判机构

清朝，由知县审理案件。康熙元年（1662 年），湖南桂阳朱万传任瓮安县知县，负责审理全县案件。康熙三年（1665 年），陕西富平陈文任瓮安县知县，负责审理全县案件。康熙五年（1666 年），顺天田起鹏任瓮安县知县，负责全县案件审理。康熙七年（1668 年），瓮安县设典史掌管刑律、役讼事务，直至民国时期，从康熙元年（1662 年）至宣统二年（1910 年）。

表 1-1 瓮安县历任知县县令名录

年代	姓名	性别	籍贯	学历	任职时间
康熙	朱万传	男	湖南桂阳	失考	元年（1662 年）
	陈　文	男	陕西富平	失考	三年
	田起鹏	男	顺　天	副榜	五年
	沈日升	男	浙江绍兴	监生	七年
	庞上梓	男	广东佛山	举人	二十年
	张于廷	男	阳　城	进士	二十六年
	汪大润	男	湖北黄州	贡生	二十七年
	王景生	男	镶蓝旗	监生	二十九年
	任士瑞	男	山东聊城	进士	三十年
	陈志镒	男	江南泰州	贡生	三十六年
	孔兴访	男	山东曲阜	失考	四十三年
乾隆	陈　绂	男	浙江会稽	进士	四十七年
	李恒莹	男	广东程乡	举人	五十一年
	曹　铮	男	顺天丰润	贡生	五十四年
	鲁　曾	男	山东蓬莱	进士	五十五年
	韩　瑛	男	顺天通州	进士	五十九年

续表

年代	姓名	性别	籍贯	学历	任职时间
乾隆	唐　枚	男	归　安	举人	雍正四年（1726 年）
	张　奎	男	云南昆明	进士	
	谢国史	男	海　阳	进士	
	王　璋	男	顺天通州	举人	
	高善祥	男	山　西	举人	
	李必炆	男	临　桂	举人	
	范　麟	男	江南高邮	贡生	
	谢一	男	福　建	佚名	
	熊德芝	男	四川涪州	进士	
	冯　郁	男	山西雁门	荫生	
	李　红	男	江西崇仁	进士	
道光	王存成	男	辽　阳	进士	道光十二年（1832 年）
	英　达	男		失考	十六年
	谭铁眉	男		进士	十七年
	蒋一某	男		佚名	二十一年
	祝陈简	男		失考	三十年
咸丰	恩　彬	男	满　州	失考	咸丰元年（1851 年）
	崇　景	男	满　州	失考	二年
	徐河清	男	湖　南	进士	三　年
	吴德容	男	湖　南	失考	四　年
	刘升平	男		失考	七　年
同治	石廷栋	男	云　南	失考	七年（1868 年）
	张观钧	男	江　苏	进士	八　年
	陈斌绶	男	湖　南	失考	九　年
	熊士清	男	湖　南	失考	十　年
	唐星汉	男	湖　南	失考	十一年
	易嘉猷	男	河　南	失考	十二年
	方人钰	男		失考	十三年
光绪	刘裕恭	男	四　川	失考	光绪元年（1875 年）
	易嘉猷	男	河　南	失考	二　年
	刘兆藜	男	四川璧山	廪生	四　年

续表

年代	姓名	性别	籍贯	学历	任职时间
光绪	朱应耀	男	江苏娄县	失考	五　年
	王维举	男	四川新繁	举人	六　年
	彭灿莹	男		失考	七　年
	魏廷锡	男	云南昆明	举人	九　年
	甘时雨	男	四川崇宁	失考	十一年
	尹宗尧	男		失考	十三年
	刘　洵	男		失考	
	陈景范	男	湖南龙阳	失考	十四年
	陶懋恭	男	四川云阳	拔贡	十五年
	张伟堂	男	四川泸州	失考	十六年
	宗　韶	男	直隶任丘	举人	十七年
	陶懋恭	男	四川云阳	拔贡	十八年
	李　证	男	顺天大兴	失考	十九年
	王敦成	男	广西藤县	进士	二十年
	王安澜	男	浙江会稽	失考	二十六年
	曹履中	男	湖北江夏	失考	二十七年
	马懋修	男	四　川	举人	二十八年
	杨咏裳	男	湖　南	进士	二十九年
	李鼎基	男	湖　南	举人	三十年
	朱永锡	男	湖　北	失考	
	许特任	男	四　川	失考	三十一年
	罗本操	男	四川綦江	失考	
	谭希杜	男	湖南湘潭	廪生	三十二
	曹履中	男	湖北江夏	失考	三十三年
	刘宪邦	男	云南昆明	举人	三十四年
	曹荣楚	男	湖　南	优贡朝考	宣统二年（1910年）

第二节　民国时期审判机构

民国元年（1912年）2月时，沿袭清末建置。民国初期，仍由知县（县知事）行使司法职权，撤销典史，设承审员、管役员、检验员。民国26年（1937年）1月，瓮安县政府建司法处，民国4年（1915年），设法官、书记官、录事、检验员、执达员、庭丁、法警13人，独立行使法院权。民国27年（1938年）3月，瓮安县政府建军法室，县长胡玉书兼任军法官。军法室设承审员、书记员，审理军法案件和特种刑事案件。民国37年（1948年）1月，瓮安县司法处设立主任法官、审判官、书记官、录事、执达员、检验员、法警、庭丁、会计等。其间，其审判权流于形式，真正审结权仍属县长。

表1-2　　民国时期瓮安县历任知县、知事、县长名录

职务	姓名	性别	籍贯	任职时间
知　县	陶汝夔	男	贵州开阳	民国元年（1912年）
县知事	李退谷	男	贵州开阳	民国2年
县知事	窦全曾	男	贵州兴义	民国4年
县知事	贾一民	男	贵州贵阳	民国8年
县知事	桂政瀛	男	广　西	民国10年7月
县知事	聂延祜	男	贵州贵阳	民国11年上半年
县知事	王槐熙	男	贵州邛水	民国12年
县知事	潘富文	男	贵州贞丰	民国13年上半年
县知事	赵因培	男	云南大理	民国13年下半年
县知事	张之屏	男	云南腾冲	民国14年上半年
县知事	张叔侯	男	贵州黔西	不详
县知事	吴绪鸿	男	贵州贵阳	不详
县知事	郑　彬	男	贵州遵义	民国14年下半年
县知事	陈映熙	男	贵州仁怀	民国15年
县知事	饶燮干	男	贵州镇宁	民国5月
县知事	李嘉勋	男	云南锁雄	民国17年7月
县　长	万　钧	男	贵州镇远	民国18年4月
县　长	尹燮卿	男	贵州贵阳	民国18年8月
县　长	金慧章	男	贵州贵阳	民国19年7月
县　长	熊与九	男	四川涪陵	民国20年7月
县　长	郑　伟	男	贵州桐梓	民国21年5月
县　长	饶存厚	男	贵州贞丰	民国11月
县　长	赵体全	男	贵州桐梓	民国23年
县　长	魏文琼	男	江西铜鼓	民国24年7月
县　长	邹体仁	男	贵州独山	民国24年下半年

续表

职务	姓名	性别	籍贯	任职时间
县　长	张赓良	男	贵州毕节	民国 24 年 12 月
县　长	母伯平	男	贵州凯里	民国 24 年 25 年 9 月
县　长	安伯英	男	贵州郎岱	民国 24 年 26 年 3 月
县　长	胡玉书	男	贵州独山	民国 27 年
县　长	傅启运	男	贵州安顺	民国 29 年 1 月
县　长	裘胜嘉	男	浙江金华	民国 30 年 1 月
县　长	杨仲臬	男	贵州贵阳	民国 31 年 8 月
县　长	曾慎明	男	四川安阳	民国 34 年 4 月
县　长	傅启运	男	贵州安顺	民国 35 年 5 月
县　长	苟中一	男	贵州湄潭	民国 37 年 6 月
县　长	李繁苍	男	贵州瓮安	民国 38 年 7 月

第三节　中华人民共和国成立后审判机构

一、县政府司法科

1949 年 12 月，县人民政府接管国民党司法处，1950 年 1 月改为司法科。

二、县法院

1950 年 5 月 15 日，建立县法院，办公地址设在县政府一楼。是日，县人民政府县长吴近仁任命刘平衡为瓮安县人民法院第一任院长。1950 年至 1952 年 12 月 3 日，隶属贵阳专区。至 1956 年 5 月 9 日隶属贵定专区。至 1958 年 12 月 2 日隶属安顺专区。1958 年 12 月 3 日后隶属黔南布依族苗族自治州管辖。《中华人民共和国宪法》颁布前，县法院被列为政府内设工作机构；《中华人民共和国宪法》颁布后，独立行使审判权。1952 年 9 月 10 日，县政府任命袁恩波为县法院院长。1955 年 5 月 9—11 日，县第一届人民代表大会第三次会议选举罗祥安为县法院院长。1956 年 12 月 18—21 日，县第二届人民代表大会第一次会议选举罗祥安为县法院院长。1958 年 5 月 11—14 日，县第三届人民代表大会选举罗祥安为县法院院长。1958 年 12 月 3 日，瓮安福泉合并为瓮安县，福泉法院并入瓮安县法院。是月 14 日，瓮安县人民政府任命仉金芳为县法院院长。

1960 年 12 月 5—8 日，县第四届人民代表大会选举刘盛禹为县法院院长。1961 年 8 月 13 日，福泉法院从瓮安县法院划出。1962 年 9 月 26 日，州委任命张昇江为县法院院长。

1963年9月5—10日，瓮安县第五届人民代表大会选举张昇江为县法院院长。1965年12月15—17日，瓮安县第六届人民代表大会选举张昇江为县法院院长。1967年4月，县法院并入县革命委员会治安保卫小组，1968年4月，成立中国人民解放军瓮安县公安机关军事管制小组，瓮安县革命委员会人民保卫部。不设审判机构，由军事管制小组开展审判活动。1973年3月14日，经中共瓮安县委批准，任命张昇江为县法院院长。1980年4月，召开瓮安县第八届人民代表大会第一次会议，选举罗祥安为县法院院长。1984年2月23日，瓮安县第八届人民代表大会常务委员会第24次会议任命罗开发为县法院代理院长。11月25日至12月1日，第九届人民代表大会第一次会议选举罗开发为县法院院长。1987年9月7—13日，瓮安县第十届人民代表大会第一次会议选举陈国强为县法院院长。1990年5月4日，召开瓮安县第十一届人民代表大会常务委员会第一次会议选举陈国强为县法院院长。1993年3月23日，瓮安县第十一届人民代表大会第十四次会议通过任命张仕福为县法院代理院长。1993年4月16日，瓮安县第十二届人民代表大会第一次会议选举王志军为县法院院长。1998年4月2日，瓮安县第十三届人民代表大会第一次会议选举庹文书为县法院院长。2003年5月27—29日，瓮安县第十四届人民代表大会第一次会议选举庹文书为县法院院长。2006年10月，戴渊强代理县法院院长。2007年1月，瓮安县第十五届人民代表大会第二次会议选举戴渊强为县法院院长。2013年5月，祝夜明代理县法院院长。2014年3月，瓮安县第十六届人民代表大会议第三次会议选举祝夜明为县法院院长。

表1-3　　1950—2015年瓮安县人民法院历届党组、正副院长名录

届次	职务		姓名	性别	族别	籍贯	学历	任职时间	备注
	党组	行政							
		审判长	吴近仁	男	汉	河南南乐	高小	1950.05—1954.07	
		科　长	刘平衡	男	汉	湖南邵阳	高中	1950.01—1950.05	
		院　长	刘平衡	男	汉	湖南邵阳	高中	1950.05—1951.10	
		副院长	袁恩波	男	汉	贵州瓮安	高中	1951.09—1952.10	
		院　长	袁恩波	男	汉	贵州瓮安	高中	1952.10—1955.03	县政府（52）人任字第13号
		副院长	徐明尧	男	汉	贵州福泉	高中	1953.08—1955.03	
		代院长	罗祥安	男	仡佬	贵州瓮安	高中	1955.04—1955.05	
第一届		院　长	罗祥安	男	仡佬	贵州瓮安	高中	1955.05—1956.12	
		副院长	王家全	男	汉	贵　州	高中	1956.02—1956.12	
第二届		院　长	罗祥安	男	仡佬	贵州瓮安	高中	1956.12—1958.12	
		副院长	王家全	男	汉	贵　州	高中	1956.12—1958.12	
第三届		院　长	罗祥安	男	仡佬	贵州瓮安	高中	1958.05—1958.12	
		院　长	仉金芳	男	汉	山　西	高中	1958.12—1959.01	县人委（58）人任字第8号
		副院长	郑维山	男	汉	山　东	高中	1959.01—1961.01	主持工作

续表

届次	职务		姓名	性别	族别	籍贯	学历	任职时间	备注
	党组	行政							
第四届		院　长	刘盛禹	男	汉	贵州福泉	高中	1960. 12—1961. 08	1961年5月到任
		副院长	庄桂兹	男	汉	山　东	高中	1959. 11—1962. 05	1961年1月至4月主持工作
		代院长	张昇江	男	汉	甘肃庆阳	初中	1962. 10—1963. 09	州委（62）干任字
第五届	书　记	院　长	张昇江	男	汉	甘肃庆阳	初中	1963. 09—1966. 04	州组字（62）第058号县政法党组
	成　员	副院长	沈显荣	男	汉	贵　州	初中	1962. 10—1963. 04	
	成　员	副院长	吕兰纯	男	汉	山　东	初中	1965. 06—1966. 04	
第六届	书　记	院　长	张昇江	男	汉	甘肃庆阳	初中	1966. 12—1967. 03	1966年，“文化大革命”开始，人民代表大会停止活动，其职能被革命委员会取代
	成　员	副院长	吕兰纯	男	汉	山　东	初中	1966. 04—1967. 03	
	成　员	副院长	方天禄	男	汉	贵州瓮安	高中	1973. 03—1976. 10	
第七届	书记	院　长	张昇江	男	汉	甘肃庆阳	初中	1967. 03—1979. 10	1987年10月，成立法院党支部
	成员	副院长	方天禄	男	汉	贵州瓮安	高中	1976. 10—1979. 10	
	书　记	代院长	罗祥安	男	仡佬	贵州瓮安	高中	1979. 10—1980. 04	
第八届	书　记	院　长	罗祥安	男	仡佬	贵州瓮安	高中	1980. 04—1984. 02	
	副书记	副院长	方天禄	男	汉	贵州瓮安	高中	1979. 10—1981. 02	
	成　员	副院长	刘明达	男	汉	贵州遵义	高中	1981. 02—1984. 02	
	成　员	副院长	向忠富	男	汉	贵州瓮安	高中	1982. 08—1984. 02	
	书　记	代院长	罗开发	男	汉	贵州瓮安	大专	1984. 02—1984. 12	1984年2月23日第八届人民代表大会第24次人大常务会议任命
第九届	书　记	院　长	罗开发	男	汉	贵州瓮安	大专	1984. 12—1987. 09	
	副书记		罗祥安	男	仡佬	贵州瓮安	高中	1984. 02—1987. 09	
	副书记	副院长	向忠富	男	汉	贵州瓮安	高中	1984. 12—1987. 09	1984年6月任副书记
	成　员	副院长	陈国强	男	汉	贵州瓮安	本科	1984. 02—1987. 09	
第十届	书　记	院　长	陈国强	男	汉	贵州瓮安	本科	1987. 09—1990. 05	1988年1月成立法院党组
	副书记		罗祥安	男	仡佬	贵州瓮安	高中	1987. 01—1992. 03	1984年9月—1986年12月有任调研员
	副书记	副院长	向忠富	男	汉	贵州瓮安	高中	1987. 09—1988. 01	
	成　员	副院长	张庆芳	男	汉	山　西	大专	1987. 12—1990. 05	
	成　员	副院长	肖成渭	男	汉	贵州遵义	大专	1989. 05—1990. 05	

续表

届次	职务		姓名	性别	族别	籍贯	学历	任职时间	备注
	党组	行政							
第十一届	书　记	院　长	陈国强	男	汉	贵州瓮安	本科	1990. 05—1993. 03	
	成　员	副院长	张庆芳	男	汉	山　西	大专	1990. 05—1993. 06	
	成　员	副院长	肖成渭	男	汉	贵州遵义	大专	1990. 05—1993. 04	
	成　员	副院长	张仕福	男	汉	贵州瓮安	本科	1992. 06—1993. 03	
	书　记	代院长	张仕福	男	汉	贵州瓮安	本科	1993. 03—1993. 04	1993年3月23日第14次人大常务会议任命
	成　员	办公室主任	粟应奎	男	汉	贵州瓮安	大专	1993. 05—1998. 04	办公室主任
第十二届	书 记	院　长	王志军	男	汉	贵州瓮安	大专	1993. 04—1998. 04	
	成 员	副院长	肖成渭	男	汉	贵州遵义	大专	1993. 04—1998. 05	
	成　员	副院长	梁华德	男	汉	贵州瓮安	大专	1993. 06—1998. 04	
	成　员	副院长	余家治	男	汉	贵州瓮安	大专	1993. 06—1998. 05	
	成　员	纪检组长	李德华	男	汉	山东阳谷	大专	1997. 10—1998. 04	
	成　员	办公室主任	粟应奎	男	汉	贵州瓮安	大专	1998. 04—2003. 05	
第十三届	书　记	院　长	虞文书	男	汉	贵州瓮安	大专	1998. 04—2003. 05	
	副书记		肖成渭	男	汉	贵州遵义	大专	1998. 05—1999. 12	
	成　员	副院长	梁华德	男	汉	贵州瓮安	大专	1998. 04—2000. 12	
	成　员	副院长	邓太华	男	汉	贵州瓮安	大专	1998. 05—2003. 05	
	成　员	纪检组长	李德华	男	汉	山东阳谷	大专	1998. 04—2003. 05	
	成　员	办公室主任	粟应奎	男	汉	贵州瓮安	大专	1998. 05—2003. 05	
	成　员	政工科长	周　文	男	汉	贵州瓮安	大专	2001. 02—2001. 12	
第十四届	书　记	院　长	虞文书	男	汉	贵州瓮安	大专	2003. 05—2006. 10	
	成　员	副院长	邓太华	男	汉	贵州瓮安	大专	2003. 05—2007. 01	
	成　员	副院长	田　军	男	汉	贵州瓮安	本科	2003. 05—2007. 01	
	成　员	副院长	李家烈	男	汉	贵州瓮安	本科	2003. 05—2007. 01	
	成　员	纪检组长	李德华	男	汉	山东阳谷	大专	2003. 05—2007. 01	
	成　员	办公室主任	粟应奎	男	汉	贵州瓮安	大专	2003. 5—2007. 01	
	成　员	政工科长	张德舜	男	汉	贵州瓮安	本科	2003. 05—2007. 01	
	成　员	执行局长	孙治贤	男	汉	贵州瓮安	大专	2003. 05—2007. 01	
	书　记	代院长	戴渊强	男	布依	贵州都匀	本科	2006. 10—2007. 01	

续表

届次	职务		姓名	性别	族别	籍贯	学历	任职时间	备注
	党组	行政							
第十五届	书记	院　长	戴渊强	男	布依	贵州都匀	本科	2007.01—2013.05	
	副书记		刘平菊	女	汉	贵州瓮安	大专	2009.12—2010.05	
	成　员	副院长	邓太华	男	汉	贵州瓮安	大专	2007.01—2008.10	
	成　员	副院长	李家烈	男	汉	贵州瓮安	本科	2007.01—2012.01	
	成　员	副院长	田　军	男	汉	贵州瓮安	本科	2007.01—2011.12	
	成　员	副院长	张德舜	男	汉	贵州瓮安	本科	2007.07—2012.01	
	成　员	副院长	牟　涛	男	汉	贵州瓮安	研究生	2011.12—2012.01	
	成　员	纪检组长	李德华	男	汉	山东阳谷	大专	2007.01—2010.01	
	成　员	办公室主任	粟应奎	男	汉	贵州瓮安	大专	2007.01—2008.03	
	成　员	执行局长	孙治贤	男	汉	贵州瓮安	大专	2007.01—2012.01	
	成　员	政工科长	王资刚	男	汉	贵州瓮安	本科	2008.11—2011.12	
	成　员	纪检组长	林　凯	男	汉	贵州瓮安	本科	2010.11—2012.01	
第十六届	书　记	院　长	戴渊强	男	布依	贵州都匀	本科	2012.01—2013.05	
	书　记	代院长	祝夜明	男	布依	江苏无锡	本科	2013.05—2014.03	
	书　记	院　长	祝夜明	男	布依	江苏无锡	本科	2014.03—	
	成　员	副院长	李家烈	男	汉	贵州瓮安	本科	2012.01—2014.11	
	副书记		李家烈	男	汉	贵州瓮安	本科	2014.11—	
	成　员	副院长	张德舜	男	汉	贵州瓮安	本科	2012.01—	
	成　员	副院长	牟　涛	男	汉	贵州瓮安	研究生	2012.01—2014.12	
	成　员	执行局长	王资刚	男	汉	贵州瓮安	本科	2013.08—2014.11	
	成　员	常务副院长	王资刚	男	汉	贵州瓮安	本科	2014.12—	
		副院长	周　艺	男	汉	贵州瓮安	本科	2014.12—	
	成员	政工科长	张　艳	女	汉	贵州瓮安	本科	2012.05—	
	成　员	纪检组长	林　凯	男	汉	贵州瓮安	本科	2012.01—	
	成　员	机关党委书记	敖洪康	男	汉	贵州瓮安	本科	2014.12—	
	成　员	执行局长	付文忠	男	苗	贵州瓮安	本科	2015.03—	

表 1-4　　1983—2014 年瓮安县人民法院审判委员会委员名录

职务		姓名	性别	族别	籍贯	学历	任职时间	备注
党组	行政							
书　记	院　长	罗祥安	男	仡佬	贵州瓮安	高中	1983. 09—1984. 02	
成　员	副院长	刘明达	男	汉	贵　州	高中	1983. 09—1984. 02	
成　员	副院长	向忠富	男	汉	贵州瓮安	高中	1983. 09—1984. 02	
书　记	院　长	罗开发	男	汉	贵州瓮安	大专	1984. 02—1987. 09	含代院长
副书记		罗祥安	男	仡佬	贵州瓮安	高中	1984. 02—1987. 09	
成　员	副院长	向忠富	男	汉	贵州瓮安	高中	1984. 02—1987. 09	
成　员	副院长	陈国强	男	汉	贵州瓮安	本科	1984. 02—1987. 09	
	庭　长	金秉福	男	汉	贵州瓮安	大专	1985. 02—1987. 09	
书　记	院　长	陈国强	男	汉	贵州瓮安	本科	1987. 09—1990. 05	
成　员	副院长	向忠富	男	汉	贵州瓮安	高中	1987. 09—1998. 01	
成　员	副院长	张庆芳	男	汉	山　西	高中	1987. 12—1990. 05	
成　员	副院长	肖成渭	男	汉	贵州遵义	大专	1989. 05—1990. 05	
	庭　长	金秉福	男	汉	贵州瓮安	大专	1987. 09—1992. 05	
	庭　长	石明义	男	汉	贵　州	高中	1988. 02—1990. 05	
书　记	院　长	陈国强	男	汉	贵州瓮安	本科	1990. 05—1993. 05	
成　员	副院长	张庆芳	男	汉	山　西	高中	1990. 05—1993. 03	
成　员	副院长	肖成渭	男	汉	贵州遵义	大专	1990. 05—1993. 03	
	庭　长	金秉福	男	汉	贵州瓮安	大专	1990. 05—1993. 03	
	庭　长	石明义	男	汉	贵　州	高中	1990. 05—1993. 03	
副书记	副院长	张仕福	男	汉	贵州瓮安	本科	1992. 06—1993. 04	含代院长
书　记	院　长	王志军	男	汉	贵州瓮安	大专	1993. 04—1998. 04	
成　员	副院长	肖成渭	男	汉	贵州遵义	大专	1993. 03—1998. 05	
成　员	副院长	梁华德	男	汉	贵州瓮安	大专	1993. 06—1998. 04	
成　员	副院长	余家治	男	汉	贵州瓮安	大专	1993. 06—1998. 04	
	庭　长	金秉福	男	汉	贵州瓮安	大专	1993. 03—1998. 04	
	庭　长	石明义	男	汉	贵　州	高中	1993. 03—1995. 10	
	庭　长	宋泽学	男	汉	贵州瓮安	大专	1993. 06—1998. 04	
	庭　长	孙治贤	男	汉	贵州瓮安	大专	1993. 06—1998. 04	
书　记	院　长	虞文书	男	汉	贵州瓮安	大专	1998. 04—2003. 05	
副书记		肖成渭	男	汉	贵州遵义	大专	1998. 04—1999. 12	
成　员	副院长	梁华德	男	汉	贵州瓮安	大专	1998. 04—2001. 12	
	庭　长	金秉福	男	汉	贵州瓮安	大专	1998. 04—2003. 05	

续表

职务		姓名	性别	族别	籍贯	学历	任职时间	备注
党组	行政							
	庭　长	宋泽学	男	汉	贵州瓮安	大专	1998.04—2003.05	
	执行局长	孙治贤	男	汉	贵州瓮安	大专	1998.04—2003.05	
成　员	副院长	邓太华	男	汉	贵州瓮安	本科	1998.06—2003.05	
书　记	院　长	虞文书	男	汉	贵州瓮安	大专	2003.05—2006.10	
成　员	副院长	邓太华	男	汉	贵州瓮安	本科	2003.05—2006.10	
成　员	副院长	李家烈	男	汉	贵州瓮安	本科	2003.07—2006.10	
成　员	副院长	田　军	男	汉	贵州瓮安	本科	2003.05—2006.10	
成　员	政工科长	张德舜	男	汉	贵州瓮安	本科	2003.05—2006.10	
成　员	执行局长	孙治贤	男	汉	贵州瓮安	本科	2003.05—2006.10	
	庭　长	宋泽学	男	汉	贵州瓮安	大专	2003.05—2007.08	
	庭　长	李　明	男	汉	贵州瓮安	本科	2003.07—2006.10	
	庭　长	郭庭才	男	汉	贵州瓮安	本科	2003.07—2008.08	
	庭　长	付文忠	男	苗	贵州瓮安	本科	2003.07—2008.08	
书　记	院　长	戴渊强	男	布依	贵州都匀	本科	2006.10—2013.05	含代院长
成　员	副院长	邓太华	男	汉	贵州瓮安	本科	2006.10—2008.10	
成　员	副院长	田　军	男	汉	贵州瓮安	本科	2006.10—2011.12	
成　员	副院长	李家烈	男	汉	贵州瓮安	本科	2006.10—2013.05	
成　员	执行局长	孙治贤	男	汉	贵州瓮安	大专	2006.10—2013.05	
	庭　长	李　明	男	汉	贵州瓮安	本科	2006.10—2013.05	
	庭　长	郭庭才	男	汉	贵州瓮安	本科	2008.08—2013.05	
	庭　长	付文忠	男	苗	贵州瓮安	本科	2008.08—2013.05	
成　员	纪检组长	林　凯	男	汉	贵州瓮安	本科	2011.05—2013.05	
	庭　长	唐正奎	男	汉	贵州瓮安	本科	2011.05—2013.05	
成　员	副院长	牟　涛	男	汉	贵州瓮安	研究生	2012.05.2013.05	
成　员	政工科长	张　艳	女	汉	贵州瓮安	本科	2012.05—2013.05	
书　记	院　长	祝夜明	男	布依	江苏无锡	本科	2013.05—	含代院长
副书记	副院长	李家烈	男	汉	贵州瓮安	本科	2013.05—	2014 年 12 月任党组副书记
成　员	副院长	张德舜	男	汉	贵州瓮安	本科	2013.05—	

续表

职务		姓名	性别	族别	籍贯	学历	任职时间	备注
党组	行政							
成　员	副院长	牟　涛	男	汉	贵州瓮安	研究生	2013.05—2015.11	
成　员	执行局长	王资刚	男	汉	贵州瓮安	本科	2013.05—	2014年12月任常务副院长
	监察员	孙治贤	男	汉	贵州瓮安	大专	2013.05—	
	庭　长	郭廷才	男	汉	贵州瓮安	本科	2013.05—	
成　员	庭　长	付文忠	男	苗	贵州瓮安	本科	2013.05—	
成　员	纪检组长	林　凯	男	汉	贵州瓮安	本科	2013.05—	
成　员	政工科长	张　艳	女	汉	贵州瓮安	本科	2013.05—	
	庭　长	唐正奎	男	汉	贵州瓮安	本科	2013.05—	
	庭　长	邓安静	男	汉	贵州瓮安	本科	2013.05—	
	副院长	周　艺	男	汉	贵州瓮安	本科	2014.12—	
	机关党委书记	敖洪康	男	汉	贵州瓮安	本科	2015.04 —	
	审管办主任	龙治平	男	汉	贵州瓮安	本科	2015.04 —	

1983—2015年，《全国人大常委会关于修改人民法院组织法》施行后，审判委员会委员由县人大常委会决定任命。

表1-5　　1998—2015年瓮安县人民法院法官任命等级名录

任命等级	姓名	职务	性别	族别	籍贯	文化程度	任职时间	任命单位
三级高级法官	虞文书	院　长	男	汉	贵州瓮安	大专	2006.09	最高人民法院
四级高级法官	冷登逵	研究室主任	男	汉	贵州瓮安	大专	1998.11	
四级高级法官	蒋正文	庭　长	男	汉	贵州瓮安	大专	1998.11	
四级高级法官	陈家富	庭　长	男	汉	四　川	大专	1998.11	
四级高级法官	王复礼	庭　长	男	汉	贵州瓮安	大专	1998.11	
四级高级法官	丁昌贵	庭　长	男	汉	贵州瓮安	大专	2004.11	
四级高级法官	王德仙	副庭长	女	汉	贵州瓮安	大专	2006.03	
四级高级法官	邓太华	副院长	男	汉	贵州瓮安	本科	2006.06	

续表

任命等级	姓名	职务	性别	族别	籍贯	文化程度	任职时间	任命单位
四级高级法官	粟应奎	办公室主任	男	汉	贵州瓮安	大专	2006.06	最高人民法院
四级高级法官	秦付坤	庭　长	男	汉	贵州瓮安	大专	2006.09	
四级高级法官	金秉福	庭　长	男	汉	贵州瓮安	大专	2006.09	
四级高级法官	曹明学	庭　长	男	汉	贵州瓮安	大专	2006.09	
四级高级法官	肖成渭	副院长	男	汉	贵州遵义	大专	2006.09	
四级高级法官	宋泽学	庭　长	男	汉	贵州瓮安	大专	2006.09	
四级高级法官	梁华德	副庭长	男	汉	贵州瓮安	大专	2006.09	
四级高级法官	陈洪立	庭　长	男	汉	贵州修文	大专	2006.09	
四级高级法官	李家松	审判员	男	汉	贵州瓮安	大专	2006.09	
四级高级法官	陈洪高	庭　长	男	汉	贵州瓮安	大专	2006.09	
四级高级法官	王运祥	庭　长	男	汉	贵州瓮安	大专	2006.09	
四级高级法官	李家烈	副院长	男	汉	贵州瓮安	本科	2006.11	
四级高级法官	孙治贤	执行局局长	男	汉	贵州瓮安	大专	2006.01	
四级高级法官	戴渊强	院　长	男	布依	贵州都匀	本科	2007.01	
四级高级法官	祝夜明	院　长	男	布依	江苏无锡	本科	2007.01	
四级高级法官	王耀乾	庭　长	男	汉	贵州瓮安	大专	2008.03	
四级高级法官	牟　涛	副庭长	男	汉	贵州瓮安	研究生	2008.11	
四级高级法官	白启文	副庭长	男	汉	贵州瓮安	大专	2008.11	
四级高级法官	付文忠	庭　长	男	苗	贵州瓮安	本科	2010.05	
四级高级法官	张德舜	副院长	男	汉	贵州瓮安	本科	2010.11	
一级法官	邓太华	副院长	男	汉	贵州瓮安	本科	1998.11	贵州省高级人民法院
一级法官	陈洪高	庭　长	男	汉	贵州瓮安	大专	1998.11	
一级法官	宋泽学	庭　长	男	汉	贵州瓮安	大专	1988.11	
一级法官	粟应奎	办公室主任	男	汉	贵州瓮安	大专	1998.11	
一级法官	曹明学	庭　长	男	汉	贵州瓮安	大专	1998.11	
一级法官	金秉福	庭　长	男	汉	贵州瓮安	大专	1988.11	
一级法官	胡远志	副庭长	男	汉	贵州瓮安	大专	1998.11	
一级法官	吴友方	副庭长	男	汉	贵州瓮安	大专	1998.11	
一级法官	陈洪立	庭　长	男	汉	贵州修文	大专	1988.11	
一级法官	李家松	审判员	男	汉	贵州瓮安	大专	1998.11	
一级法官	秦付坤	庭　长	男	汉	贵州瓮安	大专	1988.11	

续表

任命等级	姓名	职务	性别	族别	籍贯	文化程度	任职时间	任命单位
一级法官	陈泽玲	副庭长	女	汉	贵州瓮安	大专	1998. 11	贵州省高级人民法院
一级法官	罗绍培	副庭长	男	汉	贵州瓮安	大专	1998. 11	
一级法官	况月华	庭　长	男	汉	贵州瓮安	大专	1988. 11	
一级法官	卢光然	副庭长	男	汉	贵州瓮安	大专	1998. 11	
一级法官	王德仙	副庭长	女	汉	贵州瓮安	大专	1988. 11	
一级法官	王运祥	庭　长	男	汉	贵州瓮安	大专	1998. 12	
一级法官	丁昌贵	庭　长	男	汉	贵州瓮安	大专	2000. 12	
一级法官	赵　琪	副庭长	男	汉	贵州瓮安	大专	2006. 11	
一级法官	谭学军	庭　长	男	汉	贵州瓮安	大专	2006. 11	
一级法官	田　强	审判员	男	汉	贵州瓮安	大专	2006. 11	
一级法官	薛召贵	庭　长	男	汉	河南鹿邑	大专	2006. 11	
一级法官	任　立	庭　长	男	汉	贵州瓮安	本科	2006. 11	
一级法官	郭廷才	庭　长	男	汉	贵州瓮安	本科	2006. 11	
一级法官	唐正奎	庭　长	男	汉	贵州瓮安	本科	2006. 11	
一级法官	王黔淮	副庭长	男	汉	贵州瓮安	大专	2006. 11	
一级法官	李　明	庭　长	男	汉	贵州瓮安	本科	2006. 11	
一级法官	宗家富	庭　长	男	汉	贵州瓮安	大专	2007. 07	
一级法官	田　军	庭　长	男	汉	贵州瓮安	本科	2008. 12	
一级法官	张　艳	副庭长	女	汉	贵州瓮安	本科	2009. 11	
一级法官	帅金方	副庭长	男	汉	贵州瓮安	大专	2009. 11	
一级法官	龙良海	副庭长	男	汉	贵州瓮安	大专	2009. 11	
一级法官	肖玉松	执行局副局长	男	汉	贵州瓮安	本科	2009. 11	
一级法官	王资刚	常务副院长	男	汉	贵州瓮安	本科	2015. 02	
一级法官	周　艺	副院长	男	汉	贵州瓮安	本科	2015. 02	
一级法官	林　凯	纪检组长	男	汉	贵州瓮安	本科	2015. 02	
二级法官	李家烈	庭　长	男	汉	贵州瓮安	本科	1998. 11	
二级法官	孙治贤	庭　长	男	汉	贵州瓮安	大专	1998. 11	
二级法官	张贵萍	副庭长	女	汉	贵州瓮安	大专	1998. 11	
二级法官	丁昌贵	庭　长	男	汉	贵州瓮安	大专	1998. 11	
二级法官	白启文	副庭长	男	汉	贵州瓮安	大专	1998. 11	
二级法官	王耀乾	庭　长	男	汉	贵州瓮安	大专	1998. 11	

续表

任命等级	姓名	职务	性别	族别	籍贯	文化程度	任职时间	任命单位
二级法官	付文忠	庭　长	男	汉	贵州瓮安	本科	1998.11	贵州省高级人民法院
二级法官	王黔淮	副庭长	男	汉	贵州瓮安	大专	2002.11	
二级法官	赵　琪	副庭长	男	汉	贵州瓮安	大专	2002.11	
二级法官	田茂辉	副庭长	男	汉	贵州瓮安	大专	2005.11	
二级法官	王资刚	执行局局长	男	汉	贵州瓮安	本科	2007.07	
二级法官	卢金国	庭　长	男	汉	贵州瓮安	本科	2007.07	
二级法官	邓安静	庭　长	男	汉	贵州瓮安	本科	2010.02	
二级法官	段仕礼	执行局副局长	男	汉	贵州瓮安	本科	2010.04	
二级法官	何崇尧	副庭长	男	汉	贵州瓮安	本科	2010.04	
二级法官	敖洪康	办公室主任	男	汉	贵州瓮安	本科	2010.05	
二级法官	曹代陶	庭　长	男	汉	贵州瓮安	本科	2010.05	
二级法官	龙治平	庭　长	男	汉	贵州瓮安	本科	2010.11	
二级法官	周华彬	庭　长	男	汉	贵州余庆	本科	2015.02	
二级法官	杨桥生	书记官室主任	男	苗	贵州凯里	本科	2015.02	
二级法官	贺光群	副庭长	女	汉	贵州瓮安	本科	2015.02	
二级法官	朱定勇	庭　长	男	汉	贵州瓮安	本科	2015.02	
二级法官	曾祥军	主　任	男	汉	贵州瓮安	本科	2015.02	
二级法官	兰　亦	副庭长	男	苗	贵州瓮安	本科	2015.02	
二级法官	杜　坤	庭　长	男	仡佬	贵州瓮安	本科	2015.02	
二级法官	易言平	庭　长	男	汉	贵州瓮安	本科	2015.02	
二级法官	杨俊丽	副庭长	女	汉	贵州瓮安	本科	2015.02	
二级法官	杨　会	庭　长	女	汉	贵州纳雍	本科	2015.02	
二级法官	刘忠明	庭　长	男	汉	贵州施秉	本科	2015.02	
二级法官	王兴菊	庭　长	女	汉	贵州瓮安	本科	2015.02	
二级法官	杨　莉	庭　长	女	汉	贵州瓮安	本科	2015.02	
三级法官	郭庭才		男	汉	贵州瓮安	本科	1998.11	
三级法官	杨晓凤		女	汉	贵州瓮安	大专	1998.11	
三级法官	王邦德		男	汉	贵州瓮安	大专	1998.11	
三级法官	王黔淮		男	汉	贵州瓮安	大专	1998.11	
三级法官	薛召贵		男	汉	河南鹿邑	大专	1998.11	
三级法官	赵　琪		男	汉	贵州瓮安	大专	1998.11	

续表

任命等级	姓名	职务	性别	族别	籍贯	文化程度	任职时间	任命单位
三级法官	田　强		男	汉	贵州瓮安	大专	1998. 11	贵州省高级人民法院
三级法官	张德舜		男	汉	贵州瓮安	本科	1998. 11	
三级法官	田　军		男	汉	贵州瓮安	本科	1998. 11	
三级法官	唐正奎		男	汉	贵州瓮安	本科	1998. 11	
三级法官	谭学军		男	汉	贵州瓮安	大专	1998. 11	
三级法官	任　立		男	汉	贵州瓮安	本科	1998. 11	
三级法官	江　涛		男	汉	贵州瓮安	本科	1998. 11	
三级法官	宗家富		男	汉	贵州瓮安	大专	2000. 05	
三级法官	朱定勇		男	汉	贵州瓮安	本科	2008. 02	
三级法官	倪　安		男	汉	贵州瓮安	本科	2008. 02	
三级法官	贺光群		女	汉	贵州瓮安	本科	2008. 04	
三级法官	雒双虎		男	汉	甘肃甘谷	本科	2010. 10	
三级法官	周华彬		男	汉	贵州余庆	本科	2011. 07	
三级法官	罗鹈鸣		女	苗	贵州瓮安	本科	2015. 02	
三级法官	江林禹		女	汉	贵州瓮安	本科	2015. 02	
三级法官	欧乔云		女	汉	贵州瓮安	本科	2015. 02	
三级法官	郑　橙		男	汉	贵州黔西	本科	2015. 02	
三级法官	金长虹		女	苗	贵州长顺	本科	2015. 02	
三级法官	尚　月		女	汉	贵州瓮安	本科	2015. 02	
三级法官	朱容莉		女	汉	贵州瓮安	本科	2015. 02	
三级法官	王　莹		女	汉	贵州瓮安	本科	2015. 02	
三级法官	卢昌劲		男	汉	贵州瓮安	第二学士学位	2015. 02	
四级法官	帅金方		男	汉	贵州瓮安	大专	1998. 11	
四级法官	张　艳		女	汉	贵州瓮安	本科	1998. 11	
四级法官	宗家富		男	汉	贵州瓮安	大专	1998. 11	
四级法官	金绍静		女	汉	贵州瓮安	本科	1998. 11	
四级法官	田应喜		男	汉	贵州瓮安	本科	1998. 11	
四级法官	杨　静		女	汉	贵州瓮安	本科	1998. 11	
四级法官	龙良海		男	汉	贵州瓮安	大专	1998. 11	
四级法官	杜　飞		男	汉	贵州余庆	本科	1998. 11	
四级法官	田茂辉		男	汉	贵州瓮安	本科	1998. 11	

续表

任命等级	姓名	职务	性别	族别	籍贯	文化程度	任职时间	任命单位
四级法官	李　明		男	汉	贵州瓮安	本科	1998.11	贵州省高级人民法院
四级法官	王观军		男	汉	贵州瓮安	本科	2000.10	
四级法官	曾祥军		男	汉	贵州瓮安	本科	2009.07	
四级法官	杨桥生		男	苗	贵州凯里	本科	2010.06	
四级法官	余家静		女	汉	贵州瓮安	本科	2015.02	
四级法官	田筱锋		男	苗	贵州松桃	本科	2015.02	
四级法官	谢　霞		女	汉	贵州瓮安	本科	2015.02	
四级法官	吴　红		女	苗	贵州台江	本科	2015.02	
四级法官	邓　衡		男	汉	贵州瓮安	本科	2015.02	
四级法官	卢丹丹		女	汉	贵州遵义	硕士研究生	2015.02	
四级法官	奚　艳		女	汉	贵州福泉	本科	2015.02	
四级法官	余志强		男	苗	贵州印江	本科	2015.02	
四级法官	肖义刚		男	汉	贵州惠水	硕士研究生	2015.02	
四级法官	余　磊		女	汉	贵州瓮安	硕士研究生	2015.02	
五级法官	邓安静		男	汉	贵州瓮安	本科	2000.10	
五级法官	杨俊丽		女	汉	贵州瓮安	本科	2011.07	
五级法官	杨　会		女	汉	贵州纳雍	本科	2011.07	

三、内设机构

1950 年 5 月，县法院内设刑事审判庭、民事审判庭。12 月，设人民法庭。1956 年 1 月，增设办公室。

1967 年 4 月至 1973 年 2 月，县法院由军事管制小组取代，不设内设审判机构，由军事管制小组开展审判活动。

1973 年 3 月，撤销军事管制小组。4 月 5 日，恢复县法院，内设办公室、刑事审判庭、民事审判庭。

1979 年 4 月，设置刑事审判二庭。1981 年 6 月，设置经济审判庭。1982 年 4 月，县法院民事审判庭内设专职执行员、书记员，收到结案执行文书后开展工作。1984 年 6 月，设置执行庭。1987 年 2 月，设置法院工会工作委员会，设置行政审判庭，1987 年 5 月设置告诉申诉庭。1991 年设置政工科，1994 年 3 月，成立法警队。1996 年 8 月，设置离退休干部管理科，与办公室“一个机构、两块牌子”合署办公。

1997 年 3 月 5 日，县法院内设办公室、政工科、法警队、民事审判庭、经济审判庭、刑事审判庭、行政审判庭、执行庭，增设立案庭、少年刑事审判庭、审判监督庭、研究室。

是年3月，撤销告诉申诉庭、刑事审判二庭。1999年8月26日，将原法警队更名为县法院司法警察大队。2000年3月，雍阳人民法庭并入民事审判庭。2001年1月，设置执行工作局。是年，县法院内设机构13个，即办公室、研究室、政工科、纪检组（县纪委派驻机构）、监察室、司法警察大队、立案庭、刑事审判庭、民事审判一庭、民事审判二庭（原经济审判庭）、行政审判庭、审判监督庭、执行工作局（原执行庭）、书记官室。2008年5月，县法院设立银盏、平定营、玉华、松坪、小河山、天文、木老坪、岚关、老坟咀、建中、白沙、鱼河、龙塘、木引槽、高水、牛场坝、铜锣17个巡回法庭。

2012年9月18日，设置县法院审判管理办公室，县法院审务服务中心。2013年1月14日，设置交通事故审判庭、技术室。7月17日，设置环保法庭，少年案件审判庭改为少年审判法庭。

表1-6　　1950—2014年瓮安县人民法院内设机构设置变化表

机构名称	设置及变化时间
刑事审判庭	1950年5月
刑事审判一庭	1979年4月设置至2003年7月撤销
刑事审判二庭	1990年6月设置至1993年5月撤销
民事审判庭	1950年5月设置
民事审判一庭	1973年4月恢复民事审判庭，至2003年6月设置为民事审判一庭
民事审判二庭	2001年1月由经济审判庭改置
普选法庭	1953年7月设置至1953年9月撤销
巡回法庭	1954年2月设置至1956年9月撤销
办公室	1956年1月设置至2015年
研究室	1980年9月设置办公室兼至1997年5月独立办公
经济审判庭	1981年6月设置至2001年1月撤销
政工（科）	1984年6月设置政工至1991年7月升格为政工科
执行庭（局）	1984年6月设置至2001年1月升格为执行工作局
行政审判庭	1985年2月设置
监察室	1987年12月设置
告诉申诉庭	1987年5设置至1997年3月改置为立案庭
法警队（大队）	1994年3月设置至1996年8月升格为司法警察大队
离退休干部管理科	1996年8月设置与办公室合署办公，至2003年6月撤销
少年审判法庭	1997年3月设置少年案件审判庭至2013年7月设置（隶属刑事审判庭）
立案庭	1997年3月由告诉申诉庭改置
审判监督庭	1997年3月设置
纪检组	1997年10月设置

续表

机构名称	设置及变化时间
书记官室	2004 年 7 月设置
审判管理办公室	2012 年 9 月设置
审务服务中心	2012 年 9 月设置
技术室	2013 年 1 月设置
交通事故审判庭	2013 年 1 月设置
环保法庭	2013 年 7 月设置
法院派驻各部门执行室	1991 年 11 月至 1995 年 4 月

表 1-7　　1950—2015 年瓮安县人民法院内设机构负责人名录

名称	姓名	职务	性别	族别	籍贯	学历	任职时间	备注
刑事审判庭	高小波	审判员	男	汉	四川达县	高中	1954. 04—1955. 04	
	王国富	审判员	男	汉	贵州瓮安	高中	1955. 04—1961. 10	
	向忠富	副庭长	男	汉	贵州瓮安	高中	1973. 02—1978. 02	
	向忠富	庭　长	男	汉	贵州瓮安	高中	1978. 02—1982. 01	
	刘　翔	庭　长	男	汉	江　苏	高中	不详	调回江苏
	张庆芳	庭　长	男	汉	山　西	高中	1986. 08—1987. 12	
	李忠文	副庭长	男	汉	贵州瓮安	高中	1988. 02—1988. 05	
刑事审判庭	余家治	庭　长	男	汉	贵州瓮安	大专	1982. 01—1993. 06	
	孙治贤	副庭长	男	汉	贵州瓮安	大专	1989. 10—1990. 05	
	孙治贤	庭　长	男	汉	贵州瓮安	大专	1990. 06—1998. 12	
	张贵萍	副庭长	女	汉	贵州瓮安	大专	1993. 06—1998. 12	
	李家烈	庭　长	男	汉	贵州瓮安	本科	2001. 03—2003. 07	
	王运祥	庭　长	男	汉	贵州瓮安	大专	2003. 07 —2008. 06	
	何崇尧	副庭长	男	汉	贵州瓮安	本科	2008. 02—2010. 04	
	江　涛	副庭长	男	汉	贵州瓮安	本科	2003. 01—2003. 07	
	付文忠	庭　长	男	苗	贵州瓮安	本科	2008. 02—2015. 02	
	易言平	副庭长	男	汉	贵州瓮安	本科	2013. 02—2014. 11	
	易言平	庭　长	男	汉	贵州瓮安	本科	2014. 12—	
刑事审判一庭	兰乐纳	副庭长	男	汉	贵　州	初中	1979. 04—1986. 02	
	石明义	庭　长	男	汉	贵　州	高中	1986. 02—1995. 06	
	丁昌贵	负责人	男	汉	贵州瓮安	大专	1995. 06—1997. 02	
	付文忠	庭　长	男	苗	贵州瓮安	本科	1995. 08—2003. 07	

续表

名称	姓名	职务	性别	族别	籍贯	学历	任职时间	备注
刑事审判二庭	孙治贤	副庭长	男	汉	贵州瓮安	大专	1990.06—1993.05	
民事审判庭	刘明达	庭　长	男	汉	贵　州	高中	1973.03—1974.05	恢复法院设庭长
	袁仕权	副庭长	男	汉	贵州瓮安	初中	1974.05—1979.04	
	兰乐纳	副庭长	男	汉	贵　州	初中	1979.04—1982.03	
	罗会荣	副庭长	男	汉	贵州罗甸	大专	1982.03—1985.05	
	胡献忠	副庭长	男	汉	贵州瓮安	大专	1985.05—1986.01	
	梁华德	副庭长	男	汉	贵州瓮安	大专	1985.05—1989.05	
	余家治	副庭长	男	汉	贵州瓮安	大专	1986.01—1989.05	
	梁华德	庭　长	男	汉	贵州瓮安	大专	1989.05—1993.06	
	熊子学	副庭长	男	汉	贵州瓮安	大专	1989.05—1991.07	
	宋泽学	副庭长	男	汉	贵州瓮安	大专	1991.07—1994.05	
	宋泽学	庭　长	男	汉	贵州瓮安	大专	1993.06—1998.12	
	曹明学	庭　长	男	汉	贵州瓮安	大专	1998.12—2000.04	
	丁昌贵	庭　长	男	汉	贵州瓮安	大专	2001.03—2003.07	
	付文忠	庭　长	男	苗	贵州瓮安	本科	2003.07—2008.02	
	王德仙	副庭长	女	汉	贵州瓮安	大专	1996.12—2003.06	
刑事审判庭	杨晓凤	副庭长	女	汉	贵州瓮安	大专	1998.12—2003.06	
	田茂辉	副庭长	男	汉	贵州瓮安	本科	2003.06—2009.04	
民事审判一庭	李　明	庭　长	男	汉	贵州瓮安	本科	2008.03—2010.05	
	朱定勇	副庭长	男	汉	贵州瓮安	本科	2008.02—2012.06	
	王兴菊	副庭长	男	汉	贵州瓮安	本科	2012.09—2014.11	
	邓安静	庭　长	男	苗	贵州瓮安	本科	2010.05—	
民事审判二庭	付文忠	庭　长	男	苗	贵州瓮安	本科	2003.07—2008.07	
	薛召贵	副庭长	男	汉	河南鹿邑	大专	2001.03—2003.07	
	唐正奎	庭　长	男	汉	贵州瓮安	本科	2008.01—	
	龙治平	副庭长	男	汉	贵州瓮安	本科	2008.01—2012.06	
普选法庭	徐明尧	庭　长	男	汉	贵州福泉	高中	1953.07—1953.09	
巡回法庭	高小波	组　长	男	汉	四川达县	高中	1954.02—1955.06	

续表

名称	姓名	职务	性别	族别	籍贯	学历	任职时间	备注
办公室	刘明达	副主任	男	汉	贵　州	高中	1956.01—1966.07	主持工作
	刘明达	主　任	男	汉	贵　州	高中	1973.03—1981.01	
	李　鹏	副主任	男	苗	贵州雷山	高中	1978.11—1981.01	
	冷登逵	主　任	男	汉	贵州瓮安	高中	1981.01—1991.05	
办公室	李　鹏	副主任	男	苗	贵州雷山	高中	1981.01—1990.12	
	胡远志	副主任	男	汉	贵州瓮安	高中	1989.08—1991.05	
	胡远志	主　任	男	汉	贵州瓮安	大专	1991.05—1993.05	
	王德仙	副主任	女	汉	贵州瓮安	大专	1991.05—1993.05	
	王黔淮	副主任	女	汉	贵州瓮安	大专	1991.05—1993.05	
	粟应奎	主　任	男	汉	贵州瓮安	大专	1993.05—1996.12	
	王德仙	副主任	女	汉	贵州瓮安	大专	1993.05—1996.12	
	陈洪高	副主任	男	汉	贵州瓮安	大专	2003.05—2006.06	
	王资刚	副主任	男	汉	贵州瓮安	本科	2006.08—2008.03	
	敖洪康	副主任	男	汉	贵州瓮安	本科	2008.01—2008.11	
	王资刚	主　任	男	汉	贵州瓮安	本科	2008.03—2010.04	2008.11—2010.04 政工科科长兼
	敖洪康	副主任	男	汉	贵州瓮安	本科	2008.11—2010.04	
	敖洪康	主　任	男	汉	贵州瓮安	本科	2010.04—	
	沈小伟	副主任	女	苗	贵州瓮安	本科	2012.09—2014.12	
研究室	冷登逵	主　任	男	汉	贵州瓮安	大专	1991.05—1993.05	
	郭廷才	副主任	男	汉	贵州瓮安	本科	1997.03—2003.06	
	余文刚	副主任	男	汉	贵州瓮安	本科	2003.06—2007.12	
	易言平	副主任	男	汉	贵州瓮安	本科	2008.01—2013.02	
	何崇尧	主　任	男	汉	贵州瓮安	本科	2010.04—2014.03	
	易言平	负责人	男	汉	贵州瓮安	本科	2014.01—2014.11	
	卢昌劲	负责人	男	汉	贵州瓮安	研究生	2014.12—	
经济审判庭	冷登逵	副庭长	男	汉	贵州瓮安	大专	1973.04—1980.12	
	蔡绍华	副庭长	男	汉	贵州瓮安	高中	1981.06—1989.05	
	王复礼	副庭长	男	汉	贵州瓮安	大专	1984.06—1986.10	
	金秉福	庭　长	男	汉	贵州瓮安	大专	1982.04—1985.02	
	蒋正文	副庭长	男	汉	贵州瓮安	大专	1988.07—1992.03	
	宋泽学	副庭长	男	汉	贵州瓮安	大专	1988.07—1990.03	

续表

名称	姓名	职务	性别	族别	籍贯	学历	任职时间	备注
经济审判庭	邓太华	副庭长	男	汉	贵州瓮安	本科	1990.06—1992.06	
	宋　勇	庭　长	男	汉	贵州瓮安	大专	1990.10—1992.10	
	李家烈	副庭长	男	汉	贵州瓮安	本科	1992.07—1988.12	
	李家烈	庭　长	男	汉	贵州瓮安	本科	1998.12—2001.03	
	张德舜	副庭长	男	汉	贵州瓮安	本科	1998.12—2001.03	
	王运祥	副庭长	男	汉	贵州瓮安	大专	1997.01—1998.12	
	周　文	副庭长	男	汉	贵州瓮安	大专	1997.01—1997.05	
	王运祥	庭　长	男	汉	贵州瓮安	大专	2001.03—2003.06	
政工科	梁裕宽	政工干事	男	汉	贵州瓮安	大专	1984.06—1986.01	
	陈洪高	政工干事	男	汉	贵州瓮安	大专	1986.02—2001.03	
	周　文	科　长	男	汉	贵州瓮安	大专	2001.03—2001.12	
	陈洪高	副科长	男	汉	贵州瓮安	大专	2001.03—2003.04	
	张德舜	科　长	男	汉	贵州瓮安	本科	2003.05—2007.08	
	左晓芳	副科长	女	布依	湖南湘阴	大学	2008.01—2012.05	
	王资刚	科　长	男	汉	贵州瓮安	本科	2008.11—2011.12	
	聂明燕	副科长	女	汉	贵州瓮安	本科	2012.09—2013.09	
	张　艳	科　长	女	汉	贵州瓮安	本科	2012.05—	
执行庭（执行工作局）	宋泽学	副庭长	男	汉	贵州瓮安	大专	1984.06—1991.06	
	王复礼	副庭长	男	汉	贵州瓮安	大专	1982.05—1994.04	
	陈洪立	副庭长	男	汉	贵州修文	大专	1982.06—1994.04	
	王复礼	庭　长	男	汉	贵州瓮安	大专	1994.04—1997.01	
	王黔淮	副庭长	男	汉	贵州瓮安	大专	1993.06—1997.01	
	李家烈	庭　长	男	汉	贵州瓮安	本科	1997.01—1998.12	
	丁昌贵	庭　长	男	汉	贵州瓮安	大专	1999.01—2001.03	
	宗家富	副庭长	男	汉	贵州瓮安	大专	2001.05—2003.07	
	孙治贤	执行局长	男	汉	贵州瓮安	大专	2001.05—2003.07	
	肖玉松	副局长	男	汉	贵州瓮安	本科	2003.06—2008.01	
	段仕礼	副局长	男	汉	贵州瓮安	本科	2008.03—2014.12	
	王资刚	执行局长	男	汉	贵州瓮安	本科	2013.08—2014.11	
	付文忠	执行局长	男	苗	贵州瓮安	本科	2015.03—	

续表

名称	姓名	职务	性别	族别	籍贯	学历	任职时间	备注
行政审判庭	金秉福	庭　长	男	汉	贵州瓮安	大专	1985. 02—2003. 06	
	余家治	副庭长	男	汉	贵州瓮安	大专	1985. 02—1988. 05	
	蒋正文	副庭长	男	汉	贵州瓮安	大专	1988. 02—1988. 07	
	李家烈	副庭长	男	汉	贵州瓮安	本科	1992. 05—1993. 07	
	胡远志	副庭长	男	汉	贵州瓮安	大专	1993. 06—2001. 12	
行政审判庭	郭廷才	庭　长	男	汉	贵州瓮安	本科	2003. 06—	
	龙良海	副庭长	男	汉	贵州瓮安	大专	2003. 06—2008. 03	
	张　艳	副庭长	女	汉	贵州瓮安	本科	2008. 03—2012. 05	
	金长虹	副庭长	女	苗	贵州长顺	本科	2012. 09—	
监察室	粟应奎	监察员	男	汉	贵州瓮安	大专	1987. 12—1998. 08	
	段仕礼	主　任	男	汉	贵州瓮安	本科	2010. 04—2014. 12	
	曾祥军	副主任	男	汉	贵州瓮安	本科	2013. 02—2014. 12	
	曾祥军	主　任	男	汉	贵州瓮安	本科	2015. 01—	
告诉申诉庭	宋泽学	副庭长	男	汉	贵州瓮安	大专	1988. 07—1991. 07	
	熊子学	副庭长	男	汉	贵州瓮安	大专	1991. 07—1992. 06	
	蒋正文	副庭长	男	汉	贵州瓮安	大专	1992. 06—1997. 01	
	邓太华	副庭长	男	汉	贵州瓮安	本科	1992. 03—1993. 05	
	郑仲爵	副庭长	男	汉	四　　川	大专	1993. 05—1995. 09	
告诉申诉庭	丁昌贵	庭　长	男	汉	贵州瓮安	大专	1993. 05—1995. 09	
	王运祥	庭　长	男	汉	贵州瓮安	大专	1998. 12—2001. 03	
	薛召贵	副庭长	男	汉	河南鹿邑	大专	1995. 09—1972. 02	
司法警察大队	蔡先文	副队长	男	汉	贵州瓮安	大专	1994. 05—1998. 12	
	蔡先文	副队长	男	汉	贵州瓮安	大专	1998. 12—2001. 03	
	陆定平	大队长	男	汉	贵州瓮安	大专	2003. 07—	
	李吉洪	副队长	男	汉	贵州瓮安	大专	2008. 01—2012. 06	
	胡　松	副队长	女	汉	贵州瓮安	本科	2012. 09—	
	左晓芳	政　委	女	布依	湖南湘阴	大学	2012. 07—	
	彭德安	副政委	男	汉	贵州瓮安	大专	2008. 01—	

续表

名称	姓名	职务	性别	族别	籍贯	学历	任职时间	备注
退干科	陈洪高	副科长	男	汉	贵州瓮安	大专	1997.05—2003.06	办公室副主任兼
少年审判庭	兰　亦	庭　长	男	苗	贵州瓮安	本科	2015.04—	
立案庭	丁昌贵	庭　长	男	汉	贵州瓮安	大专	1997.03—1998.12	
	宋泽学	庭　长	男	汉	贵州瓮安	大专	1998.12—2003.06	
	陈洪立	副庭长	男	汉	贵州修文	大专	1998.12—2003.06	
	王德仙	副庭长	女	汉	贵州瓮安	大专	1998.12—2003.06	
	薛召贵	副庭长	男	汉	河南鹿邑	大专	1998.09—2001.03	
	王运祥	庭　长	男	汉	贵州瓮安	大专	2008.06—2012.07	
	薛召贵	庭　长	男	汉	河南鹿邑	大专	2012.07—	
	贺光群	副庭长	女	汉	贵州瓮安	本科	2012.09—20114.12	
	薛召贵	副庭长	男	汉	河南鹿邑	大专	1997.03—1998.08	
	付文忠	庭　长	男	苗	贵州瓮安	本科	1999.02—2000.05	
审判监督庭	曹明学	庭　长	男	汉	贵州瓮安	大专	2000.05—2001.03	
	付文忠	庭　长	男	苗	贵州瓮安	本科	2000.12—2003.07	
	白启文	副庭长	男	汉	贵州瓮安	大专	2003.06—2008.02	
	帅金方	副庭长	男	汉	贵州瓮安	大专	2008.02—2014.12	
	何崇尧	庭　长	男	汉	贵州瓮安	本科	2014.04—	
纪检组	李德华	组　长	男	汉	山东阳谷	大专	1997.10—2010.01	
	林　凯	组　长	男	汉	贵州瓮安	本科	2010.11—	
书记官室	曹代陶	副主任	男	汉	贵州瓮安	本科	2004.07—2008.03	
	曹代陶	主　任	男	汉	贵州瓮安	本科	2008.03—2012.05	
	杨桥生	副主任	男	苗	贵州凯里	本科	2008.03—2012.05	
	杨桥生	主　任	男	苗	贵州凯里	本科	2012.05—	
审判管理办公室	龙治平	主　任	男	汉	贵州瓮安	本科	2013.08—	
技术室	沈小伟	负责人	女	苗	贵州瓮安	本科	2013.01—2014.12	办公室副主任兼
	沈小伟	副主任	女	苗	贵州瓮安	本科	2014.12—	
交通事故审判庭	聂明燕	副庭长	女	汉	贵州瓮安	本科	2013.09—2014.05	
	曹代陶	庭　长	男	汉	贵州瓮安	本科	2015.04—	
环保法庭	段仕礼	庭　长	男	汉	贵州瓮安	本科	2015.04—	

续表

名称		姓名	职务	性别	族别	籍贯	学历	任职时间	备注
法院派驻各部门执行	交通稽征执行室	王复礼	主　任	男	汉	贵州瓮安	大专	1991.11—1992.09	
		胡召元	副主任	男	汉	贵州瓮安	高中	1991.11—1993.11	
		陈洪立	主　任	男	汉	贵州修文	大专	1992.09—1993.11	
	土地管理执行室	陈洪立	主　任	男	汉	贵州修文	大专	1992.09—1991.10	
		曾宪源	副主任	男	汉	贵州瓮安	大专	1992.09—1994.10	
		毕少明	副主任	男	汉	贵州瓮安	高中	1992.09—1994.10	
	城建环保执行室	王复礼	主　任	男	汉	贵州瓮安	大专	1992.09—1994.10	
		黄贵方	副主任	男	汉	贵州瓮安	大专	1992.09—1994.10	
		王桂英	副主任	女	汉	贵州瓮安	高中	1992.09—1994.10	
	计划生育执行室	王复礼	主　任	男	汉	贵州瓮安	大专	1992.09—1994.10	
		金正先	副主任	男	汉	贵州瓮安	大专	1992.09—1994.10	
	地税局执行室	王复礼	主　任	男	汉	贵州瓮安	大专	1993.03—1995.04	
		何正明	副主任	男	汉	贵州瓮安	高中	1993.03—1995.04	
	国税局执行室	陈洪立	主　任	男	汉	贵州修文	大专	1993.03—1995.04	
		李荣进	副主任	男	汉	贵州瓮安	大专	1993.03—1995.04	
	劳动人事局执行室	孙治贤	主　任	男	汉	贵州瓮安	大专	1994.02—1995.04	
		梁大丽	副主任	女	汉	贵州瓮安	大专	1994.02—1995.04	

四、基层人民法庭

1950 年 5 月 15 日，县法院成立后，相继设立各基层人民法庭（1950 年至 1955 年 3 月，以数字排名成立各基层人民法庭）。1951—1966 年，审判长、副审判长均由区委书记、分管副区长兼任。1955 年 4 月，贵州省人民委员会黔发〔1955〕第 35 号文件通知，取消各区数字排列名称，统一冠用地名设置法庭基层机构。1967 年 4 月至 1973 年 3 月（不设基层人民法庭）。1973 年 4 月 5 日，恢复县法院和基层人民法庭。

表 1-8　　1951—2014 年基层人民法庭设置表

机构名称	设置变更情况
珠藏人民法庭	1951 年 2 月成立
雍阳人民法庭	1951 年 5 月成立。2000 年 3 月撤销合并为县法院民事审判庭，2011 年 3 月 19 日从民事审判庭分出，恢复雍阳人民法庭
草塘人民法庭	1951 年 10 月成立。2011 年 10 月更名为猴场人民法庭

续表

机构名称	设置变更情况
中坪人民法庭	1951 年 10 月成立
永和人民法庭	1951 年 10 月成立
玉山人民法庭	1953 年 4 月成立
天文人民法庭	1953 年 11 月成立。2001 年 1 月撤销合并为草塘人民法庭，2011 年 3 月 18 日从草塘人民法庭分出，恢复天文人民法庭
城关人民法庭	1986 年 1 月成立。1999 年 8 月 26 日撤销合并为雍阳人民法庭

五、特设人民法庭

1953 年 4 月，第二届全国司法会议提出，县级人民法院要普遍建立巡回法庭，处理不甚重大复杂的刑事、民事案件，领导辖区的调解工作。5 月，贵州省第五次全省司法会议，要求各县法院建立巡回法庭，深入农村，调查研究，明辨是非，正确调解纠纷。县法院根据《中华人民共和国人民法院暂行组织条例》特设普选人民法庭和巡回法庭开展对在土地改革、镇压反革命运动中出现的案件，携卷下乡，进行巡回审判。

（一）普选人民法庭

1953 年 3 月 1 日，根据中央人民政府委员会公布《中华人民共和国全国人民代表大会及地方各级人民代表大会选举法》，中央选举委员会发布《关于普选中人民法院工作的指示》和最高人民法院和司法部发《关于普选中人民法庭工作的指示》，1953 年 7 月县法院成立普选人民法庭，在县法院直接领导下开展审判活动。设平定营普选人民法庭，管辖第一区（雍阳）、第三区（中坪）、第四区（永和）。设草塘普选人民法庭，管辖第二区（草塘）、第五区（珠藏）、第六区（玉山）、第七区（天文）。普选法庭设置庭长、副庭长各 1 人，审判员、书记员 2—3 人。9 月，普选结束，两庭合并撤销。

（二）巡回人民法庭

1954 年 2 月，根据最高人民法院西南分院及贵州省高级人民法院通知，县法院成立巡回法庭。由法院干部组成，定期在管辖内巡回审判办案。法院内设第一巡回人民法庭，管辖第一区（雍阳）、第三区（中坪）、第四区（永和）。第二巡回法庭设在草塘，管辖第二区（草塘）、第五区（珠藏）、第六区（玉山）、第七区（天文）。巡回法庭设置庭长、副庭长各 1 人，由县法院委任。审判员、书记员各设 2—3 人，对各辖区内的案件进行巡回审判。1956 年 9 月，巡回法庭被撤销。

表 1-9 1951—2014 年基层人民法庭正、副庭长名录

单位	姓名	职务	性别	族别	籍贯	学历	任职时间	备注
雍阳人民法庭	张健民	审判长	女	汉	山　东	高中	1951.05	区委书记
	陈克亭	副审判长	男	汉	山　东	初中	1954.01	区委副书记
	金荣国	庭　长	男	汉	贵州	初中	1961.10—1966.05	
	罗会荣	负责人	男	汉	贵州罗甸	大专	1978.01—1982.03	
	胡献忠	副庭长	男	汉	贵州	高中	1982.03—1984.06	
	秦付坤	庭　长	男	汉	贵州瓮安	大专	1984.06—1992.07	
	余家治	副庭长	男	汉	贵州瓮安	本科	1985.02—1988.07	
	将正文	副庭长	男	汉	贵州瓮安	大专	1985.12—1988.02	
	赵　琪	负责人	男	汉	贵州瓮安	本科	1992.07—1993.02	
	赵　琪	副庭长	男	汉	贵州瓮安	本科	1993.03—1997.01	
	王德仙	副庭长	女	汉	贵州瓮安	本科	1997.01—1998.12	
	王运祥	副庭长	男	汉	贵州瓮安	大专	1998.12—2000.03	
	杨俊丽	副庭长	女	汉	贵州瓮安	本科	2011.07—2014.12	
	曹代陶	庭　长	男	汉	贵州瓮安	本科	2012.07—2014.12	
	贺光群	庭　长	女	汉	贵州瓮安	本科	2014.12—	
城关人民法庭	梁裕宽	庭　长	男	汉	贵州瓮安	大专	1986.01—1988.02	
	王复礼	副庭长	男	汉	贵州瓮安	大专	1986.01—1988.02	
	陈德华	副庭长	男	汉	贵州印江	大专	1988.02—1992.05	
	曹明学	庭　长	男	汉	贵州瓮安	大专	1988.02—1992.05	
	丁昌贵	庭　长	男	汉	贵州瓮安	大专	1992.05—1997.01	
	周　文	负责人	男	汉	贵州瓮安	大专	1996.01—1997.05	
	周　文	庭　长	男	汉	贵州瓮安	大专	1997.05—2001.02	
猴场（草塘）人民法庭	孙福林	审判长	男	汉	贵州瓮安	高中	1951.01	区委书记
	丁　章	副审判长	男	汉	贵州瓮安	本科	1951.01	区　长
	陈克亭	庭　长	男	汉	山　东	初中	1961.10—1966.05	区委副书记
	蒋正文	副庭长	男	汉	贵州瓮安	大专	1982.04—1985.12	
	陈德华	副庭长	男	土家	贵州印江	大专	1986.01—1988.02	
	刘开淳	副庭长	男	汉	贵州瓮安	大专	1986.02—1990.06	
	肖成渭	副庭长	男	汉	贵州遵义	大专	1988.02—1989.05	
	宋绍斌	副庭长	男	汉	贵州瓮安	大专	1990.06—1994.04	

续表

单位	姓名	职务	性别	族别	籍贯	学历	任职时间	备注
猴场（草塘）人民法庭	白启文	副庭长	男	汉	贵州瓮安	大专	1994.08—1998.12	
	张　艳	副庭长	男	汉	贵州瓮安	本科	1996.07—1999.03	
	付文忠	庭　长	男	苗	贵州瓮安	本科	1998.12—2000.12	
	张德舜	庭　长	男	汉	贵州瓮安	本科	2001.03—2003.07	
	宗家富	庭　长	男	汉	贵州瓮安	本科	2003.07—2010.05	
	王观军	副庭长	男	汉	贵州瓮安	本科	2003.06—2012.04	
	田茂辉	副庭长	男	汉	贵州瓮安	本科	2008.02—2009.04	
	兰美海	副庭长	男	汉	贵州瓮安	本科	2006.02—2008.03	
	倪　安	庭　长	男	汉	贵州瓮安	本科	2010.05—2010.10	
	卢金国	庭　长	男	汉	贵州瓮安	本科	2013.02—2014.12	
	刘忠明	副庭长	男	汉	贵州施秉	本科	2012.04—2014.11	
	刘忠明	庭　长	男	汉	贵州施秉	本科	2014.12—	
中坪人民法庭	秦鸣皋	审判长	男	汉	贵　州	高中	1951.10	区委书记
	王家全	副审判长	男	汉	贵　州	高中	1951.10	区委副书记
	刘泽芝	庭　长	男	汉	贵州瓮安	高中	1961.10—1966.05	区　长
	郑仲爵	副庭长	男	汉	四　川	大专	1978.02—1989.05	
	熊子学	副庭长	男	汉	贵州瓮安	大专	1980.03—1988.07	
	郑仲爵	庭　长	男	汉	四　川	大专	1989.06—1992.05	
	曹明学	副庭长	男	汉	贵州瓮安	大专	1992.05—1998.12	
	江　涛	副庭长	男	汉	贵州瓮安	本科	1998.12—2003.06	
	王　健	副庭长	男	汉	贵州瓮安	大专	2000.10—2000.06	
	任　立	副庭长	男	汉	贵州瓮安	本科	2001.06—2003.06	
	卢金国	副庭长	男	汉	贵州瓮安	本科	2008.06—2009.01	
	任　立	庭　长	男	汉	贵州瓮安	本科	2003.07—2012.07	
	朱定勇	庭　长	男	汉	贵州瓮安	本科	2012.07—2014.12	
	杜　坤	副庭长	男	汉	贵州瓮安	本科	2012.02—2014.12	
	杨　莉	庭　长	女	汉	贵州瓮安	本科	2014.12—	
永和人民法院	汤世顺	审判长	男	汉	贵州瓮安	高中	1951.01	区委书记
	吴学芳	副审判长	男	汉	贵州瓮安	高中	1951.01	区委副书记
	陶治芳	庭　长	男	汉	贵州瓮安	高中	1961.10—1966.05	区委副书记
	罗明光	副庭长	男	汉	贵州瓮安	初中	1979.04—1987.07	

续表

单位	姓名	职务	性别	族别	籍贯	学历	任职时间	备注
永和人民法院	吴友方	副庭长	男	汉	贵州瓮安	大专	1984.08—1997.01	
	付文忠	副庭长	男	苗	贵州瓮安	本科	1997.01—1998.12	
	任　立	副庭长	男	汉	贵州瓮安	本科	1993—2001.03	
	田　军	副庭长	男	汉	贵州瓮安	本科	2001.03—2003.05	
	唐正奎	庭　长	男	汉	贵州瓮安	本科	2003.07—2008.03	
	邓安静	副庭长	男	汉	贵州瓮安	本科	2009.01—2010.05	
	周华彬	庭　长	男	汉	贵州瓮安	本科	2012.07—2013.12	
	兰　亦	副庭长	男	汉	贵州瓮安	本科	2013.02—2013.06	
	王兴菊	庭　长	女	苗	贵州瓮安	本科	2014.12—	
珠藏人民法庭	晁银曾	审判长	男	汉	贵　州	高中	1951.02	区委书记
	黄松荫	副审判长	男	汉	贵　州	高中	1951.02	区委副书记
	王天福	庭　长	男	汉	贵州瓮安	高中	1961.10—1966.05	公社副书记
	梁裕宽	庭　长	男	汉	贵州瓮安	大专	1978.09—1984.06	
	卢光然	副庭长	男	汉	贵州瓮安	高中	1984.05—2001.12	
	况月华	庭　长	男	汉	贵州瓮安	大专	1999.03—2001.12	
	李　明	副庭长	男	汉	贵州瓮安	本科	1999.03—2003.06	
	李　明	庭　长	男	汉	贵州瓮安	本科	2003.06—2008.03	
	卢金国	庭　长	男	汉	贵州瓮安	本科	2009.01—2013.01	
	龙治平	负责人	男	汉	贵州瓮安	本科	2013.02—2013.07	
	蔡　瑞	副庭长	男	含	贵州瓮安	本科	2014.04—2014.12	
	杜　坤	庭　长	男	汉	贵州施秉	本科	2014.12—	
玉山人民法庭	刘开金	审判长	男	汉	贵　州	初中	1953.05	区委书记
	张明志	副审判长	男	汉	贵　州	初中	1953.08	区　长
	富国庆	庭　长	男	汉	贵州瓮安	高中	1961.10—1966.05	
	龙洪昌	副庭长	男	汉	贵州瓮安	初中	1978.02—1984.06	
	龙洪昌	庭　长	男	汉	贵州瓮安	初中	1984.06—1998.06	
	曹明学	副庭长	男	汉	贵州瓮安	初中	1984.06—1992.05	
	谭学军	副庭长	男	汉	贵州瓮安	大专	1992.05—2003.07	
	谭学军	庭　长	男	汉	贵州瓮安	大专	2003.07—2014.12	
	倪　安	副庭长	男	汉	贵州瓮安	大专	1999.09—2008.02	
	张明明	副庭长	男	汉	贵州瓮安	大专	2008.02—2008.11	
	杨　会	庭　长	女	汉	贵州纳雍	本科	2014.12—	

续表

单位	姓名	职务	性别	族别	籍贯	学历	任职时间	备注
天文人民法庭	吴万忠	审判长	男	汉	贵州瓮安	高中	1953. 11	区委书记
	丁富金	副审判长	男	汉	贵　州	高中	1952. 04	区委副书记
	李文国	庭　长	男	汉	贵　州	高中	1975. 08—1982. 05	
	余家治	庭 长	男	汉	贵州瓮安	大专	1982. 02—1988. 02	
	陈德华	副庭长	男	土家	贵州印江	大专	1985. 02—1988. 02	
	刘开淳	庭　长	男	汉	贵州瓮安	大专	1988. 07—1992. 05	
	宋绍斌	副庭长	男	汉	贵　州	大专	1994. 08—1998. 12	主持工作
	周　文	副庭长	男	汉	贵州瓮安	大专	1992. 05—1997. 01	
	田　军	副庭长	男	汉	贵州瓮安	本科	1999. 03—2001. 03	
	龙治平	庭　长	男	汉	贵州瓮安	本科	2012. 07	下文未到职

第二章　审判程序　制度

1950年5月15日，建立县法院后，在贵阳专区法院的指导下开展审判活动，从县境内的实际出发，贯彻执行中华人民共和国审判程序和制度，注重民族政策、维护民族团结，促进瓮安政治、经济和文化发展。

1950年至1954年9月，主要是贯彻执行中共中央《关于废除国民党的六法全书与确定中国人民解放军司法原则的指示》《中国人民政治协商会议共同纲领》《中华人民共和国人民法院暂行组织条例》。1950年7月14日，政务院第41次政务会议通过，报请中央人民政府主席批准，于19日公布施行《人民法庭组织通则》。1952年，贵州省高级人民法院制定《贵州省刑民案件一审审理程序》《贵州省刑民案件二审审理程序》两个指导文件。这时期审判程序和制度的特点是，以镇压反革命和巩固新生的人民政府为首要任务，废除民国审判程序和制度的同时，确立人民法院司法原则。

1954年10月至1957年7月，贯彻执行全国人民代表大会颁发的《中华人民共和国宪法》《中华人民共和国人民法院组织法》，最高人民法院下达《各级人民法院刑、民案件审判程序总结》，这时期的特点是，建立健全公开审判制度、两审终审制度、陪审制度、辩护制度、调解制度以及规范刑、民案件审判程序。

1957年7月"反右"斗争开始，至1976年10月"文化大革命"结束，这时期县法院的审判制度先受"反右"斗争的严重干扰，一些正确的司法原则和制度遭受批判。1958年"大跃进"高潮，审判活动跟随中心工作也搞"司法大跃进"，审判程序随意简单化，办案提倡"放卫星"。

1962年以后，根据上级指示，纠正审判活动中"左"的错误做法，恢复正常工作秩序，审判程序和制度得到贯彻执行。1966年5月，"文化大革命"运动开始，社会主义法制遭受破坏，审判权由人民保卫部和军事管制小组取代，处理案件实行侦查、起诉、审判"一竿子插到底"。

1973年4月5日，恢复县法院审判权，从实际出发，依照审判程序和制度开展审判活动。1976年，粉碎"江青反革命集团"后，主要是贯彻执行1979年颁发的《中华人民共和国刑事诉讼法》、1982年制定的《中华人民共和国民事诉讼法（试行）》、1986年《中华人民共和国民法通则》、1990年制发的《中华人民共和国行政诉讼法》及最高人民法院关于贯彻执行这三大法律的司法解释和有关诉讼程序和制度的文件。

2001年以后，审判活动的主要特点是，贯彻执行所颁发的法律法规，以及审判程序和制度。

第一节　审判程序

一、刑事诉讼审判程序

（一）刑事诉讼原则

1. 重证据、重调查研究，不轻信口供。1950年县法院建立后，刑事诉讼程序按照《人民法院组织通则》《人民法庭办案试行程序》规定执行，实行重证据、重调查研究、不轻信口供、严禁逼供、查明案情真相。对被告所坦白或承认的罪行，经过查对，足以证明与事实相符才能定罪，实行论罪量刑。在镇压反革命（“三反”“五反”）运动及后来的审判活动中，办案人员秉承这一原则行使审判职权。

2. 严禁逼供。清代，刑事诉讼实行纠问式刑讯办案，把刑讯逼供作为法庭的审判原则，重口供，把口供看作是“证据之实”，取得口供后施行严刑拷打，对证人同样施行严刑威逼，屈打成招、指名画供作为定案审判依据。民国时期，法律虽有不准重口供的规定，规定不准用强暴胁迫等方法审讯被告，但在司法实施中广施法外之刑。

新中国成立后，废除旧司法，建立新司法，彻底废除严刑拷打，严禁刑讯逼供。根据《人民法庭组织通则》规定：“县（市）人民法庭及其分庭受理案件后，应认真进行调查证据，研究案情严禁刑讯。”1952年4月，最高人民法院制定《人民法庭办案试行程序》规定：“重证据不轻信口供，被告所坦白或承认的贪污事实、应该分析研究，查对、追赃，有确切证据证明与事实相符，才能定罪判刑，讯问被告人或证人，严禁逼供、刑讯或变相刑讯。”

3. 证据查对，去伪求真。如果来源有可疑的证据，与案件事实没有联系的甚至有相互矛盾的不实证据均不作定案依据，经过查对核实，方可作为定案依据。

（二）刑事诉讼程序

1. 诉讼程序。（1）公诉案件审查。县法院对检察机关提起公诉案件进行审查后，对犯罪事实清楚，证据充分的，决定开庭审理；对主要事实不清，证据不足的案件退回检察院补充侦查；对不需要判刑的，按规定要求检察院撤回公诉。（2）开庭工作。决定开庭审判的案件，在开庭前做下列工作：确定合议庭组成人员；开庭前7日内将起诉书副本送达被告人，并告知其可以委托辩护人（必要时法院可以为其指定辩护人）；开庭前3日，将开庭时间、地点通知检察院，传票送达当事人，通知书送达辩护人、证人、鉴定人；公开审判的案件，先期公布案由，被告人姓名，开庭时间和地点。（3）法庭审判。根据法定审判程序，通过开庭形式，由检察人员、当事人及其他诉讼参与人参加，解决被告的行为是否构成犯罪。法庭在开展审判活动时，按照下列审判程序进行：宣布开庭；法庭调查、法庭辩论；被告人陈述；合议庭评议、宣判。

2. 自诉案件程序。自诉案件指公民个人权益直接遭受他人侵害，并由公民个人提起诉讼轻微的刑事案件，依照法律规定的自诉案件，即告诉县法院才处理。未经起诉的案件不受理，也称之“民不告、官不管”。县法院在审理自诉案件时，一般由审判员独任审判，按简易程序审理。依照法律规定，收到公民的自诉案件后，先审查，针对不同案情分别处理。对犯罪事实清楚，有足够证据的案件，即开庭审判。按照案件管辖范围，须由检察院提起公诉的案件，移交检察院。对缺乏罪证的案件，自诉人又提不出补充证据，经县法院调查仍未收到必要的证据，说服自诉者撤回自诉或裁定驳回。

二、民（商）事诉讼审判程序

清代，民、刑不分，民事诉讼亦按刑事诉讼办法审判。民国21年（1932年）5月，民国政府施行民事诉讼法，实行“不干涉主义”原则，从诉讼程序开始、进行和终结，以及诉讼资料提供，均依当事人的意愿，县司法处于超自然状态，不作职权干涉，对不懂法律又没有钱请律师的当事人，得不到有利判决；有钱请律师、钻法律空子的人，得到利己判决。在民事诉讼程序中，实行“普通诉讼程序和简易诉讼程序”，在每一程序中都有特别规定，程序烦琐复杂。给诉讼当事人造成障碍。每件民事诉讼案件，原告向司法处起诉，办案人故意刁难诉讼当事人，司法人员从中徇私舞弊，贪赃索贿，习以为常。

1949年12月11日，瓮安解放。1950年县法院建立，贯彻执行新的法律，以全心全意为人民服务为宗旨，本着民事诉讼程序，依照“依靠群众、调查研究、就地解决、调解为主”的十六字方针，以便利群众诉讼为原则，一再简化诉讼程序，巡回审判，就地办案。

1954年2月，县法院建立2个巡回法庭（县法院内、草塘），深入农村，巡回审判，以简便易行、迅速的诉讼程序审判案件，为群众排忧解难。

1963年，贯彻执行最高法院《关于民事审判工作若干问题的意见（修正稿）》，对民事审判程序、审判制度和基本原则，作出规定。1966—1976年，“文化大革命”期间，法制被践踏，维护公民实体权利的诉讼程序被称为“旧司法观点”，行之有效的民事诉讼审判程序和制度被取消，公民诉讼权利被剥夺，民事权益受到侵害，民事案件无人管理。

1978年，中共党的十一届三中全会后，提出加强民主和法制建设任务，民事诉讼审判程序得到加强和施行。

1982年10月，《中华人民共和国民事诉讼法（试行）》实施，县法院按照“两法”（便利人民诉讼，便利法院办案）原则，至2014年贯彻执行当事人诉讼权利平等，有权在法律规定内处分自己民事权利和诉讼权利。

（一）诉讼原则

1. 重视调解工作。县法院按照新的民事审判法规，执行“调解为主，审判为辅”的审判原则，依靠群众开展审判活动。在弄清楚案件事实的基础上，做耐心细致的疏导工作，能调解的尽量调解，消除矛盾增强团结。即使调解不成的，经过多方说服教育，分清是非、明辨责任，使当事人能够接受县法院的判决。

2. 巡回审理，就地办案。把法庭搬到基层，方便诉讼当事人“告状”。1954年，县法院成立两个巡回法庭，开展巡回审理民事纠纷案件为方便诉讼当事人告状的同时，进行民事诉讼程序简单化，走（商）事审判程序的群众路线，巡回办案，就地判决，简便、易行快速，及时为当事人排忧解难。1956年，巡回法庭撤销，县法院仍然到基层，送法到群众，由审判员、书记员分片区包干办案。

1960年后，法院干部转变办案作风，密切联系群众，将案件带到基层，同贫下中农同吃、同住、同劳动，利用空闲时间，田边地角深入细致了解案情，调查分析，将民间纠纷案件，就地解决。

1978 年，中共党的十一届三中全会后，贯彻“两法”办案原则，按照简易程序开展审判活动，允许原告口头起诉，用简便方式传唤当事人、证人，实行独任审判。根据案情实行巡回审判和就地办案两结合。群众行使民（商）事诉讼和依法应诉方便，节时省费。

3. 辩论原则。新的法律颁布施行后，民（商）事诉讼审判活动基本原则。原告有权提起向县法院起诉，被告有权进行答辩，并可提起反诉。在庭审辩论阶段，当事人双方可以面对面摆事实，讲道理，进行集中辩，庭审中当事人之间的争辩和所有证据材料，必须经过当事人辩论后，对照分析、调查、核实论证，作出解决案件的依据。辩论分言调辩论和书面形式两种，原告提起诉状，被告在 15 日内答辩，如不提出答辩，不影响法院开庭审判。经审判长同意，可以对证人、鉴定人、勘验人提出问题。庭审实行公开辩论，对当事人和旁听人都有明辨是非，增强法制观念，提高法官的办案能力。

（二）诉讼程序

当事人根据《中华人民共和国刑事诉讼法》《中华人民共和国民事诉讼法》《中华人民共和国行政诉讼法》等有关法律规定，按照县法院规定的书状格式书写诉状。县法院接到当事人诉状后，根据诉状请求和事实，结合相关法律法规受理。当事人在诉讼过程中，有下列权利、义务和须知。

1. 当事人享有诉讼权利：（1）原告有提起诉讼、提出放弃、变更增加诉讼请求和撤回起诉的权利；（2）被告有应诉、答辩和提出反诉的权利；（3）享有权利一方有申请执行的权利。

2. 双方当事人共同享有诉讼权利：（1）委托诉讼代理人的诉讼权利；（2）申请回避的权利；（3）收集、提供证据的权利，在诉讼中，经审判长许可，有向证人、鉴定人和勘验人员发问，申请新的证人到庭，调取新的证据，重新鉴定和勘验的权利；（4）进行辩论的权利；（5）请求调解的权利；（6）自行和解的权利；（7）提起上诉的权利；（8）申请再审的权利；（9）申请补正庭审笔录和查阅、复制本案有关材料和法律文书的权利；（10）使用本民族语言、文字进行诉讼的权利。

3. 当事人的诉讼义务：（1）必须依法行使诉讼权利，对自己的主张，提出证据加以证明；（2）必须遵守诉讼程序，不实施妨碍诉讼的行为；（3）必须履行县法院已经发生法律效力的法律文书。

4. 当事人诉讼须知：（1）法人或其他组织参加诉讼活动，应提供组织机构代码和法定代表人身份证明等证件；自然人参加诉讼活动，应提供身份证明等证件，以便查验；（2）当事人有权委托代理人，提出回避申请、收集、提供证据、进行辩论、提出上诉，申请执行。原告可以放弃或变更诉讼请求，被告可以承认或反驳诉讼请求，有权提出反诉；（3）当事人必须依法行使诉讼权利，遵守诉讼秩序，自觉履行已经发生法律效力的判决书、裁定书和调解书确定的义务。若一方当事人拒绝履行的，另一方可以申请执行，申请执行期限为 2 年；（4）当事人对自己提出的主张，负有举证责任，如不举证，要承担不利于自己判决乃至败诉的后果。提供证据必须实事求是，若伪造证据或指使、贿买他人作虚假证明，根据情节轻重依法处理；（5）在诉讼过程中，原告经传票传唤，无正当理由拒不到庭的，或未经法庭许可中途退庭的，按撤诉处理；被告有上述行为，则可以拘传或缺席判决；

（6）除涉及国家机密、个人隐私或法律另有规定的以外，案件审理一律公开进行。离婚案件，涉及商业机密的案件，当事人申请不公开审理的，可以不公开审理；（7）当事人（包括诉讼代理人）不准以任何方式向法院干警行贿，送礼或吃请；不能为县法院干警购置廉价物品或谋取不正当利益；不准自己或委托他人向县法院干警说情；不准诬告陷害县法院干警。当事人如发现县法院干警以权谋私、受礼吃请、索贿受贿、枉法裁判、欺压群众等问题，有权向县法院纪检、监察部门或有关部门揭发控告。

5. 当事人申诉须知：（1）当事人对已经发生法律效力的判决、裁定，认为有错误的，可以向上一级法院申请再审，但不停止判决、裁定的执行。（2）当事人的申请符合以下情形的，县法院应当再审：有新的证据，足以推翻原判决、裁定的；原判决、裁定认定的基本事实缺乏证据证明的；原判决、裁定认定事实的主要证据是伪造的；原判决、裁定认定事实的主要证据未经质证的；对审理案件需要的证据，当事人因客观原因不能自行收集，书面申请县法院调查收集，县法院未调查收集的；原判决、裁定适用法律确有错误的；违反法律规定、管辖错误的；审判组织的组成不合法或者依法应当回避的审判人员没有回避的；无诉讼行为能力人未经法定代理人代为诉讼或者应当参加诉讼的当事人，因不能归责于本人或者其诉讼代理人的事由，未参加诉讼的；违反法律规定，剥夺当事人辩论权利的；原判决、裁定遗漏或者超出诉讼请求的；据以作出原判决、裁定的法律文书被撤销或者变更的；对违反法定程序可能影响案件正确判决、裁定的情形，或者审判人员在审理案件有贪污受贿，徇私舞弊，枉法裁判行为的，县法院应当再审。（3）当事人申请再审的，应当提交再审申请书及相关材料。（4）县法院当自收到再审申请书之日起 3 个月内审查，符合《中华人民共和国民事诉讼法》规定再审情形之一的，裁定再审。不符合《中华人民共和国民事诉讼法》再审规定的，裁定驳回申请。有特殊情况需要延长的，由县法院院长批准。（5）当事人对已发生法律效力的调解书，提出证据证明调解违反自愿原则或者调解协议的内容违反法律规定的，可以申请再审。经县法院审查属实的，应当再审。（6）当事人对已经发生法律效力的解除婚姻的判决，不得申请再审。（7）当事人申请再审，应当在判决、裁定文书发生法律效力后 2 年内提出。（8）按照审判监督程序决定再审的案件，裁定中止原判决的执行。裁定由院长署名，加盖县法院印章。（9）县法院按照审判监督程序再审的案件，发生法律效力的判决、裁定由第一审作出，按照一审程序审理所作的判决、裁定，当事人可以上诉。发生法律效力的判决、裁定由二审法院作出，按照第二审程序审理，二审所作的判决、裁定，发生法律效力的判决、裁定，上级法院按照审判监督程序，第二审审判程序进行提审。（10）县法院审理再审案件，应该组成合议庭审理。

6. 民事诉讼风险：（1）起诉不符合条件。当事人起诉不符合法律规定条件的，县法院不受理，即使受理也会驳回起诉；不符合管辖规定的，案件将会被移送到有权管理的人民法院审理。（2）诉讼请求不适应。当事人提出的诉讼请求应明确、具体、完整，对未提出的诉讼请求，县法院不审理；当事人提出的诉讼请求要适当，不要随意扩大诉讼请求范围；无根据的诉讼请求，除得不到县法院支持外，当事人还要负担相应的诉讼费用。（3）逾期改变诉讼请求。当事人增加、变更诉讼请求或者提出反诉，超过县法院或者指定期限的，不予以审理。（4）超过诉讼时效。当事人请求县法院保护民事权利的期限一般为 2 年（特殊的为 1 年）。原告向县法院起诉后，被告提出原告的起诉已超过法律保护期间的，如果原告没有对超过法律保护期间的事实提供证据证明，其诉讼请求法院不支持。（5）授权不明。当事人委托诉讼代理人代为承认，放弃、变更诉讼请求，进行和解，提起反诉或者上诉等事项的，应在授权委托书中特别注明，没有在授权委托中明确、具体记明特别授权事项的，诉讼代理人就上述特别授权事项发表的意见不具有法律效力。（6）不按时交纳诉讼费用。当事人起诉或者上诉，不按时预交诉讼费用，或者提出缓交、减交、免交诉讼费用申请未获得批准，仍不交纳诉讼费用的，县法院将会裁定按自动撤回起诉、上诉处理；当事人提出反诉，不按规定预交相应的案件受理费的，县法院不予审理。（7）申请财产保全不符合规定。当事人申请财产保全，应按规定交纳保全费用，而没有交纳的，县法院对申请保全的财产不予以采取保全措施；当事人提出财产保全申请，未按县法院要求提供相应财产担保的，县法院将依法驳回其申请；申请人申请财产保全有错误的，要赔偿被申请人因财产保全所受到的损失。（8）不提供或者不充分提供证据。除法律和司法解释规定不需要提供证据证明外，当事人提出诉讼请求或者反驳对方的诉讼请求，应提供证据证明；不能提供相应的证据或者提供的证据证明不了有关事实的，可能面临不利的裁判后果。（9）超过举证时限提供证据。当事人向县法院提交的证据，应当在当事人协商一致并经县法院认可或者县法院指定的期限内完成；超过上述期限提交的，县法院视其放弃举证的权利；但属于法律和司法解释规定新的证据除外。（10）不提供原始证据。当事人向县法院提供证据应当提供原件或原物，特殊情况也可以经法院核实无异的复印件或复制品；提供的证据不符合上述条件的，可能影响证据的证明力，甚至不被采信。（11）证人不出庭作证。除属于法律和司法解释规定的证人确有困难不能出庭的特殊情况外，当事人提供证人证言的，证人应当出庭作证并接受质询；如果证人不出庭作证，影响该证人证言的证据效力，不被县法院采信。（12）不按规定申请审计、评估、鉴定。当事人申请审计、评估、鉴定，未在县法院指定期限内提出申请或者不预交审计、评估、鉴定费用，或者不提供相关材料，致使争议的事实无法通过审计、评估、鉴定结论予以认定的，可能对申请人产生不利的裁判后果。（13）不按时出庭或者中途退出法庭。原告经传票传唤，无正当理由拒不到庭，或者未经法庭许可中途退出法庭的，县法院将按自动撤回起诉处理；被告反诉的，县法院将对反诉的内容缺席审判。（14）不准确提供送达地址。适用简易程序审理的案件，县法院按照当事人自己提供的送达地址送达诉讼文书时，因当事人提供己方送达地址不准确，或者送达地址变更，未及时向县法院告知，致使县法院无法送达，造成诉讼文书被退回的，诉讼文书也视为送达。（15）超过期限申请强制执行。向县法院申请强制执行的期限为2年，期限自生效法律文书确定的履行义务届满之日起计算，超过期限申请的，县法院不予受理。（16）无财产或者无足够财产可供执行。被执行人没有财产或者没有足够财产履行生效法律文书确定义务的，县法院对未履行的部分裁定中止执行，申请执行人的财产权益将暂时无法实现或者不能完全实现。（17）不履行生效法律文书确定义务。被执行人未按生效法律文书指定期间履行给付金钱义务的，要支付迟延履行期间的双倍债务利息。

（三）交纳诉讼费

1988年，县法院根据最高法院制定的《人民法院诉讼收费办法》《人民法院诉讼费用暂行管理办法》及财政部《关于加强诉讼费管理暂行规定》，原告诉讼请求立案审理，审理前必须交纳诉讼费用。

1. 诉讼费用交纳办法。属财产案件根据请求金额或价额，按照比例分配累计交纳：（1）不超过1万元的，每件交纳50元；（2）超过1万元—10万元的部分，按照2.5%交纳，即为“标的×0.025+200”；（3）超过10万元—20万元的部分，按照2%交纳，即为“标的×0.02+300”；（4）超过20万元—50万元的部分，按照1.5%的交纳，即为“标的×0.015+1300”；（5）超过50万元—100万元的部分，按照1%交纳，即为“标的0.01+3800”；（6）超过100万元—200万元的部分，按照0.9%交纳；即为“标的×0.009+4800”；（7）超过500万元的部分，按照0.8%交纳；即为“标的×0.008+6800”；（8）超过500万元—1000万元的部分，按照0.7%交纳，即为“标的×0.007+11800”；（9）超过1000万元—2000万元的部分，按照0.6%交纳，即为“标的×0.006+21800”；（10）超过2000万元的部分，按照0.5%交纳，即为“标的×20.005+41800”。

2. 离婚案件每件交纳（省）200元。涉及财产分割，财产总额不超过20万元的，不交纳超过20万元的部分，按照0.5%交纳。

3. 侵害姓名权、名称权、名誉权、荣誉权、肖像权以及其他人格权的案件，每件交纳（省）300元。涉及损害赔偿，赔偿金额不超过5万元的，不另行交纳；超过5万元—10万元的部分，按照1%交纳；超过10万元的部分，按照0.5%交纳。

4. 其他调解财产案件每件交纳（省）60元。

5. 知识产权发事案件，没有争议金额或者价额的，按照财产案件的标准交纳。

6. 劳动争议案件每件交纳10元。

7. 行政案件交纳办法：（1）商标、专利、海事行政案件每件交纳100元；（2）其他行政案件每件交纳50元。

8. 当事人提出管辖权异议，异议不成立的，每件交纳（省）60元。

9. 申请费交纳办法。依法向县法院申请执行发生法律效力的判决、裁定、调解书，仲裁机构依法作出的裁决和调解书，公证机关依法赋予强制执行发生法律效力的债权文书，申请承认和执行外国法院判决、裁定以及国外仲裁机构裁定的，按照下列标准交纳；（1）没有执行金额或者价额的，每件交纳50元—500元；（2）执行金额或者价额不超过1万元的，每件交纳50元；超过1万元—50万元的部分，按照1.5%交纳，“标的×0.1015+100”；超过50万元—500万元的部分，按照1%交纳，即为“标的×0.01+2400”；超过500万元—1000万元的部分，按照0.5%交纳，即为“标的×0.005+2740”；超过1000万元的部分，按照0.1%交纳，即为“标的×0.001+47400”。

10. 申请保全措施的，根据实际保全的财产权额按照标准交纳：（1）财产权额不超过1000元或者不涉及财产数额的，每件交纳30元；（2）超过1000元—10万元的部分，按1%交纳，即为“标的×0.01+20元”；（3）当事人申请保全措施的费用最多不超过5000元。

11. 依法申请支付令的，比照财产案件受理费标准的1/3交纳。

12. 依法申请公示催告的，每件交纳100元。

13. 申请撤销仲裁裁决或者认定仲裁协议发生法律效力的案件，每件交纳400元。

14. 破产案件依据财产总额计算，按照财产案件受理费标准减半交纳，但最高不超过30万元。

15. 不交纳案件受理费的有：(1) 适用特别程序审理的案件；(2) 裁定不予受理、驳回起诉、驳回上诉的案件；(3) 对不予受理、驳回起诉和管辖权异议裁定不服，提起上诉的案件；行政赔偿案件。

16. 民事、行政诉讼法规定的审判监督程序审理的案件，不交纳案件受理费。

（四）诉讼举证

根据《中华人民共和国民事诉讼法》和最高人民法院《关于民事诉讼证据的若干规定》，当事人有关举证须知。

1. 当事人应对自己提出的诉讼请求依据的事实或者反驳对方诉讼请求所依据的事实承担举证责任。

2. 当事人向县法院提供证据应当提供原件或原物，或经县法院核对无异的复印件或者复制品。并对提交的材料分类编号，对证据材料的来源、证明对象和内容作简要说明，依据对方当事人人数提交副本。

3. 申请鉴定，增加、变更诉讼请求或者提出反诉，应当在举证期限届满前提出。

4. 对方若有申请证人作证，应当在举证期限届满 10 日（适用简易程序的，当事人申请的时间可以不受 10 日限制）前向县法院提出申请。

5. 申请证据保全，应当在举证期限届满 7 日（适用简易程序的，当事人申请的时间可以不受 7 日的限制）前提出，县法院可根据情况，要求对方提供相应的担保。

6. 当事人在对方收到本通知后，可以与对方当事人协商确定举证期限，并向县法院申请认可。当事人与对方当事人未能协商一致，或者未申请县法院认可，或者县法院不予认可的，当事人应于某年某月某日前向县法院提交证据。对方当事人在会证期限内提交证据材料确有困难的，可以依照最高人民法院《关于民事诉讼证据的若干规定》第 36 条规定，向县法院申请延期举证。

7. 对方当事人在举证期限届满后，提交的证据不符合最高人民法院《关于民事诉讼证据的若干规定》第 41 条第 2 款、第 44 条“新的证据”规定，视为对方当事人放弃举证权利，但对方当事人同意质证的除外。

8. 符合最高人民法院《关于民事诉讼证据的若干规定》第 17 条规定条件之一的，对方当事人可以在举证期限届满的 7 日前书面申请县法院调查收集证据。1950 年，县法院建立后，废除旧的审判制度，以符合民意的简易审判方式开展审判活动，以简易的诉讼方法和审判方式受理和解决民事纠纷案件。按照“两便”原则简化诉讼程序和审判程序，巡回审判，就地办案。1982 年 10 月 1 日，《中华人民共和国民事诉讼法（试行）》施行，审理简单民（商）事纠纷案件适用简易审判程序，原告可口头起诉，当事人双方可以同时到法院或者委托代理人向法院请求解决争议。法院传唤当事人，证人可以采用简便方式，不受普通审判程序影响，也不受传唤方式和传唤时间的限制。(1) 在审理案件时，由审判员 1 人独任审判，开庭审理时，不受普通程序中法庭调查，也不受法庭辩论阶段和程序的限制。(2) 普通审判程序。起诉案件一般由原告向县法院提起书面诉讼状，县法院经审查受理后，将副本送达被告人以供答辩。书写诉讼状确有困难的当事人，找律师事务所代写或向法院口头起诉，由办案人员记录入笔录，并告知对方当事人，被告有答辩权；受理起诉状后，认真审查，是否符合法律规定和程序，以此决定当事人是否有权提起诉讼，行使起诉权。起诉方面有无错误，县法院最后作出受理决定。案件受理7天内立案，不符合法律规定的，在7天内通知原告不予受理，并说明缘由。（3）审理前准备。在法定期限内将起诉状副本送达被告，限期被告提出答辩状；通知符合条件的当事人参加诉讼；开庭前3日内将传票或通知书送达参加诉讼当事人、诉讼代理人或鉴定人；依法确定案件公开或不公开审理，决定是否组织合议庭执行调解，促使双方当事人相互谅解，以至达成共识终结诉讼；开庭审理，法庭调解，法庭辩论，合议庭评议，宣告判决裁定。

（五）民（商）事督促和公示催告程序

1. 督促程序。民（商）事督促程序是债权人直接向县法院申请支付令，要求债务人给付以金钱、有价证券为主要内容的特殊审判程序。1994年4月9日，《中华人民共和国民事诉讼法》颁布，新增民（商）事诉讼中两个程序（督促程序、公示催告程序），督促程序适用，在具体案件受理，把握3个条件：（1）审查申请人与被申请人是否具有民（商）事诉讼资格，申请人与被申请人之间的债权债务，是否属于平等主体之间的财产关系，受理支付令申请执行的法院是否有管辖权；（2）审查申请给付的标的是否限于金钱或者有价证券，申请人与被申请人之间是否具有平等给付债务等；（3）审查支付令是否能直接送达债务人。在审判实践中，县法院做法是：（1）审查申请手续是否完备，申请书内容是否明确；（2）审查申请人是否属于县法院管辖范围内公民；（3）审查债权人申被是否超越给付金钱和有价证券范围；（4）审查债权人对债务对债务人是否有给付义务；（5）审查债务人是否居住在县法院所管辖内；（6）审查支付令是否直接送达债务人。

2. 公示催告程序。县法院根据票据持有人的申请，以公示的方法，督促不明利害关系人在一定时间内的申请权利，如果不申报，即公示催告诉讼事项失权。对申请公示催告案件受理，县法院在审判活动中具体掌握特点：（1）申请人是否为最后持票人，若申请人不是最后的持票人，则驳回其申请；（2）申请公示催告票据依法可由办公室转让，若不属办公室转让的，则驳回其申请；（3）票据权利人相对处于不明确状态，如果申请人明知丧失的票据有明确的持有人，则驳回其申请；（4）申请公示催告案件，必须由票据债务履行地的基层法庭受理；（5）申请人的申请书必须写清票据的主要内容、理由及事实。

三、行政审判程序

1985年2月，县法院设置行政审判庭，受理行　称政诉讼案件，按照法律规定当事人不服行政机关行政处罚决定的，可向县法院起诉，俗称“民告官”。法律没有条文规定，当事人不服行政机关处罚决定，县法院一律不予受理。1987年1月1日《中华人民共和国治安管理处罚条例》施行，公民不服公安机关对治安管理处罚申请裁决。3月18日，省高院黔法〔1987〕2号文件《关于审理行政案件若干问题意见》规定，县法院对审理行政案件的程序作出具体做法：

（一）由审判员组成合议庭审理，案情简单的，由审判员1人独任审判。

（二）审理时除涉及国家机密、个人隐私或者法律另有规定外，一律公开进行审判。

（三）审理行政案件不进行调解。

（四）行政诉讼当事人对自己提出的主张，有责任提供证据。

（五）在行政案件审理中，原告要求撤诉的，要有书面或者口头申请，由县法院作出准予或者不准予撤诉的裁定。准予撤诉的，按原行政机关的裁定执行。

（六）在审理经济行政案件时，可以依法分别作出维持、撤销或者变更判决裁定。

（七）在审理中发现已构成犯罪的，追究刑事责任，裁定和撤销裁决，移交有关机关处理。县法院在审理治安拘留处罚行政案件时，受理后10日内作出裁定，审理治安罚款或者警告处罚的行政案件，受理后20日内作出裁定。当事人如不服县法院裁定，可以在收到裁定书次日起5日内向上一级法院上诉。

县法院根据省、州法院要求，贯彻执行《中华人民共和国行政诉讼法》和最高法院《关于贯彻执行〈中华人民共和国行政诉讼法〉若干问题的意见（试行）》、领会立法精神和基本原则。根据行政诉讼法的规定，县法院研究审判方式，重点抓好公开审判，并改变过去机械地套用民事审判的审判模式。对具体的行政行为是否合法为审查重点，对具体行为的主体、权限、事实、适用法律和法定程序进行全面审查；以询问被告为主线，强调被告的举证责任，扭转法院帮助被告调查取证，将审查重点放在对原告是否存在违法行为。

县法院严格依照《中华人民共和国行政诉讼法》规定，坚持“以事实为依据、以法律为准绳”办案原则，对行政机关错误的、违法的具体行政行为判决予以撤销；对行政机关处罚显失公正的，依法予以变更；对起诉行政机关行为不规范或不作为的，依法判决其在一定限期内履行法定职责；对行政机关具体行政行为事实清楚，证据确凿，适用法律正确，符合法定程序的，判决予以维持，但对于用法不当或不全、定性不准确或者按程序法规定手续不全的案件，以及发现被告在行使职权上有疏漏的问题，为维护社会经济发展秩序，有利于发展生产，除依法判决维持外，采取发放《司法建议书》的方式为其指出错误，维护和监督行政机关依法行政。

四、审判监督程序

审判监督程序又称再审程序，即对有错误的判决、裁定已经发生法律效力，当事人不服上诉，县法院依法重新进行审判的一种特殊程序。

（一）实事求是，有错必纠。1950年5月，县法院建立后，在刑事案件审判活动中，发现有错误的判决、裁定和判处不当的案件，按照“实事求是，有错必纠”的原则，依照审判监督程序进行纠正。对“三反、五反”案件中有错判的和第二次镇压反革命案件中的错案，按照有关法律、法规和政策，根据审判监督程序进行改判或平反。

1978年，中共十一届三中全会后，复查纠正“文化大革命”中大批冤假错案件的同时，对“文化大革命”前判处的刑事案件有提出申诉的，也按审判监督程序进行重新审理。“文化大革命”中错判死刑的周朝相，在贯彻执行党的“实事求是，有错必纠”的政策中得到平反，恢复其中共党员身份，并发给其家属抚恤金。

（二）审判监督程序是对已发生法律效力的判决、裁定在认定事实或者运用法律上有错误、依照有关法律规定，按照审判监督程序开展再审活动。具体情形有几种：1. 案件的主要事实或者影响定罪量刑的重要情节认定错误；2. 案件的事实不清或者有重要情节未查明，判决、裁的成立缺乏确凿证据；3. 案件的性质和罪名确实有，错误、量刑畸轻畸重；4. 严重违反法律规定的诉讼程序，可能影响正确的判决、裁定、裁决。

（三）再审案件程序重新审判的案件，县法院另行组织合议庭进行，依照程序进行审判，作出的判决、裁定、当事人可以上诉或抗诉。在再审活动中，对原判决的事实，全面审查运用法律是否正确。深入研究，认真核实证据材料，注意听取原审法庭或劳改单位意见。全错全纠，部分错纠部分，不错不纠维持原判。县法院根据错案具体情况，做好善后工作，对无理缠诉的当事人或进行非法活动的，给予批评教育，或依法处理。

五、执行程序

根据法律规定的程序，运用国家强制力量，促使负有义务的当事人履行义务，保证法院实现判决、裁定及其他法律文书的法律效力，对故意拒绝或者逃避履行义务的当事人，强制其履行义务的诉讼活动，以维护社会主义法制的严肃性和保障当事人合法权益。

（一）移送和申请

发生法律效力的民（商）事判决、裁定、调解协议及其他由县法院执行庭（局）执行，当事人一方不履行义务的由审判员移送到执行员或执行庭（局）执行，对方当事人也可以向法院申请执行。仲裁机构裁决发生法律效力后，当事人一方拒不履行义务的，对方当事人可以申请执行。公证机关依法赋予强制执行发生法律效力的债权文书，当事人一方拒绝履行的，对方当事人可申请执行。

（二）审查程序

执行员或执行庭（局）接到审判庭的判决、裁定和调解协议时，进行审查，如发现判决、裁定或调解协议有错误的，及时提出书面意见，报请院长或审判委员会核实方能执行；在执行上级法院或者外地法院委托执行的判决、裁定或调解协议时，发现确有错误的，提出书面意见，报告院长批准，函请上级法院或外地法院审查处理，在此期间暂缓执行。

当事人依法申请执行仲裁机关裁决或行政主管机关依法申请县法院强制执行的处理决定，如发现有错误的，发回申请执行机关纠正无误后再申请执行。依照法律规定申请执行期限，双方或者一方当事人是个人的为 1 年；双方是企事业单位、机关、团体的为 6 个月。执行庭（局）接到申请执行书后，经审查，对不符合受理条件的，在 10 日内通知申请人或移送执行人，执行庭（局）不予受理；对申请执行已逾期申请执行期限的，则审查逾期的原因，如申请人确有延长时效的正当理由，立案执行。对符合受理条件的，在 10 日内调查了解案情，并通知被执行人，在指定期限内履行，逾期不履行的则强制执行。

（三）执行措施

在行使执行活动中区分自愿履行与强制执行的界限，明确执行对象、遵守申请执行权限，强制执行的标的是财物或行为。当事人拒不履行发生法律效力的判决、裁定、调解协议，首先对其法制宣传，说服教育无效的，实行强制执行。

执行人员或执行庭（局）依照法定程序，为实现法律文书所规定的内容采取强制手段，依照法律规定，采取强制措施：1. 扣留、提取存款或劳动收入；2. 查封、扣押、冻结、变卖被申请人的财产；3. 强制交付财物或者票证；4. 强制迁出住房；5. 强制执行法律文书指定的行为；6. 对企事业单位、机关团体存款的划拨。

（四）妨碍执行的强制措施

在强制执行中，当事人或案外人妨碍民（商）事诉讼行为有几种：1. 隐藏、转移、变卖、毁损已被查封、扣押的财产；2. 以暴力、威胁或其他方式阻碍执行活动，或扰乱执行工作秩序；3. 对执行人员或协助执行人进行侮辱、诽谤、诬陷、殴打或者以其他方式进行打击报复；4. 有义务协助执行人员，对法院送达执行通知，无故拖延、拒收或者妨碍执行。县法院对上述妨碍诉讼行为，据其情节轻重，采取相应的强制措施，依照法律规定：1. 训诫。县法院以国家名义，对妨碍民（商）事诉讼行为情节轻微的人，进行公开谴责。2. 责令。具其悔过或罚款；3. 扣留。司法扣留，期限为15日内；构成犯罪的，依法追究刑事责任。

瓮安县人民法院审理案件程序示意图

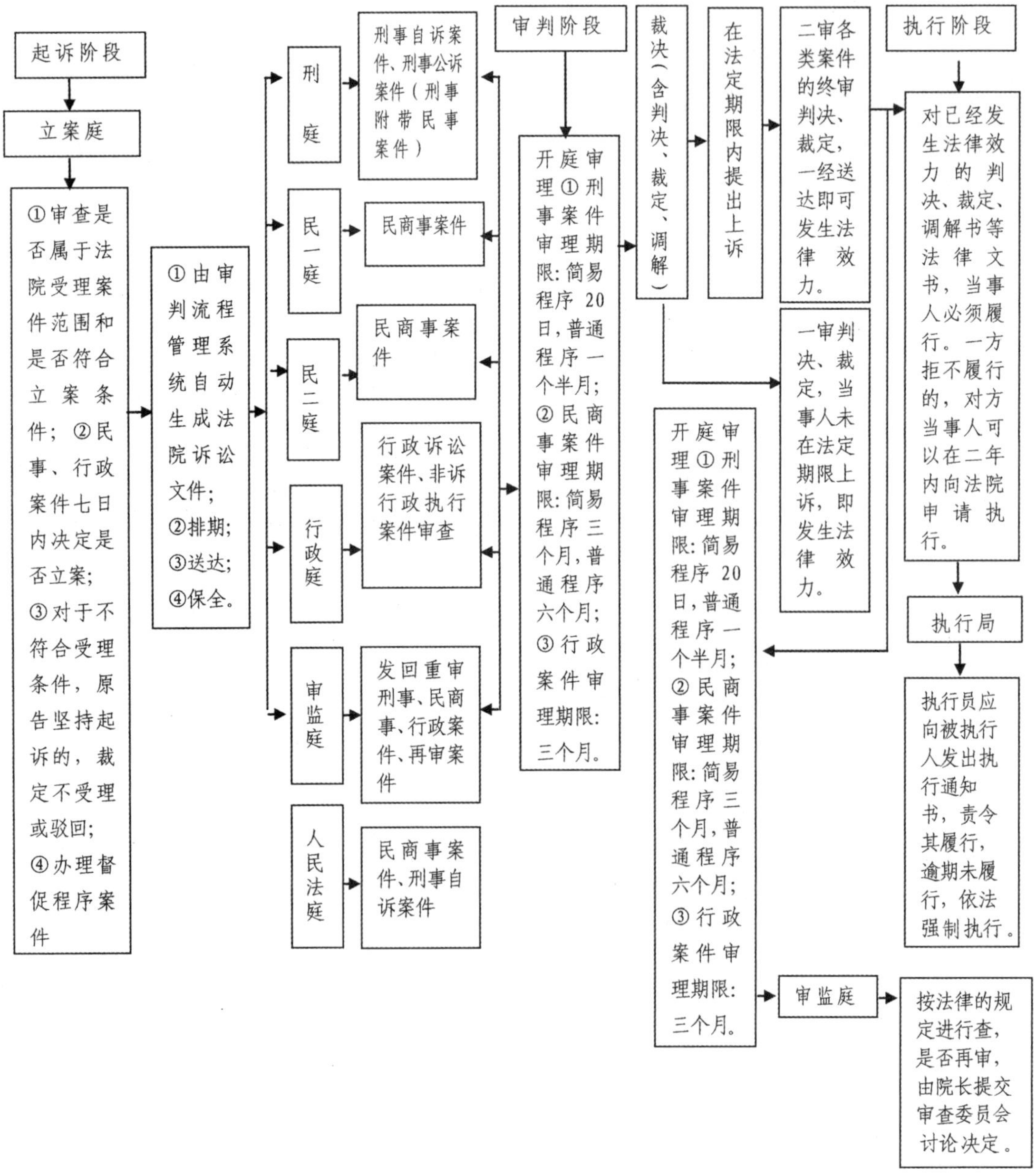

第二节 审判制度

1950—1952年，为巩固新生的人民政权、加快恢复和发展社会经济、维护社会稳定时期。这一时期，瓮安县法院主要是贯彻执行中国共产党中央委员会《关于废除国民党的六法全书与确定解放区司法原则的指示》《中国人民政治协商会议共同纲领》《中华人民共和国人民法院暂行组织条例》。1950年7月14日，政务院第四十一次政务会议通过报请中央人民政府主席批准于7月19日公布《人民法院组织通则》，以及贵州省高级法院于1952年制定的《贵州省刑民案件一审审理程序》《贵州省刑民案件二审审理程序》。巩固新生的人民政府，废除国民党政权的审判程序和制度，这一时期审判制度的特点，是镇压反革命。

1953—1957年，社会主义经济建设开始步入正轨。县法院贯彻执行《中华人民共和国宪法》《中华人民共和国人民法院组织法》和《各级人民法院刑、民事案件审判程序总结》。建立健全公开审判制度、两审终审制度、陪审制度、辩护制度、调解制度以及规范刑、民事案件的审判程序。

1958—1962年，人民法院的审判制度受到“反右”斗争的严重干扰，一些正确的司法原则和制度遭到不适当的批判。1958年“大跃进”，审判工作也搞“大跃进”，审判随意简化程序，办案也提倡“放卫星”。

1963—1965年，国民经济调整时期，县法院根据上级部门的指示精神，开始纠正审判工作中的错误做法，恢复正常的工作秩序，审判程序和审判制度又得到贯彻执行。

1966—1978年“文化大革命”期间，社会主义法制遭到严重破坏，公、检、法被“砸烂”，审判权由军事管制小组和人民保卫部行使，处理案件实行侦察、起诉、审判“一竿子插到底”。

1979—2009年，国家实行改革开放政策，全心全意进行经济建设。县人民法院主要贯彻执行1979年颁布施行的《中华人民共和国刑事诉讼法》、1982年颁布的《中华人民共和国民事诉讼法（试行）》、1990年颁布的《中华人民共和国行政诉讼法》以及最高人民法院关于贯彻执行这三大诉讼法的司法解释、1991年4月施行修改后的《中华人民共和国民事诉讼法》、2002年4月，最高法院颁布《关于民事诉讼证据的若干规定》，强调当事人举证并严格举证期限，审判结果更多地体现法律权威的刚性，效率一度成为审判工作的主导方向。

2010—2014年，审判程序有新的变化，强调程序法与实体法并重的原则，改变过去重实体轻程序的做法，推行快速便捷的“简易审判程序”，强化“调解优先、调判结合”审判理念，对婚姻、相邻纠纷案件实行调解前置；庭审功能由过去法官纠问式向控辩式转换，强化控辩双方的举证责任，强化合议庭功能，推行阳光审判，更多层面地保护当事人诉讼权利，严格举证期限，使当事人能全面享受司法资源，审判程序、制度更加健全完善。

一、公开审判制度

1950 年 1 月至 1957 年 7 月，县法院、法庭、巡回法庭依据 1951 年 9 月施行的《人民法院暂行组织条例》，在审理案件时，除依法不公开审理外，均公开进行审理。1952 年，《人民法庭办案试行程序》规定："案件经过审核调查，如认为事实情况不足者，应由起诉人再行补充材料，如认为事实情况已经明确可予公判者，即由审判长（或副审判长）会同审判员二人开庭公开审判。"12 月 20 日，贵州省高级人民法院《关于巩固司法改革的胜利，认真做好司法建设工作的指示》强调，公开审判范围必须扩大到轻微刑事案件和民事纠纷案件，在巡回审判和就地审判中，在不妨碍群众生产的前提下，要吸收更多的群众参加。

1954 年 9 月，《中华人民共和国人民法院组织法》颁布施行。县法院组织学习，在辖区内认真执行公开审判制度。1955 年 1 月，县人民法院院长参加贵州省高级人民法院召开的第八次全省司法工作会议，学习《中华人民共和国人民法院组织法》，在辖区范围内推行公开审判制度并健全辩护、陪审、合议制度。根据《中华人民共和国人民法院组织法》规定和省人民法院有关文件精神，凡公开审理的案件，在开庭前三日公开案件名称、审理日期、地点，并通知被告人和当事人，刑事案件（除自诉案件外）通知检察院或公安机关参加诉讼，开庭时允许人民群众旁听，新闻记者也可以旁听报道。根据省法院要求，一审公开审判、二审需要公开审判的上诉案件，可以由审判人员先报告案情，根据上诉人不服的部分进行辩论，避免重复，节省时间。审理婚姻案件，涉及当事人个人隐私与案情无关的内容，告知当事人不要提及；与案情有关的，应裁定有关部分禁止旁听。

1958 年"大跃进"时期，审判程序简单化，办案"放卫星"，公开审判制度受到冲击。

1961 年 7 月，根据最高人民法院召开的成都片区会议精神及省、州法院纠偏精神，全面纠正"大跃进"期间审判的案件，依法实行公开审判。

1966—1976 年"文化大革命"，公开审判制度受到极大的冲击。

1978 年，党的十一届三中全会后，审判制度恢复正常。

1980 年 1 月 1 日，《中华人民共和国刑事诉讼法》施行，县人民法院认真贯彻执行，坚持公开审判制度，对依法公开审判的刑事案件，进行公开审判。

1982 年 3 月至 1991 年 4 月，《中华人民共和国民事诉讼法（试行）》《中华人民共和国行政诉讼法》《中华人民共和国民事诉讼法》分别颁布施行，法院审判行政案件、民事案件，除涉及国家机密、个人隐私或法律另有规定的以外，进行公开审判。根据法律规定，县人民法院审判刑事、民事、经济纠纷、行政案件，除涉及国家机密和商业秘密的案件、有损公序良俗的刑事案件、当事人不愿公开的个人隐私和离婚当事人申请不公开审理的案件、未成年人犯罪的案件不公开审理外，其余的案件都进行公开审判。凡公开审理的案件，贴出公告，先期公布案由，当事人姓名或名称，开庭的时间、地点，群众到庭旁听。

1997 年修订的《中华人民共和国刑事诉讼法》施行后，县人民法院通过审查、公开质证、认证、控辩双方公开辩论、公开审判，将审判活动置于人民群众的监督之下，强化庭审功能，提高庭审质量，办案效力有很大提高。随着审判实践和社会需求发展，人民群众对审判公开的要求也在不断提高。1999 年，最高人民法院发布《关于严格执行公开审判制度的若干规定》。

2005 年初，中央就完善司法体制和工作机制作出统一部署。经过历时两年多的调查研究、修改完善、反复征求意见，最高人民法院于 2007 年 6 月发布《关于加强人民法院审判公开工作的若干意见》。县人民法院结合实际深入推进公开制度改革，因地制宜制定相应执行措施，做到公开开庭、举证、质证、认证、宣判。强化和规范对当事人依法告知义务，保障当事人在立案、审判、执行、审判监督等各环节对审判权运行过程的知情权。建立案件办理情况查询机制，方便当事人了解案件进展信息、查阅裁决文书。公开促公正，邀请人大代表旁听案件审理，确立新闻发言人，建立新闻发布制度，对重大典型案件通过数字化进行庭审直播，全面实施立案公开、庭审公开、证据采信公开、事实认定公开、法律依据公开、判决理由公开、裁决文书公开、执行过程公开，确保审判权在阳光下运行，促进司法公正。

2009 年 12 月 23 日，最高人民法院法发〔2009〕58 号文件《关于司法公开的六项规定》和《关于人民法院接受新闻媒体舆论监督的若干规定》，向社会承诺立案、庭审、执行、听证、文书、审务公开。

二、辩护制度

1950 年 5 月 15 日，县法院建立，在刑事审判活动中，确立刑事被告人在法庭上有充分的发言权和辩护权。1953 年，县法院按照《中华人民共和国人民法院组织法》规定，确立被告人及其合法辩护人在法庭上有充分的发言权和辩护权，有权申请调取证据，有权作最后的陈述，有权对判决提起上诉，至 1956 年，辩护制度完善，并规定下列人员为辩护人：（一）律师；（二）人民团体或被告人所在单位推荐的、或经县法院同意的公民；（三）被告人的近亲属、监护人。1957 年，受“左”倾思想影响，相继完善的辩护制度被否定。“文化大革命”期间，被告人的辩护权完全被剥夺。

1978 年，中共党的十一届三中全会后，司法工作拨乱反正，辩护制度得到恢复。至 2014 年，在刑事案件审理活动中，公开审理的每一起案件，一律由律师出庭参加辩护，自此，辩护制度逐步得到巩固和完善。

三、上诉制度

1954 年，《中华人民共和国人民法院组织法》规定，上诉制度实行两审终审制度，规定当事人及其他诉讼参与人，对第一审的判决和裁定不服，要求上一级法院对案件重新审判，同一级检察院按照法定程序向上级法院提出抗诉。上诉可以用书状（上诉状）提出，法院不得以任何借口加以刁难或驳回。当事人提出上诉的法定期限（上诉期）分两种：（一）对判决的上诉期为 10 日。（二）对裁定的上诉期为 5 日，二审法院审理后，一般作出三种处理：1. 维持原判；2. 直接改判；3. 发回原审法院重新审理。1966—1976 年“文化大革命”期间，实行“一条龙”办案，上诉制度被取消。1981—1982 年，《中华人民共和国刑事诉讼法》《中华人民共和国民事诉讼法（试行）》颁布施行，上诉制度恢复，直至2014年得到巩固。

四、回避制度

1954年，《中华人民共和国人民法院组织法》施行，规定回避制度。为防止审判人员徇私舞弊，规定审判人员对本人有特定关系的案件回避，避不承担办理该案的审判任务。当事人申请回避，受到法律保护。对担任审判长的回避，由审判委员会讨论决定。其他人员的回避，由审判长决定，“文化大革命”期间取消了回避制度。1979年修改的《中华人民共和国人民法院组织法》公布施行，至2014年回避制度恢复和巩固。

五、陪审制度

20世纪50年代初，县法院重视人民陪审员的作用，1954年，依法选举人民陪审员160人，1955年5月起，实行人民陪审员陪审制度，定期轮流值班。1958年，人民陪审员陪审案件414件。1980年，选出114名人民陪审员。1983年9月后，贯彻全国人大常委会关于修改人民法院组织法精神，审判一审案件由审判员组成合议庭或由审判员、人民陪审员组成合议庭进行。为完善人民陪审员制度，保障公民依法参加审判活动，加强司法民主促进司法公正，2003年5月10日，县法院聘用人民陪审人员19人。2004年8月28日《全国人民代表大会常务委员会关于完善人民陪审员制度的决定》实施，2014年4月3日，县法院对选任67名人民陪审员颁发证书，使陪审员的管理纳入正规化、制度化。

1950年9月1日，最高人民法院第七次委员会会议决议，今后各级人民法院审判婚姻案件，案件对社会有重大影响，或有教育意义，或经当事人双方或一方请求，或有其他必要原因时，应请当地妇联派代表陪审。同年5月，贵州省第二届司法会议提出，运用好有陪审制度的审判方式。人民法院除可以直接请能为人民办事的公民为陪审员外，与有关的群众团体联系，妇联、共青团、工会等，邀请他们派员参加陪审。在少数民族聚居的地方，应邀请少数民族公正人士参加陪审。9月，《人民法院暂行组织条例》公布施行：“人民法院应视案件性质，实行人民陪审制度”。依照《人民法院暂行组织条例》，县人民法院自1952年起开始实行陪审员制度。审理案件时，临时邀请人民群众代表或有关机关、群众团体指派代表参加陪审。

1953年5月，省高级法院在第五届全省司法工作会议上提出，建立一审陪审员制度，各县、市人民法院应在当地普选完成后，建立常设人民陪审制度。陪审员以地区为单位，由乡镇人民代表大会选举不脱产的人担任，选举后向群众公布，报请县、市人民政府备案。应照顾地区情况，妇女和少数民族陪审员要有适当名额。1954年9月，《中华人民共和国人民法院组织法》实施后，开始实行人民陪审员固定轮值陪审。1955年，聘县人民陪审员，轮值固定参加陪审的案件占全年审判案件的70%。1956年9月11日，安顺专区中级人民法院就选举陪审员一事作明确规定：“陪审员由各单位职工推选，再经大会进行选举。陪审员应公正严明，在群众中有一定威望，政治合格。”

1966—1976年，人民陪审制度被迫中止。1979年7月，《中华人民共和国人民法院组织法》《中华人民共和国刑事诉讼法》对人民陪审制度作明确的规定：“人民法院审判第一审案件实行人民陪审员陪审制度”，“人民陪审员在人民法院执行职务期间，是他所参加的审判庭的组成人员，同审判员有同等权利”，“人民陪审员在执行职务期间，由原工作单位照付工资，没有工资收入的，由人民法院给予适当补助。”“基层人民法院、中级人民法院审判第一审案件，除自诉案件和其他轻微的刑事案件可以由审判员一人独任审判外，应当由审判员一人，人民陪审员二人组成合议庭进行。”1980 年 8 月，省高级人民法院、省司法厅在《关于在基层选举时结合进行选举人民陪审员的意见》中，对人民陪审员条件和名额提出具体要求。县法院根据上述法律以及省、州人民法院指示精神，进一步健全县境内人民陪审制度。

1983 年 2 月，第六届全国人大常委会第二次会议通过关于修改《中华人民共和国人民法院组织法》的决定，删去原第九条“人民法院审判第一审案件实行人民陪审员制度”规定，将第十条第二款修改为“人民法院审理第一审案件，由审判员组成合议庭或者由审判员和人民陪审员组成合议庭进行。”县法院审判第一审案件时，由审判员三人组成合议庭，或由审判员一人和陪审员二人组成合议庭进行审判。9 月以后，县法院审判员增多，已有条件组成合议庭，聘用人民陪审员相应减少。各基层人民法庭，专职审判员缺乏，仍继续聘用人民陪审员。

1991 年 4 月，最高人民法院、国家教委、共青团中央、全国总工会、全国妇女联合会发出《关于审理少年刑事案件聘请特邀陪审员的联合通知》。县法院认真贯彻通知精神，成立少年法庭，审判未成年人犯罪案件时，邀请了解青少年特点，热心从事挽救失足青少年工作，作风正派、责任心强、有一定工作能力、具备基层法律知识的人员担任特邀陪审员。特邀陪审员参加审判案件，利于对失足青少年的教育、挽救、改造和转化工作。

2010 年 3 月，根据《全国人民代表大会常务委员会关于完善人民陪审员制度的决定》，瓮安县人民法院聘兰敏等同志为瓮安县人民法院人民陪审员。

六、两审终审制度

1950—1954 年，县法院根据《人民法庭组织通则》《人民法院暂行组织条例》《关于“五反”运动中成立法庭的规定》《关于“三反”运动中成立法庭的规定》《人民法庭办案试行程序》以及最高人民法院、最高人民检察署、司法部的指示，实行三级两审制。瓮安县人民法院、人民法庭、巡回法庭审判均为第一审，贵州省人民法院及其分院为第二审。一般案件以二审为终审。特殊案件或特殊情况，也可以三审或一审为终审。

1953 年，对判处有期徒刑（反革命案）不满 10 年者，由县掌握，经县清理委员会批准，不再送上级复核。若判处 10 年以上有期徒刑者，均送专区清理委员会审核批准。判处无期徒刑、死刑缓期执行、死刑立即执行者，经专区清理委员会提出意见后，再送省委复核审批。对普通刑事案件复核权限以法秘〔1953〕字第 159 号文件指示：“凡判处有期徒刑不满 10 年者，由县法院提出初步意见，经县委批准后判决执行，不再送上级复核。”如不服上诉，“作上诉案件办理”。“判处 10 年以上有期徒刑直至死刑者，则先行宣布判决，该当事人不提起上诉时，再呈送瓮安县法院复核。如当事人不服，即将原卷连同判决书、上诉书报送县法院，作上诉案件办理。判刑 10 年以上不满 15 年者，提出意见报地委批准后执行。判处 15 年以上徒刑、无期徒刑、死刑者，均由专区提出意见送省复核。”

1954 年 11 月，县法院召开会议，贯彻执行中华人民共和国第一届全国人民代表大会第一次会议精神和全省法院第七次司法工作会议精神，学习《中华人民共和国宪法》《中华人民共和国人民法院组织法》，明确司法工作必须为经济建设服务，必须进行民主法制建设。

1966—1976 年，“文化大革命”期间，两审终审制遭到破坏。

1979 年 7 月 1 日，中华人民共和国第五届全国人民代表大会第二次会议通过《中华人民共和国法院组织法》。《中华人民共和国法院组织法》将两审终审制作为人民法院审判各类案件的基本制度。县法院在审判工作中认真贯彻执行这一制度，一审案件判决、裁定后，在上诉期限内当事人不上诉，县检察院不抗诉的，案件即告终结，县法院的判决、裁定即产生法律效力。当事人不服提出上诉的，或县人民检察院抗诉的，经州中级人民法院二审作出的判决、裁定为终审判决、裁定，即产生法律效力。当事人不服一审刑事案件判决的上诉和抗诉期限为 10 日，不服裁定的上诉和抗诉期限为 5 日，不服民事案件判决的上诉期限为 15 日，从接到判决书、裁定书的第二日起计算。

1983 年 9 月 2 日，全国人民代表大会常务委员会通过《关于迅速审判严重危害社会治安的犯罪分子程序的决定》规定，对于杀人、强奸、抢劫、爆炸和其他严重危害公共安全应当判处死刑的犯罪分子，其上诉期和人民检察院的抗诉期限为 3 日。

第三节　审判制度改革

1979 年，贯彻实施《中共中央关于坚决保证刑法、刑事诉讼法切实实施的指示》《中华人民共和国人民法院组织法》，开始司法审判制度重建和改革。1980 年《中华人民共和国刑法》《中华人民共和国刑事诉讼法》颁布，法院审判工作实施“两法”，坚持公开审判制度。20 世纪 80、90 年代中期，改革审判方式，逐步改变职权主义的庭审模式，强调当事人的举证，加强对证据的质证和开庭辩论，充分发挥开庭审理的功能，依法适用简易程序，及时处理一般经济纠纷。简化诉讼程序，减少诉讼消耗。扩大合议庭职权，提高依法独立审判水平。根据《中华人民共和国行政诉讼法》和《中华人民共和国民事诉讼法》规定，凡是公开审判的案件，提前公告，先期公布案由、开庭时间、地点，以便群众旁听，得到人民群众的有效监督。至 1991 年，县法院在审判中，除对一审轻微的刑事案件、简单的民事经济纠纷案件实行独任审判外，其余案件由审判员组成合议庭审判。一审行政案件一律由审判员数名组成合议庭审判，发回重审、再审案件均由审判员组成合议庭审判。随着审判方式改革，对合议庭和审判委员会决定处理案件的权限有比较明确的划分：判处较轻刑法的刑事案件，案件简单或诉讼标的小的民事、经济纠纷案件由合议庭决定；判处较重刑法的，判处缓刑或者宣告无罪的刑事案件，案情复杂，诉讼标的大的民事、经济纠纷案件以及行政案件提交审判委员会研究决定。

1993 年，改革刑事审判方式，将审问式庭审方式改为控辩式，注重辩论效果，显示审判公正。1996 年，全面落实公开审判制度，推行刑事、民事、经济和行政审判方式改革，依法公开审理的案件一律公开审判，公民可以凭有效证件旁听。开庭审理案件实行当庭举证、质证、辩论、认证，强化合议庭职责，规范审判委员会活动，实行“立案、审判、监督、执行”分离制度。

2002 年，建立法官案件质量终身负责制，落实法官责任追究。2005 年，根据最高法院《法院五年改革纲要》要求，对审判方式等进行改革。实行立案与审判、审判与执行、审判与监督三个分离制度，建立“大立案、精审判、强执行、严监督”的审判工作机制，建立案件审理流程管理制度，由专门机构根据各类案件审理流程中的不同环节，对立案、送达、开庭、结案等不同审理阶段进行跟踪管理。一审和再审案件除法律另有规定外，一律实行公开审理。试行民事审判举证时限制度和庭前证据展示、交换制度，使当事人得以充分说理。加大裁判文书改革步伐，增强判决的说理性和逻辑性，实现裁判文书的程序公正和实体公正。通过审判改革，超审限审结的案件明显下降，法官驾驭庭审能力增强，当庭宣判率上升，办案质量提高，诉讼成本降低，审判活动透明度增强。

2009—2014 年，继续推行审判方式改革。加强专业化审判，实现案件繁简分流。针对辖区内案件类型多样化的特点，县法院成立少年法庭、劳动争议、交通事故、医患纠纷等多个专业化审判庭，有效提高审判效率，促进裁判公正。成立速裁庭，对事实清楚、证据充分、当时人争议不大的简易民商事案件，经速裁程序审理，缩短办案周期，提高办案效率，节约诉讼人的诉讼成本。

第三章　刑事审判

清朝时期，系县令集司法行政于一身，诸法合一，刑民不分，实体法和程序法混淆，历史案例中多出现冤、假、错案。民国时期，由县政当局治狱断案。新中国成立以后，由人民政府接管旧法，建立新法院，适用新法律，审判罪犯，受理危害社会治安案件、破坏经济秩序及职务犯罪案件、少年犯罪等案件。1950—2014 年，共受理各类刑事案件 11530 件，审结 11463 件，结案率 99.42%。

1950—1956 年，审判土匪（政治土匪）案件 450 件，占刑事案件总数的 28.95%；抢劫案件 4 件，毒品 18 件，强奸 27 件，盗窃 10 件，伤害 1 件，杀人 3 件，卖婚及通奸 5 件，其他类 175 件。执行枪决 9 人，死缓 4 人，无期徒刑 11 人，15—20 年有期徒刑 13 人，10—15 年有期徒刑 123 人，管制 7 人。第四区（永和）统计，被反革命分子杀害的人民共有 200 名，恶霸匪首魏忠文强奸妇女 27 件 27 人，公审时出庭控诉的妇女有 18 人。玉山乡匪首宋光炜杀 8 个农民，组织地霸、反共自卫军、匪自治会等，造谣、派款、抢劫、放毒、暗杀共产党人，制造人民政府和群众的矛盾。根据《惩治反革命条例》第 7、9、17 条规定，依法判处 2 犯死刑。

1951 年，审理反革命案件 291 件，占刑事案件的 39.46%。

1952 年，受理“三反”“五反”（三反：反贪污、反浪费、反官僚主义；五反：反行贿受贿、反偷税漏税、反铺张浪费、反盗窃国家经济情报、反偷工减料）运动案件 71 件，审结 66 件，结案率为 92.96%。“三反”案件 69 件，审结 64 件，占 92.76%，侵吞盗窃、骗取国家财物案件 53 件，审结 48 件，判处 69 人。勒索他人财物案件 2 件 2 人，收受贿赂案件 6 件 6 人，假公济私违法牟利案件 4 件 4 人，判处有期徒刑 4 人。出卖或坐探国家经济情报案件 1 件 1 人。其他刑事案件 3 件 3 人，均审结。“五反”案件 2 件 2 人，审结 2 件，占 100%。1954 年，保护农业生产互助组合作化运动发展，打击惩办隐藏反革命地主、富农分子破坏活动。

1957 年，在完成社会主义对资本主义改造运动中，农村中的地、富、反、坏分子待机破坏，反对农业合作化建设。审结破坏农业合作化运动的反革命案件 38 件 42 人，地主、富农分子 10 件 15 人，强奸案件 4 件 4 人，破坏军婚案件 6 件 6 人，其他刑事犯罪案件 104 件 114 人。截至 9 月底，全县集中逮捕和拘留现行罪犯 40 件 40 人，不法地主 14 人，富农 10 人，反革命 6 人，刑事犯罪 7 人，其他坏分子 3 人，依法判处管制 20 人。审判中坪区艾州乡不法地主刘忠光，1956 年反攻倒算，将贫农吴光顺（军属）土改时分得他的瓦房 3

间、仓1间全部收回；珠藏区高水乡高炉社刑事犯罪分子卢光顺手持镰刀将生产队长卢光荣砍成重伤。依法逮捕，判处有期徒刑3年。

1958—1959年，受理各类刑事案件427件，反革命案件35件，占收案数8.2%。审结贪污、盗窃案件48件，强奸14件，坏分子26件，烟毒7件，杀人13件，其他刑事案件16件。判处死刑2人，死缓1人，无期徒刑3人，判处有期徒刑15年5人，10年5人，5—9年61人，1—4年27人，交群众监督管制106人。1958年，县法院开展“七无”（无黑枪黑弹、无鸦片、无散匪、无赌博、无火灾、无爆炸、无偷盗）运动宣传教育，群众自觉订立爱国公约。珠藏区珠藏社街上若干生产队共41人制订爱国公约，地主、富农、反革命分子订立守法公约，主动将隐藏多年的枪支弹药交出，长短枪14支，各种子弹524发，各种刀具819把，手榴弹7枚，炸药1包，雷管10个，宝剑1把，炮弹1个，土枪10支。

1960—1965年，刑事审判工作在县委和政法党组领导下，依靠群众、公安、检察部门打击各类刑事犯罪活动。1961年，根据省政法三级干部会议精神和贵州省高级人民法院指示，公安、检察院配合县法院，截至6月30日，审结反革命案件39件，结案率70.5%。1963年，在与严重自然灾害的抗争中，对全县敌情进行分析研究，有“四类分子”4016人，表现好的1077人，占总数26.88%，表现不好1859人，占总数46.36%，时好时坏的871人，占总数21.6%，有破坏活动的209人，占总数5.18%。全年发生政治案件14件，比1962年上升1倍；刑事案件154件，比1962年减少21件。办案人员携卷下乡，深入发案地，依靠群众，调查案情，打击严重破坏社会治安的反革命、地、富、坏分子、强奸犯、盗窃犯。审判盗窃犯罗敏祥勾结富农分子谢金安先后3次盗窃国家棉布666.7市尺，依法判处有期徒刑8年；谢金安系没有改造好的富农分子，依法判处有期徒刑8年；投机倒把犯高永亮判处有期徒刑3年，丁学明、杨昌华分别给予批评教育。1964年、1965年，打击锋芒是对准反革命、投毒、贪污、盗窃、强奸等犯罪分子，遵照“首犯从严、从犯从宽、抗拒从严、坦白从宽”的司法政策，开展审判活动。共受理各类刑事案件164件，反革命案件9件，普刑案件131件；涂写反标1件，破坏农业生产6件，打击报复2件，抗拒监督改造1件，贪污18件，挪用11件，贩毒6件，奸淫幼女8件，行凶杀人7件，破坏军婚15件，重婚26件，妨害婚姻家庭9件。依法判刑25人。

1966—1969年，先后发生凶杀案3起，杀死2人，杀伤34人，已破获2起。1969年11月11日，草塘区青池公社场坝大队马滚坡发现男性无名尸1具，派员勘验，系遇害而死，颈部以上被砍40余刀。县法院针对此案，组织打击各种现行破坏活动。四年共审结各类刑事案件345件，审结率为100%。

1970—1974年，根据省委〔1973〕54号文件精神，1973年4月5日，恢复法院工作，军管审判组干警11人，先后配备9名在7个区人民法庭工作。12月底，公诉案件18件，自诉三婚（军人、知青、重婚）案件9件，审结18件，上报复核7件。审结率66.67%，判处6—15年有期徒刑5人，占27.78%，判处有期徒刑5年以下8人，占44.45%，免于刑事处分2人。1974年，依靠群众，调查研究，严格区分和正确处理两类不同性质的矛盾，密切配合党的中心工作，打击严重破坏社会秩序的反革命分子和刑事犯罪分子，保卫“批林批孔”运动，巩固无产阶级专政。审结各类刑事案件77件，结案率为97.46%。判处死刑案件1件1人，1—5年有期徒刑5人，管制1人，缓刑3人，退回公安补充侦查1人；对强奸杀人犯张连斌在珠藏发案地批判斗争，召开宣判大会判处死刑，立即执行枪决。杨水平系生产队革委会主任，破坏知识青年上山下乡，犯奸污女知青1案，依据有关政策判处杨水平有期徒刑6年。

1975—1979年，审理自诉案件398件403人，占刑事案件总数96.91%；公安起诉案件5件，属于国家工作人员2人，工人5人，农民30人，“五类分子”8人，其他身份14人。属敌我矛盾41件，占受理数26.79%，依法判处5年以上有期徒刑45人，给予刑事处分55人，占65.36%。1978年，县法院贯彻执行全国第八次和省第十九次司法工作会议精神及中央〔1978〕32号文件，联系实际批判林彪、“江青反革命集团”，破坏司法工作的罪行，打击阶级敌人破坏活动。审结，63件193人，新收案件12件，占受案数91.75%。处理积案51件71人，占73.91%。

1980年，《中华人民共和国刑法》颁布施行，县法院依法从重从快惩办严重危害社会秩序的犯罪分子。1981年，审结81件，结案率83.5%。判处10年以上有期徒刑4人，6—9年12人，5年以下48人（缓刑6人），拘役9人（缓刑3人），管制2人，免刑10人。根据案件排类：青少年犯罪人多，有68人，占39.7%，14—18岁11人，女青年6人，男青年62人，占91.2%，犯罪行为以流氓、强奸、抢劫、盗窃等。如陈某某、王某为首纠合性流氓集团案，牵涉81人，时龄都在20岁以下，女性12人，对社会危害极大；团伙犯罪多，受理2人以上团伙案件22件，占公诉案件18.5%，犯案主要以盗窃、贪污、流氓犯罪。聂某某为首盗窃集团纠合人数达20人；抢劫案件多，受理抢劫案10件，是1980年的3倍，占公诉案件10.6%，犯罪人均为25岁以下青少年；在押劳改犯脱逃作案多，受理在押犯脱逃犯罪案件17件19人，是1980年的4.2倍，占公诉案件14%。3月，原判抢劫犯龚桂银，从瓮安煤矿脱逃流窜贵阳，在大街上持刀抢劫财物，被当场抓获。受理伤害案件27件，是1980年的6.8倍，占公诉案件数28.7%。伤害案件大多数是农村社员为山林、土地、水利争议，动辄打架伤人。5月，珠藏区羊关公社社员王建刚与其幺叔为放田水争议引起打架，用石头将其幺叔打伤致死；“六类”犯罪多，受理“六类”（杀人、抢劫、盗窃、强奸、诈骗、放火）案件111件213人，占公诉案件37.2%。县法院根据“六多”特点，依法从重从快严惩杀人、抢劫、强奸、盗窃、诈骗、放火、爆炸及其他严重危害社会秩序的犯罪团伙首犯、惯犯、教唆犯；对违法犯罪的青少年，坚持教育、挽救、改造和感化引导。1982年，区分罪与非罪的界限，判决两案两人无罪释放。受理公诉岚关公社花桥大队原党支部书记、县人民代表郑树章带头盗伐、滥伐和煽动群众砍伐林木1案。经过7次调查，核实被告有罪过事实。查明被告从成立人民公社担任大队党支部书记以来，工作认真负责，领导社员植树造林，成绩显著，曾多次被省、州、县评为先进集体、先进个人。被告在“文化大革命”被批斗期间，仍坚持不准人砍伐树木。花桥出现乱砍风后，郑树章眼看集体林木被盗伐，痛心流泪哭过3次。在守护不住的情况下，气愤上山砍26根树木自用。经查明，被告郑树章行为虽有错误，但主观上没有带头盗伐、滥伐林木动机，客观上危害后果轻微，判决被告郑树章无罪释放。1984年，在判决文书产生法律效力中判处无期徒刑2人，15—20年有期徒刑10人，10—15年14人，5—10年59人，不满5年107人，拘役3人，拘役缓刑18人，管制9人，免予刑事处分15人，其他处理4人。

1985—1989年，县法院依照实事求是，重证据原则，依法律该判就判，该重判不能轻判或不判，有法定从轻、减免或者免除处罚情节的，依法从轻、减轻或者免除处罚；不构成犯罪的依法宣告无罪。1986年，检察院诉陈永亮强奸罪1案，经审理，缺乏基本证据，退回县检察院补充再审，11月，再次公诉到县法院，据审无实据，作出判决无罪。受理经济案件23件，审结率100%，挽回国家、集体经济损失2.750万元。1987年，贯彻执行对严重刑事犯罪分子依法从重从快惩处，把“两打”放在首位；密切与公安、检察机关配合，开展专项斗争；严格依法办案，坚持质量第一，数质并举。以准为重点，从快、从重、从严判罪。针对瓮安境内社会治安实际，严厉打击拐卖人口犯罪活动，对于犯有一般罪行的犯罪分子，只要有法定从轻情节的依法从轻处理。兑现宽严政策，该宽则宽，该严则严，宽严相济，分化瓦解犯罪分子活动基础。1989年，受理团伙案件、拐卖人口案件18件，比1988年上升28.57%，盗窃案19件，占收案总数10.92%。召开公捕公审大会4次，宣判案件20件69人。8月15日至10月31日，检察机关提诉案件6件，受贿案件1件，全部审结。

1990—1993年，共受理各类刑事案件638件，审结629件，结案率98.7%。审结杀人案件17件，强奸案件26件，伤害案件83件。在判决文书发生法律效力629件816人中，判处15年以上20年以下有期徒刑13人，10年以上不满15年20人，5—10年276人，不满5年173人，拘役4人，有期徒刑、拘役、缓刑16人。1991年，县法院执行“惩办与宽大”，坚持“事实为依据”，“法律为准绳”，依法审理田贵平伤害罪1案，田贵平，在瓮安劳改支队服刑。1983年因抢劫被判处有期徒刑13年，1986年又犯脱逃罪、流氓罪数罪并罚执行有期徒刑16年。1991年7月7日，该犯在瓮安劳改支队新井井下车间劳动时，与犯人张木森发生争执，用斧头砍伤张木森左上臂，经鉴定为轻伤。根据田犯在劳改期间多次违法犯罪，违犯监规和故意伤害他人身体，已构成故意伤害罪，从重判处有期徒刑3年，加上余刑，决定执行有期徒刑10年零10个月。1992年，开展“严打”专项斗争，以反盗窃、反暴力性犯罪为主，审结抢劫、强奸、杀人、拐卖人口、流氓等犯罪案件47件，判处罪犯72人，一个月内审结率74.5%，召开公捕公判大会2次，宣判22件29人。1993年，基层人民法庭受理刑事自诉案件55件，伤害案件35件，重婚案件12件，虐待案件5件。法律文书发生效力98件129人，免予刑事处分2人，给予刑事处分127人。审结抢劫、强奸、杀人、拐卖、流氓等七类犯罪案件62件，判处罪犯138人，在一个月内审结率69.4%。审理邹德贵奸淫幼女罪1案，邹犯主观恶性不变，手段恶劣、民愤极大，依照《中华人民共和国刑法》第236条规定，从重判处罪犯邹德贵有期徒刑15年，剥夺政治权利3年。

1994—1996年，在公安、检察机关配合下，召开大型公捕公判大会9次，审判刑事案件429件560人，旁听群众达19.2万人（次）。重点治理和集中行动相结合，先后在老坟嘴、建中、龙塘等乡镇召开社会治安综合治理大会，对抢劫杀人罪犯罗建金、杨万其，贩卖毒品罪犯罗永刚，强奸杀人犯于学军，报复杀人犯龚志刚押赴刑场执行枪决，剥夺政治权利终身。1994年，审理县检察院公诉柏树明、王应碧、王文军拐卖妇女1案，县法院发现律师陈健为被告王文军一审辩护伪造签名和按捺指印，建议县司法局严肃法纪，对陈健解聘律师，限期办清手续。12 月，对审理青少年犯罪案件，专门聘请学校、共青团、工会、妇联等单位领导、干部为少年法庭特邀陪审员，对未成年人犯罪坚持寓教于审，惩教结合，对罪行较轻的犯罪分子，依法从轻判处缓刑、管制，同基层组织联系，依靠群众监督改造。1995 年，审理杨胜万盗窃耕牛 1 案，根据《中华人民共和国刑法》第 264 条规定，依法判处杨胜万有期徒刑 15 年。1996 年，在严打一、二战役中，重点打击杀人、抢劫、强奸、伤害、拐卖妇女、儿童的犯罪分子，审结 112 件 188 人。在公安、检察机关配合下，先后在县城体育场和草塘召开公捕公判大会 3 场（次），宣判刑事案件 19 件 39 人，旁听群众达 10 万人。在判决文书发生法律效力 135 件 225 人中，给予刑事处分 222 人。判处 15—20 年有期徒刑 3 人，10—15 年有期徒刑 10 人，5—10 年有期徒刑 83 人，不满 5 年有期徒刑 90 人，有期徒刑拘役 34 人，剥夺政治权利 9 人。从身份归类，国家工作人员 4 人，学生 3 人，工人 8 人，农民 174 人，个体劳动者 4 人，社会闲散人员 19 人，劳改人员 13 人；从年龄归类，18 岁 8 人，18—25 岁 77 人；从性别归类，男性 223 人，女性 2 人。

1997—1999 年，受理各类刑事案件 363 件，审结 348 件，结案率为 96.06%，判决文书发生法律效力人犯 312 件 417 人，判处 5 年以上有期徒刑 62 人，判处拘役 323 人，有期徒刑拘役缓刑 32 人。1998 年，审结各类经济犯罪案件 11 件，判处罪犯 14 人，审结其他犯罪案件 27 件，判处罪犯 31 人。是年，在县城和珠藏镇召开公捕、公判大会 2 次。将 2 名故意杀人犯押赴刑场，执行枪决。

2000—2003 年，共受理各类刑事案件 578 件 678 人，结案 576 件，结案率 99.66%。2001 年，从重从快严惩“三类”犯罪（杀人、抢劫、强奸）分子，摧毁其经济基础。对未成年人犯罪，坚持教育、感化、挽救方针，以教育为主，惩罚为辅的原则，对罪刑较轻的初犯，过失犯罪以及未成年人犯罪不关押也不至再危害社会的犯罪分子，依法适用非监禁刑。2002 年，试行刑事案件普通程序简便审理，审理孔小惠挪用公款、贪污案，开庭前，组织控辩结合进行证据展示，对无异议的证据不作再举证、质证。庭审过程只用半个小时审理完毕。县法院开展“严打”整治斗争，依法严惩各类刑事犯罪，按照中央、省、州、县统一部署，重点打击带有黑社会性质组织团伙和流氓黑恶势力犯罪，爆炸、杀人、抢劫、绑架等严重暴力犯罪。8 月，审判王永齐抢劫、寻衅滋事罪 1 案，以抢劫罪判处有期徒刑 5 年，以寻衅滋事罪判处有期徒刑 4 年，数罪并罚总和刑期 9 年，决定执行有期徒刑 8 年。2003 年，依法审判故意杀人犯刘元安、向利琴，经黔南州中级人民法院、县人民法院及县公安局联合执行，于 11 月 21 日在县城召开公捕公判大会，将故意杀人犯刘元安、向利琴押赴西坡刑场，执行枪决，剥夺政治权利终身。

2004—2006 年，审判绑架杀人案件 19 件，抢劫、抢夺案件 25 件，贩毒案件 11 件，强奸案件 19 件。2004 年，判处邓寿涛等四人在县城抢夺妇女耳环、手提包等恶性案件，判处有期徒刑 3 年；史孟福等 8 人集伙持刀多次抢劫、盗窃，情节恶劣，判处有期徒刑 11 年。2005 年，依法审判罪犯王永兵等寻衅滋事、故意伤害案件。依法判处有期徒刑 6 年。松坪乡何海银等破坏盗窃电力设备并收购赃物犯罪，根据《中华人民共和国刑法》第 119 条规定，判处何海银有期徒刑，数罪并罚刑期总和 16 年，决定执行 15 件。2006 年，依法审结罪犯冉松盗窃、许志清团伙故意伤害、寻衅滋事、陈仕学团伙抢劫、张崇志违规办理学生户口迁移手续受贿、胡道初、陈世伦职务侵占等案件。

2007—2009 年，依法严惩贿赂、渎职犯罪和商业贿赂犯罪，推动反腐败斗争深入开展，维护人民群众切身利益，依法保障被告人的诉讼权利和人身权利。“有罪则判，无罪放人”，减少社会对立面，探索被害人救助制度，依法扩大刑事审判简易程序适用范围，推行被告人认罪案件简便审理制度。2007 年，受理各类刑事案件 215 件，审结率 100%。危害公共安全案件 11 件 11 人，破坏社会经济秩序案件 3 件，侵犯公民人身权利案件 6 件，侵犯财产案件 12 件，妨害社会管理秩序案件 14 件，贪污贿赂案件 6 件，渎职罪案件 4 件，其他刑事犯罪案件 184 件。2008 年，依法审结张显松等 7 人强迫卖淫案件，谢邦海、谢小江等人聚众斗殴、开设赌场涉黑团伙等案件和“6·28”事件所涉案件。成立瓮安县人民法院“6·28”事件处置领导小组、安全领导小组、信息上报领导小组、后勤保障领导小组、法律宣传领导小组、应急小分队，从 6 月 28 日晚开始 24 小时不间断值班。院领导带领干警到现场做疏导工作，采取走访、座谈方式 520 人（次），制作宣传标语 12 幅，张贴标语 120 张，向社区群众发放征求意见表 1150 份，抽调干警 20 名分两个组在县城中心区域交叉巡逻，协助相关部门进行区域管制，控制势态发展。2009 年，瓮安“6·28”事件后，县法院成立“打黑除恶”专项活动领导小组，制定《实施方案》《宣传方案》《庭审方案》和《安全保卫方案》。对黑恶势力犯罪组织者、领导者和骨干分子，依法严厉打击。受理杨学品（4 人）、杨军（6 人）、彭寿宽（6 人）、谢邦海（8 人）为首黑恶势力团伙案件，刘军帮（14 人）、冷老二帮（6 人）、叶八二帮（16 人）、邹昭喜帮（14 人）和玉山帮（18 人）黑社会性质组织犯罪案件，有 250 人名罪犯被判处有期徒刑 1—20 年，处罚款 3 万元至 200 万元。结案 229 件，比 2008 年减少 66 件，下降率 22.37%。

2010—2014 年，坚持“严打”方针和宽严相济刑事案件审判政策，对“两抢一盗”（抢劫、抢夺、盗窃）严重危害群众人身安全和财产安全的多发性犯罪，依法从重从快判决，维护瓮安和谐稳定的社会秩序，增强人民群众安全感。受理各类刑事案件 1338 件 1798 人，结案率 100%。2011 年，依法惩治贪污、贿赂、渎职侵权犯罪，净化廉洁高效政务环境。准确把握“宽严相济”刑事司法，坚持证据裁判，减少社会对立面，探索创新少年犯罪审判方式，跟踪回访，教育引导，心理咨询，帮教挽救未成年被告人。2012 年，制定《瓮安县人民法院农村居民财产损害司法救助工作实施方案（试行）》，被告人及其赔偿义务人赔偿能力明显不足，导致被害人或与其共同生活的近亲属生产生活有突出困难，通过诉讼渠道无法获得赔偿的，县法院推进量刑规范化改革和刑事附带民事和解工作，建立健全刑事被害人救助和农村居民财产损害救助制度。2013 年，建立审判流程管理制度，公开审判，审判监督，纪检监察，使审判质量和提高效益规范化。对“两抢一盗”严重危害人身安全和财产安全多发性犯罪，依法从重从快判决。9 月，审结罪犯苟成等 22 人赌博团伙案件、罪犯费华等 18 人黑恶势力团伙案件、刘平子等 29 人黑恶势力团伙案件。2014 年，审结危害公共安全案件 67 件 68 人，破坏社会经济秩序案件 5 件 8 人，侵犯公民人身权利案件 62 件 66 人，侵犯财产案件 86 件 130 人，妨害社会管理秩序案件 74 件 138 人，贿赂案件 4 件 5 人。对未成年人初犯、偶犯罪犯，依法适用非监禁刑罚，为失足青少年矫正创造条件。

表 3-1　　1950—2014 年瓮安县人民法院刑事案件统计表

类别＼年份	1950—1959 年	1960—1969 年	1970—1979 年	1980—1989 年	1990—1999 年	2000—2009 年	2010—2014 年	合计
案件数（件）	2964	1149	904	1458	1430	1845	1589	11339

表 3-2　　1950—1959 年瓮安县人民法院刑事案件统计表

类别＼年份	1950 年	1951 年	1952 年	1953 年	1954 年	1955 年	1956 年	1957 年	1958 年	1959 年
合计	346	584	393	369	298	99	175	274	220	207
土匪	99	85	82	55	64	30	—	—	33	39
地主恶霸	92	98	42	38	24	44	—	—	23	13
反革命	73	291	35	64	35	61	16	38	18	17
抗拒改造	—	4	4	6	2	25	21	18	4	2
反攻倒算	—	2	2	—	3	2	16	18	8	9
杀人	3	14	8	9	8	2	4	17	7	6
伤害	1	5	14	12	16	2	3	4	8	2
抢劫	4	18	15	14	16	2	4	6	5	4
盗窃	10	15	15	18	23	6	8	3	15	3
诈骗	5	3	53	12	4	4	6	8	2	3
强奸	27	15	10	18	12	12	3	4	6	8
奸淫幼女	—	—	1	5	—	3	3	2	11	4
破坏军婚	7	7	3	4	6	3	6	6	—	5
拐卖人口	5	6	2	6	3	4	4	4	4	4
流氓	—	—	2	—	4	1	—	3	8	5
寻衅滋事	—	—	—	—	—	—	—	—	—	—
贩卖毒品	18	11	12	12	14	12	12	4	3	4
投毒	—	3	4	—	4	4	—	3	15	13
放火	2	—	4	13	13	4	2	—	11	8
重婚	—	3		2	4	4	6	5	—	26
贪污	—	2	71	73	24	11	12	62	19	11
挪用	—	—	3	5	—	4	4	8	4	—
受贿	—	—	6	—	14	16	18	31	13	17
赌博	—	—	—	—	—	4	12	6	—	3

续表

类别＼年份	1950年	1951年	1952年	1953年	1954年	1955年	1956年	1957年	1958年	1959年
脱逃	—	—	3	2	—	2	4	5	3	
投机倒把	—	—	—	—	3	13	8	16	—	—
虐待	—	2	—	1	2	4	3	3	—	—
侮辱	—	1	2	—	—	—	—	—	—	—

表 3-3　　1960—1969 年瓮安县人民法院刑事案件统计表

类别＼年份	1960年	1961年	1962年	1963年	1964年	1965年	1966年	1967年	1968年	1969年
合计	291	145	95	109	88	76	97	73	108	67
反革命	152	39	4	8	7	2	7	5	5	3
抗拒改造	18	23	17	16	26	4	6	—	7	—
反攻倒算	3	2	4	4	4	—	3	2	—	2
杀人	4	3	2	6	5	2	2	5	8	2
伤害	2	8	—	2	2	9	2	1	6	3
抢劫	4	3	4	5	4	5	8	2	3	4
盗窃	3	4	4	5	4	4	6	9	4	2
诈骗	11	4	5	4	4	4	3	2	8	4
强奸	6	7	5	5	5	1	3	6	4	4
奸淫幼女	3	4	1	5	4	4	3	4	2	4
破坏军婚	11	7	3	1	5	3	2	2	5	2
拐卖人口	4	6	1	2	2	4	7	2	4	1
流氓	1	—	7	—	8	4	3	1	5	1
流氓	4	4	4	5	3	3	3	2	1	1
投毒	2	4	1	2	—	3	1	4	2	1
放火	3	—	2	3	3	—	2	1	3	1
重婚	4	2	3	4	6	5	8	4	6	4
贪污	14	4	3	4	5	3	6	3	7	5
挪用	9	—	9	—	1	—	4	—	2	4
受贿	—	5	—	6	—	1	7	7	5	8
赌博	13	14	7	4	4	3	3	4	5	2

续表

类别＼年份	1960 年	1961 年	1962 年	1963 年	1964 年	1965 年	1966 年	1967 年	1968 年	1969 年
脱逃	12	—	—	3	—	8	3		6	
投机倒把	4	4	8	9	5	2	2	4	8	8
虐待	—	8	—	6	—	—	3	—	2	—
侮辱	4	—	1	—	1	2	—	3	—	1
假币	—	—	—	—	—	—	—	—	—	—
寻衅滋事	—	—	—	—	—	—	—	—	—	—
妨害公务	—	—	—	—	—	—	—	—	—	—
破坏交通	—	—	—	—	—	—	—	—	—	—
破坏公共秩序	—	—	—	—	—	—	—	—	—	—
破坏经济秩序	—	—	—	—	—	—	—	—	—	—
侵害民权	—	—	—	—	—	—	—	—	—	—
侵害民财	—	—	—	—	—	—	—	—	—	—
渎职	—	—	—	—	—	—	—	—	—	—
买卖枪支	—	—	—	—	—	—	—	—	—	—

表 3-4　　1970—1979 年瓮安县人民法院刑事案件统计表

类别＼年份	1970 年	1971 年	1972 年	1973 年	1974 年	1975 年	1976 年	1977 年	1978 年	1979 年
合计	119	109	87	99	79	87	71	101	69	83
反革命	3	2	3	5	2	4	2	4	2	2
抗拒改造	4	6	4	7	6	7	2	—	5	—
反攻倒算	—	2	2	3	2	2	—	—	—	—
杀人	3	7	5	3	2	3	5	4	5	6
伤害	3	4	4	4	5	5	2	8	5	4
抢劫	14	11	4	6	8	9	8	14	13	11
盗窃	6	8	4	4	3	4	5	7	3	2
诈骗	7	5	6	6	4	2	4	7	2	5
强奸	4	9	5	2	4	4	5	13	4	2
奸淫幼女	1	4	7	5	2	5	2	4	2	8
破坏军婚	3	4	5	6	7	8	3	4	6	2

续表

类别＼年份	1970年	1971年	1972年	1973年	1974年	1975年	1976年	1977年	1978年	1979年
拐卖人口	2	3	4	7	7	2	1	3	3	4
流氓	1	4	7	2	4	5	3	4	4	3
贩卖毒品	1	—	3	2	1	—	4	4	—	1
投毒	2	4	—	2	1	1	1	—	1	—
放火	—	—	2	—	2	1	1	—	2	—
重婚	4	3	1	9	—	1	2	3	1	2
贪污	3	8	4	2	3	1	4	2	3	4
挪用	3	3	—	4	8	2	4	—	1	2
受贿	21	6	3	5	—	2	1	4	—	8
赌博	22	2	7	6	3	5	4	8	—	11
脱逃	7	2	—	4	—	8	3	2	—	4
投机倒把	4	6	4	4	2	2	4	—	4	—
虐待	1	4	—	1	1	2	1	2	1	2
侮辱	—	2	1	—	2	2	—	4	2	—
假币	—	—	—	—	—	—	—	—	—	—
寻衅滋事	—	—	—	—	—	—	—	—	—	—
妨害公务	—	—	—	—	—	—	—	—	—	—
破坏交通	—	—	—	—	—	—	—	—	—	—
破坏公共秩序	—	—	—	—	—	—	—	—	—	—
破坏经济秩序	—	—	—	—	—	—	—	—	—	—
侵害民权	—	—	—	—	—	—	—	—	—	—
侵害民财	—	—	—	—	—	—	—	—	—	—
渎职	—	—	—	—	—	—	—	—	—	—
买卖枪支	—	—	—	—	—	—	—	—	—	—

表 3-5　　1980—1989年瓮安县人民法院刑事案件统计表

类别＼年份	1980年	1981年	1982年	1983年	1984年	1985年	1986年	1987年	1988年	1989年
合计	177	97	105	142	175	132	138	149	169	174
杀人	12	4	5	8	19	4	5	5	8	4

续表

类别＼年份	1980 年	1981 年	1982 年	1983 年	1984 年	1985 年	1986 年	1987 年	1988 年	1989 年
伤害	15	3	8	11	13	8	11	5	8	19
抢劫	16	3	4	15	14	12	13	18	14	10
盗窃	12	3	8	14	14	12	8	11	17	19
诈骗	6	4	4	8	19	6	12	14	11	6
强奸	4	8	2	3	14	18	3	1	8	8
奸淫幼女	9	3	8	8	7	5	2	6	2	4
拐卖人口	7	6	4	8	6	5	11	4	14	18
贩卖毒品	7	1	2	1	4	2	—	4	—	4
投毒	6	—	2	—	3	1	—	—	4	2
放火	—	1	2	3	1	—	—	3	—	2
重婚	8	2	4	3	6	2	3	7	3	5
贪污	8	7	5	8	4	9	12	9	13	17
挪用	—	—	3	—	1	15	10	13	13	12
受贿	4	7	5	8	2	3	3	5	4	—
赌博	—	—	5	—	6	—	7	5	8	—
脱逃	4	—	5	—	6	—	8	3	—	11
虐待	8	—	4	—	2	—	2	1	—	3
侮辱	5	6	—	8	—	3	—	2	6	—
假币	4	3	—	2	—	1	2	—	4	1
寻衅滋事	23	18	17	22	18	18	13	18	15	12
妨害公务	1	4	—	1	2	—	—	3	—	4
破坏交通	4	3	—	2	—	1	—	—	3	—
破坏公共秩序	3	4	4	—	5	—	4	5	—	6
破坏经济秩序	4	—	3	2	—	4	—	3	4	—
侵害民权	3	2	—	3	5	—	6	—	—	7
侵害民财	4	4	1	—	4	1	2	4	6	—
渎职	—	1	—	4	—	2	1	—	4	—
买卖枪支	—	—	—	—	—	—	—	—	—	—

表 3-6　　1990—1999 年瓮安县人民法院刑事案件统计表

类别＼年份	1990 年	1991 年	1992 年	1993 年	1994 年	1995 年	1996 年	1997 年	1998 年	1999 年
合计	182	180	145	131	133	138	158	87	149	127
杀人	5	4	3	5	2	4	4	6	4	5
伤害	17	35	17	14	13	15	16	4	18	16
抢劫	8	9	10	9	11	13	14	3	12	9
盗窃	39	24	25	15	17	16	18	8	13	12
诈骗	7	4	5	5	9	7	12	6	9	8
强奸	8	7	6	5	7	10	12	5	8	6
奸淫幼女	3	7	5	6	5	4	2	3	6	5
拐卖人口	15	14	6	7	4	6	8	3	9	4
贩卖毒品	—	5	3	—	7	1	4	—	2	7
投毒	—	2	4	—	1	1	1	—	2	—
放火	—	1	—	4	—	—	—	1	2	4
重婚	7	5	5	5	1	—	—	1	2	4
贪污	15	10	5	7	7	7	8	—	7	3
挪用	9	11	9	8	8	7	9	6	6	9
受贿	4	6	4	—	2	4	—	2	—	1
赌博	2	11	—	4	—	4	—	4	3	3
脱逃	5	—	8	—	4	—	3	—	2	—
虐待	2	—	2	—	2	1	1	—	2	—
侮辱	3	2	—	4	2	8	—	3	2	4
假币	2	—	2	4	1	1	2	—	4	—
寻衅滋事	13	9	12	12	14	12	13	15	14	12
妨害公务	—	—	2	—	3	2	—	2	2	3
破坏交通	1	1	—	3	—	1	2	3	3	—
破坏公共秩序	—	4	5	—	6	—	3	—	2	4
破坏经济秩序	4	—	3	4	—	4	9	8	7	4
侵害民权	—	6	—	—	7	—	4	—	2	—
侵害民财	7	2	4	6	—	7	6	4	3	4
渎职	3	1	—	4	—	3	7	—	3	—
买卖枪支	—	—	—	—	—	—	—	—	—	—

表 3-7　　2000—2009 年瓮安县人民法院刑事案件统计表

类别＼年份	2000 年	2001 年	2002 年	2003 年	2004 年	2005 年	2006 年	2007 年	2008 年	2009 年
合计	114	147	159	158	159	238	140	215	261	254
杀人	3	8	6	4	3	8	8	12	15	14
伤害	5	13	14	15	17	11	8	24	27	13
抢劫	6	5	9	6	6	15	4	13	14	14
盗窃	7	9	6	4	7	13	6	7	8	21
诈骗	8	5	4	8	4	7	6	8	13	16
强奸	6	9	6	4	6	9	4	6	4	11
奸淫幼女	2	6	4	2	9	4	6	3	4	8
拐卖人口	8	6	2	8	8	9	7	15	13	8
贩卖毒品	—	4	—	1	7	4	—	4	3	6
投毒	—	—	2	—	1	—	—	3	—	—
放火	1	—	—	1	—	2	—	4	4	—
重婚	4	2	4	—	4	4	4	3	2	3
贪污	6	6	7	4	6	7	2	6	4	7
挪用	7	4	3	3	5	7	7	16	15	13
受贿	—	4	2	—	6	7	4	—	4	6
赌博	3	2	7	7	4	4	5	9	9	8
脱逃	—	1	—	4	—	6	3	—	2	—
虐待	3	—	3	—	5	3	—	5	—	4
侮辱	—	2	—	3	—	4	4	—	5	4
假币	2	5	2	3	3	6	4	5	4	2
寻衅滋事	6	8	8	7	1	21	5	17	18	13
妨害公务	7	2	7	6	8	4	3	14	4	13
破坏交通	5	2	4	8	4	7	5	5	18	14
破坏公共秩序	5	7	6	14	10	7	8	11	19	14
破坏经济秩序	2	8	17	14	14	3	4	3	25	13
侵害民权	4	4	13	13	5	8	7	6	16	15
侵害民财	6	7	16	15	12	46	16	12	10	12
渎职	6	3	3	4	4	10	10	4	4	2
买卖枪支	2	15	4	—	—	—	—	—	—	—

表 3-8　　2010—2014 年瓮安县人民法院刑事案件统计表

类别＼年份	2010 年	2011 年	2012 年	2013 年	2014 年
合计	256	309	343	351	330
杀人	4	4	8	4	9
伤害	23	18	15	23	17
抢劫	13	17	14	18	16
盗窃	13	16	14	12	15
诈骗	8	15	16	13	5
强奸	11	13	12	13	8
奸淫幼女	2	4	6	8	6
拐卖人口	5	5	8	12	7
贩卖毒品	4	7	12	11	15
投毒	2	—	3	—	—
放火	2	2	—	1	—
重婚	3	2	4	4	2
贪污	5	2	4	8	4
挪用	10	14	21	14	15
受贿	6	—	8	4	4
赌博	4	3	12	4	15
脱逃	4	—	—	—	—
虐待	1	—	3	3	3
侮辱	3	4	5	7	4
假币	6	6	5	6	3
寻衅滋事	23	24	25	21	28
妨害公务	13	28	24	23	24
破坏交通	11	27	21	25	24
破坏公共秩序	14	23	28	27	20
破坏经济秩序	20	23	24	33	26
侵害民权	15	24	21	24	22
侵害民财	25	28	25	25	26
渎职	6	—	5	8	12

第一节 反革命案件审判

县法院依照中共中央政策和《中华人民共和国惩治反革命条例》，及时判处反革命罪犯，打击反革命分子，巩固国家政权，确保人民权益，发挥人民法院在人民民主专政中的作用。经过2次镇反和肃反运动，反革命分子大为减少，阶级斗争形势趋于缓和，对破坏社会主义建设的犯罪审判仍然是县法院的长期任务。

一、第一次反革命案件审判

1949年12月11日，瓮安解放，县境内发生匪案4起。漏网匪首王道宏、袁努伦勾结余庆匪首陈英、黄平匪首肖时良、平越（福泉）匪首付润普、叛军营长熊大全等，纠集残匪、叛军800人盘踞在朱家山、云雾山区建立土匪政权，进行反共活动，征粮征税，甚至残杀群众，抢劫国家和人民财物，叫嚣攻打县政府。

1950年6月，县委以“捉完匪首、根绝散匪、收光匪枪”为任务，以第一区仙桥狗场坝和营定岩面村为重点，分别召开清匪反霸公审公判大会，在清匪反霸大会上，群众把伪保长、恶霸地主冷少清、陈德阳押上审判台进行批判斗争，由县法院宣判罪状，就地执行枪决。10月，省委、省政府委派边裕鲲为大队长（兼县委书记），严痴生为副大队长（兼土改工作队大队长），到瓮安组织工作队深入农村，发动群众开展“五大任务”（清匪、反霸、减租、退押、征粮）运动。11月，省军区抽调8个连进驻瓮安，由军分区参谋长吕云峰指挥，对盘踞在朱家山、云雾山区的残匪、叛军进行合围、进剿，歼敌779人。根据最高人民法院《关于镇压反革命活动的指示》《惩治反革命条例》，在全县范围内开展镇压反革命运动，重点打击土匪、恶霸、特务、反动党团骨干和会道门头子。共打击反革命骨干分子572人，占应打击92.86%；其中，判处死刑474人，占76.95%；死缓26人，占4.22%；无期徒刑28人，占4.55%；有期徒刑88人（包括管制生产），占14.29%。

1951年3月，对全县地主、恶霸依法判处死刑和有期徒刑137人，关押待判78人。5月，县委根据运动发展情况，巩固取得的成绩，避免“左倾”思潮影响，执行中央“适当收缩和更加谨慎”的镇反方针，明确“除对有血债非杀不足以平民愤和最严重损害国家利益的反革命首恶分子，必须报经最高人民法院或省高级人民法院核准判处死刑，才予执行外，对那些犯罪该处死但没有血债、民愤不大和虽有严重损害国家利益未达到最严重的罪犯，则采取判处死刑，缓期2年执行，强迫劳动，以观后效的政策。对已判处死刑尚未执行的，进行复议。介于罪行可杀可不杀的，则一律不杀，改判死缓。”6月，省委决定把逮捕权收归地专一级掌握，死刑批准权收归到省。贵阳地委召开县委书记扩大会议，传达中央和省委清积工作部署，县委成立清理积案委员会，开展清理积案工作，清积重大刑事案件33件。县公安、检察部门，配合县法院坚持群众路线，携卷下乡办案。根据政策、法律和群众意见，呈报中、高级人民法院审查批准，然后召开公审公判大会执行。在公审公判大会上对“杀”“关”“管”“放”的反革命分子当场宣判执行。自1950年6月开始至

1953年9月镇压反革命运动基本结束，重点惩办被暴露的匪首、恶霸、特务、间谍、反动党团骨干、反动会道门头子及在“三反”“五反”运动中待机捣乱的不法地主分子。受理各类反革命案件818件，审结817件，结案率99.88%。审结土匪案件222件，占27.14%；恶霸、不法地主案件192件，占23.47%；特务案件37件，占4.5%；反动党团骨干分子25件，反动会道门头子13件，反革命案件134件，抗改案件14件，反攻倒算案件4件。

（一）土匪案件

1950年，县法院结合土改工作，“五大”（清匪、反霸、减租、退押、征粮）任务，开展第一次镇压反革命分子，对浮面的国民党地方官吏、匪首、恶霸、反动党团骨干分子及反动会道门头子、中统特务、军统特务、间谍案件审判。被打垮的匪首、地主恶霸、富农分子不甘心失败，待机捣乱破坏。根据政务院、最高人民法院《关于镇压反革命活动的指示》和《中华人民共和国惩治反革命条例》，重点打击土匪头子。漏网匪首王道宏、袁努伦勾结余庆匪首陈英、黄平匪首肖时良、福泉匪首付润普、叛军营长熊大全，纠集残匪、叛军800人，盘踞朱家山、云雾山区，建立匪政权，进行反共宣传，征粮征税、残杀群众、抢劫国家和人民财物，叫嚣攻打县人民政府。扑灭叛匪残部死灰复燃的嚣张气焰。以“捉完匪首、根绝散匪、收光匪枪”为完成任务，县、区、乡、村各级建立清匪委员会，开展群众性清匪运动。发动群众站岗放哨，盘查行人，清查户口，揭发检举，开创“捉匪英雄”活动，玉山乡白花村群众在站岗放哨盘查行人中，捉住土匪支队长向忠泰等匪首5人；组织民兵搜山搜洞。第一、二、三、四、五区搜山搜洞，捉拿土匪7人，缴获长短枪34支，各种子弹2459发，手榴弹91枚。争取土匪投诚27人；县委拟出清匪政策和标语、口号，张贴宣传，发动俘匪，匪属规劝残匪自首。中坪俘匪金全才等，写信劝回土匪连长3人，被迫为匪者64人向人民政府自首，悔过自新。捕获匪首39人、匪徒57人，自首匪首9人，被迫为匪者1165人，缴获轻机枪2挺，长、短枪234支，火药枪417支，子弹1.5163万发，手榴弹542枚，迫击炮弹10箱。

1951年，审判玉山匪首宋光炜，组织地霸成立反共自卫军、匪自治会等反动组织。宋光炜大肆造谣、派款、敲诈百姓、集匪抢劫，杀害共产党地下人员谢斌，杀害农民8人，任伪乡长期间，作威作福，仗势欺人，民愤极大。匪首江霖珊，曾任伪政府征收主任，匪部副司令，组织土匪叛乱持械直接攻打县人民政府。组织自治会、派款派粮，枪杀革命干部11人，血债累累，民愤极大，经最高法院批准依照《惩治反革命条例》第7、8、9条规定，判处匪首宋光炜死刑，判处匪首江霖珊死刑，立即执行枪决，剥夺政治权利终身。

1952年，受理“三反”运动各类案件中，土匪案件82件，审结79件，结案率96.34%。开展“五大任务”（清匪、反霸、减租、退押、征粮）运动，浮面的土匪被惩办，比1951年下降54.67%。

1953年，惩办浮在面上的匪首、恶霸、特务、反动党团骨干分子、反动会道门头子，共计163人。珠藏匪首曾绍轩潜逃至羊岩关土地堂一岩洞中，被民兵举报捉拿归案，依照《惩治反革命条例》第7、9条规定，判处有期徒刑20年。审判土匪案件55件，审结55件，结案率100%。

（二）恶霸地主案件

恶霸案件多属农村恶霸地主、土豪劣绅，城市中也有封建社会大哥。他们依仗势力横行乡里，无恶不作。勾结官府敲诈人民，霸占民财，奸淫妇女，逼死人命。出钱、出粮、出枪支弹药支持土匪武装暴乱；抗拒土改，向农民反攻倒算；投毒、纵火、报复陷害农民和积极分子。县法院在审理这类案件时，将阴谋暴动的恶霸和抗拒土改不法地主分子依法惩办。

1950—1952年，受理恶霸、不法地主分子案件244件，其中恶霸案件80件，占32.79%，结案242件，审结率99.18%。1951年，县法院成立4个分庭，发动群众控诉、检举、搜集不法地主、恶霸、土匪、特务及其他反革命分子的罪行，法庭加以审讯，调查属实，报中院处理。平兴乡上岩面召开2000人公审大会，枪决恶霸地主陈德阳，芦花村召开3000人公审大会，枪决大恶霸王泽兴。审判活动坚持以土改工作为中心，对作恶多端、顽固不化的地主分子依法制裁，不法分子谢刘氏在被批斗中喊反动口号，当场被公安抓获，判处有期徒刑13年，剥夺政治权利5年。第二区草塘镇民主街恶霸地主王国庆，盘剥百姓，曾任国民党乡长、黔军文书及军需等职时，杀害佃户2人，贪污霸占民众财产，任伪政府自治会副主席期间，勾结叛军1027团杀害共产党地下人员，民愤极大，判处死刑，执行枪决。恶霸地主赵述芝，曾任第一区区长、经费局局长、商务会会长、参议员等职，通匪造谣，主谋煽动人民叛乱，霸占孤儿赵正富的房子屋基，以势欺压赵氏及百姓，压迫寡妇冯杨氏，抓兵派款，诈取掠夺贫农钱财，作恶多端，民愤极大，控诉人达50人，法庭根据罪行和民愤。依照《惩治反革命条例》第7、8、9、11条规定，判处恶霸赵述芝死刑，立即执行枪决，剥夺政治权利终身。1952年，审判不法地主分子谢刘氏在批斗呼喊反动口号、侮辱中央领导人，根据《惩治反革命条例》第10、12条规定，判处有期徒刑13年。审理恶霸、不法地主案件39件，审结率92.86%，比1951年减少56件，下降57.14%。

1953年7月至9月，审理恶霸、不法地主分子案件38件，审结破坏选举工作案件10件，诉选民资格案件7件，经法庭判决有选举权和被选举权5件5人。新华乡不法地主樊哲之破坏普选工作，情节严重，后果恶劣，引起群众不满，根据土改和选举法有关政策及《惩治反革命条例》规定，依法判处不法地主分子樊哲之有期徒刑1年零6个月。不法地主分子郑绍友对农业合作化不满，挑动乡邻离社，又破坏普选工作，经政府教育有悔改之意，免予刑事处分。

1957年8月，采用“捕”“关”“管”“斗”方式，打击不法地主、富农、反革命分子及其他刑事犯罪分子。9月底，逮捕、拘留现行犯罪案件40件40人，其中不法地主分子14人、不法富农分子10人；通过游街斗争，依法管制生产20人。中坪区艾州乡不法地主分子刘忠光，1956年反攻倒算土改时分给贫农吴光顺（军属）瓦房3间、仓1间全部被倒回。吴诉至县法院，法院认为地主搞反攻倒算违反土改政策，根据有关政策和法律，将其倒回财物收归吴光顺，依法判处刘忠光反攻倒算罪有期徒刑1年零6个月。

1958年1月，在全县范围内掀起“七无”（无黑枪黑弹、无鸦片烟、无散匪、无赌博、无火灾、无爆炸、无盗窃）运动，通过社会镇反内部肃反，深入全民性整风运动，揭发不法地主、富农、反革命分子和各种刑事犯罪分子，至4月25日，有现行破坏活动的不法地主、富农、反革命分子及各种刑事犯罪案件54件54人，其中逮捕法办不法地主分子10人，富农分子8人，除2人依法判处有期徒刑3—5年，其余均交农村管制生产。珠藏区珠藏公社街上几个生产队的地主、富农及反坏分子41人订立守法公约，主动将隐藏多年的枪支弹药交出，长、短枪14支，各种子弹524发，各种刀具819把，手榴弹7枚，炸药1包，雷管10个，宝剑1把，炮弹1个，土枪10支。青山乡不法地主分子商玉和（管制生产）订立守法公约和改造计划后，通过党的改造政策教育，认为党的政策好、有出路、积极出工并除“四害”（苍蝇、蚊子、老鼠、麻雀）。3月，消灭麻雀380只。草塘区新华乡敌社调查，473户中有地主51户239人，富农19户107人。经过评审批准，有正式社员19人，后补社员6人，管制生产23人。11月，又有破坏现象抬头，地、富分子中由正式社员降为后补社员9人，后补社员降为管制生产10人，被管制生产人数比原有数增加11人，上升率4.78%。不法地主、富农分子通过订立守法公约改造计划后，表现好的占2.9%，表现不好的下降2.09%。富农分子31人，经批准为正式社员11人，后补社员16人，管制生产4人。经过“七无”运动审查，表现好的7人，一般的17人，没有改造好的6人，不守法的富农分子占6.24%。

1963年，全县有“四类分子”4016人，其中守法1077人，占总数26.88%；不守法1859人，占总数46.36%；时好时坏871人，占总数21.6%；有破坏活动209人，占总数5.18%。少数不法地主分子仍然在生产队捣乱破坏，发生政治案件14件，比1962年上升1倍，发生刑事案件30件，比1962年上升7.14%。办案人员携卷深入发案地，依靠群众，调查案情稳、准、狠，打击严重破坏社会治安的地、富、反、坏分子，打击首要分子，孤立中间分子，挽回落后分子，贯彻从严精神。富农分子谢忠安虽然不是首要分子，系没有改造好富农分子，依法判处有期徒刑8年。

1966—1970年，“文化大革命”阶段，不法地、富、反、坏分子借此混乱机会捣乱破坏，受理不法地、富分子抗拒改造案件139件，占受案数14.55%。

1978年，中共十一届三中全会通过《农村人民公社工作条例（试行草案）》，明确农村完成土地改革和实现农业集体化以后，地主、富农分子已经过20多年以至30年劳动改造，绝大多数已成为自食其力劳动者。对地、富分子摘帽和地富子女成分问题，1979年1月11日，中共中央正式作出《关于地主、富农分子摘帽问题和地、富子女成份问题的决定》指出：“除极少数坚持反动立场，至今还没有改造好的外，凡是多年来遵守政府法律、法令、老实劳动、不做坏事的地主、富农分子以及反、坏分子，经过群众评审，县革命委员会批准，一律摘掉帽子，给予人民公社社员待遇。地主、富农家庭出身的子女，成分一律定为人民公社社员，享有同其他社员一样的待遇。在入学、招工、参军、入团、入党和分配工作等方面，不得歧视。地主、富农家庭出身的子女，其家庭出身应一律为公社社员，不应再作地主、富农家庭出身。”1979年，2月3—14日，县委召开三级干部会议，传达中共中央《关于地主、富农分子摘掉帽子和地、富子女成分问题的决定》。4月初，部署“摘帽”工作，各公社先后召开大队干部和治安、调解干部工作会议，贯彻会议精神，摸清“四类分子”底数及其表现情况。召开“四类分子”及家属会，宣讲中央政策，开展群众评议工作，对“四类分子”的评议意见报县公安局审查，由县委批准。5月底，全县“四类分子”摘帽工作结束，共有“四类分子”3776人（历年死亡159人，尚有3617人），其中地主分子2017人、富农分子1335人、反革命分子172人、坏分子252人。批准纠正错戴帽子115人，占总数3.18%，批准摘帽子3263人，占实有人数93.18%。1980年底，“四类分子”帽子全部摘完，阶级成分划分到此终结，均属中华人民共和国公民。1950—1979年，共受理恶霸、不法地主案件631件，审结率100%，审理恶霸、不法地主案件257件，抗拒改造案件173件，反攻倒算案件84件，审结率均为100%。

（三）特务案件

国民党军统、中统特务以各种身份及行业作掩护，按国民党“应变”计划潜伏到县境内各个行业，负责特务组织联络，待机攻打县人民政府。潜伏、派遣的特务分子都受过特殊训练善于伪装隐藏，采用各种手段迫害进步人士，破坏革命组织。1942年，国民党中统特务王道原以组织商店为名，与伪县长李繁均开办“合昌”商店，目的在于拉拢封建势力，发展特务组织。1948年，军统特务黄跃军潜入县境，组织青年联合会，发展会员48人，进行反革命破坏活动。1949年2月，国民党高级特务曹凯芝从南京返回县境，以开明绅士身份参加瓮安各界人民代表会议。在第一次镇压反革命运动中，清查出中统、军统特务案件37件37人，审结36件，结案率97.3%；其中，军统特务案件16件16人，占特务案件总数43.24%。

1950—1953年，审理特务案件37件，结案37件，其中军统特务9件9人。1951年，受理特务案件16件16人，军统特务案4件4人，占25%；结案15件，审结率93.75%。1952年，审结特务案件12件，结案率92.31%，占30.76%；受案率比1951年下降40.63%。1953年，按照《惩治反革命条例》第9、10、11条规定，审判暗藏中统特务任宗尧，依法判处无期徒刑。1953年9月，第一次镇压反革命运动基本结束。

（四）反革命案件

1950年，阶级矛盾复杂，斗争尖锐，县境匪患四起，以王道宏为首的地方股匪，勾结地方反动势力破坏捣乱，派遣武装特务、土匪造谣惑众，投毒、放火、抢劫、无故杀害人民、刺探情报，与人民政府对抗，按发中共中央《关于镇压反革命活动的指示》：必须严厉打击正在进行或图谋进行杀人、放火、投毒、暗杀、爆炸等破坏行凶活动的犯罪；袭击或杀伤公职人员及人民者；纵火、爆炸、破坏军事设施、工厂、矿场、森林、农场、水利、交通、银行、仓库或其他重要公共财物者；投毒或其他方法引起人畜或农作物受重大灾害者；图谋进行各种特务、间谍破坏活动犯罪；正在进行暴动、图谋暴动的反革命犯罪；以反革命为目的，正在进行或力图进行破坏人民政府各项中心工作及社会主义改造工作的犯罪；正在进行或图谋进行反革命宣传鼓动，书写反动标语、散布反革命谣言的犯罪；手持武器进行抢劫的土匪和剿匪中分散逃跑的散匪；被通缉在案的反革命及越狱逃犯。县委召开各级干部会议，开展镇反运动。依法惩办反革命骨干分子572人，占应打击数92.86%，其中判处死刑和有期徒刑474人，占82.87%，管制生产45人，占7.87%，作其他处理53人，占9.26%。

1951—1952年，受理反革命案件326件，审结273件，审结率84%。1952年，县法院结合“五大”任务，土改政策、抗美援朝，集中力量打击罪大恶极、民愤极大的反革命分子。10月，组织清理匪特档案95件，配合公安、检察部门清理、搜集和整理镇反材料338份，深挖暗藏现行反革命分子13人。

1953年5月，县法院结合土改复查清理残存、漏网反革命分子，严厉打击现行反革命分子的破坏。玉山乡现行反革命分子周张氏对贫下中农分得其土地、房屋财产不满，怀恨共产党，连续烧毁民房7间；依照《惩治反革命条例》第7、8、9、11条规定和《关于镇压反革命活动的指示》，判处周张氏死刑，立即执行枪决，剥夺政治权利终身。是年，受理现行反革命案件64件，审结63件，结案率98.44%。比1952年增加29件，上升率45.31%。

二、第二次反革命案件审判

1953年10月，开展各类漏网反革命分子清查打击惩办工作。新华乡旧官吏樊泽伦、不法地主樊哲之幕后操纵落后分子破坏选举工作，被群众检举揭发，县法院依照《中华人民共和国选举法》有关规定，依法判处两犯有期徒刑6个月，剥夺选举权。是年，受理各类刑事案件228件，审结208件，结案率91.23%。其中，审结反革命案件64件，抗改1件，反攻倒算2件，破坏选举工作2件。1954—1955年，审判反革命案件128件，其中反动会道门案件7件，现行反革命破坏案件38件。抗改27件，反攻倒算5件，破坏选举工作案件2件。

1956年9月，审理反革命案件16件，审结16件。审判反革命罪犯任伦举。1950年，任参加聂瑞枢土匪叛乱，任匪副营长职务，土匪被消灭后，待不老实，待机作案。1953年5月22日，公安机关宣布管制1年零6个月，隐瞒历史罪证，被逮捕法办。依照国家镇反政策，判处任伦举有期徒刑5年。

1957年，审理反革命案件38件，审结38件，结案率100%，比1956年上升6.33倍。1954年10月，县公安局依法宣布任伦举交群众管制生产2年。1955年，审判周泽高反革命案件，周系国民党保长，地主家庭出身。入社后对社不满，借口会计搞错工分，打会计，不服从领导，一贯进行破坏行为，依法判处有期徒刑12年。1953—1957年，审理309件，结案率100%。

三、肃清反革命案件审判

（一）第三次反革命案件

在浮面上的土匪、恶霸、不法地主、反动党团骨干分子、会道门头子、反革命分子、特务、间谍等被严厉打击惩办。但还有暗藏的反革命分子待机捣乱破坏，县政府开展第三次肃清反革命运动。

1955—1956年，县法院受理各类反革命案件215件，结案196件，结案率为91.16%，其中审理土匪案件30件，恶霸案件44件，反革命案件77件，抗改案件46件，反攻倒算案件18件。县境内暗藏的土匪、特务、反革命分子进行破坏活动，组织暗杀集团，纠合反革命，密谋策划反革命暴动，反攻倒算、行凶杀人，散布谣言，攻击社会主义制度，攻击共产党的领导。1955年6月，贵定地委根据中共中央关于“必须有计划地、有分析地、实事求是地再给国内反革命残余势力打击，使暗藏的反革命力量更大地削弱下来，借以保证社会主义事业的安全”指示，12月，建立肃反领导小组及办公室，配备有公、检、法专职工作员85人。人民法院按照县委的工作安排，配合公安、检察机关清查暗藏的特务，反革命骨干分子6件6人，其中特务案件2件2人。清查组制定计划、培训骨干、搜集材料、查阅档案。对县、区机关34个单位进行清查，参加运动人员有801人，其中干部691人，工人66人，勤杂人员44人，1956年7月上旬开始，12月结束。对文教、卫生、工交系统共31个单位进行清查，参加运动人员有419人，1957年2月开始，8月结束。对乡、村级机关、初级小学（含民办小学）、信用合作社、公私合营商店、合作组织以及前两期尚未参加运动的企、事业共384个单位，参加运动人员有391人，1957年11月至1958年10月结束。运动采取发动群众、交代政策、检举揭发、坦白交代、纠错查漏的方法。对查出暗藏的特务案件2人、反革命分子案件4件4人进行了处理。

（二）反革命典型案例

中统特务案　曹凯之，男，汉族，地主，瓮安县永和人，系国民党党员高级中统特务、国大代表，松桃县县长，国民社会部专员等职。1933年参加国民党特务，组织“复兴社”，曾任河南“复兴社”军事会助理书记，贵州省“复兴社”检察官等职。1949年2月，从南京返回瓮安，在保干班主讲所谓“共产党的阴谋及罪行”，造谣欺骗群众。1949年1月，任瓮安县雍阳游击区督导，支持国民政府瓮安县县长李繁苍（枪决）抵抗到底。1949年12月11日，瓮安解放，伪装进步，以开明绅士身份参加县内各界人民代表会议，曾任大会常务委员会秘书，从中窃取人民政府军政情报。国民党起义部队343师到达县境内后，曹暗地勾结部队叛变，县政府被迫撤离县城。曹随即发动组织“匪自治会”，自任主席，查封贸易公司物资，打开公粮仓库，供给叛军和土匪粮饷。同时建立警卫武装，发布反动布告，召开匪军、匪首会议，商议扩大反动组织。人民解放军收复县城后，曹随匪首宋光炜（枪决）逃至飞练坝箫明轩家，召集军统特务熊正书（枪决）、恶霸地主袁良臣（枪决）、匪首箫德宽等人会议，同盟反攻县城计划，并命令恶霸匪首宋瑞芳（枪决）收集枪支，组织土匪在县城附近山上轮流出击，企图迫使解放军不击自退。解放军主动出击，匪军溃败，曹与宋匪流窜到瓮、余边境隐藏，直至全县土匪消灭，被迫投诚。曹不交代自己的罪行，仍然匿而不认所犯罪恶。1951年，根据《惩治反革命条例》第5、7、9、17条规定，判处曹凯之死刑，立即执行枪决，剥夺政治权利终身。

军统特务案　黄跃军国民党军统特务，曾任伪中央炮兵学校上校教官，1948年潜入瓮安组织青年联合会，发展会员48人，进行反革命破坏活动。瓮安解放后，冒充共产党员，打入共产党革命阵营内进行破坏活动。指使匪特李侠、梁伦森组织一贯道搜集落后分子与匪霸家属造谣惑众，拒绝向人民政府登记交代运动党团事实，不交出证据，长期埋伏，乘机进行特务破坏活动。1951年，根据《惩治反革命条例》第7、8、9、10条规定，判处黄跃军死刑，立即执行枪决，剥夺政治权利终身。

反革命案　甘剑业，男，汉族，地主，瓮安县第一区东大街人，系暗藏的特务、反革命分子。甘曾任国民政府丹寨县秘书、科长、国民革命军上尉书记官、少校军法官、安南县伪县秘书、科长、中统特务、民社党员，国民政府瓮安县秘书、科长、军法官，国民政府石阡县科长，国民政府大定县秘书等职。新中国成立后，伪装积极，混入瓮安县政府机关，任工商科科长。1943年，甘任国民党瓮安县军法官时，受许少荣、王和尚指使，诬陷罗来吉为匪，把罗枪毙，此外扣押工人黄万全工钱，强迫工人在未排除隐患的煤洞中拖煤，煤洞垮塌将工人黄万全打死，未负任何责任。曾多次压迫剥削刘孝立、赵海清、箫极贵、胡南先、张德恒、谢开祥、黄大娘、王李氏等。1950年，甘混入人民政府工商科任科长期间，暗地窝藏叛军罗树臣家属及其步枪1支，子弹250发，有意指使其家属开设烟馆、毒害人民。5月，解放军在永和剿匪时，暗地与匪首王兴达、袁锡光、刘昌模召开秘密会议，进行反革命破坏活动。当政府号召反动党、特登记时，拒不登记。根据党的镇反政策“坦白从宽、抗拒从严”及《惩治反革命条例》第7、9、13、17条规定，判处甘剑业死刑，缓期二年执行。

反革命分子　王道暄，男，汉族，地主，瓮安县第一区南大街人，1948年任瓮安中学伪校长、国民政府瓮安县参议会参议长，国民党昆明日报社编辑，中统特务，调工特务组长，国民党区分部书记。1950年，伪装进步，混入瓮安中学任教，暗中策动堂弟王道宏组织土匪，并勾结起义部队343师叛变，县人民政府被迫撤离瓮安，王公开组织“匪自治会”，与匪首开会破坏土改工作。一贯从事反革命破坏活动，迫害进步人士。在任教期间，暗地阻止学生陈天明参军，煽动人心。1956年在“肃反”运动中，政府号召反动党、特登记时，拒不登记，隐瞒罪行，根据党的“肃反”政策和《惩治反革命条例》第4、7、17条规定，依法判处王道暄死刑，立即执行枪决，剥夺政治权利终身。

1956年7月至1958年10月“肃反”运动结束，受理各种反革命案件213件，审结206件，占受案数96.94%，其中特务案件15件，占结案数2.3%，反革命案件72件，抗改43件，反攻倒算案件42件，其他案件41件。

四、反革命集团案件审判

1956年9月，按党的第八次全国人民代表大会精神，县法院贯彻执行“宽一点”的审判政策，重点依法惩办进行破坏活动的反革命分子。通过两次镇反和肃反运动，明显的和暗藏的反革命、特务分子基本肃清，但新生的反革命分子又暗地网罗党羽，蓄谋攻击共产党、破坏社会主义建设，组织反革命集团，有计划、有纲领、待机暴动，颠覆无产阶级专政。依据“肃反”政策和《惩治反革命条例》第7、13、17条及《镇压反革命活动指示》规定，审判反革命集团案件。

（一）“劳动党”反革命集团

1961年4月27日，配合公安、检察机关破获新华铁厂以杨兴为首组织“劳动党”反革命集团暴动案。“劳动党”反革命集团组织预谋在“五一”或“七一”发起暴动。该案破获后，逮捕反革命集团骨干分子7人，成员59人。在审判中，依照镇压与宽大相结合，打击少数、争取多数的审判政策，根据反革命集团成员不同罪行，实行区别对待。反革命首犯、主犯和其他罪大恶极、情节严重、民愤大的罪犯，依法从严惩办，判处为首分子杨兴死刑，立即执行枪决，剥夺政治权利终身。其他骨干分子，根据认罪态度判处有期徒刑10—20年，组织成员交农村管制。

(二)“灵神总司令部”反革命集团

1965年6月27日，依法审判以曾国良为首“灵神总司令部”反革命集团案件。首犯曾国良，男，汉族，初中文化，四川省安岳县文化公社人，原系国民党中统特务分子。主犯向国富，男，汉族，初中文化，黄平县半边箐公社人。陈建中，男，汉族，初中文化，瓮安县老坟嘴公社人。从犯陈银斋，男，汉族，余庆县齐坡公社人。周清容，男，汉族，瓮安县高水公社人。1964年12月，曾国良和向国富、陈建中等在瓮安、余庆、黄平3个县8个区14个公社21个生产队范围内，采取装神弄鬼，窜亲走戚手段，网罗反动立场的地主、富农、反革命、坏分子，组织“灵神总司令部”反革命集团，企图推翻中国共产党，诬蔑、辱骂中央领导人，攻击人民政府，反对社会主义制度，制造反革命谣言，宣传封建迷信，蛊惑人心，恐吓欺骗群众。并在瓮安、余庆、黄平偏僻地方召开秘密会议，策划反革命暴动，宣布“灵神总司令部”各级军事组织和官员，制定反革命国号，纲领、旗帜和服装、领章、代号、化名。专人通知各地反革命成员，定于1965年3月5日零点发起暴动。计划首先控制民兵、渡口、割断电话线、杀害干部、攻打珠藏、天文、草塘和瓮安县城，解放在押犯人，抢劫银行。然后在黄平会合，打到南京入朝登基，封官拜相。2月17日夜，曾犯等人在桂花公社和平生产队秘密召开会议，策划行动时，被公安机关和民兵一网打尽，缴获大量罪证。经过检察机关公诉，曾犯等人已构成反革命罪。根据《惩治反革命条例》《镇压反革命活动指示》规定，依法判处曾国良死刑，立即执行枪决，剥夺政治权利终身；判处向国富、陈建中死刑，缓期2年执行；判处陈银斋、周清容无期徒刑；分别判处安兴举、向文贤、卢光学、何再珍(女)有期徒刑15年、8年、5年；判处赵洪德、赵福明管制3年。

(三)“中华民生党”等反革命集团

1966年1月3日，县公安局侦破以赵光富、王定成为首的“中华民生党”反革命集团案件。该集团发展面辐射到瓮安、开阳、遵义三个县，危害面积宽，有14个军和正副司令联络处长。抓获首犯赵光富、王定成等21人，搜缴“中华民生党”纲领、印章、联络暗号，发展成员名单和“中华民生党”党员花名册，入党志愿书等罪证。依照《惩治反革命条例》《镇压反革命活动指示》，依法判处“中华民生党”反革命集团首犯赵光富、王定成死刑，立即执行枪决，剥夺政治权利终身。6月5日至11月1日，破获以陈邦祥、黎竣昌为首组织的“同盟党”反革命集团案件。搜查缴获该集团案的入党申请书，发展成员及联系暗号等罪证。11月1日，破获以费自强为首组织的“复兴党”反革命集团案。经县法院审理，判处“同盟党”反革命集团案首犯陈邦祥、黎竣昌死刑，立即执行枪决，剥夺政治权利终身；判处“复兴党”反革命集团案首犯费自强死刑，立即执行枪决，剥夺政治权利终身。各反革命集团案犯分别判处有期徒刑15—20年23人，10—15年18人，10年以下88人，管制生产113人。

(四)“中国劳动党瓮安煤矿第七特别支队”“中国工人党”反革命集团

1970年，依法判处“中国劳动党瓮安煤矿第七特别支队”反革命集团(首犯、主犯另案处理)案件组织成员28名有期徒刑和管制生产。1977年，审判赵任竣为首组织“中国工人党”反革命集团案件。依法判处首犯赵竣有期徒刑20年，反革命集团成员10—15年3

人，10 年以下 2 人。1983 年，贯彻中共中央《关于严厉打击刑事犯罪活动的决定》，11 月，审判犯罪团伙 41 件 300 人。

第二节　黑社会性质组织案件审判

2009 年 12 月，县法院依法审判 2008 年 6 月 28 日发生的一起群体性“打、砸、抢、烧”案件。烧毁县委办公楼、县政府办公房多间，烧毁公安大楼、党政公文、档案和办公用品等，烧毁机动车 46 辆，砸烂机动车 9 辆，抢走电脑 10 台，其他物资多样，直接造成经济损失上千万元。并打伤维持秩序的干警和干部 200 人，围观群众达 2.5 万人（次）。该案件影响极坏。瓮安“6·28”事件，又名为“瓮安事件”。“瓮安事件”发生，揭露县境内有组织、有领导的“黑社会性质组织”帮派“玉山帮”“叶八二帮”“邹昭喜帮”“刘军帮”和“冷老二帮”，到处为非作恶，欺压群众，严重破坏社会经济秩序，扰乱社会安定团结局面。依照《中华人民共和国刑法》第 23、24、25、26、27、56、64、67、69、70、77、225、226、234、238、274、277、292、293、303、343、383、385 条和 1979 年《全国人民代表大会常务委员会关于〈中华人民共和国刑法〉第 294 条第 1 款的解释》及最高人民法院《关于审理非法制造、买卖、运输枪支、弹药、爆炸物等刑事案件具体应用法律若干问题的解释》规定，分别对各“帮派”黑社会性质组织犯罪行为开展审判活动。

一、“玉山帮”黑社会性质组织审判

1998 年，以卢保霖、韩波、熊教勋、李发芝为领导核心，以瓮安县玉山镇籍为主的不法分子和社会闲散人员，逐步形成带有明显地域特征的帮派组织“玉山帮”黑社会性质组织。粟朝飞、聂其超、胡茗等人为黑社会性质组织骨干成员；余平、曾清锋、邓绍伦、郭明旭、聂明忠等人为黑社会性质组织积极维护成员。“玉山帮”黑社会性质组织，开展各种违法犯罪活动，多次为组织利益实施犯罪。2005 年至 2007 年，参加花竹舞厅、鱼河乡、中坪镇、珠藏镇、林业局路段聚众斗殴，为报复冷先发黑社会性质组织群殴，随意殴打刘卫国、李德发等人，敲诈勒索吕星现金 5000 元，矿山承包户吴洪科 12 万元，舒从跃 56 万元，盛源矿业公司 15 万元，欣坪洗矿厂 2 万元，合计 85.5 万元。在瓮安县玉山镇大坪村吊井湾双星选矿厂 8 号井非法开采磷矿，白花村白岩脚非法开采硫铁矿等 11 种违法犯罪活动。造成 1 人重伤、4 人轻伤、7 人轻微伤，给国家矿产资源造成经济损失达 420 万元。

2008 年 6 月 28 日，掀翻、点燃停放在县公安局、县政府办公楼前及县车库车辆。张光静、莫光富、宋炳成、刘柏麟、兰海涛等人积极参与冲击公安局、县政府等国家机关，在公安局、县政府大楼放火，烧毁党政公文、档案和办公用品等。“玉山帮”黑社会性质组织以暴力威胁等手段实施非法所得利益，并利用国家机关工作人员包庇和纵容，开设赌场、非法采矿、强迫交易、非法经营、垄断长途客运市场等。有组织、有领导多次进行违法犯罪活动，为非作恶、欺压百姓、残害群众，给人民人身安全带来强烈心理恐怖，严重破坏社会经济、生活秩序和社会安定团结。依照《中华人民共和国刑法》第 67、70、77、226、

234、292、303、343、385条规定，依法对诸罪犯所犯数罪进行判决。

（一）核心人物

2009年，判决“玉山帮”黑社会性质组织核心领导人物卢保霖（又名卢寒汉）、韩波、熊教勋犯组织、发展领导黑社会性质组织罪、聚众斗殴罪、寻衅滋事罪、敲诈勒索罪、非法采矿罪、开设赌场罪，依照《中华人民共和国刑法》第23、24、26、56、67、225、234、274、303、343、385条规定，依法判处卢保霖、韩波、熊教勋各犯数罪并罚刑期总和50年，决定执行有期徒刑各20年，均剥夺政治权利5年，处罚金各200万元。李发芝，2002年6月20日，因犯诈骗罪被甘肃省酒泉市人民法院判处有期徒刑13年，剥夺政治权利2年，处罚金10万元；又犯组织、领导黑社会性质组织罪、聚众斗殴罪、敲诈勒索罪，该三项罪均系酒泉市人民法院漏判，依法与原判罪并罚，数罪并罚刑期总和25年，决定执行有期徒刑20年，剥夺政治权利5年，处罚金10万元。

（二）骨干成员

2009年，判处“玉山帮”黑社会性质组织骨干成员粟朝飞参加黑社会性质组织罪、聚众斗殴罪、故意伤害罪、强奸罪、开设赌场罪，数罪并罚刑期总和44年，决定执行有期徒刑20年，剥夺政治权利5年，处罚金5万元。聂其超，犯参加黑社会性质组织罪、聚众斗殴罪、寻衅滋事罪、非法经营罪、强迫交易罪、故意伤害罪、妨害公务罪，数罪并罚刑期总和32年，决定执行有期徒刑20年，剥夺政治权利5年，处罚金110万元。胡茗（曾用名胡必发）因犯流氓罪，1994年7月26日被县法院判处劳动教养3年，2005—2007年又犯参加黑社会性质组织罪、聚众斗殴罪、开设赌场罪、赌博罪，数罪并罚刑期总和17年，决定执行有期徒刑15年，剥夺政治权利5年，处罚金5万元。

（三）组织成员

2009年，判处“玉山帮”黑社会性质组织成员，余平、曾锋清、邓绍伦、郭明旭、聂明忠等，分别犯有不同罪行，根据《中华人民共和国刑法》第234、242、292、303条规定，据其犯罪不同情节酌判，依法判处有期徒刑3—8年15人，免予刑事处分85人，各违法所得财物全部没收上交国库。

二、“叶八二帮”黑社会性质组织审判

1990年，以叶仕章（又名叶八二）为领导核心，以习武为名召集夏吉忠、郑鹏、陈克志、冷先发、冷先平、顾江洪等人组织“混社会”“打天下”，常在瓮安境内寻衅滋事，打架斗殴，聚众赌博等破坏活动。闯出“敢打、能打、讲义气”的名声，通过多年发展，逐步形成以叶仕章、曾欧为组织领导核心人物“叶八二帮”黑社会性质组织。张荣兴、叶兴贵、严海等人为黑社会性质组织骨干成员；艾龙涛、夏吉忠、何淼等人为黑社会性质组织积极维护者。其有约定俗成“不搞入帮仪式，不搞组织聚会，不打没有道理的架，有道理的架该打就打”等不成文的帮规。参加人数达百人以上，自成黑社会性质组织集团。实施敲诈勒索、开设赌场、放高利贷、聚众赌博及非法采矿等犯罪活动，牟取利益达100万元以上。为扩大帮派名声和社会影响，由组织成员在瓮安县雍阳镇、中坪镇、建中镇、白沙乡、永和镇、珠藏镇及余庆县构皮滩等地实施与“玉山帮”大规模持械聚斗等多类犯罪行

为。替代公权“摆平事端”，殴打他人，非法购买管制刀具，寻衅滋事，拉拢、腐蚀乡、村干部，称霸一方，为非作恶，长期欺压残害群众。造成1人死亡，4人重伤，9人轻伤，5人轻微伤的严重后果，在县境内造成百姓心理强制和不安全感等威胁，社会经济、生活秩序遭到严重破坏。2009年，依据《中华人民共和国刑法》第266、292、293、294、303、343条规定，依法对各罪犯进行判决。

（一）领导人物

2009年，判处“叶八二帮”黑社会性质组织核心领导人物。叶仕章（小名叶八二），1998年2月，因犯聚众斗殴罪曾被县法院判处有期徒刑1年，缓刑2年；犯组织、领导黑社会性质组织罪、聚众斗殴罪、寻衅滋事罪、开设赌场罪，数罪并罚刑期总和29年，决定执行有期徒刑20年，剥夺政治权利5年，处罚金50万元。曾欧，犯组织、领导黑社会性质组织罪、故意伤害罪、聚众斗殴罪、寻衅滋事罪、开设赌场罪，数罪并罚刑期总和35年，决定执行有期徒刑20年，剥夺政治权利5年，处罚金35万元。

（二）骨干成员

2009年，判处“叶八二帮”黑社会性质组织骨干成员。张荣兴（小名张老六），2004年2月13日，曾因犯赌博被公安局处罚金2000元；犯参加黑社会性质组织罪、故意伤害罪、寻衅滋事罪、聚众扰乱公共场所秩序罪，数罪并罚刑期总和20年，决定执行有期徒刑18年。2003年8月，叶兴贵因殴打他人被公安局治安处罚款500元。2007年11月13日，又犯盗窃罪被县法院判处拘役4个月。犯参加黑社会性质组织罪、故意伤害罪、寻衅滋事罪、聚众斗殴罪、聚众扰乱公共场所秩序罪，数罪并罚刑期总和20年，决定执行有期徒刑18年。严海（小名海元），犯参加黑社会性质组织罪、敲诈勒索罪、聚众斗殴罪、开设赌场罪、赌博罪，数罪并罚刑期总和13年，决定执行有期徒刑12年，处罚金10万元。

（三）组织成员

2009年，判处“叶八二帮”黑社会性质组织成员。李章福、娄义维、胡明德、艾龙涛、何森等人，根据《中华人民共和国刑法》第294条第1款解释，对犯有数罪的诸罪犯宜从重判决或从轻处罚，分别判处有期徒刑18年9人，5—8年6人，3—5年12人，3年以下38人。各违法所得财物全部没收上交国库。

三、“邹昭喜帮”黑社会性质组织审判

1994年5月，邹昭喜通过结拜兄弟，拉拢谢敏蛟、向宗扶等17人非法成立帮派组织，俗成帮规。通过暴力、威胁等手段，在县境内乡镇区域实施违法犯罪活动，逐步扩大黑社会性质组织势力，形成以邹昭喜、谢敏姣、向宗扶为组织领导核心的“邹昭喜帮”。江涛、江以波、陈向兵等人为“邹昭喜帮”黑社会性质组织骨干成员，柏华刚、蒋臣峰、谭宏念、徐怀颖、沈青风、王小伟、王仕兵等人为“邹昭喜帮”黑社会性质组织积极维护成员。“邹昭喜帮”形成以来，有组织、有领导进行违法犯罪活动，人数发展达200余人。实施敲诈勒索，组织妇女卖淫，聚众斗殴，赌博，故意伤害他人，欺压残害群众，称霸一方，无恶不作，严重破坏社会经济秩序和社会安定团结。2009年，县法院根据《中华人民共和国刑法》第27、64、69、77、234、274条和最高人民法院《关于审理非法制造、买卖、运

输枪支、弹药、爆炸物等刑事案件具体应用法律若干问题的解释》规定，对“邹昭喜帮”黑社会性质组织诸罪犯进行审判。

（一）领导人物

2009年，判处“邹昭喜帮”黑社会性质组织核心领导人物邹昭喜，曾于1996年因犯流氓罪被县法院判处有期徒刑5年；2009年，犯组织、领导黑社会性质组织罪、职务侵占罪、聚众斗殴罪，数罪并罚刑期总和21年，决定执行有期徒刑20年，剥夺政治权利5年，处罚金100万元。向宗扶，1996年因犯流氓罪被县法院判处有期徒刑6年；犯组织、领导黑社会性质组织罪、聚众斗殴罪、故意伤害罪、寻衅滋事罪、开设赌场罪，数罪并罚刑期总和26年，决定执行有期徒刑20年，剥夺政治权利5年，处罚金20万元。谢敏蛟（曾用名建喜），于1996年因犯流氓罪被县法院判处有期徒刑7年；犯组织、领导黑社会性质组织罪、赌博罪，数罪并罚刑期总和12年，决定执行有期徒刑10年，剥夺政治权利3年，处罚金20万元。

（二）骨干成员

2009年，判处“邹昭喜帮”黑社会性质组织骨干成员。江涛于1995年因犯盗窃罪被县法院判处有期徒刑5年；犯参加黑社会性质组织罪、非法储存枪支、弹药罪、聚众斗殴罪、故意伤害罪、寻衅滋事罪、开设赌场罪、赌博罪，数罪并罚刑期总和26年，决定执行有期徒刑19年，剥夺政治权利3年，处罚金15万元。江以海（又名江海、江海霖），于2001年9月，因犯非法拘禁罪被浙江省慈溪市人民法院判处有期徒刑3年；2008年4月2日，因犯非法买卖枪支弹药罪，被浙江省杭州铁路运输法院判处有期徒刑3年零6个月；犯参加黑社会性质组织罪、聚众斗殴罪，数罪并罚刑期总和21年零6个月，决定执行有期徒刑18年，剥夺政治权利3年。陈向兵（小名陈老二），犯参加黑社会性质组织罪、非法买卖枪支、弹药罪、聚众斗殴罪、组织妇女卖淫罪、寻衅滋事罪，数罪并罚刑期总和16年，决定执行有期徒刑15年，处罚金2万元。

（三）组织成员

2009年，判处“邹昭喜帮”黑社会性质组织成员。柏华刚、蒋臣锋、谭念宏、徐怀颖等积极维护邹昭喜帮派活动，依照《中华人民共和国刑法》有关条款规定，据其罪行轻重酌予判决。分别判处有期徒刑6个月至7年，缓刑1—2年和免予刑事处分。各违法所得财物全部没收上交国库。

四、“刘军帮”黑社会性质组织审判

2002年，刘昌君（曾用名刘军）网罗王霖等人在瓮安县城成立“刘军帮”黑社会性质组织，吸收社会闲杂人员刘光宇、郎开金等30人。有组织、有领导实施多项违法犯罪活动，聚敛钱财。在瓮安、福泉等地先后多次实施聚众斗殴、寻衅滋事、敲诈勒索、开设赌场、招摇撞骗、强迫交易、盗窃、诈骗、聚众冲击国家机关等14类刑事犯罪，作案40件，造成4人轻伤、5人轻微伤，公私财物遭受损失。刘昌君控制桐木冲村沙场经营，宋锡志在玉华乡营上村平山矿点称霸，非法控制矿山正常生产。刘昌君采取腐蚀、拉拢永和镇派出所民警肖天洪，为其包庇掩护开设赌场，称霸一方，无恶不作，民愤大，扰乱社会经济秩序和社会安定团结，构成多项犯罪行为。2009 年，根据 1979 年《全国人民代表大会常务委员会关于〈中华人民共和国刑法〉第 294 条第 1 款的解释》和《中华人民共和国刑法》第 234、264、266、303 条规定，对“刘军帮”黑社会性质组织所犯罪行进行判决。

（一）领导人物

2009 年，判处“刘军帮”黑社会性质组织核心领导人物。刘昌君，1987 年 7 月 22 日因犯故意伤害罪、盗窃罪，被县法院判处有期徒刑 4 年；犯组织、领导黑社会性质组织罪、诈骗罪、赌博罪，数罪并罚刑期总和 29 年，决定执行有期徒刑 20 年，剥夺政治权利 5 年，处罚金 20 万元。刘光宇，非法买卖枪支弹药罪、强迫交易罪、聚众斗殴罪、寻衅滋事罪、设施勒索罪、开设赌场罪，数罪并罚刑期总和 32 年零 6 个月，决定执行有期徒刑 20 年，剥夺政治权利 4 年，处罚金 4 万元。

（二）骨干成员

2009 年，判处“刘军帮”黑社会性质组织骨干成员。肖成松，参加黑社会性质组织罪、非法买卖枪支弹药罪、寻衅滋事罪、设施勒索罪、开设赌场罪，依照《中华人民共和国刑法》、1979 年《全国人民代表大会常务委员会关于<中华人民共和国刑法>第 294 条第 1 款的解释》规定，数罪并罚刑期总和 20 年，决定执行有期徒刑 18 年，处罚金 5 万元。宋锡志，数罪并罚刑期总和 20 年，决定执行有期徒刑 18 年，处罚金 5 万元。郎开金，犯数罪并罚刑期总和 11 年，决定执行有期徒刑 10 年。

（三）组织成员

2009 年，判处“刘军帮”黑社会性质组织成员。郑大华、徐祥、王霖、刘建均、吴正勇等人积极维护黑社会性质组织，犯参加黑社会性质组织罪，依照《中华人民共和国刑法》第 23、25、27、234 条规定，依法分别判处有期徒刑 1—9 年，各犯罪所得财物全部没收，追缴归国库。

五、“冷老二帮”黑社会性质组织审判

2002 年，冷先发脱离“叶八二帮”后，逐步发展以自己为首的非法组织，通过暴力行为，威胁等手段，有组织、有领导进行违法犯罪活动。在瓮安境内称霸一方，为非作恶，欺压、残害群众，严重破坏社会经济、生活秩序，形成以冷先发、李天福为领导核心的“冷老二帮”黑社会性质组织集团。冉波、石友华、冷先平、刘朝军、周吉高为“冷老二帮”黑社会性质组织骨干成员。陈怀平、宋丹、刘旋、顾大志、周奎为黑社会性质组织成员。其犯有参加黑社会性质组织罪、故意伤害罪、聚众斗殴罪、寻衅滋事罪、敲诈勒索罪、开设赌场罪、赌博罪。2009 年，依照《中华人民共和国刑法》第 23、25、27、56、67、70、225、234、294、303 条规定，依法对“冷老二帮”黑社会性质组织所犯罪行进行审判活动。

（一）领导人物

2009 年，判处“冷老二帮”黑社会性质组织核心领导人物。冷先发（小名冷老二），1990 年参加“叶八二帮”黑社会性质组织，至 2002 年脱离，自成一派。1998 年 6 月 10 日，曾犯聚众斗殴罪被县法院判处有期徒刑 1 年；犯组织、领导黑社会性质组织罪、故意

伤害罪、聚众斗殴，数罪并罚刑期总和25年，决定执行有期徒刑19年，剥夺政治权利5年。李天福（别名李老二），犯组织、领导黑社会性质组织罪、聚众斗殴罪、开设赌场罪，数罪并罚刑期总和14年，决定执行有期徒刑13年，剥夺政治权利4年，处罚金3万元。

（二）骨干成员

2009年，判处“冷老二帮”黑社会性质组织骨干成员。冉波（绰号小龙），曾犯故意伤害罪于2007年12月5日被县法院判处有期徒刑6个月，犯参加黑社会性质组织罪、敲诈勒索罪。石友华（别名石老乔）犯盗窃罪于1997年11月17日被县法院判处有期徒刑6个月，犯参加黑社会性质组织罪、聚众斗殴罪、敲诈勒索罪，分别判处数罪并罚刑期总和10年，决定执行有期徒刑9年。冷先平，早期参加“叶八二帮”，曾犯斗殴罪，于1997年10月7日，被县法院判处有期徒刑3年，又犯参加黑社会性质组织罪、聚众斗殴罪、赌博罪，数罪并罚刑期总和8年，决定执行有期徒刑7年，处罚金3万元。

（三）组织成员

2009年，判处“冷老二帮”黑社会性质组织成员。陈怀平、宋丹、刘旋、周吉高、顾大志、周奎等，根据所犯数罪依照《中华人民共和国刑法》第56、67、234、294条规定，据其罪行轻重给予量刑判决，分别判处有期徒刑、缓刑及免予刑事处分。各违法所得财物予以没收，全部上交国库。

第三节　危害社会治安案件审判

一、公共秩序安全案件审判

1978年党的十一届三中全会后，有少数人无视国法，随意殴打、追逐、拦截、辱骂、恐吓他人，强拿硬要、任意损毁、占用公私财物，在公共场所起哄闹事，纠集他人多次破坏社会秩序，造成公共场所秩序混乱。1950—2014年，县法院共受理危害公共秩序安全案件414件，审结414件，审结率100%，其中，1978年以前86件，占刑事案件总数3.47%。

（一）投毒放火案件

1950—2014年，共受理投毒、放火案件112件，其中有政治报复投毒2件，占受理案件1.79%，放火案件99件，占受理案件88.39%。投毒案件1951年，受理投毒案件3件，审结3件，结案率100%。

投毒　1953—1957年，县法院受理投毒案件11件，结案11件，结案率100%。20世纪60年代，受理投毒案件20件，审结18件，结案率90%。投毒案件多为相邻纠纷引起。1963年因乡邻纠纷引起投毒2件，1969年因家庭纠纷引起投毒1件。

20世纪70—80年代，为“四五”和“改革”时期。“文化大革命”阶段，1973年因大辩论观点发生投毒杀人案件2件。根据《中华人民共和国刑法》有关条款，据其后果酌判有期徒刑6个月至3年3人。80年代，受理18件，审结17件，结案率94.44%。

1996—2000年，县法院受理投毒案件3件，审结3件，结案率100%。1992年，受理投毒案件4件，审结完毕，1995年受理1件，实属家庭矛盾所致。

2001—2010年，共受理投毒案件7件，其中，2007年3件，2010年2件，审结率100%。2011—2014年，公民守法观念相继提高，法制观念加强，作案率低，4年受理投毒案件3件，2012年3件，结案率100%。

放火　1950年放火案件多为报复放火。重点区分放火与失火，区别故意放火罪与失火罪界限。故意放火造成人员伤亡、财产损失，情节轻重分别进行审判。1950—2014年，受理放火案件99件，审结99件，结案率100%。

1950—1952年，受理故意放火案件6件，审结5件，结案率83.33%。1951年，由于贫苦农民分得地主土地、山林、房屋及财产，地主不甘心，与共产党土改政策对抗，公开作对，利用反攻倒算、投毒、放火损害贫苦农民利益，报复共产党。第3区石板坳地主分子郑华明公然把分给贫农的财物倒算回去。地主分子宋品基报复共产党，把分给贫下中农的房子烧毁40间。7月，根据《惩治反革命条例》第7、8、11条规定，判处不法地主分子郑华明有期徒刑10年，不法地主分子宋品基手段恶劣，民愤大，依法判处死刑，缓期二年。

1953—1957年，围绕党的中心任务，继续镇压反革命分子，开展“三反”“五反”、合作化及反右倾运动案件审判，对故意纵火烧毁公私财物的犯罪行为，依法从重惩罚。共受理纵火案件32件，审结30件，结案率93.75%。

1958—1965年，受理放火案件12件，审结率100%，属过失性放火，占故意放火案件6倍。

1966—1975年，受理放火案件12件，其中，1966—1970年，受理7件，1971—1975年，受理5件，比“三五”时期下降71.43%。

1976—1980年，受理无故意放火案件、过失纵火案件3件，审结3件。1979年，丰岩方勇因小孩玩火，将自家牛圈烧燃，引起邻居3幢木房受损，造成经济损失达万元，县法院审理认为小孩为未成年人，受家长监护，有教育责任。

1981—2000年，受理故意放火案件22件。其中8年（1985、1986、1988、1990、1992、1994、1997、1999年）未发生放火案件，占受案数36.36%，审结22件，结案率100%。

2001—2005年，受理放火案件3件，受案率比前20年受理数下降7.33倍，所受理过失放火案件3件，均审结，结案率100%。

2006—2014年，受理放火案件9件，比20世纪50年代下降4.33倍；比60年代下降50%，比80—90年代年均数减少21件。

（二）投毒放火典型案例

政事投毒案　龙玉芳，女，“一贯道成员”。在草塘镇组织“青年联合会”特务组织，发展会员40人进行反革命活动。新中国成立后还与匪特李侠、梁伦森（“一贯道”）组织反革命破坏活动，联系恶霸、地主家属入道。其夫黄跃军被捕后，力图复仇，发展特务组织，介绍流氓张少华加入特务组织，亲自动员苟文章、王希聖入伙。2次召开秘密会议，组织在全城水井里投放毒药，龙玉芳勾引张大德参加。龙投放毒药，企图杀害群干代表和全城人民，亲手杀害自家闺女，其手段恶毒、民愤极大。黄兴国听信龙犯指使杀人，故二犯均系触犯《中华人民共和国惩治反革命条例》第7条第2款规定，依法判处2罪犯死刑，立即执行枪决，剥夺政治权利终身。

家事投毒案　1998年，审判龙塘乡金钟村雷思亮投毒杀人1案，经审理查明，为家庭琐事与父母、弟兄矛盾，遂起杀人恶念。4月28日，雷思亮到自己责任地（牛滚凼）薅苞谷草，见其二哥雷思林赶玉山路过此地，预知其二哥回来后必经该处，顿生杀人恶念。6月，报经州中级人民法院审理认为：罪犯雷思亮用投毒杀人方式，致使3人死亡，犯罪后果严重，依照《中华人民共和国刑法》第232、234条规定，利用投毒杀人方式，故意非法剥夺他人生命行为，依法判处死刑，立即执行枪决，剥夺政治权利终身。

妻子毒夫案　1990年审理妻毒夫1案。刘永珍，女，与夫陶代华结婚10余年，感情好，生育子女3人，后因夫身患肺结核病，生产无法进行，只得设法将家财变卖糊口和买药医治丈夫，导致家庭经济十分困难。在走投无路之际，有人介绍鳏夫张明伦与刘永珍认识，之后约定丈夫死后与其结婚，由鳏夫张明伦安葬死者和抚养3个孩子。不久，丈夫病情加重，卧床不起，奄奄一息，极其痛苦。刘见其难受难忍，瞒着上街买来毒鼠药4包，将药放入甜酒内让其吞下，之后中毒死亡。刘永珍将其投毒事实即向高水乡治安办办公室投案自首，交代故意杀人事实。此案经公诉后，报州中级人民法院审理认为，刘永珍投毒杀人，非法剥夺他人生命，已构成故意杀人罪，应判重刑，但能投案自首，主动交代犯罪事实，犯罪恶性不深，社会危害不大，当地村民及死者族人要求对其不予关押，让其抚养好3个子女。8月，根据《中华人民共和国刑法》第59条规定，犯罪分子具有法定的减轻处罚情节，应当在法定刑以下判处刑罚。依法判处刘永珍有期徒刑3年，缓刑5年。

过失放火案　1954年，受理玉山角旁王明忠放火1案。农历二月二十五，王明忠在自留地边烧土坎，由于近1个月未下雨，气温高，风大，火苗穿过路坎上山林，引燃集体山林，王明忠未呼吁求救，独自扑火未果，造成烧毁集体山林50余亩。经过公诉审理，王能主动植树扑救，据情审查不属故意放火行为，为维护集体财产不任意受损，依法判处有期徒刑3年，交农村管制。

故意放火案　1990年11月22日，县检察院公诉谭德华故意放火1案。谭德华经他人介绍于1986年10月与本村长滩组商崇碧订婚，双方交往中出现异议，1989年10月，女方提出退婚。1990年3月29日，乡治安办公室调解。8月17日，经珠藏区司法所调解达成退婚协议，女方应退彩礼钱1800元，限期9月13日交清退款。嗣后，女方逾期未把退款交到区司法所，引起谭德华不满。9月18日，谭闯上商家门，点燃床上稻草引起火灾，烧毁商家木房5间，猪、牛圈各1间，家具、农具、饮具、衣物用品、棺材等，损失折款人民币7000元，各种粮食2000公斤。9月19日，谭德华到公安机关投案自首，经查明，事实清楚、证据确凿、充分，犯罪事实供认不讳。谭德华故意放火烧毁他人财物，造成重大损失，构成犯故意放火罪，但能主动投案自首，从轻处理。根据《中华人民共和国刑法》第52、63、106条规定，依法判处谭德华有期徒刑10年，剥夺政治权利2年。

1991年，审理刘支凤放火1案。刘支凤与夫曾祥钊结婚后，于1974年应征入伍，退伍后分配在湖北省工作。1986年与刘生育子女5人，其夫怀疑第5个小孩不属自己亲生，导致夫妻感情不好。8 月 24 日，曾祥钊探亲回家，2 人长时间发生争吵，刘支凤内心无愧，想到人生名誉受到严重损害，在气愤中自杀，用煤油洒在高粱扫帚上，点燃放在床上，企图将本人与第五小孩自焚，导致邻舍 4 户不同程度受损，损失经济额达 1.5 万元。县法院审理认为，刘支凤经群众搭救获生，放火行为造成邻舍损失，构成故意损害财物罪，能主动将自己林中树木赔偿受损户。根据《中华人民共和国刑法》第 275 条规定，罪犯虽然在气愤中烧毁自家房屋，无意中导致故意毁坏他人财物，损失数额巨大，情节严重，能主动赔偿，依法从轻判处有期徒刑 3 年，缓刑 4 年。

盗窃放火案　1977 年 12 月 25 日，审判陈世伦盗窃杀人放火 1 案。陈世伦，男，汉族，小学文化，瓮安县人，有前科。陈于 1977 年 6 月刑满释放回乡后，仍不老实守法，到处流窜，认识高顶坡社员王应舟之后，见王单身独户盗心即起。11 月 12—13 日，陈隐藏在山林中窥视王出入，分两次翻墙入室，盗得食物、柴刀等物。14 日，陈带着柴刀再次翻墙入室，点燃油灯搜寻物品，陈为杀人灭口，返回王家纵火烧房子，经群众营救，火势扑灭，将王送医院抢救，头部受伤 21 处，两手受伤 4 处。陈潜逃到后山待机作案，经群众围捕捉拿归案。经查实，证据确凿，报复投毒致人死亡，被判刑劳改。释放后，继续从恶不善，盗窃杀人纵火，性质严重，情节恶劣，民愤大，不杀不足以平民愤，依照打击阶级敌人破坏活动政策和新宪法有关规定，判处陈世伦死刑，立即执行枪决。

（三）非法买卖、储存枪支弹药、非法持有枪支案件

“刘军帮”非法买卖、储存枪支、弹药　2004 年 3 月 18 日，“刘军帮”黑社会性质组织成员肖成松在广东省阳江市，以每支价格 8000 元购得自制仿“六四式”手枪 1 支，子弹 5 发。2007 年 7 月，肖与刘光宇合谋，由肖与熊昱联系，以每支 5000 元价向罗国成（另案处理）购得手枪 2 支、子弹 10 发。肖、刘 2 人将 3 支手枪和子弹带到遵义，将其中 2 支及子弹 10 发以每支 7000 元价格卖给王祥胜，得赃款 14000 元，另 1 支枪因不能击发退还熊昱，事后熊退回购枪款 5000 元。9 月，王祥胜指使王芝勇将其中 1 支枪及子弹 4 发交与简昌祥玩耍。后因曾狄狄与他人发生纠纷，简又将其手枪转借给曾防身用。10 月 15 日，公安机关在王芝勇家中追缴私藏自制仿“六四式”手枪 1 支。经群众检举，23 日，瓮安县公安机关在遵义市红花岗区长征镇政府门口起获另 1 支手枪。2008 年 3—4 月，肖成松与刘光宇又到广东省阳江市购得自制仿“六四式”手枪 4 支，子弹 20 发返回瓮安，2 人当日赶到遵义，将其中 2 支枪及 10 发子弹以 26000 元价格卖给王祥胜，王将所购得手枪和子弹私藏在其岳父陈修德家中。5 月，刘光宇将其中 2 支枪及子弹 5 发带到福泉，以 13000 元价格卖给廖乾义。7 月，廖通过其姐将枪退还刘光宇之妻唐明琴，唐将枪交给刘永久保管。10 月 2—10 日，公安机关在陈修德、刘永久家中将所藏 3 支枪和子弹起获，经鉴定均系用火药为动力能击发的枪支，仍然有杀伤力，相关人员经公安机关缉捕归案。根据 1979 年全国人民代表大会常务委员会关于《中华人民共和国刑法》第 294 条第 1 款解释及《最高人民法院关于审理非法制造、买卖、运输枪支、弹药、爆炸物等刑事案件具体应用法律若干问题的解释》规定，对诸犯进行审判。肖成松，系“刘军帮”黑社会性质组织骨干成员，多次为组织利益实施犯罪活动，为组织获利益，多次非法买卖枪支、弹药，其行为构成非法买卖枪支、弹药罪，犯非法买卖枪支罪，依法判处有期徒刑 13 年；刘光宇，参加“刘军帮”

黑社会性质组织后，积极为组织利益实施犯罪活动，多次非法买卖枪支、弹药，其行为构成非法买卖枪支弹药罪，犯非法买卖枪支罪，依法判处有期徒刑12年；王祥胜，犯非法买卖枪支、弹药罪，依法判处有期徒刑6年；熊昱，犯非法买卖枪支、弹药罪，依法判处有期徒刑4年；王芝勇，非法帮助他人储藏、转运枪支弹药，犯非法买卖、运输枪支、弹药罪，依法判处有期徒刑3年；敖毓强、简昌祥、曾狄狄等犯非法转运持有枪支、弹药罪，依法判处有期徒刑1年。

“邹昭喜帮”非法买卖、储存枪支、弹药　2006年12月22日，“邹昭喜帮”黑社会性质组织骨干成员，江以海、江以元，驾驶租赁轿车伙同何刚至荔波县甲良镇甲站村朋宾组蒙祖方山坳处，以每支手枪3000元，子弹每发100元向两名男子购得仿“六四式”手枪3支，子弹10发。当晚返回瓮安县城后，将非法购得手枪和子弹存放在江以海租房内（瓮安县司法局宿舍），后来枪和子弹由何刚的朋友带走。2007年1月20日，江以海为帮助何刚买枪，邀约陈向兵、江以元伙同何刚驾车到第一次买枪处，以每支手枪价3200元，子弹每发价200元向第一次卖枪的两名男子购得自制仿“六四式”手枪10支，子弹20发，当晚将枪支带回瓮安江以海租房处存放。江涛到江以海处看枪，并安排江以海、陈向兵所购10支枪拿到庞春梅租房处存放。2月，江涛非法持有枪支被公安查获，江以海、陈向兵、江以元又将所购10支枪转移到江以海租房处存放。后江以海把其中1支枪拿给何刚的朋友，1支卖给瓮安县草塘街上罗安顺，另1支卖给“刘军帮”成员王霖。10月24日，王霖、刘廷均将购买的枪带至浙江省出售，途中被浙江省公安机关查获。江以海贩卖枪支、弹药被浙江省杭州铁路运输法院以非法买卖枪支、弹药罪判处有期徒刑3年零6个月。余下7支枪由江以海安排陈向兵带到浙江省慈溪市交给何刚。江以海、陈向兵等人所购买13支手枪和30发子弹，仅从刘廷均身上查获1支和6发子弹，经浙江省公安厅物证鉴定中心鉴定，所查获枪支具有杀伤力，子弹6发，经鉴定系用火药爆发为动力，具有杀伤力。以上人员非法买卖、运输、储存枪支、弹药，实属构成犯罪行为，犯非法买卖枪支罪。2009年，县法院依法对诸犯非法买卖、储藏、持有枪支犯罪行为进行审判。江涛，参加黑社会性质组织，积极为组织利益实施犯罪活动，非法为他人储存枪支，触犯最高人民法院《关于审理非法制造、买卖、运输枪支、弹药、爆炸物等刑事案件具体应用法律若干问题的解释》规定，依法判处有期徒刑10年；江以海，多次为组织利益实施犯罪活动，合谋犯罪人非法买卖枪支13支，子弹30发，构成非法买卖枪支罪，依法判处有期徒刑12年；陈向兵犯非法买卖枪支、弹药罪，依法判处有期徒刑6年。其余人员根据有关法律条款规定，能坦白认罪，免予刑事处分。

二、侵犯人身权利案件审判

20世纪50年代，审判故意杀人案78件，结案率100%。20世纪60—70年，受理故意杀人案件82件，结案率100%。1980年后，故意杀人案有所下降，至1990年受理79件，结案率100%。1983年，“严打”整治斗争开始，首次召开大型公捕公审公判大会，宣读贵州省高级人民法院院长张林春签发执行死刑命令，将抢劫、故意杀人犯周应权押赴西坡国有林场执行枪决。1995年9月20日，县法院在永和镇召开公审审判大会，对严重破坏社会治安的犯罪分子进行公捕公审公判。判处故意杀人犯徐其顺死刑，押上刑场立即执行枪决，剥夺政治权利终身。2001年4月26日、6月26日、8月6日分别在瓮安县城体育场召开审判大会，宣判罪犯唐自国、曹家义、聂健等17名罪犯。剥夺政治权利终身。2003年11月21日，州中级人民法院、县法院、县公安局在县城召开审判大会，判处故意杀人犯刘元安、向利琴死刑，立即执行枪决，剥夺政治权利终身。1983—2014年受理故意杀人案件208件，审结率99.0%。1950—2014年，受理故意杀人案件388件，审结率99.48%。其中奸情杀人14件、抢劫杀人126件、其他刑事犯罪杀人248件。

（一）故意杀人案件

1950—1952年，受理故意杀人案件25件，审结25件，结案率100%。1951年受理14件，比1950年增加11件，上升率21.43%。1952年，受理杀人案件8件，比1951年减少6件，下降率75%。

1953年，审判活动围绕党的中心任务，继续镇压反革命、土匪、恶霸、不法地主分子的破坏活动，在开展“三反”“五反”同时，依法惩办故意杀人凶手。受理故意杀人案件9件，审结8件，结案率88.88%。

1954—1957年，受理故意杀人案件31件，其中1955年2件，1956年4件。1958年9月20日，珠藏区高水乡卢光顺报复生产队长，持镰刀将卢光荣砍成重伤，手段毒辣，依照《中华人民共和国刑法》故意杀人条款规定，据情判处有期徒刑3年。是年，审理故意杀人案件4件，其中2件2人判处死刑，占受理故意杀人案件50%。判处死缓1人，有期徒刑15年1人。

1959—1962年，审理故意杀人案件9件，结案率100%。1962年，受理故意杀人案件2件，结案率100%。

1963—1965年，受理各类刑事案件中，故意杀人案件13件，审结12件，结案率92.31%。1966年，“文化大革命”开始，各类刑事案件上升。

1970—1980年，受理故意杀人案件117件，审结114件，结案率98.08%。

1981年，受理故意杀人案件4件，结案率100%。1984年，受理故意杀人案件19件，审结17件，结案率93.1%。

1985—1990年，受理故意杀人案件31件，占刑事案件3.27%。犯案率比以前大幅度下降，1986年、1987年均为5件，1988年8件，1989年4件，1990年结案38件，审结率100%。

1991—2000年，受理故意杀人案件40件，审结38件，结案率95.74%。10年中，发案率低，年均受理数4件。1994年受理3件，占年均数75%。2000年10月14日，州中级人民法院、县法院、县公安局联合在珠藏召开第二次大型公捕公判大会，对潜逃6年故意杀人犯邹天豪实行公捕公判。根据贵州省高级人民法院院长张林春签发执行死刑命令，依照《中华人民共和国刑法》第189条第1项规定，将罪犯邹天豪押上刑场执行枪决，剥夺政治权利终身。

2001—2010年，受理故意杀人案件84件，年均受案8.4件。2008年，受黑社会性质组织影响，故意杀人案件发案率高，开展打击“6·28”黑社会性质组织犯罪活动，审理故意杀人案件15件。2010年，受理4件，审结率100%。

2011—2014年，受理故意杀人案件25件，年均6.25件，发案率比20世纪大幅度下降。审结25件，结案率100%。

（二）故意伤害致人重伤、残、死亡案件

县法院审判故意伤害案件，根据伤害后果轻重程度对罪犯处以轻重不同刑罚，造成重伤或死亡，从重处罚。1986年司法部拟定《人体重伤鉴定标准（试行）》，认定重伤和适用刑罚有明确尺度。20世纪80年代后，重伤案件情节特别恶劣，危害社会特别严重，适用刑法规定的刑罚，很难惩罚和震慑犯罪。1983年9月，全国人民代表大会常务委员会颁布《关于严惩危害社会治安犯罪分子的决定》，规定故意伤害人身，致人重伤或死亡，情节特别恶劣，可以在刑法规定最高刑以上处刑，直至判处死刑。在刑事案件审判活动中，对待确认情节恶劣，适用死刑，严格掌握犯罪后果严重与否，造成2人以上死亡，或者致死2人，前者社会危害性大，可以适用《决定》判处死刑；伤害手段残酷、折磨人死亡、反映罪犯主观恶性深，视为犯罪情节恶劣从重处罚；在公共场所或机关、学校等处行凶表现为报复伤害、流氓伤害、抢劫、盗窃伤害等具有严重的社会危害性。主犯在共同犯罪中起主要作用，其危害人身较大，从严惩处，对故意伤害致人死亡的累犯视为情节恶劣，根据《中华人民共和国刑法》规定对累犯应当从重处罚。检举、揭发、拘捕犯罪分子和制止犯罪行为的国家工作人员和公民行凶伤害的，依照全国人大常委会《关于严重危害社会治安犯罪分子的决定》规定，对这类罪犯判处死刑。80年代，审结101件，比70年代减少57件。90年代，县境内受黑社会性质组织影响，受理故意伤害案件163件，结案率100%，比50年代上升2.46倍，60年代4.71倍，70年代3.75倍，80年代1.63倍。2010—2014，受理故意伤害案件67件，结案率100%。

20世纪50年代，受理故意伤害案件67件，结案率100%；1950—1952年，受理故意伤害案件20件，审结18件，结案率90%。1952年受理14件，比1951年增加9件，占受理案件总数70%。1953—1957年，受理故意伤害案件37件，其中1954年受理16件，比1953年增加4件，占受理案件总数43.24%，其中1955年、1956年分别下降2—3件。审结36件，结案率97.3%。

60年代，国家进行国民经济调整，人民尽心投入社会主义建设事业，刑事案件发案率比50年代下降17.46%，受理故意伤害案件63件，审结63件，结案率100%。

1966—1976年，“文化大革命”期间县法院审判活动被瓮安县军事管制委员会取代，刑事案件发案率上升，其中审理故意伤害案件39件，审结38件，结案率98.69%。

70年代，审理故意伤害案件44件，审结100%。1978后，法制逐渐健全，开展“五五”普法，使公民受到法律教育，刑事犯罪率下降。

80年代，县境内出现重伤案件情节恶劣，危害社会特别严重，适用法律规定刑罚，很难惩罚和震慑犯罪。1983年9月，全国人民代表大会常务委员会《关于严惩危害社会治安的犯罪分子的决定》规定，故意伤害人身、致人重伤或死亡，情节特别恶劣的，或对检举、揭发、拘捕犯罪分子和制止犯罪行为的国家工作人员和公民行凶伤害的犯罪分子，可以在刑法规定的最高刑以上处罚，直至判处死刑。其间，受理故意伤害案件11件，结案率

100%，其中判处无刑12件，死缓3件3人，无期徒刑6件8人。

90年代，受理故意伤害案件165件，结案率99.7%。1991年，执行“惩办与宽大”相结合，该重判坚决重判，有法定从轻处罚就轻判。

2000—2005年，受理故意伤害案件75件，审结72件，结案率98.54%。2001年受理13件，比2000年增加8件，增长1.62倍，占结案数61.53%。

2006年，受理故意伤害案件8件，结案率100%，比1993、1994年年均数减少13.5件，比1998年增加3件，占年均受案数6.67%。

2007—2010年，受理故意伤害案件87件，审结率97.94%。2011—2014年，在受理各类刑事案件中，故意伤害案件73件，占刑事案件受理数728%，审结84件，结案率96.97%。2011—2013年，受理故意伤害案件56件，结案率100%。

1950—2014年，受理故意伤害案件655件，审结653件，结案率99.82%，占刑事案件受理数5.68%。

（三）奸淫、淫秽、拐卖妇女、儿童案件

1953年2月20日，最高人民法院《关于严惩强奸幼女罪犯的指示》，要求人民法院对于强奸幼女（包括污辱幼女和强奸幼童）罪犯，必须依法从严惩治，不得轻纵。对于罪大恶极者，坚决处以重刑。1954年9月21日，最高人民法院发出《关于严惩强奸幼女案件的经验总结和对奸淫幼女犯罪的处理意见》，重申从严惩处奸淫幼女罪犯的重要性，澄清处理此类案件中一些模糊认识和错误观点，提出审判奸淫幼女案件的政策界限和量刑意见。贵州省高级人民法院对审判奸淫幼女案件加强指导，在对刑事案件量刑意见中指出：无论用何种方法强奸幼女的，判处5年以上有期徒刑；因强奸幼女造成严重后果（致被害人自杀、被害人死亡、性功能被破坏不能治愈、残疾及疯癫等），或一贯奸淫幼女的，或强奸幼女多人的，判处死刑、死缓或无期徒刑；有教养责任而利用教养关系（如父对女、监护人对被监护人等）奸淫幼女的从重处罚，男女双方均属年幼，可从轻处理。强奸成年妇女的，处2年以上有期徒刑，因强奸造成被害人自杀、传染恶性疾病、患精神病或其他严重后果的，判处10年以上有期徒刑；纠合多人轮奸妇女的，主犯判处死刑，从犯分别情节判处5年以上有期徒刑或者无期徒刑；强奸军人家属的从重和加重处罚。1984年4月26日，“两院一部”（最高人民法院、最高人民检察院、公安部）作出《关于当前办理强奸案件中具体应用法律的若干问题解答》，县法院在审理强奸妇女、奸淫幼女案件时，依法从严惩治犯罪分子。1950—2014年，受理强奸妇女、奸淫幼女、拐卖妇女、儿童及淫秽书籍案件1146件，结案率100%，其中奸淫幼女277件，拐卖妇女、儿童案件391件。

20世纪50年代，受理强奸妇女、奸淫幼女、拐卖妇女、儿童案件186件，结案率100%。其中奸淫幼女案件29件，拐卖妇女、儿童案件42件。1950年，受理强奸妇女、奸淫幼女、拐卖妇女、儿童案件27件，结案率100%。1951年，审理恶霸地主、匪首魏忠文以势欺人，强奸妇女，民愤极大，有18人出庭作证，群众要求严加惩办。依照《中华人民共和国婚姻法》和《惩治反革命条例》有关条款规定，县法院召开公审大会，对魏忠文依法判处死刑，立即执行枪决，剥夺政治权利终身。

60—70年代，审判强奸妇女、奸淫幼女、拐卖妇女案件共计113件，其中，审结奸淫幼女案件80件，拐卖妇女、儿童33件。1964年，审结强奸杀人案件1件，奸淫幼女1件。华明章强奸幼女，依照最高人民法院《关于严惩强奸幼女罪犯的指示》，从严惩治，判处华明章有期徒刑9年。陈银舟猥亵幼女构成流氓罪依法判处有期徒刑8年。

1981—1985年，受理强奸妇女、奸淫幼女、拐卖妇女、儿童及编写淫秽书籍案件105件，其中奸淫幼女31件，拐卖妇女、儿童案件29件，编写淫秽书籍1件，审结103件，结案率98.46%。1983年，奸淫案件减少，受理强奸妇女案件3件，奸淫幼女案件3件，拐卖妇女、儿童案件8件，审结11件，比1982下降55.88%。1985年，审结28件，结案率96.55%；奸淫幼女案件5件，拐卖妇女、儿童案件5件。

1986年，审理强奸妇女、奸淫幼女案件时，从重从严惩处。对具有法律从轻、减轻情节的，依法从轻、减轻处罚。审理奸淫案件16件，审结16件，其中奸淫幼女案件2件，拐卖妇女、儿童案件11件。

1990—2000年，审结强奸妇女案件80件，奸淫幼女案件48件，1991—1995年，审理奸淫案件62件，1996—2000年，审理奸淫案件55件，比“八五”（1991—1995年）期间减少7件，下降率12.7%。

2001—2010年，审结奸淫案件105件，结案99.62%。比20世纪90年代减少15件，受案率下降12.5%。审判这类案件时，女性犯罪增多，作案方式多样化，出现全家结伙拐卖犯罪。县法院依照《关于坚决打击拐卖儿童、妇女犯罪活动的通知》及全国人民代表大会常务委员会《关于严惩严重危害社会治安犯罪分子的决定》，依法从重从快判处拐卖人口的犯罪分子。

2011—2014年，受理强奸妇女、奸淫幼女、拐卖人口案件77件，其中奸淫幼女24件，拐卖人口32件，审结99件，结案率97.4%。

（四）侵犯人身权利典型案例

故意杀人案　蔡祖佑与李庚凤（时年13岁）被迫结婚，婚后关系一直不和睦，双方思想背包袱，李庚凤认为这是人的命运，拉扯过日子。蔡将李庚凤杀害。1951年8月，根据《中华人民共和国婚姻法》及《惩治反革命条例》规定，依法判处蔡祖佑死刑，立即执行枪决，剥夺政治权利终身。余朝刚因与他人非法同居，引起夫妻关系不和，与其妻陈乾兰于1987年经调解离婚，后2人又非法同居。在此期间，余朝刚又将一女青年带至家中非法同居，对陈乾兰辱骂殴打，至陈不堪忍受而出走。陈经他人介绍准备另行结婚，余朝刚得知后，于1991年3月11日上午残酷毒打被害人陈乾兰，将陈毒打致死，犯罪手段残忍，情节恶劣，民愤极大，1991年6月，依法以故意伤害罪判处死刑，剥夺政治权利终身。

谋夫杀人案　刘仕轩，男，汉族，不识字，鳏夫，长期与被害人杨学武之妻通奸，2人遂起重新组织家庭恶念，由刘买毒鼠药交予其妻投毒，2次未遂。2人趁杨劳动疲倦熟睡之机，活活将杨学武打死。案发破获归案。经审理，报黔南州中级人民法院。2人剥夺他人生命，谋夫夺妻，构成故意杀人罪。1975年6月15日，依照《中华人民共和国刑法》杀人罪规定，判处刘仕轩死刑，立即执行枪决，剥夺政治权利终身，判处从犯陈树云有期徒刑12年。

盗窃杀人案　罗应国，男，汉族。1958年，在贵州省建筑公司工作时，私吞外逃工人王家玉丝帕1张、棉衣1件、单衣1件、毛巾1条、被盖1床。被公司开除处分，流浪贵阳，经收容送回瓮安老家。在生产队不安心劳动，先后进行盗窃生产队种子，群众的蜂蜜、蔬菜、大米等物资。5月19日，罗应国窜到星光生产队熊万玉家以买鸡为名行盗，下午时分，趁熊家大人去山寨食堂吃饭之机，进屋行盗，被9岁看家女孩发现阻止，罗将女孩杀害。仍将熊家鸡群盗走，次日在草塘街上出售，经公安机关破获归案。审理查明，事实清楚，证据确凿，多次盗窃公私财物，实属屡犯，在盗窃中行凶杀人毙命。1958年6月，依照《中华人民共和国刑法》行凶杀人条款，依法判处罗应国无期徒刑。邹天豪，男，汉族，珠藏镇高水人。邹实施盗窃行为被失主发现后，拒不承认赔偿责任。反而当众持刀向失主邹德洪胸部猛刺，致成重伤，当场死亡。其手段残忍，民愤大，严重威胁社会治安稳定，给人民带来不安全感。邹天豪其行为已构成故意杀人罪，犯罪后，不但不投案自首，反而畏罪潜逃达6年之久。县法院将此案报经州中院，并受高院委托审判，邹天豪作恶后果严重，情节恶劣，依法给予严惩。2000年10月14日，根据《中华人民共和国刑法》第189条第1项规定，执行贵州省高级人民法院院长张林春签发的死刑命令，将邹天豪押赴刑场执行枪决，剥夺政治权利终身。

抢劫杀人案　李德荣、汪锡俊流窜抢劫杀人案。李德荣、汪锡俊2人流窜到草塘、中坪一带聚赌，与赌徒吴吉昌前往中坪途中，2人持刀将被害人吴吉昌杀死，抢得手表2块、现金51元。李、汪2人蓄谋抢劫，民愤大，手段残忍，依法惩治。李德荣系该案主谋，提出上路后把被害人吴吉昌“洗了”（抢劫），汪锡俊系从犯，2人构成抢劫杀人罪。1979年11月2日，依法判处李德荣死刑，立即执行枪决，剥夺政治权利终身；汪锡俊，积极参与抢劫，罪行严重，致人死亡，依法判处无期徒刑。

绑架杀人案　2000年12月，张光明、卢光海共谋以绑架手段“找钱”。联系刘文利，刘指认绑架对象谢瑞菊。13日晚10时许，张、卢持刀闯进瓮安县卫生局宿舍谢瑞菊室内，以有人找谢瑞菊为由，将被害人谢挟持到西坡林场张住处，逼谢交出中国建设银行储蓄卡1个及密码，内存人民币4000元，14日取钱分赃。并从谢身上搜得诺基亚手机1部及金银首饰等物。张、卢2人使其昏迷。晚上10时许，2人将谢扼死掩埋，24日破获归案。2人绑架手段残忍，致人死亡，构成绑架杀人罪，2004年5月，根据《中华人民共和国刑法》第232、239条规定，依法判处张光明、卢光海死刑，立即执行枪决，剥夺政治权利终身。同案犯刘文利为张、卢2人提供绑架对象，造成被害人死亡，又为2人提供勒索财物对象，事后逃避侦破，其情节恶劣，依法严惩。刘在共同犯罪中所起胁从作用，比照主犯从轻处罚，依照《中华人民共和国刑法》第25、27、239条规定，依法判处刘文利有期徒刑15年，处罚金10000元。

故意伤害案　审判永和区尖坡公社周碧先故意伤害儿媳致死1案。儿媳张光英因怀孕9个月，身体脆弱，干活有困难，公婆与丈夫不体谅，经常毒打、辱骂、虐待。5月17日，周将其打成重伤，造成张光英死亡。周碧先毒打儿媳手段残忍，群众反映强烈。1984年7月，根据《中华人民共和国刑法》第232条规定，依法判处周碧先无期徒刑。田贵平，男，汉族，初中文化，贵定县人，在瓮安县劳改支队服刑。1983年，田因犯抢劫罪被贵定县人民法院判处有期徒刑13年，1986年田贵平又犯脱逃罪，被加刑总和刑期16年，执行有期徒刑16年。1991年7月7日，田贵平在瓮安劳动支队白水河新井车间井下劳动，与犯人张木森发生争吵，田抓起斧头向张木森左臂上猛砍一斧，经鉴定为轻伤。田的恶性未改，手段残忍，在劳动改造期间，多次违规，其行为恶劣，已构成故意伤害罪，1991年8月，依法从重处罚，判处有期徒刑3年，加上余刑，决定执行有期徒刑10年零10个月。

宅基地争议伤害案　卢炳书与吴平英为地基争吵发生故意伤害1案，经村委会调解不服，诉至县法院。卢之女婿江涛为其岳父帮忙，将李正邦、吴平英夫妇殴打致伤，经法医鉴定为轻伤、轻微伤，江涛已构成故意伤害罪。2002年1月14日，依照《中华人民共和国刑法》第234条规定，故意伤害他人身体的，处3年以下有期徒刑、拘役或管制。江涛系“邹昭喜帮”黑社会性质组织人员，多次合伙邀约人寻衅滋事，有数罪并罚（其他罪行另案处理），决定执行有期徒刑3年。

奸淫幼女、少女、继女案　恶霸、匪首魏忠文以势欺压人民，强奸妇女案件27件27人。县法院召开公审大会时有18个妇女出场控诉魏忠文残害妇女的罪行，民愤大，群众要求严惩。1951年8月，根据土改时镇反有关法律和政策规定，判处魏忠文死刑，立即执行枪决，剥夺政治权利终身。胡朝玉，男，汉族，玉屏公社人。胡用分分钱和胶圈诱惑贾某（8岁）进行奸污，已构成奸淫幼女罪，根据《中华人民共和国刑法》第236条第2款及最高人民法院《关于严惩强奸幼女罪的指示》规定，1978年3月5日依法判处胡朝玉有期徒刑12年。张久永，男，1976年奸淫继女致其身怀有孕，次年5月9日，其继女生下婴儿合谋杀死，依法判处张久永有期徒刑10年。

淫秽书籍案　曾敬远、魏国忠、韦林系瓮安煤矿陡山车间、夹山车间服刑人员。3人在改造期间不思悔改，利用入监学习之机，聚众谈论社会，吹嘘玩弄女性的犯罪行为。曾与魏商量编写1本书，并与曾策划编写第2本淫秽书籍。该书写成，曾又将2本书合编。在劳改场所内传阅。曾还将该书交给青年女工罗某某隐藏，影响极坏。3人在劳改期间，抗拒改造，继续作恶，传播、隐藏淫秽书籍，性质严重，直接污染社会风气，破坏劳改秩序，屡教不改。曾起主要作用，魏、韦胁从，依照《中华人民共和国刑法》第364条规定，3人已构成传播淫秽物品罪，1985年8月，依法判处曾敬远有期徒刑7年，判处魏国忠有期徒刑5年，判处韦林有期徒刑4年。

强奸、拐卖妇女案　1982年，开展“严打”运动，审判付发尧、罗泽伦拐卖、强奸妇女1案。2人系瓮安县人。3月，付流窜到广西都安县冒充驾驶员，以谈恋爱为名，将罗姓一女青年（时年17岁）拐骗到瓮安，卖给龙塘公社钟显权，得人民币50元。7月26—27日，付、罗伙同魏志学（已判刑15年）盗窃龙塘公社分销店财物、鸡、鸭等。8月，流窜到湄潭县拐骗女青年2人至福建贩卖。途经马场坪，欺骗女青年，伪证以“夫妻”关系同居，进行强奸。付、罗已构成拐卖妇女罪、强奸罪、盗窃罪、抢劫罪数罪并罚，依照《中华人民共和国刑法》第236、240、241、263、265条规定，从重打击。1983年3月，依法判处付发尧、罗泽伦死刑，立即执行枪决，剥夺政治权利终身。

诱妇卖淫案　叶兴贵（系“叶八二邦”骨干成员），2008年8月31日诱骗四川籍女青年廖某、张某，以吃夜宵为名，施行强奸。9月2日，伙同陈速进（另案处罚）将被害人骗至福建、厦门等地贩卖、强迫卖淫。根据《中华人民共和国刑法》第236、240条第4

款规定，2009 年 3 月，依法判处叶兴贵数罪并罚刑期总和 9 年，决定执行有期徒刑 9 年，处罚金 10000 元。

三、侵害公私财物案件审判

（一）抢劫案件

1950 年，抢劫犯罪高发，严重危害社会秩序和人民生命财产安全。至 2014 年，受理严重侵害公私财物案件 615 件，审结 611 件，审结率 99.36%。国民经济“恢复”时期（1950—1952 年）审结 67 件，“一五”时期（1953—1957 年）审结 42 件，同比“恢复”时期下降 62.69%。多数罪犯在解放前就有抢劫、偷盗、诈骗、杀人、伤害、吸鸦片及流氓等行为，还有的罪犯曾任过国民党乡镇保长、旧军官或散兵流寇，他们利用散落民间的枪支弹药，持械拉帮结伙，网罗土匪团伙及国民党残余势力进行抢劫活动。结伙抢劫粮食、供销社、银行等公私财物，导致杀人，伤害他人身体，甚至武装对抗人民政府，杀害干部。县法院在审理这类案件时，很多案件均当成反革命案件办理，引用《惩治反革命条例》及《中华人民共和国宪法》有关条款判处。1951 年，珠藏土匪团长曾绍轩，逃避清查，东躲西藏，手持双枪抢人，在羊岩关姚姓家被捉拿归案。是年，捉拿土匪抢劫犯 7 人，缴获长短枪 34 支，各种子弹 2459 发，手榴弹 91 枚，土匪投诚 27 人。中坪俘匪金全才写信劝回土匪连长 3 人，被迫为匪者 64 人向人民政府自首。

20 世纪 60 年代，县法院受理抢劫案件 42 件，审结 42 件，比 50 年代减少 46 件，下降 52.27%。

1970—1980 年，国家法制健全，依法办案，有法必依，违法必究。受理抢劫案件 114 件，年均 10.36 件，审结 113 件，结案率 99.33%。比 1950—1959 年增加 26 件，上升 29.55%；比 1960 —1969 年增加 72 件。1976 年 10 月 6 日，粉碎“江青反革命集团”后，审判活动走上正轨。

80 年代，犯罪分子使用各种暴力抢劫财物伤害公民，导致伤害，致人死亡。有的持械上门抢劫，或拦路抢劫，单行或结伙作案。80 年代末期，“车匪路霸”猖獗，携带凶器在公路沿线和客车上抢劫公私财物，在城市抢劫出租车司机和乘客。1983 年，审判张丰等 5 人抢劫外省车辆 1 案，敲诈现金 80000 元。依照《中华人民共和国刑法》第 263 条第 2 款规定，判处张丰有期徒刑 7 年，处罚金 50000 元；判处徐茂刚等从犯有期徒刑 3—5 年，处罚金 10000—30000 元。1984 年，审结抢劫案件 14 件。1980—1989 年，受理抢劫案 119 件，结案率 100%，审结“车匪路霸”案件 3 件。

90 年代，抢劫犯罪还带有盗窃兼敲诈、强奸妇女、伤害他人致残甚至死亡。审理时分别定罪量刑，实行数罪并罚，依法惩处。共审理抢劫案件 98 件，结案率 100%。

2001—2014 年，依照各类法律规定开展审判活动。受理抢劫案件 164 件，审结 162 件，结案率 98.94%。2001—2005 年，审结 41 件；2006—2010 年，审结 58 件。这个时期因受黑社会性质组织残余势力影响，青少年犯罪突出。2008 年 6 月 28 日，瓮安打、砸、抢、烧事件发生，称“瓮安事件”，又称“6·28”事件。破获后，严厉打击惩处瓮安黑社会性质组织“玉山帮”“叶八二帮”“邹昭喜帮”“刘军帮”和“冷老二帮”。

（二）盗窃案件

1949 年 12 月，瓮安解放，县境内未肃清的惯盗、地痞、流氓等社会残渣，致使社会治安混乱。在重点打击反革命、土匪、恶霸、特务、反动会道门组织等破坏分子同时，审判杀人、偷盗、强奸等案件。1950—2014 年，受理盗窃案件 670 件，审结率 100%。

1950 年，受理偷盗案件 10 件，审结 10 件。1952 年比 1950 年上升 50%。1953 年，盗窃公私财物案件增多。比 1952 年上升 20%。

1957—1962 年，受理盗窃案件 32 件，结案率 100%。审理孙成海盗窃 1 案。孙成海，男，汉族，贵州省兴仁县人，有前科，在瓮安煤矿服刑。孙因犯烟毒诈骗罪经关岭县人民法院于 1957 年 11 月 8 日判处有期徒刑 2 年。1958 年元月调来瓮安煤矿服刑，9 月，盗窃犯人蒙志元长裤 1 条。1959 年 5—9 月，先后偷盗犯人陈碧珍、晏兴德短裤、肥皂、烟盒等财物，价值人民币 5.70 元，多次偷盗厨房饭、菜、苞谷等，严重影响犯人不安心生产。孙在受审中，避重就轻，态度不老实，自投入劳改多次小偷小摸，毁损公物、消极怠工，严重影响生产，重新构成犯罪，情节恶劣。触犯服刑规定有关法律，1959 年 11 月 15 日，依法判处孙成海有期徒刑 1 年，加上余刑合并执行有期徒刑 3 年。

20 世纪 60 年代，国民经济暂时困难时期，县法院正确处理小偷小摸案件 45 件，审结率 100%。年均 7.9 件，比 50 年代下降 61.2%。1960—1962 年，开展新“三反”运动，审结各类盗窃案件 11 件。1960 年，审理方锡昌、方国友盗窃耕牛 1 案。方锡昌、方国友合谋偷盗集体耕牛宰杀，已构成盗窃罪。方锡昌，男，汉族，文盲，瓮安县珠藏区桂花公社人，正月初，方锡昌为首合谋方国友、方国臣盗窃生产队耕牛 1 头宰杀，共得牛肉 97.5 公斤分赃。4 月 6 日，又偷盗本队李树清饲养黄牯 1 头，案发后人赃俱获。方锡昌主谋偷盗集体耕牛，直接破坏耕畜发展，影响春耕生产，情节严重，依法判处方锡昌有期徒刑 5 年；主犯方国友交群众管制 2 年，从犯方国臣、方友堂批评教育。1963—1969 年，受理盗窃案件 34 件，审结率 100%，比“二五”（1958—1962 年）时期减少 5 件，下降率 38.88%。

1971—1975 年，共受理盗窃案件 33 件，结案率 97.26%。

1976 年，粉碎“江青反革命集团”后，清算其在各领域的罪行，结合县内实际，对严重破坏社会治安秩序的坏分子依法审判。刑事案件相继减少，审理偷窃公私财物案件 5 件，占刑事案件总数 3.9%。

1978 年，法律逐渐健全，公民受到法律教育，有法必依。本着“以事实为依据，以法律为准绳”审判原则，审理盗窃案件 3 件，结案率 100%。

1980 年 1 月 1 日，《中华人民共和国刑法》颁布施行，第 264 条规定：“盗窃公私财物数额较大的或者多次盗窃，入户盗窃，携带凶器盗窃，扒窃的，处 3 年以下有期徒刑、拘役或者管制，并处或者单处罚金；数额巨大或者有其他严重情节的，处 3 年以上 10 年以下有期徒刑，并处罚金；数额特别巨大或者有其他特别严重情节的，处 10 年以上有期徒刑或者无期徒刑，并处罚金或者没收财产。”审判盗窃案件，打击重点是重大盗窃案件，流窜盗窃案件。1980—1985 年审结 63 件，结案率 97.5%，其中盗窃公物案件 23 件，占受案数 36.5%。

1986—1989 年，审结盗窃案件 55 件，审结率 99.22%。此时期，发案率高，对惯盗、累犯依法从重处罚，对具有法定从轻情节的，则依法从轻判处。1988—1989 年，审理盗窃案件 36 件，占总数 65.45%。1988 年，审理方友德、戴文学盗窃耕牛 1 案。3 月 19 日，2 人窜到草塘区金竹乡双泉村棬板湾村民组，当晚 12 时许，将刘天明饲养黄牯盗走，价值 480 元，连夜拉到余庆县齐坡，经至天文老街、大塘。4 月 8 日，转到余庆县太平区洞水街上销赃，得人民币 330 元分赃，2 人供认不讳，已构成盗窃罪。根据《中华人民共和国刑法》第 264、265 条规定，依法判处方友德有期徒刑 3 年；判处戴文学有期徒刑 2 年零 6 个月，所得赃款 185 元依法予以没收。

90 年代，受理盗窃案件 187 件，审结 186 件，结案率 99.52%，年均受理 18.7 件。其中审结盗窃国家和集体财物案件 76 件，占受理数 40.64%。1997 年，审结未成年人肖某华，合伙何某流窜平定营、玉华等行盗。1994 年在平定营、玉华盗得踏板车 2 部，价值 7000 元，销赃 3500 元，平均分得赃款。2 人能认罪退赃，态度较好。根据《中华人民共和国刑法》有关规定，依法从轻处罚。判处肖某华有期徒刑 6 个月，从犯何某免予刑事处罚。

2000—2005 年，针对城乡建设、土地承包、移民安置、房屋拆迁、下岗职工再就业、侵权行为及少年犯罪案件审判，受理盗窃案件 46 件，审结 44 件，结案率 95.65%。

2006—2010 年，受理盗窃案件 55 件，审结 55 件，占刑事案件总数 8.93%，同比下降 20%。2007 年 12 月 21 日，审判陈发辉、雷胜勇盗窃 1 案，两人均系瓮安县人。2005 年 8 月，陈发辉因犯盗窃罪被县法院判处有期徒刑 10 个月。2007 年 8 月 24 日 14 时许，陈伙同雷窜至瓮安县国税局老宿舍五楼毕生华住宅撬门入室行盗，盗得人民币 1000 元，手机 1 部（价值 611 元）。2 人以非法占有他人财物为目的，秘密窃取他人财物数额大、次数多，系累犯，其行为构成盗窃罪。陈发辉起主要作用，系主犯，且在刑法执行完毕后五年内又犯罪，系累犯，从重处罚，但在庭审期有悔改表现，所盗财物已回归失主，未造成大的损失，酌情从轻处罚。雷胜勇在共同犯罪中起胁从作用，系从犯，决定对其从轻处罚。10 月，根据《中华人民共和国刑法》第 26、27、65、264 条规定，依法判处陈发辉有期徒刑 1 年零 3 个月，处罚金 1000 元；判处雷胜勇，拘役 5 个月，处罚金 1000 元。

2010—2014 年，受理盗窃案件 72 件，结案 70 件，结案率 96.72%，年均受理案件 14 件。

（三）诈骗案件

1950 年受理诈骗案件 5 件，1952 年受案 53 件，比 1950 年上升 90.57%，比 1951 年上升 94.34%。1950—2014 年，受理诈骗案件 505 件，占刑事案件总数 4.37%。结案率 100%。

20 世纪 50 年代，对明显、暗藏的土匪、恶霸、特务、反革命分子进行严厉打击，但破坏社会治安秩序犯罪分子又抬头，受理诈骗案件 100 件，审结 100%。其中诈骗国家财产案件 26 件，占受理数 25%。

1960—1967 年，国民经济处于困难时期，这段时期诈骗案件多属食物方面，以生活为目的行诈。审理诈骗案件 37 件，年均 4.63 件。1963 年，国民经济调整，社员投入集体生产劳动，仅是部分游荡分子流窜作案。1966 年，开始“文化大革命”运动，城镇、农村、机关、学校、厂矿掀起“破四旧、立四新”，全民投入政治运动，政治挂帅，“斗私批修”。

刑事案件减少。受理诈骗案件 3 件，1967 年，受理诈骗案件 2 件，比 50 年代下降 40%。

1970—1975 年，审理诈骗案件 30 件，结案率 100%。发案率最高的 1972 年、1973 年，年均 16 件，比发案率最低的 1975 年上升 25%。1967 年 12 月 7 日，陈定尧赌博输钱后，冒充抓赌骗得人民币 300 元，粮票 15 市斤，手表 2 块，并敲诈他人打火石子 50 粒，西药（三道连）1500 颗。骗取白酒供应证明，套购白酒 37.5 公斤高价出售，得人民币 128 元。陈定尧流氓成性，奸污和拐骗妇女。陈犯有偷盗、诈骗、投机倒把、赌博、奸污、拐骗妇女罪，数罪并罚，从重惩罚，依法判处陈定尧有期徒刑 10 年。

1976 年，粉碎“江青反革命集团”以后，肃清在审判活动中的流毒。对破坏社会秩序的犯罪分子严厉打击。受理诈骗案件 4 件，占刑事案件总数 2.47%。

1978 年，执行全国第八次和省第十九次司法工作会议精神，结合瓮安实际，揭批林彪、“江青反革命集团”篡党夺权，破坏司法工作的罪行。严厉打击破坏社会秩序的犯罪活动，特别是诈骗犯罪分子。审理诈骗案件 2 件，结案率 100%。

80 年代，《中华人民共和国刑法》颁布施行，依法从重从快惩办严重危害社会秩序的犯罪分子。1980—1985 年，受理诈骗案件 47 件，结案率 100%。1984 年诈骗案件发案率较高，判决发生法律效力 27 件 36 人，依法判处 5—10 年有期徒刑 16 人，不满 5 年 12 人，有期徒刑拘役缓刑 8 人。1981 年，审判罗成兰非法取环、诈骗钱财 1 案。罗成兰，女，汉族，贵州省瓮安县中坪区柏香公社人。2 月 22 日，听其姐陈梅说有人要取环，罗立马用旧伞骨子制作取环工具，前往太文公社朵良坪、开锁、登科等生产队非法取环行骗，分别对兰萍、张敏、陈容等 10 余人非法取环，共骗得人民币 30 元。给曹润芝取环时致使子宫受损，内脏出血死亡。罗成兰已构成犯诈骗罪、过失杀人罪，有意破坏计划生育政策，情节恶劣，后果严重，从重处罚。根据《中华人民共和国刑法》第 46、64、133 条规定，判处罗成兰有期徒刑 12 年。

1990—2000 年，受理诈骗案件 80 件，审结 78 件，结案率 97.5%。

2001—2014 年，受理诈骗案件 71 件，结案率 100%。其中诈骗国家财产案件 23 件，占受理总数 32.39%。

（四）侵害公私财物典型案例

抢劫、强奸、诈骗案　廖跃忠、唐其贵、马登平同谋抢劫、强奸妇女。1992 年元月 6 日凌晨，3 人用墨汁各自抹黑脸，冲入尖坡乡张明宽室内抢劫，唐其贵持刀抢劫、强奸孕妇，构成抢劫罪、强奸罪；廖跃忠、马登平进行抢劫、轮奸孕妇，构成抢劫罪、强奸罪。6 月，依照《中华人民共和国刑法》第 236 条第 4 款，第 263 条第 1 款规定，唐其贵数罪并罚，从严惩治，1992 年 6 月，依法判处唐其贵死刑，立即执行枪决，剥夺政治权利终身；廖跃忠、马登平合谋抢劫、轮奸孕妇，构成数罪并罚，均系从犯，依法判处死刑，决定缓期 2 年执行，剥夺政治权利终身。娄义维、付昌龙，从贵阳租车回瓮安，行至福泉市龙井村处，合谋与车主邓军斗地主，强迫车主在假借条 13000 元上签字，索要欠款 13000 元。嗣后，还将车主邓军身上财物及租车（五菱宏光面包车）抢走，已构成抢劫罪、诈骗罪、敲诈勒索罪，数罪并罚。2 人能主动退赃、认罪、自首。根据《中华人民共和国刑法》第 62、63 条规定，“犯罪分子具有本法规定的减轻处罚情节，应当在法定刑以下判处刑罚”。

2008年10月27日，依法判处娄义维有期徒刑3年，处罚金10000元，判处付昌龙有期徒刑1年零6个月。

盗窃公物案 范金林，男，汉族，系职员，河北省平原县人。范串通商崇志、黎云昌、胡志远合谋盗窃岩坑税务所货物税票，被余海帮发现，便拉余入伙，遂偷得现金玖拾陆万元（旧币）分赃。范因贪污公款被撤职，无悔改之意，串通商等人盗窃国家财物及公款，依照《惩治反革命条例》第13、18条规定，1951年6月依法判处范金林有期徒刑2年。陈泽祥，男，汉族，贵阳市人。1956年因在贵阳市骗吃食物，辱骂人民警察被送孟关农场劳动教养，其间逃跑并偷盗公私财物，经花溪区人民法院判处有期徒刑2年。1975年5月，陈由贵阳市羊艾农场调贵州省新华磷肥厂后，继续行盗，先后流窜城关、银盏公社部分地区，以认亲结友进行诈骗活动，骗得人民币19.80元。8月，流窜到贵阳市多次盗窃衣物、锑锅、铁锅、木盆出售。1976年4月，被公安机关抓获押送原单位。1977年2月，再次流窜到贵阳市盗窃，作案两月之久，盗走其妹家衣裤、布票、棉花票、工资券、布匹、瓶装酒等物，变价得人民币75元。其盗窃恶性不改，属于惯犯。1977年8月，依法判处陈泽祥有期徒刑8年，戴坏分子帽子监督改造。丁忠仁，男，汉族，贵州省余庆县人。丁流窜盗窃，两次进公社学习班接受批评教育。1980年6月29日，晚上携带作案工具在花月湾生产队陈家富行盗，盗走衣、裤、茶叶、纽扣、布票、粮票和现金，价值85元。7月10日，又带作案工具与木老坪公社杨成合谋偷盗，盗得上海牌手表1块，钢笔1支，帆布包1个，衣服2套，在草塘街上销赃。17日，丁在木老坪街上行盗时，被人发现，摸出匕首威胁，被民兵抓获归案。丁忠仁供认不讳，已构成盗窃罪。在审理中能坦白认罪，态度较好，根据《中华人民共和国刑法》第264条规定，1980年8月29日依法判处丁忠仁有期徒刑2年。

合谋诈骗案 审判邓朝贵诈骗集团案件。邓朝贵，男，汉族，高小文化，翻砂工，贵州省瓮安县草塘公社人。合谋唐其伦、李元章、何知永等人先后在瓮安境内进行诈骗活动。他们私刻公章、伪造证明，先后雕刻“贵州省劳动局”“都匀市、遵义市、安顺市公安局”“都匀市公安局新华派出所户口专用章”“都匀市美术工艺社”“都匀市公安局新华派出所户口专用章”“瓮安县铁厂”“瓮安县粮食局草塘粮食管理所”“中国共产党思南县委员会”等公章，并伪造瓮安县粮食局粮食转移证明等伪件行诈骗。1961年11月14日，先后骗取中坪、玉山、珠藏、牛场、平定营、福泉等粮食部门粮食1000公斤。邓为首组织诈骗，主谋雕刻部门公章，骗取国家粮食及其公私财物，严重破坏社会秩序安定。1962年3月18日，依法判处邓朝贵有期徒刑10年。何、唐、李3人均为从犯。在庭审中能坦白交代，根据惩治罪犯“坦白从宽、抗拒从严、胁从不问”政策，分别给予何知永、唐其伦、李元章判处有期徒刑6年、4年、3年。1976年，杨本兴，男，汉族，贵州省正安县人。1972年，杨流窜到贵阳，参加杨进文、黄光恒为首的诈骗集团，伪造“六枝特区”“九八五五厂”“八一南昌起义”纪念馆等公章和衔头纸，先后诈骗贵阳、遵义电池厂、三都硫黄厂和湖南衡阳文化用品商店、河北、江苏采购的物资，价值2000元。1975年12月，流窜到瓮安，先后诈骗县五金公司各种物资，价值8346元。1976年，破获归案，缴获全部赃物和罪证。杨本兴流窜作案已构成诈骗罪，8月，依法判处有期徒刑5年。罗应华，男，汉族，小学文化，伪造证明，私刻公章6枚，长期流窜诈骗，盗窃作案，曾多次被公安收容审查。5月1日，罗以帮助岩坑公社新庄大队朱家屋基、后寨湾、吴家湾3个生产队购买化肥，骗取集体资金1800元。集体公诉至玉山人民法庭，公安配合将其抓获归案。经审理查实，罗应华长期流窜诈骗、盗窃公私财物造成集体和私人财物受损，已构成诈骗、盗窃罪数罪并罚，根据《中华人民共和国刑法》第133条规定，1976年9月15日，依法判处有期徒刑12年。王启良、罗玉仙、张林琴、张文娟4人系瓮安县人，合谋借谈婚实行诈骗。闻讯有两个外地青年来到木老坪乡找女朋友，4人商议叫张林琴、张文娟出面，与两个外地青年假谈婚，骗得人民币2000元。王启良认为此次行为效率不高，便提出到远方"放飞鸽"诈骗。1988年2月，4人到达天津市蓟县白河乡，由张文娟化名张月英与当地村民徐进木"结婚"，骗得现金4000元，其赃4人平分。嗣后，流窜到大连，长春、唐山等地进行谈婚诈骗，前后骗得人民币30800元。以王启良为首的诈骗团伙，利用谈婚诈骗他人财物，其手段恶劣，社会影响极坏，4人已构成诈骗团伙罪。王启良在犯罪中起主谋，罗玉仙，张林琴、张文娟起胁从作用，根据《中华人民共和国刑法》第52、72条、224条规定，1988年9月30日，依法判处王启良有期徒刑3年，比照主犯从轻处罚，判处罗玉仙有期徒刑1年零6个月，判处张林琴、张文娟有期徒刑1年。

假公济私、利用合同诈骗案　张忠华、刘有伦借为集体买耕牛实施诈骗。1978年元月，持有遵义县军机公社丰岩大队果园场介绍信，到珠藏区荣院公社关店大队天马山生产队买牛。生产队研究同意卖水牛2头，忽视交付购牛款，也没有留下任何手续，并协商在本月24日汇款到生产队。次日，2人将2头牛赶走。直到2月底未收到汇款，生产队派人去遵义实地调查，证实此地并无张、刘2人，实为诈骗。经遵义县公安局配合，终将2人抓获归案。2人买牛行为，已构成诈骗。依照《中华人民共和国刑法》第266条规定，1978年11月11日，判处张忠华有期徒刑3年零6个月，刘有伦在庭审中认罪积极，从轻处罚，判处有期徒刑1年零6个月。彭树清，男，汉族，小学文化，贵州省瓮安县猴场（草塘）镇那乡村人。公诉机关指控彭于2009年1月8日虚构"贵州省瓮安县振东矿业有限公司""瓮安县草塘镇黑山村杉树坳石虎铝土矿山"假公章及法人印章，骗取郑显君签订《瓮安县草塘镇黑山村杉树坳石虎铝土矿山采矿权承包经营协议》，骗取郑显君支付定金人民币20000元，案发后退款4000元。彭以非法占有，数额巨大，虚构事实与他人签立合同，借此骗取他人财物，其行为已构成经济合同犯诈骗罪。2009年6月18日，依照《中华人民共和国刑法》第52、67、72、224条规定，依法判处彭树清合同诈骗罪有期徒刑1年，缓刑2年，处罚金5000元。

四、妨害社会管理秩序案件审判

（一）流氓犯罪案件

流氓犯罪作案　形式多类，冒充干部、老板、军人、勒索群众财物等施行流氓行为；侮辱、威胁、追逐女人进行强奸行为，淫恶成性，集伙入室奸淫妇女或在公共场所侮辱妇女犯罪；以赌博场合调戏女人进行流氓行为；采用勾引等手段，诱骗妇女卖淫犯罪；聚众闹事施行流氓犯罪，这类犯罪形式大多为流氓团伙作案。在审理流氓犯罪案件时，依法审判诱奸罪、妨害风化罪、流氓强奸罪、聚众斗殴罪等流氓犯罪案件。

1950年，县法院未受理流氓犯罪案件，1952年受理2件，1953—1957年受理8件，审结率100%。审判流氓案件时，重点打击流氓头子、流氓集团首要分子，有严重罪恶的流氓分子；组织暗娼卖淫或诱骗、胁迫妇女卖淫的流氓分子；污辱、猥亵妇女、儿童，情节恶劣、民愤极大或引起严重后果的流氓分子。1950—1959年，审理流氓案件23件，结案率100%。

20世纪60年代，审结流氓犯罪案件30件，结案率100%。

1973年，审判流氓罪案件2件，审结2件，比1970年上升1倍，比1971年下降50%。

1975年，受理流氓犯罪案件5件，审结5件。1979年《中华人民共和国刑法》颁布，对于打击犯罪、保护人民、维护国家安全和统一，发挥重要作用。同时也反映一些问题，如渎职罪、流氓罪、投机倒把罪规定得比较笼统。随着国民经济发展变化，出现许多新情况、新问题，发生新的犯罪行为。1980年《中华人民共和国刑法》修订，取消流氓罪名，分解成强制猥亵罪、侮辱妇女罪、猥亵儿童罪、聚众淫乱罪、聚众斗殴罪、寻衅滋事罪。1950—1980年，受理流氓犯罪案件91件，结案率100%。

（二）寻衅滋事案件

随意殴打、追逐、拦截、辱骂、恐吓他人、强拿硬要或者任意损坏、占用公私财物、在公共场所起哄闹事，造成公共场所秩序严重混乱的犯罪分子，依照《中华人民共和国刑法》第293条规定，予以严厉打击。1980—2014年，受理寻衅滋事犯罪案件280件，审结率100%。

1980年《中华人民共和国刑法》修改实施，受理寻衅滋事案件23件，结案率100%。

1985—1988年，受理寻衅滋事案件76件，审结72件，结案率94.74%。依照《中华人民共和国刑法》第293条规定，依法判处有期徒刑不满5年21人，5—10年8人，拘役2人，缓刑3人。

1990—1995年，受理寻衅滋事案件72件，其中旧存案件3件，结案72件，审结率98.86%。审理张建在步行街王菊处提出合伙办发廊遭到拒绝，遂指使江以军挑衅事端，打坏王菊处电器设备及其他财物，损失达1.5万元。依照《中华人民共和国刑法》第293条规定，1994年3月，依法判处幕后操纵者张建、江以军有期徒刑6个月、1年零6个月，赔偿其损坏财物。

1997年，受理寻衅滋事案件15件，结案15件。6月，陈家富等人乘坐的轿车在鱼河路段发生故障见有一辆遵义牌照车驶来，陈指使人将过路车拦截帮忙，救援不从，便聚众殴打致伤。8月，聂其忠因其女友与公用电话业主发生争吵，聂指使人无故殴打业主，严重侵犯他人人身权利，依照《中华人民共和国刑法》第276条、293条规定，1997年10月，依法责成陈家富、聂其忠负责刑事责任，主动履行赔偿和医疗责任，从轻处罚，免予刑事处分。

1998—2005年，受理寻衅滋事案件77件，审结76件，审结率98.7%。1999年，冷启忠参加黑社会性质组织，横行霸道，在花竹园1家饮食店与店主引起斗殴，故意引起事端逃避付款，当场打伤店主，报警抓获拘留。是年，审判殴打他人3件，追逐拦截2件，辱骂、恐吓他人2件，强拿硬要他人财物1件，任意破坏财物1件，侵占公私财物1件，在公共场所起哄闹事1件，造成公共场所秩序严重混乱1件。2003年3月15日，肖兴河在双龙煤矿与当地村民发生纠纷，刘昌君得知后带领10余名矿工殴打村民张高友、刘德祯等人，致使受伤。7月20日，卢军指使梁兵故意到谢朝军、谢朝刚废品门市滋事，打伤刘建国。8月，刘昌君以其父收周友友给的100元钱是假钞为由，无故打伤周致轻伤。依照《中华人民共和国刑法》第234条规定，2003年9月，依法判处刘昌君有期徒刑1年零6个月。

2006—2010年，受理寻衅滋事案件106件，审结105件，结案率99.06%。

2011—2014年，受理寻衅滋事案件36件，审结35件，结案率97.22%。2012年，审结寻衅滋事24件，结案率100%。审理刘胜宇勒索他人滋事，以被害人兰方未付清柴油机款为由，勒索兰方现金800元，遂将兰拖拉机持斧打坏。2013年9月22日，严松因赌博滋事，与郑超争吵，指使人将郑打伤。根据《中华人民共和国刑法》第293、303条规定，2013年10月，判处刘胜宇、严松有期徒刑分别为3年、1年零6个月。

（三）非法种植罂粟和贩卖毒品案件

1950年2月，县法院配合公安部门，在肃毒运动中召开公判大会，对非法种植罂粟毒品的犯罪分子进行公开宣判，并对包庇种植罂粟的知情者一同惩罚。中坪区果水乡不法分子李幺妹非法种植罂粟，被人检举揭发，政府组织力量捣毁毒苗，并依法将不法富农分子李幺妹逮捕惩罚。1953年，混进革命队伍的潘金榜（系李幺妹之子）从部队转业回乡后，听说其母种植毒品被李兴有举报一事，遂指使落后分子故意与李挑起事端，毒打积极分子。潘金榜为其母的犯罪行为打击报复，并在农业社挑拨离间破坏捣乱，致使乡里工作推行有阻力，群众愤恨，要求惩治潘金榜，依法制裁。第三巡回法庭经调查核实，以包庇种植毒品罪论处，判处潘金榜有期徒刑1年零6个月。1950—1959年，审判种植罂粟和烟毒案件102件，结案率100%。

20世纪60年代，开展肃烟毒运动，审判烟毒案件30件，结案率100%，对教育不改，继续种植毒品、贩卖毒品、开设烟馆毒害人民的犯罪分子，根据情节轻重，依法处罚。

1978年以后国际毒潮侵袭，烟毒犯罪案件上升，至1999年受理贩毒案件69件。1990年12月，全国人民代表大会常务委员会《关于禁毒的决定》施行后，坚持“三禁”（禁贩、禁吸、禁种）并举，堵源截流，严格执法。1994年，审结贩毒案件7件，召开大型公审大会4次，依法判处种植烟毒、贩卖毒品、开设烟馆罪犯有期徒刑28人，判处死刑1人，旁听人员达60000人（次）。协助省高院、州中院将罪大恶极、法不容赦的贩毒犯罗永刚依法执行死刑。

2000—2014年，审结贩毒案件78件，结案率100%。在宣传全国人大常委会《关于禁毒的决定》和《中华人民共和国刑法》有关规定，剖析贩毒、吸毒的社会危害性，组织干警上街进行法律宣传，相应召开禁毒宣判大会，公开惩办毒品犯罪分子58人。

（四）脱逃案件

20世纪50年代，审理脱逃案件，依照《中华人民共和国劳动改造条例》《劳改罪犯奖惩办法》等法律法规进行审判，受理脱逃案件19件，结案率100%。1956年1月，贵州省高级人民法院《关于处理反革命刑事犯罪案件的量刑意见》，对脱逃罪提出了量刑幅度意见：原判无期徒刑、死缓执行的犯人，或组织脱逃犯罪，改判死刑；原判罪行虽不大，刑期虽不长，但曾脱逃两次以上，并经两次加刑处分而脱逃的，应改为10年以上有期徒刑，情节严重的改判死刑；有期徒刑的犯人脱逃，根据原犯罪恶大小和原判刑期长短，判处有期徒刑1—5年；脱逃犯在脱逃时伤害看守人员，脱逃后继续犯罪或持械拒捕，或有其他严重情节的，从重或加重处罚。

60—70年代，审理脱逃案件62件，结案率100%。

80—90年代，受理脱逃案件59件，结案率100%，比60—70年代减少3件。劳改犯脱逃后又犯罪，由于其恶性不改，社会危害性大，审判脱逃犯案件时，依照《中华人民共和国刑法》第161条规定审判，1981年6月10日，全国人民代表大会常务委员会《关于处理逃跑或者重新犯罪的劳改犯和劳教人员的决定》第3条第2款规定："劳改犯脱逃后犯罪的，从重或加重处罚。"

2001—2014年，对劳改犯脱逃后又犯罪的从重处罚，在法定刑幅度内确定刑罚，对于"加重处罚"，是根据最高人民法院、最高人民检察院、公安部、司法部《关于办理劳改犯、劳教人员犯罪案件中执行有关法律的几个问题的答复》第3条规定执行，在原判刑的基础上罪加一等。1950—2014年，受理脱逃案件160件，占刑事案件总数1.39%。

（五）妨害社会管理秩序典型案例

流氓案　左华义，男，汉族，高小文化，贵州省瓮安县人。1960年，左被县林业局西坡林场招为临时工，曾多次与场里职工吵嘴打架，抄写反动诗词唱黄色歌曲，发泄对社会不满。1964年4月18日晚，翻窗潜入女职工冯某室内，进行流氓行为。1968年11月2日，左在贵阳市新华书店门口，趁人拥挤之机，对女演员钟某耍流氓猥亵手段，当场被抓送公安机关处理。1969年8月7日，左在贵阳市中华中路棉布商店对女工陈某进行猥亵行为，被公安机关拘留。左通过几次教育不悔改，又于1975年元月19日，趁瓮安赶场天人多拥挤，在纺织品公司门市部处对妇女徐某某进行猥亵，当场被抓获归案。左多次在光天化日之下对妇女进行猥亵、耍流氓，情节恶劣、影响极坏，群众愤恨，1975年5月28日，依法判处左华义有期徒刑5年。赵安贵、赵安华等流氓团伙案。赵安贵，男，汉族，瓮安县人，其流氓成性，品质败坏，行凶作恶、横行霸道，称之"通城虎"，群众愤恨。1965—1972年，赵安贵在都匀市建公司和修湘黔铁路期间，因打骂民工及偷窃财物被批判斗争，遣返瓮安后，其破坏行为更为猖狂，曾以承包修理机器为名，骗取集体和个人现金300元。其间指使流氓、盗窃犯杨昌林盗窃省化工厂车队的汽车配件，修理工具等70件，价值1000元。赵安华，男，汉族，瓮安县人，系赵安贵之弟，其流氓成性、品质败坏，无事生非，横行霸道，动辄骂人打人，称之"金钱豹"。赵安华以自己住宅为流氓犯罪据点，向青少年散布淫乱生活。自1973年以来，先后轮奸、奸污、猥亵少女达15人（次），与李德富、宋荣华轮奸戴某某，致使其心身遭受严重摧残，给社会和人生安全带来严重威胁。1976年1月，经省高院核准，对赵安贵、赵安华判处执行死刑。

寻衅滋事案　"玉山帮"成员冉启军等人在银盏"赶水辣子鸡"餐馆持刀将被害人刘宜平砍伤。4月8日，李秀江伙同廖明科带人到段正碧开设赌场聚赌，实行诈赌，被赌主段知道，指责其退钱，在“怡人泉”商榷退钱事宜，廖与李发生争吵，被李秀江之小弟万龙军砍伤，嗣后罗明德等人持械将李秀江砍致重伤。2005年8月16日，依法判处冉启军、李秀江、廖明科、万龙军有期徒刑1—3年，并处罚金5000—10000元。冉波、李天福等人驾车到福泉县桂花村独田赌博。遂2人发生争执并殴打，龚被冉波摸出尖刀刺伤逃走。被害人经法医鉴定，伤势为重伤，属伤后失血性休克体征。经审理，系因赌博纠纷引起伤害，被害人龚贤礼开设赌博场所，已构成开设赌博场所罪，依照《中华人民共和国刑法》第303条规定，2005年8月依法判处龚贤礼有期徒刑3年。冉波参加赌博，并拉运赌徒，严重扰乱社会治安，又因赌博滋事，故意伤害他人，依照《中华人民共和国刑法》第293、234、303条规定，属于数罪并罚，依法判处有期徒刑8年。刘建均与“玉山帮”成员沈伟在“金龙”浴室发生口角，随至曾建家中拿来砍刀将沈砍伤。2009年11月2日，任开远控制瓮安县建中镇运煤和矿山价格，不准外地货车进入建中地盘，并向建中镇17名驾驶员每车收取管理费100元。29日，从瓮安方向驶来1辆货车，以张仕兴为首10余人开车拦路，造成建中镇交通堵塞4天。2010年10月24日，严松伙同罗来富在“午夜星空”与服务员发生争吵，指使罗用啤酒瓶砸坏舞厅财物及歌舞厅设备，造成经济损失近万元。根据《中华人民共和国刑法》第292、293条规定，据其案情轻重酌判，2010年11月，依法判处刘建均、沈伟、任开远、严松等人有期徒刑1年零6个月至3年，并处罚金500—3000元。

种罂粟案　1951年4月10日，第二区（草塘）人民政府审判黄兴贵、杨朝万违法种植罂粟1案。黄、杨系瓮安县人，非法种植罂粟，被双泉农民协会查获铲毁。经农协会调查报送区政府，诉至县法院，以利震慑禁烟运动的违法分子。根据“禁烟”有关规定，黄、杨在禁烟运动中非法种植罂粟，发现早，没有给社会带来严重后果，但对禁烟运动带来阻力，应负刑事责任。黄兴贵、杨朝万非法种植罂粟，已构成非法种植罂粟罪，2人能主动认错，依照《西南区禁绝烟毒治罪暂行条例》第28条，对黄、杨从轻处罚，分别判处有期徒刑6个月。1988年9月，肖兴云，非法在责任山上种植罂粟320株。1990年9月，又在责任山（杨家山、老虎洞）松林间种植罂粟831株，经公安查获铲毁。1991年5月27日，陈仕棋在阳沟土非法种植罂粟922株，其数量大，影响坏，从重处罚，6月，刘国祥非法种植罂粟697株，已构成非法种植毒品罪。依照《全国人大常委会关于禁毒的决定》第6条第1款，1991年8月依法判处肖兴云有期徒刑2年；判处陈仕棋有期徒刑3年；判处刘国祥有期徒刑1年零6个月。

开设烟馆案　陶云祥，男，汉族，瓮安县人，住珠藏区高水乡。参加过伪民训，任过甲长，当过自卫兵，为匪抢劫2次，1946年后在家务农，无前科。陶于1947年开始吸食大烟，并开设烟馆；1950年，开展禁烟运动，陶被列入教育对象，停止烟馆营业。1954年，陶不思悔改继续吸毒。10月，旧地恢复烟馆营业，供给烟民犹福万等多人吸食，从中牟利138万元（旧币）。12月，群众举报，查获陶既吸食大烟，又开设烟馆和贩卖鸦片，清查陶云祥先后27次在敖国清等12人处购买大烟32两2钱，被批斗教育；1957年1月26日，陶开设烟馆又被破获，收得大烟4两5钱、其中熟烟3钱、烟渣3两、烟枪1支、籤子1根、打火石1个、烟灯1盏、凿子1把。陶经多次教育不改，根据《西南区禁绝烟毒治罪暂行条例》第7条规定，1957年4月8日，依法判处陶云祥有期徒刑4年。

贩卖毒品案　徐世昌，男，汉族，贵州省瓮安县人。1982年5月2日，徐因购买鸦片被公安机关抓获，收容审查26天；徐不吸取教训，8月，又将烟毒犯潘其武（已判刑）放在其家中鸦片1两1钱出售给丁云德，得人民币132元；1983年3月，徐不顾国家法律，再次给太平公社金竹大队云达生产队田应定买鸦片2两，转手卖给草塘、新华伍修珍、吴碧先、姚素云等，从中牟利17元。1999年4月27日，审判杨毅卖海洛因1案。杨毅涉嫌贩毒于1998年12月20日被公安机关拘留，1999年1月26日被捕入狱。1999年4月7日，杨被检察院公诉贩卖毒品罪。经查明，1998年12月15—16日，杨到草塘镇找贺太兵联系贩卖海洛因，以每克300元计价，出售给袁绍伦（另案处理）。20日11时许，被公安机关抓获，经鉴定毒品是海洛因，净重14.2克。杨无视国法，以营利为目的，构成贩卖毒品罪，依照《中华人民共和国刑法》第56、170、347条第3款规定，1999年7月13日，依法判处徐世昌有期徒刑4年；判处杨毅有期徒刑10年，处罚金10000元。

脱逃案　1977年5月5日晚上10点，瓮安煤矿新井一中队二分队罪犯罗贤龙、汪兴贵、周永富3人自瓮安煤矿新井一中队二分队脱逃，8—12日，3名逃犯分别被抓获归案。15日晚上，二中队一分队刑事犯罪分子任显辉乘劳动下雨之机脱逃，嗣后，抓获归案。依照《中华人民共和国劳动改造条例》有关规定，1977年5月20日，依法对脱逃犯罗贤龙原判刑罚从重处罚，决定执行有期徒刑20年。判处脱逃罪犯汪兴贵从重处罚，决定执行8年。判处脱逃罪犯任显辉从重处罚，决定执行有期徒刑20年。覃应学，男，汉族，龙里县猫场人，因抢劫罪判处有期徒刑15年，在瓮安煤矿一中队服刑。罪犯庞隆成，男，布依族，贵定县人。罪犯卢照明、吴元法，贵定县虎场人。因流窜盗窃犯罪依法判处有期徒刑20年。四罪犯组织共同脱逃，被公安分别抓获归案。1982年8月18日，依法从重判处脱逃犯覃应学有期徒刑20年，从重判处脱逃犯卢照明、吴元法无期徒刑，依法判处脱逃犯庞隆成有期徒刑15年。刘成华，男，汉族，贵州省毕节县人。1963年11月，因流窜扒窃被贵阳市公安局收审送中八农场强制劳动。1965年12月，解除安置在中八农场就业。1966年3月，刘借回家之机，在贵阳市扒窃得现金92元，8月，刘被调到瓮安新华磷肥厂就业，11—12月，两次脱逃到贵阳、重庆、昆明等地扒窃，得现金350元、粮票100公斤、布票100市尺、手表1块。1967年6月24日，在昆明曲靖因扒窃被抓获。在审讯中态度不老实，于1970年8月列入专政对象。1971年4月、12月，又两次脱逃流窜到水城、建水、宣威、富源等地扒窃作案，扒得现金总额800元、大洋6块。刘成华脱逃扒窃不思悔改，根据《中华人民共和国劳动改造条例》《中华人民共和国劳改罪犯奖惩办法》规定，1972年12月8日依法判处刘成华有期徒刑5年。

第四节　侵犯经济建设案件审判

一、利用职权侵犯财产案件审判

国家机关工作人员利用职权侵犯财产，包括贪污、受贿、挪用公款、巨额财产来源不明等犯罪。1952 年，审判（“三反”“五反”）运动中揭发出来的案件 176 件，其中贪污案件 71 件，占受理数 40.34%。1998 年后，根据中央人民政府颁布的《中华人民共和国惩治贪污条例》和全国人民代表大会制定的《关于惩治贪污贿赂罪的补充规定》，开展审判贪污、挪用公款犯罪及巨额财产来历不明罪等活动。

（一）贪污案件

贪污案件多系国家机关、企事业单位或人民团体委托管理、经营财物的工作人员，利用职权之便，以侵吞、窃取或行骗等手段非法占有公有或集体财物。依照《中华人民共和国惩治贪污条例》规定，审理 1950—2014 年贪污案件 617 件，结案率 100%。

1952 年，在“三反”“五反”运动中，揭发贪污案件 176 件。是年底，受理贪污案件 71 件。在审判贪污案件时，据情审判，自首交赃者从宽，抗拒交赃者从严；偶犯、初犯从宽，重犯、屡犯从严；贪污数量小，情节轻微者从宽；贪污数额较大，情节恶劣者从严；贪污抚恤金、救济款物等恶劣分子、集体组织者、主谋者和“三反”运动中继续施行贪污犯罪行为者，贪赃枉法，毁灭罪证，嫁祸于人或者其他特殊恶劣分子依法从重或加重处罚，判处死刑、无期徒刑。对于自己坦白交代罪证事实或赃物，并检举揭发他人立功表现分子，从轻处罚或免予刑事处罚。珠藏区丰俊三于 1951 年勾结奸商将国家商品规格提高或降低等手段，从中贪旧币款壹仟伍佰零壹万元（15010000 元），在运动中经检举揭发，能坦白交代，退款旧币陆佰伍拾万元（6500000 元），免予刑事处分。

20 世纪 60—70 年代，受理贪污案件 90 件，审结 89 件，结案率 98.89%。邹舒福在白沙公社信用社担任会计以来，利用职权贪污、挪用公款 9000 元，贪污公款 4000 元，挪用公款 5000 元，视党纪国法不顾，为非作歹，贪污、挪用国家公款，逮捕归案，1975 年 10 月，依法判处邹舒福有期徒刑 10 年。

80—90 年代，受理贪污案件 164 件，审结 160 件，结案率 97.56%，比 60—70 年上升 82.22%。1988 年 6 月至 1989 年 3 月，犹永烈在珠藏区供销社任营业员期间，将票据大、小金额栏排头处留空不填，将第二联带回家后涂改，加大票面现金数额，施行贪污行为，先后作案 10 次，贪污现金 15000 元。依照《中华人民共和国刑法》第 383 条第 3 款、第 194 条规定，个人贪污数额在 5000—50000 元的处 1—7 年有期徒刑；情节严重的，处 7—10 年有期徒刑。犹永烈贪污多次，已构成涂改票据贪污罪，在审理中，能主动退赔，将自己 1 幢 4 立 3 间木房评价给珠藏供销社抵赃款，要求从轻处罚。县法院与供销社协商，并在大会上宣讲实例教育干部职工。1989 年 12 月 15 日，依法从轻处罚，决定判处犹永烈有期徒刑 3 年。

2000—2014 年，审判贪污罪案件 78 件，审结 78 件，比 20 世纪 80—90 年代受案率下降 52.44%。

（二）挪用公款案件

《中华人民共和国刑法》第 384 条规定，挪用救灾、抢险、防汛、优抚、扶贫、移民、救济款物等归个人使用的，均从重处罚。

20 世纪 50—60 年代，受理挪用公款案件 57 件，审结 55 件，结案率 96.49%；1958-1964 年均受理 3 件，结案率 100%。70—80 年代，受理挪用公款案件 94 件，审结 84 件，结案率 89.36%；挪用国家公款 38 件，集体公款 56 件，比 50—60 年代上升 39.36%。1985 年，挪用公款案件率高，审理 15 件。90 年代，受理挪用公款案件 82 件，审结 79 件，结案率 96.36%，比 70—80 年代下降 14.63%。

2000—2014 年，受理挪用公款案件 154 件，审结 152 件，结案率 98.7%。2005 年，受案数 7 件，结案率 100%。1952—2014 年，受理挪用公款案件 387 件，结案率 100%。

（三）职权侵犯财产典型案例

贪污公款案　刘忠汉，男，汉族，在第 3 区（中坪）水耳乡工作。1952 年 1—9 月，总计贪污旧币 255.84 万元。1 月，贪污伙食结余 5.64 万元，3—4 月，用公杂费付陈天明、胡桂章工资，从中贪污公杂费 76.61 万元。购买灰面时，贪污伙食费 10.6 万元；5 月，贪污退回差旅费 30.44 万元，扣发工资 12.825 万元，妇女卫生费 1.35 万元；6—7 月，贪污公杂费 93.5 万元；8 月 23 日至 9 月 10 日，县检查组检查工作期间，又贪污唐洪发工资 25.85 万元及草塘派出所医疗费 8 万元。审理时，刘避重就轻，不思认错，依照《中华人民共和国惩治贪污条例》规定，1953 年 12 月 25 日，依法判处刘忠汉有期徒刑 1 年零 6 月，追缴全部贪污款，交机关管制。张希贤，男，汉族，四川省达县人。解放前参加青年军，系三青团员，曾任巴山青年干团副区队长。1950 年，参加工作，其间，进行贪污公款和有意制造事端，引起事故。1958 年 11 月 16 日，经桐梓县松坎人民法庭判处有期徒刑 8 年。1959 年 8 月，由桐梓新生煤厂调瓮安煤矿劳动改造。1960 年 11 月，张在大洞口车间采购小菜时多报萝卜 5 公斤，从中贪污现金 8 元；1961 年 3 月，盗窃粮食 3 公斤，菜油 1 公斤；1962 年 6—9 月，张在岚关买菜时多报 5 公斤，贪污生活费 5 元。先后在洗马、鱼井仓库运粮食时与就业人员陈国才骗取粮食 220 公斤，盗窃就业人员衣物等。张在劳改期间不守法、违反监规、盗窃财物、贪污生活费，民愤大，1963 年 8 月 28 日，依法加刑期 5 年，原判刑期 8 年，合并执行有期徒刑 13 年。

挪用公款案　杨昌林，男，汉族，贵州省瓮安县人，任贵州省瓮安县国营青山茶场业务科科长。1993 年 7 月至 1995 年 5 月，杨利用职务之便，侵吞、哄骗公共财物，贪污、挪用公共财物金额 3.8996 万元。1993 年 7 月 18 日至 1994 年 8 月 3 日，在青山茶场担任办公室主任期间，立据从保管室提出茶叶 350 公斤，价值人民币 3.8784 万元，以销往省内省外金筑大酒店、帝王酒业公司为名，非法占有。1994 年，挪用 4 笔茶叶款 5221 元。1995 年 5 月 15 日，担任销售科科长时，主管销往安徽省繁昌县茶厂茶叶款 1344 元。6 月 13 日交款时欠款 320 元，与他人分名茶 300 克，价值 180 元，均非法占有。经检举，杨巧立名目，不承担偿还责任，尚欠国家资金 3.2996 万元。根据全国人大常委会《关于惩治贪污贿赂罪的补充规定》及相关挪用公款犯罪条款规定，杨昌林已构成贪污、挪用公款罪，数罪并罚。1997年7月30日，依法判处杨昌林有期徒刑8年，尚欠款3.2996万元继续追缴返还瓮安县国营青山茶场。陈安华，男，汉族，贵州省瓮安县天文镇白泥坝村庄上村民组人，系瓮安县天文镇农村信用合作社信贷员。县检察院指控陈安华犯职务侵占罪，依法组成合议庭，公开审理。1986年3月至1998年7月，陈安华利用职务之便，采取收存款、贷款不入账，冒名顶替等手段侵占集体公款共26.69万元，其中收存款不入账64笔，金额13.76万元，收贷不入账117笔，金额8.61万元；冒名顶替35笔，金额4.32万元，已退赔现金6000元。根据《中华人民共和国刑法》第64、271条第1款规定，陈安华已构成职务侵占罪，挪用公款其数额巨大，2001年4月27日，依法判处陈安华有期徒刑13年，没收个人全部财产。

二、破坏金融流通秩序案件审判

（一）投机倒把案件

1950—1953年，投机倒把案件少，1954—1959年受理40件，结案率100%。1954年，审理万树清套购国家粮食1案。万利用赶“马帮”之便运送集体物资，多次套购国家粮食。11月26日，以分配“马帮”口粮套购国家苞谷200公斤高价出售。破坏国家粮食统购统销政策，根据国家粮食政策有关规定，1955年1月25日依法判处万树清有期徒刑3年。

20世纪60年代，受理投机倒把案件54件，结案率100%。1961—1963年，农村集市上投机倒把活动猖獗，1963年达9件。审理投机倒把案件中，倒卖国家不允许经营的重要生产资料和紧俏物资甚多，进行粮食黑市交易和长途贩运等投机倒把活动。在审理这类案件时，区分自产与倒卖的界限，对农民出售自留地生产的粮食，一律不没收，动员其按国家牌价卖给国家，若不卖给国家的，允许背回家中储藏，不准在市场上黑市出售；虽属于贩卖性质，但系偶尔倒卖、数量不大，或是因家庭经济困难原因出售的，一般不没收，进行批评教育，强制其按国家牌价卖给国家。对于少数一贯进行粮食投机倒把活动犯罪分子，坚决予以打击，并没收其物资及所得暴利，据其犯罪情节判处刑罚或其他处理。

1970—1979年，受理投机倒把案件30件，结案率100%，比60年代减少24件，下降率44.44%。1975年，审理司后俊地下营业、投机倒把1案。司后俊，女，汉族，不听从集体安排，不参加集体生产劳动，有意破坏“农业学大寨”运动，私自在家里开设地下商店，贩卖大烟、香烟、酒、电池等紧缺物资，高价出售。经检举，司后俊开设地下饭店、旅社，包旅客吃住一晚收费1.00元，并供应毒品（大烟）。经公安、工商联合，查获粮食325公斤、腊肉60公斤、猪油15公斤、现金130元。搜出毒品（大烟）2钱，香烟、酒、电池等紧缺物资。根据市场管理和打击投机倒把活动有关政策，工商所依法查封饭店和旅社营业，并没收非法经营烟、酒等物。司贩卖毒品，已构成贩卖毒品罪，1975年6月14日，依法判处司后俊有期徒刑1年零6个月。

1980年，国务院发出《关于加强市场管理、打击投机倒把和走私活动的指示》规定，凡是违犯国家计划经济活动，一律视为投机倒把犯罪。如走私转手批发，开设地下商店、行栈、地下运输、黑市经营、牟取暴利、买空卖空、转包渔利、倒卖耕牛、长途贩运、非法倒卖工农业生产资料等，均定为投机倒把。

1984年，经济体制改革，逐步实行计划商品经济，除国家计划供应物资和商品（主要是生产资料工业商品，金属类外）禁止私自买卖，其余工农业产品均可在市场自由交易，甚至长途贩运。这段时期投机倒把犯罪活动，主要是盗卖汽车、钢材、化肥、化工原料等。

1985年后，市场经济改革开放，法律修改，不存在投机倒把活动。

（二）贩卖票证案件

根据投机倒把犯罪活动变化，适时开展严厉打击特定类型投机倒把活动犯罪的专项斗争，受理贩卖票证案件少。1950—2014年，受理贩卖票证案件132件，审结132件，结案率100%。

20世纪60年代，粮票买卖案件多，受理58件，审结58件，其中贩卖粮票案件43件，占票证案件74.13%。

70年代，出现买卖布票、棉花票等案件。1973年7月4日，受理丁世伦贩卖票证1案。丁世伦于1970年初与贵阳、都匀投机倒把分子雷得坤、胡大元勾结进行票证买卖投机倒把活动。先后贩卖布票155丈（516.7米）、粮票750公斤，另外贩卖银圆700个、散银子190两，套购国家紧俏物资打火石子13000颗，牟利237元，严重破坏社会主义金融流通秩序。丁在"一打三反（打击反革命破坏活动、反对贪污、盗窃，反对铺张浪费、反对投机倒把）"运动中能坦白交代犯罪事实，认罪态度好，根据"坦白从宽、抗拒从严"司法政策，免予刑事处罚，查获粮票、天麻、银圆等物资没收上缴财政。

1980—2014年，受理假钞案件87件，审结84件，结案率96.55%。

（三）破坏金融流通秩序典型案例

投机倒把案　杨友平，男，汉族，高小文化，贵州省瓮安县人，有前科。杨系国民党员，曾任国民革命军排长、连长、团副官、警察所长等职。1952年在"一打三反"运动中被判处有期徒刑5年。刑满释放回到农村不老实守法，1961年12月至1962年9月，伙同林国忠涂改中坪居民桂来旺粮食供应证数据，先后套购仓库粮食（大米）300公斤，贩到县城黑市出售，牟利300元。1963年，套购国家烤烟40公斤，自制香烟牟利280元，下乡给农民加工香烟投机活动，得人民币150元，经群众检举被批斗。12月，杨伙同投机商曹志德收购木油、松香自制肥皂进行投机倒把活动。杨在受审中，态度不好，避重就轻、推脱罪责，经县法院调查，结合现阶段经济政策，严厉打击破坏社会主义经济秩序犯罪分子，1962年11月依法判处杨友平有期徒刑3年，追缴投机倒把犯罪所得暴利730元。邵正忠，男，汉族，高中文化，瓮安县人，任中坪信用合作社出纳员。1981年，邵利用职权先后贪污现金4205.57元；四次参加谢贤刚、毛应忠、蒋忠林、邓三禄、方崇友等流窜到都匀、扬州、桂林、贵阳贩卖天麻94公斤、木材9.5立方米、大洋18块、桐油45公斤，牟利1515.20元，邵分赃得人民币90元。6月，邵伪造粮油收购凭证被公安机关查获，经教育交代犯罪事实，并检举同案人员谢、毛、方、唐等人，积极退回赃款3566.42元，并提供线索追回赃款1188.47元，弥补国家经济损失。根据《中华人民共和国刑法》第117、155条规定，其行为已构成贪污罪和投机倒把罪，邵能检举他人，积极退赔，有悔改表现，根据全国第五届人大常委会《关于严惩严重破坏经济犯罪的决定》和《中华人民共和国刑法》第59、63条规定，对郤正忠免予刑事处罚。宋锡忠，男，汉族，手工业出身，瓮安县人，住草塘区草塘公社上街生产队。1957年12月贩毒被县法院判刑4年；1960年，去小河山运送公粮，盗窃苞谷45公斤。1966年，在社教运动中宋锡忠多次犯罪，无悔改。1969年1月，与雷大德、何德富、何德才等40多人勾结，流窜到榕江、石阡、思南、黄平等地贩卖票证施行投机倒把活动。至12月，贩卖布票3.11万市尺，粮票1.539万市斤，销售金额2.66万元，从中牟利2459元。宋贩卖票证及国家统购物资，破坏社会主义建设和经济制度，已构成贩卖票证罪。根据国家有关打击投机倒把政策和法律规定，报请县委研究决定从重处罚，1971年8月18日依法判处宋锡忠有期徒刑10年。董六甲，男，汉族，系瓮安县土产公司采购员，原籍河南省南昭县人。董利用职权之便进行票证买卖，在采购期间，进行粮票、银耳贩卖活动，其勾结他人在河南省南昭县亲戚贩运粮票1850公斤到瓮安出售，途中被人检举案发。在经营中，从中牟利500多元，被公安、工商执法部门查获没收。经公安、工商、雍阳区、治安、贫管会等有关部门配合，在县城抓获贩卖票证案件4件，缴获布票281.5市尺，粮票113公斤，手表1块，现金137元，均上缴财政。董六甲进行票证贩卖活动、已构成贩卖票证罪，依法从重处罚，能积极退赃，根据法律有关规定，从轻处罚，1977年3月，免予董六甲刑事处分。

伪造货币案　瓮安县人民检察院公诉张光荣等4人贩卖伪造国家货币罪1案。张光荣，女，29岁，汉族，瓮安县草塘区人。石忠祥、石定明、蒲光举同案人，均是瓮安县草塘区人。经查明，1991年4月，卢明给张陈述伪造假币一事，需活动买主。并约定每造100元假币收取加工费35元。票样为5元、10元、50元、100元。买主石定明、石忠祥、蒲光举以营利为目的，共购得伪造假币5655元，销售假币770元。张、卢得加工费1270元。张光荣等4人贩卖伪造国家货币，已构成贩卖伪造国家货币罪，张光荣在本案中起主要作用，系主犯依法从重处罚；石忠祥、石定明、蒲光举起次要作用，系从犯，比照主犯从轻处罚。依照《中华人民共和国刑法》第23、24、122条规定，1992年4月29日依法判处张光荣有期徒刑5年；判处石忠祥有期徒刑4年，判处石定明有期徒刑3年零6个月；判处蒲光举有期徒刑3年。

第五节　未成年人犯罪审判及帮教

一、未成年人犯罪审判

未成年人犯罪审判，县法院抓庭前教育、庭审教育、庭后延伸教育三个环节。庭前教育实行与未成年犯罪人谈话，查清犯案原因，寻找对犯罪的感化点；庭审中与公诉人、辩护人、陪审员、法定代表人共同配合，对未成年人犯罪进行法制教育。在查清未成年人犯罪事实后，根据不同年龄、心理、生理发育状况和犯罪主观恶性等因素综合量刑，既要防止与成年人犯罪之区别，又要防止一律减轻判刑的片面性。对其处罚过重，容易使其丧失重新做人的自信心；处罚过轻，也容易助长犯罪侥幸心理。适用刑法既要有利于未成年犯罪人的成长，又要防止未成年人犯罪重新犯罪，并对要想犯罪的未成年人起到震慑教育作用。《中华人民共和国未成年人保护法》《中华人民共和国预防未成年人犯罪法》都是保护未成年人健康成长的专门法律。

1951 年，中央法制委员会第〔1951〕法制刑字 258 号批复西南军政委员会《关于未成年人犯罪审判规定 》审理未成年人犯罪案件，县法院首抓庭前教育、庭审教育、庭后延伸教育三个环节。庭前教育实行与未成年犯罪人谈话，查清犯案原因，寻找对犯罪的感化点。庭审中与公诉人、辩护人、陪审员、法定代表人共同配合，对未成年人犯罪进行法制教育。在查清未成年人犯罪事实后，根据不同年龄、心理、生理发育状况和犯罪主观恶性等因素综合量刑，既要防止与成年人犯罪之区别，又要防止一律减轻判刑的片面性。对其处罚过重，容易使其丧失重新做人的自信心，处罚过轻，也容易助长犯罪侥幸心理。适用刑法既要有利于未成年犯罪人的成长，又要防止未成年人犯罪重新犯罪，并对要想犯罪的未成年人起到震慑教育作用。《中华人民共和国未成年人保护法》和《中华人民共和国预防未成年人犯罪法》都是保护未成年人健康成长的专门法律，前者是保护未成年人的生存权、发展权，为未成年人正常成长提供必要条件。后者则立足于对未成年人思想行为引导，告诫行为规范化，什么该做，什么不该做，预防行为越轨，有助于未成年人身心健康成长和各种权利实现。未成年人犯罪从行为看，有杀人、放火、盗窃、诈骗、伤害、奸淫幼女等不同犯罪。县法院针对未成年人犯罪特点，采取法制宣传、教育，配合学校、机关部门和家长及时召开家长座谈会，学校开设法制教育课，指明未成年人犯罪行为对社会的危害性。审判教唆、利用、诱惑少年犯罪的成年人，加重处罚。

（一）未成年人特殊责任年龄

未成年人犯罪是由于智力发育尚未成熟，刑法对少年犯罪有特殊规定。1980 年 1 月 1 日，《中华人民共和国刑法》施行，规定 16 周岁为一般刑事责任年龄（特殊责任年龄，已满 14 周岁不满 16 周岁的人），犯故意杀人、故意伤害致人重伤或者死亡、强奸、抢劫、贩卖毒品、放火、爆炸、投毒罪等 8 种罪的，应当负刑事责任）。《中华人民共和国治安处罚法》第 21 条规定，14 周岁为治安处罚年龄，满 14 周岁未满 16 周岁的人对自己的违法有一定认识能力，但认识能力较弱。《中华人民共和国刑法》第 17 条规定，已满 16 周岁的人犯罪，应当负刑事责任。10 周岁以上的未成年人是限制民事行为能力人，正处于成长发育过程，不成熟和不稳定，最容易被他人伤害的弱势群体，应由本人及其监护人共同承担相应的民事责任。不满 10 周岁的未成年人是无民事行为能力人，造成他人伤害的，应由其监护人承担民事赔偿责任。《中华人民共和国未成年人保护法》第 14 条规定："未成年人的父母或者其他监护人和学校，应当教育未成年人不得有下列不良行为：旷课、夜不归宿、携带管制刀具、打架斗殴、辱骂他人、强行向他人索取财物、偷窃、故意毁坏财物、参与赌博或变相赌博，观看、收听色情、淫秽音像制品、读物等。法律法规规定未成年人不适宜进入的营业性歌舞厅等场所，其他严重违背社会公德的不良行为。已满 14 岁不满 18 岁的人犯罪，应当从轻或减轻处罚；因不满 16 岁不处罚的，责令其家长或监护人加以管教，必要时候，由政府收容教养。"《中华人民共和国未成年人保护法》对未成年人犯罪有明确规定：未成年儿童受法律特殊保护，无论在人口比例上还是在发展潜力上，均是社会的一股巨大力量。他们的健康成长，不单关系着一般的社会秩序，更关系着整个国家民族的未来，受到良好教育，健康成长的青少年，是国家长治久安和社会主义现代化事业的保证。

（二）未成年人犯罪案件

20世纪50年代中期至1965年，对未成年人犯罪案件审判，除惩罚外，多以教育、预防为主。与社会各界联系，与家长联系，开展多方面活动。强调正确管教责任，养成爱祖国、爱劳动、忠诚老实、遵守公共秩序等美德。家长教育不良，包庇、放任、隐瞒、助长、甚至利用、强迫子女犯罪者，据情给予批评、警告、训诫或刑事处分。对于孤儿，县法院主动与民政部门联系，适当安排，免于流浪街头，危害公共秩序。对受资产阶级毒害的未成年人采取法制教育的方针，使之成为好人。对极少数已经堕落成为职业性流氓的，仅限于教育不能挽救者，应予以从轻或减轻处罚，并不得判处死刑或无期徒刑。已满14周岁以上，未满18周岁者，无论犯何罪，论罪应受刑事处分，均一律负刑事责任，但应根据情节和犯罪者本身的智力、教育等不同条件予以不同处理；敌对阶级分子、反革命分子、危害社会治安分子、不法资本家和不法地主、富农等，以教唆、强迫、利用、勾引等方式致使未成年人参加犯罪或者从事投机、卖淫等行为者，严厉惩治，情节恶劣，后果严重的，直至判处死刑。

1986年，受理未成年犯罪案件16件，审结15件，结案率93.75%。对投案自首，积极交赃等有从轻情节的，依法从轻、减轻或者免除处罚。

2005年，受理侵犯公民人身权利案件27件28人，其中未成年人犯案15件21人，占刑事案件56.6%。11月3日，永和法庭审结王某兵等人寻衅滋事罪1案。王在永和镇一带寻衅滋事，老师们联名上诉，要求严惩凶手，县法院具情查实，对王某兵判处有期徒刑6年。

2012年，审判未成年人犯罪案件35件，审结35件65人，结案率100%。14—16周岁4人，16—18周岁61人，占刑事案件总数11.4%。其中抢劫案件3件6人，盗窃案件10件14人，群众斗殴案件9件21人，强奸案件4件5人，猥亵幼女案件2件2人，寻衅滋事案件2件5人。审理未成年人犯罪案件22件31人，审结22件，结案率100%，2013年，县法院坚持“教育、感化、挽救”方针，探索创新适合未成年人犯罪改过自新机会。凡在审理未成年人犯罪案件时，均有1—2个辩护人为其辩护。6月20日，永和法庭干警在永和小学上法制教育课，根据小学生的心理、生理特点和接受能力，设立情景选定法条，制作多媒体课件，深入涵盖公益广告，进行普法宣传、安全教育、犯罪预防、诈骗揭秘等法制动漫图片视频宣传，教育学生。审理未成年人犯罪案件中，诈骗案件1件1人，抢劫案件3件3人，盗窃案12件12人，伤害案3件3人，聚众斗殴案件1件3人，寻衅滋事案件1件5人；14—16周岁1人，16—18周岁30人，占犯罪总人数6.9%。

1950—2014年，县法院审理未成年人犯罪案件1065件，审结1065件，审结率100%；其中杀人118件，占总数11.08%；放火26件，占2.44%；盗窃289件，占27.14%；诈骗266件，占24.98%；伤害245件，占23%；奸淫幼女121件，占11.36%。犯罪人中，满18周岁364人，占总人数21.82%，不满18周岁1304人，占总人数78.18%。

二、未成年人犯罪典型案例

盗窃扒窃案　赵某某盗窃瓮安客车站的扩音器，在其父的督促下，自动带着赃物到公安机关投案，并检举一起作案犯罪刘某华。经查实，刘是流窜扒窃的惯犯。赵有自首、检举立功表现，1981年6月15日，依法从轻判处赵某某管制1年。对刘某华判处有期徒刑2年。聂某育（男18岁）、雷某昌（男17岁）盗窃。聂、雷二人自1979年以来，先后纠合王某华等10余人，采取白天吊线，晚上行窃，作案40余起，情节恶劣，罪行严重，民愤大。1982年10月，依法对聂、雷分别判处有期徒刑7年、5年；王某华等从犯，依法从宽处理。赵某某，男，汉族，17岁，瓮安县中坪镇人。2004年6月21日凌晨2时许，窜至瓮安二中教室内，盗走学生课本402册，价值人民币2818元，案发抓获归案。赵伙同他人（另案处理）以非法占有为目的，秘密窃取学生课本，数额较大，其行为已构成盗窃罪。审理中，能供认不讳，依法从轻处罚。根据《中华人民共和国刑法》第17、72、264条规定，2004年10月15日，依法判处赵某忠有期徒刑1年，缓刑2年。

诈骗抢劫案　田某祥，男，18岁，3月18日从瓮安返家途中，抢劫女生1人得现金12元，见是学生又退回2元，归案后认罪老实，经调查，平时在家表现好，属于偶尔失足，对其从宽处罚，判处有期徒刑6个月。对未成年人团伙犯罪，重点打击主犯，对从犯，胁从犯依法从宽处理。2004年，打击恶性刑事犯罪，贯彻执行《中华人民共和国未成年人保护法》和《中华人民共和国预防未成年人犯罪法》，从教育和挽救出发，依法从轻或减轻处罚。邓某某等4人在县城抢夺妇女耳环、手提包等案件，影响极坏，性质恶劣，为首分子邓某某虽未成年，1983年4月30日依法判处邓某某有期徒刑5年，史某福（未成年）等8人多次集伙持刀抢劫、盗窃，作案情节恶劣，对社会影响极坏，依法判处有期徒刑11年、8年、5年、3年。付某，男，初中文化。2008年1月1日17时，与周某某（13岁）、陈某（13岁），在永和镇烟叶站公路上商定抢劫过路学生。刘某（14周岁）路过，付某将刘某拦住，刘拒绝被付打一耳光，随后与陈某强行将刘拉到烟叶站厕所处要钱，刘没有钱，付等对刘进行搜身，将其按倒在地，周持刀向刘刺去，刘某躲闪开，公安民警得知后将付某等人抓获归案。县法院审理付某抢劫罪，2012年3月，依法判处付某有期徒刑6个月，处罚金500元。丁某康、赵某华在瓮安县城抢劫张女士人民币160元，粉红色手机1部，价值266元，案发后公安机关抓获归案，根据《中华人民共和国刑法》第14、17条规定，2012年4月16日，依法对丁某康判处有期徒刑1年，判处赵某华有期徒刑6个月。李某科，男，17岁，初三学生。于2012年8月16日，利用乘坐熟人摩托车在江界河大桥等路段，假装摔倒累计11次，诈骗金额1.815万元，根据《中华人民共和国刑法》第266条规定，李某科犯敲诈勒索罪，2013年5月8日，依法判处李某科有期徒刑1年零6个月，处罚金10000元。

寻衅滋事案　审结王某某等人寻衅滋事罪1案。王在永和镇一带寻衅滋事，老师们联名上诉到法院，要求严惩凶手，县法院对该案具情调查属实，2005年11月3日，依法判处王某兵有期徒刑6年。

聚众斗殴案　审判周某某等人聚众斗殴罪1案。周某某，男，汉族，17岁，初中；付某伦，男，汉族，17岁，初中；颜某，男，汉族，17岁，高中；龚某某，男，汉族，17岁，初中；宋某，男，汉族，17岁，初中。2012年1月12日，五人（系中学生）无视法律。前往小河山帮忙打架，对杨某江、杨某发施行无理殴打，并将杨某发门面内冰柜、饮水机等电器设备砸坏，造成经济损失15000元以上，五人虽是未成年人，已构成犯寻衅滋事罪，触犯《中华人民共和国刑法》有关规定，2012年6月3日依法判处周某海等5人有期徒刑，分别6个月、8个月。审判金某城，男，汉族，17岁，小学6年级；吴某进，男，汉族，16岁，初中三年级；程某某，男，汉族，16岁，小学五年级；罗某某，男，汉族，16岁，初中二年级。四犯于2013年5月13日由金某城策划，拦截初中部学生王某某等人。星期五下午，学生放假回家，金某城等人将王某等学生拦截在瓮安县白水河宿舍门口斗殴，致人受伤，依照《中华人民共和国刑法》《中华人民共和国未成年人保护法》《中华人民共和国预防未成年人犯罪法》有关规定，2013年9月6日，依法对主谋金某城判处有期徒刑8个月，吴某进、程某某、罗某某分别判处有期徒刑6个月。

奸淫、猥亵幼女、少女案　张某某，男，初二学生。2008年2月1日15时许上山捡柴，在路途中遇见代某某（女，7岁）在路上行走，便产生奸淫邪念，即跟踪至本村民组羊儿坡处，将代推倒在沟里，强行奸污。张怕其告发，摸出小刀朝代颈部连割两刀逃离现场。案发后经审理，张某波已构成犯强奸罪、故意杀人罪（未遂）、数罪并罚总和刑期11年，2014年4月，依法决定执行有期徒刑10年。赵某松，男，17岁，在瓮安县“红贵族发廊”对被害人李某（15岁）实施猥亵，严重破坏社会公德，造成社会不安，损坏幼女、少女心身健康，法律不容。依照《中华人民共和国刑法》第235、236条规定，赵已构成犯猥亵罪，2014年5月4日，依法判处赵某松有期徒刑1年。

流氓团伙案　王某，男，17岁；黄某伦，男，17岁；陈某明，男，17岁；彭某，女，18岁。主犯王某14岁盗窃枪支被拘留，16岁流窜到外地进行盗窃，又写反革命信件，再次被拘留审查。17岁开始串同他人进行流氓犯罪，强奸妇女1人。王系该集团主犯，其罪行严重，1983年12月依法判处王某有期徒刑9年。黄某伦三次参与作案，一次为主谋纠合男女多人同床淫乱，并有盗窃犯罪，依法判处黄某伦有期徒刑5年；从犯陈某明、彭某，分别被判处有期徒刑1年和管制2年。

故意伤害案　陈某章，男，17岁，高二学生，2011年11月1日，因帮人化解纠纷，在瓮安彩虹桥用水果刀将李某杀成重伤。兰某航，男，17岁，高中二年级学生，12月18日，因打台球与人发生纠纷，用台球杆将王某腰部打成重伤。蔡某，男，16岁，高二学生，30日，与同学金某课间发生口角，约人打架，造成对方1人死亡、1人轻伤。冉某，男，15岁，初三学生，在校因口角将同学杀成重伤。根据《中华人民共和国刑法》第234条有关规定，2012年11月26日依法判处陈某章有期徒刑1年，缓刑2年；兰某航致人重伤，依法判处有期徒刑2年，缓刑3年。蔡某致人死亡，依法判处有期徒刑11年；判处冉某有期徒刑1年，缓刑3年。

三、帮教工作

2008年1月20日，制定《瓮安县人民法院关于审理未成年人犯罪的规定》，强调立足于对未成年人罪犯的挽救，依法可不定罪的尽量不定罪，可判处非监禁刑的尽量适用非监禁刑。对在校读书的未成年人罪犯，依照《中华人民共和国未成年人保护法》有关条款，给予重返校园的机会。在审理未成年人罪犯活动中，突出“寓教于审、审教合一”的理念，对未成年被告人进行帮教、感化、挽救。针对案件制定出未成年人犯罪帮教办法，搭建帮教平台，建立《未成年人罪犯帮教档案》。庭审后指定专人定期跟踪教育，实行“一对一”结对帮教，学校和基层组织人员协助帮教工作，形成帮教合力。县法院干警每季度定期对未成年罪犯回访一次，了解他们的思想状况、生活现状，形成文字材料入档。2012年12月，县法院设立专门登记簿对少年罪犯跟踪考察，对判刑的少年罪犯，采取通信和不定期回访工作，对他们进行法制教育、前途启示，指明改造方向，树立生活勇气。对判处管制、拘役、缓刑的少年犯，与所在社区、学校、家长签订帮教协议，随时掌握缓刑少年罪犯的表现情况，根据少年罪犯的思想和生活情况，针对性采取帮教措施，从院长到干警都深入帮教实际，开展帮教工作。

1986年6月23日，审理赵某祥盗窃罪1案。赵某祥，男，汉族，高二学生，瓮安县城人。赵从1979年开始行盗，1981年，盗窃瓮安县客车站扩音器1部，在其父母督促下带赃投案自首，并检举同案人刘某华。县法院对投案自首，积极交赃未成年犯罪人依法从轻处罚，帮助教育挽救。经查实，刘某华属于流窜惯盗，至1981年行盗9次，得赃物折款2648元，依法从重判处有期徒刑5年；赵某祥有自首检举表现，从轻处罚，依法判处有期徒刑1年。1987年，在审判未成年人犯罪活动中，开展面访帮教工作，配合家长、学校和有关部门，做好失足未成年犯罪人的帮教挽救工作。赵因失足犯罪，能投案自首，检举、坦白交代罪行，但未婚妻不愿与其来往，思想悲观。县法院配合街道办事处对赵的女友做思想感化工作，帮助教育，将其精神振作，积极参加社区活动。赵三次参加街道治保会抓赌，协助公安机关破获抢劫案1起，受到城关公社通报表扬。

2006年3—9月，帮教未成年犯罪人3人。针对案件制定未成年犯罪人帮教办法，搭建帮教平台，建立《瓮安县人民法院未成年人犯罪帮教档案》。庭审后指定专人定期跟踪教育，实行“一对一”结对帮教，学校和基层组织协助帮教工作。干警每季度定期对未成年犯罪人面访1次，了解其思想改造过程，生活状况，使其受到帮教感化，重新做人。8月，研究室副主任易言平对未成年犯罪人吴某福实行面访帮教，设立专门帮教登记簿，制定回访档案，定期回访。

2009年，坚持“人性化审判方式”和“教育为主，惩罚为辅”帮教原则，帮教未成年犯罪人4人。根据《瓮安县人民法院关于审理未成年人犯罪的规定》，立足对未成年人罪犯挽救，坚持依法可不定罪尽量不定罪，可判处监禁刑尽量适用非监禁刑。王某光因犯故意伤害罪被判处有期徒刑3年，刑事庭庭长付文忠帮教未成年犯罪人王某光。王某光，男，汉族，17岁，瓮安县人。王因缺乏清醒头脑，导致犯故意伤害他人，构成犯故意伤害罪，依法判刑改造。王得到县法院帮教、挽救后，写信给县法院刑事庭庭长付文忠，认识到自己已失足，决心痛改前非，将在释放后继续完成大学学业。2011年11月，王自学成才，获得贵州大学本科文凭，2014年10月，王被瓮安县一家企业聘为管理人员。

2010—2014年，审理未成年人犯罪案件87件136人，其中，县法院开展帮教未成年犯罪人48人，占犯罪人数35.29%。研究室副主任易言平帮教未成年犯罪人王某平，王因犯盗窃罪被县法院判处有期徒刑1年零6个月。10月，对未成年人犯罪设立专门档案，进行改造跟踪考察，对判刑的未成年人采取通信和不定期回访工作，对他们进行法制教育，指明改造方向，树立生活勇气。对判处管制、拘役、缓刑的未成年人罪犯，与所在学校、家长，社区签订帮教协议，缓刑未成年人罪犯的表现情况，根据未成年人犯罪的思想和生活情况，针对性采取帮教措施，从院长到干警都深入帮教实际，开展帮教工作。2012年12月26日，省委常委、政法委书记、公安厅厅长崔亚东一行人到瓮安县调研违法青少年帮教及实施新型刑诉法衔接工作时指出："瓮安青少年是'6·28'事件中的一个特殊群体，特别是探索实行违法犯罪青少年帮教工作，在省内、省外甚至国际上都产生了很大影响，推动国家立法制度改革，为全省、全国树立榜样，充分体现党和政府服务人民，执政为民的理念，体现加强和创新特殊人群管理的重要性，得到中央领导的肯定。"崔亚东充分肯定了瓮安县在违法犯罪青少年帮教工作中进行的积极探索和有益尝试。县法院在办理未成年人犯罪案件时，成立"未成年人犯罪帮教调查小组"，开庭前，对未成年被告人自然情况、性格倾向、所处家庭环境、社会交往、成长经历、被指控后犯罪心理及近况调查，对未成年被告人的帮教提出有针对性的建议。在庭审活动中坚持"人性化审判方式"和"以教育为主、惩罚为辅"的帮教原则。

2011年，院领导、各庭室负责人开展"一对一"帮教活动。

尚某岭，男，1983年3月生，犯抢劫罪，判刑7年，2010年1月29日释放，院长戴渊强、研究室副主任易言平负责一对一帮教。

尚某建，男，1987年12月生，犯故意伤害罪，判刑2年零6个月，2010年4月8日释放，副院长牟涛、刑事庭庭长付文忠负责"一对一"帮教。

吴某飞，男，1973年11月生，犯抢劫罪，判刑5年，2006年9月20日释放，政工科科长张艳、刑事庭副庭长杨桥生负责"一对一"帮教。

刘某斌，男，1987年12月生，犯抢劫罪，判刑6年，2010年2月10日释放，审判监督庭庭长何崇尧负责"一对一"帮教。

胡某德，男，1980年5月生，犯故意伤害罪，判刑1年零6个月，2011年1月8日释放，办公室主任敖洪康负责"一对一"帮教。

四、回访工作

对判处缓刑的未成年人定期回访，了解其思想动态、学习和生活情况；到少管所等地对已判处刑罚的未成年犯罪人进行回访，形成回访报告，同时抓法庭审理的"三个延伸"工作。

（一）法制教育，向前延伸

审判法官克服就案办案思想，树立大局意识，积极参与当地社会治安综合治理，与相关部门协调配合，共同建设未成年人"免疫工程"。经常深入单位、学校、社区进行教育讲座，以案释法，教育广大青少年，预防和减少广大青少年的违法犯罪。

（二）拓宽渠道，向外延伸

对判处缓刑、管制的少年罪犯，主动与少年罪犯户籍所在地派出所、村、组或社区联系，争取社会广大群众对失足青少年的帮教。

（三）双向考察，向后延伸

对未成年人罪犯，不能一判了之，而负责到底，始终坚持“非监禁刑未成年案犯跟踪考察制度”。考察主管单位的“管理人员、管理制度、帮教措施”三落实情况及少年罪犯在缓刑期间的学习、就业及事实表现，结合实际为少年罪犯解决一些困难和实际问题。

第六节　司法救助

推进量刑规范化改革和刑事附带民事和解工作，建立健全刑事被害人救助和农村居民财产损害救助制度。2009 年，县法院制订《瓮安县人民法院农村居民财产损害司法救助工作实施方案》。

一、救助对象

必须是因刑事犯罪遭受财产损害的县境内农村居民。

二、救助范围

因犯罪行为造成农村居民财产遭受严重毁损、灭失的刑事案件。被害人或其他共同生活的近亲属以被毁损、灭失的财产作为重要生产工具或生活来源，被告人及其他赔偿义务人无赔偿能力或赔偿能力明显不足，导致被害人或与其他共同生活的近亲属生产生活有突出困难，通过诉讼渠道无法获得赔偿的。

三、救助标准

财产遭受损害的农村居民或其近亲属提出的救助数额，按照被告人犯罪行为给被害人造成的直接经济损失，在 30000 元人民币以内给予救助。

四、救助程序

除救助对象、救助范围和救助标准外，必须按照三个程序实行求助办理。

（一）申请

一般由财产受损的农村居民或其近亲属向县人民法院刑事审判庭提出申请，并提交足以证明其确有经济困难的证明材料。若财产遭受损害的农村居民或其近亲属未向办案部门提出申请，根据案情，可由办案部门主动提出救助意见。

（二）审批

由案件承办人审查并提交救助初审意见审批表，由合议庭对初审意见进行综合整理呈报分管副院长审查，最后交“刑事案件”农村居民财产损害司法救助工作领导小组审批。

（三）发放

在确定救助资金后，由承办人完善相关手续，在五个工作日内将救助资金全额发放给受损农村居民或其近亲属。

五、救助实例

何世凯驾驶三轮车，自遵义方向行至珠藏镇凉水井路段时，将横穿公路的兰某（未成年人）挂擦碾压，经抢救医治无效死亡。经交警鉴定，何世凯与受害人兰某承担同等责任。事故发生后，何世凯向兰家属支付3000元赔偿款后，赔偿事宜未达成协议，受害人兰某法定监护人兰荣平、付玉飞诉至县法院。经查实，2010年11月6日，依法判决何世凯赔偿兰某死亡赔偿金等各项损失费共计金额14.28万元。法律文书生效后，何不主动履行赔偿义务，权利人兰荣平、付玉飞向法院申请执行。经再次查实，申请人兰、付均系从外乡迁至珠藏镇经商，丧子之后，精神上受到打击，加之赔偿款不兑现，一直在悲痛之中。被执行人何支付3000元款后生活也出现困难，只有一辆三轮车维持全家（三个小孩，妻子离婚）生活，外无经济来源，居住有一栋违章建筑房（该房系事故发生前所建）。根据《刑事被害人救助和农村居民财产损害救助》规定，结合原、被告家庭经济收入实际，启动司法救助程序，申请人兰荣平、付玉飞得到司法救助金4.08万元，被执行人何世凯因家庭困难，拒不履行赔偿义务，被依法强制拘留。2012年4月26日，省委常委、政法委书记、公安厅厅长崔亚东来到瓮安调研，听取刑事审判庭庭长付文忠汇报时指出，司法救助方面要扩大，特别在贵州这样的省份更要扩大救助范围，因为农村地区还不富裕，农民很穷，如偷牛盗马案件，表面是偷农民的牛，实际是偷农民的命，因为牛马是农民的命根子。在刑事犯罪救助方面，可以考虑对特别困难的群众因牛马被盗后实行救助，帮助群众渡过难关。根据《农村居民财产损害司法救助工作实施方案（试行）》，对县境内贫困群众财产损失司法救助。6月3日，岚关乡群众杨胜海的耕牛被金昌生盗窃，刑事审判庭在审理盗窃案中，得知受害人杨胜海家中贫困，住地偏远山区，腿有残疾，还有八十多岁的老母亲。金虽被判刑，家中也是贫困，且无赔偿能力。县法院及时启动农村居民财产损害司法救助程序，派专人到受害人杨胜海居住地进行调查，了解到杨胜海家境贫困属实，无力跳出困境。7月10日，派出干警将3000元司法救助金送到杨胜海手中。

2007—2014年，实行司法救助案件253件298人，救助资金264.35万元，其中减免诉讼费127.23万元。

其中，2007年67件76人，44.19万元 ，减免38.66万元。

2009年19件21人，30.15万元。

2011年9件18人，18.26万元。

2012年43件58人，42.08万元。

2013年47件49人，57.61万元 ，减免37.51万元。

2014年68件76人，72.06万元，减免51.06万元。

第四章　民事审判

清代，民事案件审判均由刑科送达官衙县令处理，县令立足阶级利益办案。如婚姻案件，以维护封建家庭宗法制和家长制为原则，承认家规族规为办案法律准绳，以不孝者治罪。离婚只凭一张休书，其他民事纠纷均由乡里亲族协调劝解，不成者再到县衙裁决。

民国时期，有民法亲属篇施行，大多沿袭清末民律，办案宗旨为保护地主、买办和资产阶级利益，以奴役劳动人民为目的。法律虽有男女平等，但又继认封建家族主义原则和封建婚姻继承制度。

1949 年 12 月 11 日，瓮安解放，旧的国家机器被打碎，县人民政府接管旧司法，成立司法科，后建立人民法院，担负起调处人民内部纠纷，以保护人民民主权利和合法权益为重任，在民事审判中，关系公民、法人和其他组织之间人身及财产矛盾进行调整、平息、缓和或化解。

1950 年，新中国第一部婚姻法颁布施行，婚姻家庭制度改革，禁止重婚纳妾、收养童养媳和干涉寡妇婚姻自由，以及买卖婚姻等，实行男女平等，婚姻自由，一夫一妻制，保护妇女和子女合法利益。县法院通过民事审判程序，逐案查清案件真情，实事求是、公正裁决，规范民事法律关系，为民排忧解难，扶正祛邪，教育群众，促进社会主义"四化"建设和文明建设。

1954 年，县法院围绕中心工作开展巡回审判。1946 年 6 月，五区（珠藏）水田村贫农魏永祥借烤烟 25 公斤给彭忠祥，并借有伪币 100 万元给何开选，利息谷 1 石（担），由何端山"挑土"借给何开选、彭忠祥。在新中国成立前，魏曾向何端山催收几次，而何仗势"刨哥"权势不还，魏永祥无法收回。经过动员，魏永祥积极参军，但何端山欠他的债放心不下，提出要何还债。2 月 8 日，县法院主动给他解决，召集双方当事人调解，讲解有关政策和参军保卫祖国的重要性，何端山明确政策后，同意还借款。

1956—1959 年，受理民事纠纷案件 628 件，审结 578 件，结案率 92.04%。1956 年，合作化运动中出现的民事纠纷进行说服教育，调解婚姻纠纷 49 件 98 人。判决离婚 5 件，撤诉 20 件，驳回 2 件。玉山区新牌位农业生产合作社社员江必忠，自参加合作化，其妻刘炳珍思想不通，独自不参加合作社，甚至与其夫分居搬到角旁外家居住，并提出离婚。调解员张华芳（女）利用赶场天到女方家座谈，说服教育，调解劝告，刘炳珍自觉回到丈夫身边，积极参加农业社生产劳动。雍阳区银盏乡西坡农业合作社社员刘昌贵夫妻入社后为家庭口角不和睦，不参加农业合作社，调解委员会先调解家庭矛盾，再解决不参加合作社的原因。漆家寨合作社副主任傅德珍因父亲思想落后，打骂女儿。经调解委员会找其父摆谈，疏通思想顾虑后，让女儿参加农业生产合作社各项活动。1957 年，县法院依靠党委、相信群众，联系实际帮助民政部门和基层调解组织开展调解工作，对婚姻家庭纠纷，从有利于团结，有利于生产入手，首先指出当事人的缺点错误，教育团结和好，对一方要求离婚，另一方不同意离婚的纠纷，再三调解无效和无法和好的再调判；夫妻双方一致同意离婚的，由民政调解委员会调解登记领取离婚证，调解委员会可以帮助合理处理尚有纠纷的财产问题；对于分家纠纷的调解，民政调解委员会可以帮助将家庭财产进行分割处理；对于损害赔偿纠纷调解，首先确定该不该赔偿，再根据损害对象、程度，确定赔偿数额，不服再到法庭调判；对山林、土地纠纷调解，主要按社章规定或当地风俗习惯进行调解处理。如当事人不服，再由人民法庭进行调判。社员入社的土地分给他人作自留地，则这片土地上的零星树木应归入社户所有，不实行公有化；对自留地边界不清引起的纠纷，与社干联系，以当时划界的依据，证人证实来解决。证人不在的，以当地社员的证明结合解决，如不服再由人民法庭调判；当事人一方要求在另一方当事人的祖坟圈内埋坟而发生的坟山纠纷，按当地习惯，认为原埋祖坟人家对坟圈内的土地所有权，所谓“坟管山”，如果他人要在坟圈内埋坟，就要合理出钱给原埋祖坟的人家买地；对于买卖交易发生纠纷调解，主要根据双方不吃亏的原则进行调解。在交易中，一方吃亏，有反悔引起纠纷，则劝告另一方给予适当补偿，一方不同意补偿，由人民法庭结合实际情况进行调判；对于缺乏证据，事实不清的纠纷调解，民政调解委员会深入基层，到群众中了解真情，有人证物证，对证处理，不服再由人民法庭调处。

1958 年，审结民事纠纷 95 件，结案率 100%。就地调审案件 72 件，占收案数 30%。珠藏区珠藏公社桐子坡管理区社员李正奎、代炳清等 7 户社员，因对社干部有意见，要求跳社发生纠纷，调解员采取个别访问，互相座谈，解除思想顾虑，7 户社员 18 个劳动力，投入春耕生产。

1959 年 6—12 月，尤其是山林、土地、水利、继承、抚养、赔偿等纠纷收案为零件，婚姻纠纷案件与 1958 年同比下降 54%。实现公社化，私有制残余纠纷趋于减少，如土地和其他生产资料等，在高级农业社留下的私有制“尾巴”，完全变为集体所有，再也不发生争执。草塘公社胡少华与邓良才曾为一块园子土发生争执，经教育调解无效，公社化后全部收归集体所有，两家争执自然平息。上半年，婚姻家庭纠纷减少，妇女有参加集体生产机会，旧婚姻家庭制度遭到一定摧毁，夫妻、婆媳关系正常化，家庭团结和睦。草塘区丁华松一家以织布维持生活，其妻没有参加劳动，家庭中经常为经济困难发生争吵，甚至闹离婚。1958 年，建立人民公社后，将其安排到托儿所当保姆，每月收入 12 元，负担减少，再也不闹离婚。

1960—1963 年，受理民事纠纷案件 654 件，审结 636 件，结案率 97.27%；审理婚姻家庭纠纷案件 426 件，占民事纠纷案件 65.14%；离婚案件 130 件，占婚姻家庭纠纷案件 30.52%；房屋财产纠纷案件 23 件，占民事案件 3.52%。县法院经过反“右倾”，鼓干劲，以党的八届八中全会精神为纲领，在政法工作和中心任务推动下，审判活动采用“三绝对”（绝对服从党领导，绝对服从中心工作，绝对走好群众路线），“四结合”（结合生产、结合实际、结合安全、结合法制宣传）和“三抓”（抓及时、抓典型、抓质量）办案措施。携卷下乡，深入到管理区、生产队、机关、厂矿向党支部汇报，上门调解，就地公审、公判。对审结农村、机关、厂矿和学校中出现的案件，都涉及有婚姻纠纷，与1960年同比上升64.5%。1962年，雍阳法庭在茅坡公社花桥生产队公开处理潘玉英与顾绍碧等人重婚案，法院多次传讯不到位，将法庭搬到发案地调解，利用赶场天公开处理民事纠纷3件。1963年，处理玉山公社社员张某某、王某某等人犯重婚案，判决与小老婆分居，与前妻重归于好。6月8日，青池公社场坝队王正友讨小老婆，不听公社、大队干部教育，经传讯教育，自觉与小老婆分居。对破坏军婚案件据情处理，判有期徒刑1件1人，缓刑3件3人，批评教育1件1人。

1964—1969年，封建婚姻制度、旧式家庭日趋没落，社会主义婚姻家庭关系逐渐建立，民事案件减少，与1962—1963年平均案件比较，收案率下降9.79%，婚姻家庭纠纷案件上升22.92%，离婚案件下降57.14%。在受理各类民事案件中，新收案件654件，审结667件，占受案数93.39%。

1970—1974年，贯彻民事审判工作方针政策，群众觉悟提高，法制观念加强。贫下中农彭××（女）积极参加社会活动，并揭露丈夫冯高忠不守法，冯怀恨在心，对彭刁难、虐待，并持刀威胁，经群众和基层调解教育，冯不改，彭为划清阶级界线，解除痛苦，申请离婚，经基层调解无效，依法判决离婚。1974年，县法院帮助48个调解委员会开展民间纠纷调解工作，对304个调解委员进行业务培训。在三个月内调解民事纠纷116件，占受理数39.91%。珠藏区委贯彻学习“二十三条”，开展社会主义教育运动，区委协同人民法庭深入基层9天时间，调解公社与公社、大队与大队、队与队之间发生山林、土地、水利等纠纷2件。

1975—1979年，受理民事纠纷案件590件，新收579件，审结542件，结案率91.92%。离婚案68件，抚养16件，房屋18件，山林水利11件，解除婚约198件（军婚4件），其他案件21件。审结离婚68件，抚养16件，房屋18件，撤诉6件。1976年，民事审判活动坚持以阶级斗争为纲，用党的基本路线统帅民事审判工作。1978年，发挥各级调解组织作用，大量民间纠纷调处在基层。各公社、大队建立调解组织共275个，其中93个被评为先进调解小组，8个被评为先进调解委员会，出席群英会的公社调解委员会1个，大队1个。珠藏区委书记冷宽仁亲自到基层协助办案，审查案卷，写意见。在判决谢朝群与欧正荣离婚一案时，被告之哥欧正明（大队党支部书记）和家族拒收判决书，在区委书记说服教育下才收下。1979年，雍阳镇人民法庭审理王兴连与颜德明离婚案，两人自愿登记结婚，生育一女孩，为家务琐事经常吵闹、殴打，严重影响家庭团结，经基层组织多次调解无效，王于6月13日诉至雍阳人民法庭，王为达到离婚目的，表示婚前财产一律不要，愿意负责抚养3个月的婴儿，离婚协议成立。8月，王反悔离婚协议，经常到法庭吵闹。12月23日，办案人员携卷下乡，深入基层，依靠党委和支部，将该案查清调解离婚。

1980—1982年，受理民事纠纷案件573件，审结571件，结案率99.76%。1981年，在3个月内审结民事案件17件，占受案数68%。玉山法庭曹明学由部队转业来法院，是新手，法庭只有他1人，工作积极肯干，不懂就问，半年受理案件12件，审结6件，占收案数50%。办案人员每办一案有调查材料，有旁证材料，对复杂案件，采取交叉阅卷，办案持慎重态度。都匀汽运公司驾驶员曹成印与县农行王述芝离婚，曹成印长期打骂王述芝，夫妻长期分居，感情疏远，曹坚决提出离婚，经过都匀汽运公司和保养场基层组织多次调解无效，诉至县法院民事审判庭调解教育，使其双方各自认识错误，11月，夫妻破镜重圆。

农村中出现许多新问题，社员争议最为突出的是山林、土地、水利等纠纷。天文、玉山、珠藏法庭，审结率比1980年提高6.7%。珠藏人民法庭受理43件，审结41件，结案率95.34%。其中山林、土地、水利案件23件，占受理总数53.48%。

1983年，县法院贯彻执行《中华人民共和国民事诉讼法（试行）》草案。正确运用国家政策、法律处理人民内部矛盾，全年新收案件，比1982年上升21.95%，审结214件，占受理数87.2%。按照诉讼程序，收案、立案要求按法定审限进行审理。判决结案9件，解除非法同居17件，解除婚约26件。

1984—1989年，县法院贯彻第四次全国民事审判工作会议精神，面向基层，指导民间调解，检查、总结民事审判工作，运用国家政策、法律处理人民内部矛盾，调整财产关系和人身关系，保护社会主义公有制和公民合法权益。共受理民事纠纷案件3035件，旧存240件，审结2762件，占受理数91%。调解649件，占23.49%；判决88件，占3.18%。各法庭坚持走出法庭，携卷下乡，巡回办案1144件，占审结数50.53%；适用简易程序处理纠纷46件，占巡回办案数4.02%。1989年，合理调配和加强审判力量，从院机关抽调2名干警充实基层法庭，组织民事干警学习《中华人民共和国民法通则》、民诉法等法律，提高业务素质，依照程序立案、结案，克服重实体法、轻程序法、办案粗糙等问题。6—8月，及时扭转部分法庭未结案多的被动局面。城关人民法庭有60件案件未结，新收案件逐渐增多，成为全院难点。院领导约请雍阳镇党委一同研究未结案原因，镇领导决定年内不抽调法庭人员搞中心工作，并解决法庭审判工作中出现的难题，9—12月，城关人民法庭6个人员，审理各类民事纠纷案件68件，结案率97.76%。

1990—1997年，受理民事案件9903件，审结9754件，结案率98.4%。审结离婚案件2326件，解除非法同居265件，抚养138件，赡养89件，收养27件，房屋纠纷176件，继承82件，债务纠纷案件2158件，赔偿案592件，林木纠纷27件，其他纠纷案1012件。调解结案8849件，判决结案716件，裁定189件。民事案件呈上升趋势，离婚案件占受理民事案件总数31.31%；债务纠纷占13.62%。1991年，审理审结婚姻家庭纠纷案件374件，其他纠纷案件8件；调解171件，判决结案21件，移送5件，撤诉169件。1995年，制裁民事违法行为和维护社会稳定，以保护婚姻自由，保护妇女、儿童和老人的合法权益，促进精神文明建设为重点，审结婚姻家庭纠纷案件804件，损害赔偿纠纷案件91件，结案率均达100%。1997年，受理各类民事案件与1996年同比，收案率下降32.28%，结案率减少37.68%。

2000—2004年，审理在群众中有重大影响案件和群众性诉讼案件3795件，审结3749件，结案率98.79%。2002年，整顿和规范金融秩序，保护市场平等主体的合法利益，审理借款、买卖、建筑工程运输、劳务等合同纠纷案件361件，审结率98.61%。婚姻家庭、继承纠纷案件1427件，审结率98.6%。处理劳动过程中引发人身损害赔偿纠纷案件76件，审结70件，80名伤残人员得到合理赔偿。2003年，调解结案976件，调解率71.97%；判决380件，当庭判决144件。民事审判二庭审结婚姻家庭纠纷案件115件，民间借贷50件，合同纠纷案件22件，银行贷款案件11件，宣告死亡及其他案件55件。

2005—2009年，按黔南州中级人民法院要求，推行当庭宣判。2006年，瓮福黄磷有限公司诉皮安琴等54个被告群体性劳动争议纠纷案件，县法院组织庭前调解，双方当事人自愿达成和解协议。2007年，依法审理社区邻里纠纷39件，涉及妇女、儿童、残疾人权益劳动争议案件共102件。2008年，践行“化解矛盾、理顺情绪、案结事了、促进和谐”，依靠社会力量，发挥多种纠纷解决机制作用。在审理王维兴诉熊玉书、龚培刚相邻纠纷1案时，通过耐心细致调解，双方达成和解协议，从源头平息双方矛盾。2009年，依法审理婚姻家庭、损害赔偿、所有权纠纷等民事案件838件，通过调解撤诉604件，调撤率72.08%。婚姻家庭类纠纷案件842件，结案837件，比2008年下降7%；经济、合同类纠纷案件435件，结案307件，与2008年同比增加23.42%；权属类纠纷案件254件，结案245件，与2008年同比下降14.19%。

2010—2012年，受理各类民事纠纷案件5110件，结案5078件，结案率99.38%。调解结案4030件，调解率72.85%。2011年，调解撤诉1064件，撤诉率57.33%。依法妥善审理涉及“三农”案件，土地、林权、移民安置、耕地保护、房屋买卖、民间贷款和劳动争议等案件219件，涉案标的130万元，结案率100%。2012年，县法院推进化解矛盾纠纷多元化，调解合同纠纷案件208件，权属侵权纠纷案件11件，结案率95.45%。通过院机关诉前调解300件，基层人民法庭指导调解500件，调解撤诉率75.71%。在一审案件中，院机关受理婚姻家庭继承纠纷案件317件，基层人民法庭受理421件，结案率100%；权属侵权纠纷案件，院机关受理154件，基层人民法庭受理90件，结案率99.35%、97.78%。院机关受理合同案件471件，结案467件；基层人民法庭受理合同案件208件，结案率100%。在再审中，院机关受理合同纠纷案件3件，结案3件，基层人民法庭受理继承纠纷案件3件，结案率100%。

2013—2014年，共受理民事案件4779件，结案4740件，结案率99.1%。通过调解撤诉结案1481件，撤诉率51.66%。2014年，民一庭简易程序适用率89.9%；调撤率50.5%；陪审率64.5%；当庭裁判率24.6%；一审服刑服判息诉率89.6%；二审发改率3.7%。结案率上升，发改率下降，简易程序适用率提高。民二庭在审理中，案件分工责任到人，唐正奎审结74件，杨莉审结77件，丁昌贵审结32件，谢霞审结73件，余家静审结68件，杨雅淋审结7件。审理工业园区建筑施工合同纠纷案件12件，财产保险合同15件，经营合同6件，购销合同56件，物业服务合同30件。

表 4-1　　1950—2014 年瓮安县人民法院民事案件统计表

类别＼年份	1950—1959 年	1960—1969 年	1970—1979 年	1980—1989 年	1990—1999 年	2000—2009 年	2010—2014 年	合计
案件数（件）	1600	1369	772	3854	13098	16020	9889	46602

表 4-2　　1950—1959 年瓮安县人民法院民事纠纷案件统计表

类别＼年份	1950 年	1951 年	1952 年	1953 年	1954 年	1955 年	1956 年	1957 年	1958 年	1959 年
合 计	59	75	196	169	333	140	159	244	95	130
家庭纠纷	12	16	82	91	95	35	57	106	29	35
离 婚	7	7	23	14	50	29	20	25	17	12
非法同居	6	2	17	6	18	9	11	21	15	12
赡 养	5	3	12	3	12	4	8	6	2	6
抚 养	5	4	5	8	14	8	3	7	3	2
继 承	8	4	5	7	16	2	3	5	1	9
房 屋	3	4	6	6	18	2	3	7	5	3
宅基地	3	9	3	6	14	1	3	8	4	—
土 地	3	4	12	5	18	14	13	12	2	6
山 林	2	5	6	6	14	—	3	4	6	6
水 利	1	3	4	6	—	4	—	3	—	4
合 同	—	4	6	—	2	—	4	—	4	2
伤害赔偿	—	2	3	—	12	—	4	5	—	4
债 务	4	5	6	3	36	29	50	20	5	15
标 的（万元）	—	—	—	—	—	—	2	2. 45	0. 48	0. 069
其 他	—	3	6	8	14	3	2	15	2	14

表 4-3　　1960—1969 年瓮安县人民法院民事纠纷案件统计表

类别＼年份	1960 年	1961 年	1962 年	1963 年	1964 年	1965 年	1966 年	1967 年	1968 年	1969 年
合 计	90	185	203	176	136	126	108	108	125	112
家庭纠纷	18	58	68	26	45	36	15	18	21	28

续表

年份 类别	1960年	1961年	1962年	1963年	1964年	1965年	1966年	1967年	1968年	1969年
离婚	12	25	35	58	25	20	14	16	17	16
非法同居	11	15	16	20	11	14	11	13	12	14
赡养	6	13	5	6	6	21	5	7	8	6
抚养	4	2	2	5	3	3	4	6	4	4
继承	6	2	4	2	1	2	8	9	11	8
房屋	—	3	12	8	7	9	5	6	7	7
宅基地	3	—	2	4	—	1	8	4	9	8
土地	4	18	17	6	3	7	8	1	4	2
山林	7	12	3	8	8	—	6	—	6	2
水利	—	12	3	3	—	3	7	6	—	4
合同	3	4	2	4	1	2	4	3	3	3
伤害赔偿	4	2	3	2	2	2	2	4	7	4
债务	5	11	20	15	12	2	6	8	8	3
标的（万元）	0.115	0.2	0.28	0.3	0.5	0.15	0.25	0.31	0.19	0.15
其他	7	8	11	9	12	4	5	7	8	3

表4-4　　1970—1979年瓮安县人民法院民事纠纷案件统计表

年份 类别	1970年	1971年	1972年	1973年	1974年	1975年	1976年	1977年	1978年	1979年
合计	48	59	75	95	103	72	70	88	83	79
家庭纠纷	12	17	15	53	59	38	28	38	26	21
离婚	9	12	14	17	13	8	116	15	18	16
非法同居	3	2	8	4	7	5	9	5	8	3
赡养	3	2	3	5	5	2	3	4	1	4
抚养	4	4	3	4	2	1	4	4	2	5
继承	3	3	5	1	2	2	1	3	4	4
房屋	3	4	6	4	3	2	3	4	4	5
宅基地	4	2	4		—	2	—	2	3	4

续表

类别＼年份	1970年	1971年	1972年	1973年	1974年	1975年	1976年	1977年	1978年	1979年
土 地	—	—	—	—	—	—	—	—	—	1
山 林	—	—	—	—	—	—	2	1	2	2
水 利	—	—	—	—	2	1	—	—	1	1
合 同	—	—	—	—	—		—	—	2	1
伤害赔偿	3	3	7	1	2	3	2	3	3	2
债 务	2	6	7	4	5	6	4	4	3	5
标 的（万元）	0.69	0.48	0.52	0.1	0.8	0.25	1.3	1.8	2	1.3
其 他	2	4	3	2	7	2	3	5	6	5

表4-5　　1980—1989年瓮安县人民法院民事纠纷案件统计表

类别＼年份	1980年	1981年	1982年	1983年	1984年	1985年	1986年	1987年	1988年	1989年
合 计	197	184	192	246	213	272	232	328	1103	887
家庭纠纷	37	48	61	58	44	84	69	77	413	174
离 婚	26	21	43	51	48	45	48	79	216	271
非法同居	19	18	18	17	18	23	20	22	28	34
赡 养	4	6	5	9	13	15	12	15	14	10
抚 养	1	4	3	6	7	9	4	5	3	17
继 承	2	7	5	5	4	6	4	17	11	8
房 屋	23	4	8	15	2	6	7	13	37	32
宅基地	3	4	5	5	7	8	4	10	12	3
土 地	22	9	7	3	2	12	8	13	18	7
山 林	11	9	5	4	8	4	4	15	16	4
水 利	3	8	6	6	8	6	4	7	11	9
合 同	16	8	5	14	13	6	13	16	27	66
伤害赔偿	1	7	2	4	7	6	8	7	16	26
债 务	48	19	11	32	18	26	11	17	168	182
标 的（万元）	0.49	2.5	3	4.5	0.8	0.5	25	13	58	15

续表

类别＼年份	1980 年	1981 年	1982 年	1983 年	1984 年	1985 年	1986 年	1987 年	1988 年	1989 年
其 他	16	12	11	17	14	16	14	122	103	44

表 4-6　　1990—1999 年瓮安县人民法院民事纠纷案件统计表

类别＼年份	1990 年	1991 年	1992 年	1993 年	1994 年	1995 年	1996 年	1997 年	1998 年	1999 年
合计	818	749	878	1252	1319	1526	2048	1313	1566	1629
家庭纠纷	156	151	169	346	258	273	538	232	326	212
离 婚	178	158	166	203	372	438	593	218	378	320
非法同居	44	32	35	35	36	25	10	48	39	23
赡 养	8	10	10	5	14	19	10	13	12	16
抚 养	22	36	9	31	22	6	10	2	13	24
继 承	12	12	14	9	15	6	6	8	14	14
房 屋	36	18	20	22	17	17	27	19	18	15
宅基地	5	3	3	3	8	8	5	4	9	11
土 地	4	3	1	2	22	11	5	11	13	9
山 林	3	1	2	1	8	2	4	6	4	2
水 利	1	3	5	4	8	1	7	—	3	12
合 同	73	98	109	72	44	118	86	188	236	219
伤害赔偿	35	35	34	53	103	91	123	118	78	88
债 务	152	112	196	348	220	346	468	316	225	459
标 的（万元）	11	30	27	600	61	38	410	14	72	608
其 他	89	77	105	118	172	165	156	130	198	205

表 4-7　　2000—2009 年瓮安县人民法院民事纠纷案件统计表

类别＼年份	2000 年	2001 年	2002 年	2003 年	2004 年	2005 年	2006 年	2007 年	2008 年	2009 年
合 计	1188	1616	1454	2074	1663	1555	1351	1121	1769	2229
家庭纠纷	186	425	266	460	428	311	382	273	284	365
离 婚	226	309	294	398	343	372	313	298	241	286

续表

类别 \ 年份	2000年	2001年	2002年	2003年	2004年	2005年	2006年	2007年	2008年	2009年
非法同居	46	49	77	24	58	86	43	52	71	69
赡养	14	22	21	14	25	11	14	18	14	16
抚养	6	28	36	45	37	52	16	21	38	26
继承	15	13	16	18	19	8	17	16	11	14
房屋	12	25	14	16	13	17	7	4	7	18
宅基地	4	6	3	16	7	25	12	11	8	12
土地	5	14	2	15	3	7	6	4	16	4
山林	4	2	2	14	7	6	12	11	8	—
水利	9	7	8	14	6	11	2	16	—	13
合同	108	97	115	283	168	191	183	136	172	435
伤害赔偿	68	57	367	56	22	41	22	21	16	16
债务	364	426	577	483	409	301	216	119	589	16
标的（万元）	567.9	1751	110	10	20	160	60	40	200	766
其他	121	136	157	218	118	116	106	121	294	189

表4-8　　2010—2014年瓮安县人民法院民事纠纷案件统计表

类别 \ 年份	2010年	2011年	2012年	2013年	2014年
合计	1718	1465	1927	2079	2700
家庭纠纷	503	235	584	660	781
离婚	380	371	498	324	294
非法同居	43	72	46	24	17
赡养	14	11	13	18	11
抚养	14	29	46	48	16
继承	15	14	13	14	12
房屋	19	28	11	18	16
宅基地	16	18	4	15	13
土地	14	7	8	7	12

续表

年份 类别	2010年	2011年	2012年	2013年	2014年
山林	8	4	3	6	16
水利	13	6	4	10	5
合同	234	208	216	372	358
伤害赔偿	23	11	8	18	78
债务	218	219	211	258	167
标的（万元）	89	130	21	78	5589
其他	204	232	262	287	904

第一节　婚姻家庭纠纷案件审判

1950年，《中华人民共和国婚姻法》颁布施行，废除包办、买卖、强迫等、男尊女卑，漠视子女利益的封建主义婚姻制度。1951年9月，政务院发布《关于检查婚姻法执行情况的指示》及贵州省高级人民法院第三次会议精神，宣传婚姻法，禁止重婚纳妾、收养童养媳和干涉寡妇婚姻自由、漠视妇女权益等制度。陆续提高妇女地位，不满意的婚姻陆续提出离婚，或申请解除童养媳，抱养子女关系，建立一夫一妻，家庭成员间互敬、互爱、互谅、互助的新型婚姻家庭关系。

20世纪50年代，婚姻家庭纠纷案件，多因政治、经济地位和思想感情发生变化，引起矛盾，危及婚姻关系，经亲友或基层组织调解无效，诉至县法院要求裁决。此间，受理婚姻家庭纠纷案件1600件，结案率100%，占民事案件的76.26%。审结离婚案件204件，占婚姻家庭纠纷案件12.75%：其中调解离婚案件95件，占离婚案件46.57%；解除非法同居关系纠纷案件107件，占婚姻家庭纠纷案件6.69%；解除婚约纠纷案件498件，结案率100%。

1960—1969年，受理婚姻家庭纠纷案件比50年代减少231件，下降率11.01%；离婚案件比50年代减少95件，其中判决离婚案件11件，判决不离婚案件18件，调解离婚案件增加63件。

20世纪70—80年代，审理婚姻家庭纠纷案件5550件，审结5537件，结案率99.76%。70年代，审理婚姻家庭纠纷案件1113件，比60年代减少583件，下降34.37%；其中婚姻案件702件，减少180件，下降25.64%；离婚案件131件，减少107件，占婚姻案件15.24%；判决离婚案件28件，减少32件，调解离婚案件90件，判决不准离婚案件13件。解除非法同居关系案件50件，解除婚约纠纷案件341件。1976年，审理离婚案件11件，占婚姻纠纷案件13.25%；解除非法同居关系案件9件，占婚姻案件10.84%；解除婚约纠纷案件比 1975 年减少 36 件，下降 57.14%。80 年代，审理婚姻家庭纠纷案件比 70 年代增加 1882 件，上升 69.42%。1980 年 1 月，《中华人民共和国刑法》颁布施行，“通奸罪”被取消，喜新厌旧、第三者插足离婚案件增多，调解工作困难大。8 月，《中华人民共和国婚姻法》修改，审理婚姻案件 171 件，结案率 100%：其中离婚案件 111 件，判决离婚 8 件，调解离婚 94 件，判决不准离婚案件 9 件，解除非法同居关系案件 39 件，解除婚约纠纷案件 21 件。在审判离婚案件时，坚持调解为主，判决为辅的原则，把调解工作作为审判活动必需的法律程序。对有过错的一方和第三者进行批评教育，或者建议有关单位纪律处理。对离婚案件审理，坚持夫妻感情确实破裂，县法院通过再次调解无效后，判决准予离婚，并妥善处理财产、债务分割和父母赡养、子女抚养。1987 年，受理家庭纠纷案件 77 件，结案率 100%。其中审结赡养纠纷案件 16 件，抚养纠纷案件 5 件，继承纠纷案件 17 件，房屋宅基地纠纷案件 23 件。3 月 30 日，调解处理了裴文其诉裴世祥不履行赡养义务一案。裴、邱因年老体弱多病，不能劳动，生活无着落，要求其子裴世祥索要生活费，遭其拒绝，经基层组织调解无效，遂诉至县法院判决。经查实，征求双方意见，二老愿意与其次子裴世瑞同生活，并将自己房屋及家产遗赠给次子，次子裴世瑞负责二老生养死葬义务。长子裴世祥、次子裴世瑞无异议，调解协议成立。6 月 26 日，判决处理了杨俊碧诉何泽安等人不履行赡养义务一案。杨俊碧，女，苗族，82 岁，瓮安县草塘人。何泽安、牟世松、牟世品、牟世贵与杨为母子关系。杨俊碧年老体弱多病，其夫去世后，于 1986 年将其全部财产分配予四个儿子，并写有合同，其生活安排，均由四个儿子负责。嗣后，四子均不履行合同约定，导致杨生活无着落，诉至县法院判决。经调查属实，判决：杨俊碧自愿与次子牟世松生活，牟世松负责其母亲生活费；医疗费用均由四个儿子分摊；杨俊碧的零用钱由四弟兄自愿供给；丧事由四弟兄共同办理。

1990—1999 年，受理婚姻家庭纠纷案件 6467 件，结案 6462 件，结案率 99.92%，其中婚姻案件 3806 件，占婚姻家庭纠纷案件 58.85%；家庭纠纷案件 2661 件，占婚姻家庭纠纷案件 41.14%。婚姻案件中，离婚案件 3024 件，占婚姻案件 79.45%；判决离婚案件 619 件，占离婚案件 20.47%；调解离婚案件 2308 件，占离婚案件 60.64%；判决不准离婚案件 97 件。解除非法同居关系案件 327 件，解除婚约关系案件 455 件。在家庭纠纷案件中，审结赡养纠纷案件 117 件，抚养纠纷案件 175 件，继承纠纷案件 110 件，房屋纠纷案件 209 件，宅基地纠纷案件 59 件。

1994 年 2 月 1 日，中华人民共和国民政部颁发《婚姻登记管理条例》，对没有配偶的男女，未经婚姻登记机关登记即以夫妻名义同居生活，其婚姻关系无效，不受国家法律保护。这种婚姻纠纷案件诉至法院，按非法同居关系处理，判决解除非法同居关系。1999 年 3 月 18 日，判决处理了谭本英诉蔡志兵解除非法同居关系一案。谭诉称，1992 年农历九月初与蔡同居生活，当时只有 19 岁，未办理结婚登记手续，夫妻共同生活期间经常吵打，导致感情破裂，要求县法院解除与蔡志兵非法同居关系。根据最高人民法院《关于人民法院审理未办结婚登记而以夫妻名义同居生活案件的若干意见》第 2 条规定，解除了谭、蔡的非法同居关系。

21 世纪初，推进“两个文明”（精神文明、物质文明）建设，依法维护社会主义婚姻家庭制度。对于离婚案件，在依法保护公民婚姻自由权利的同时，反对草率离婚，对破坏他人婚姻家庭的不道德行为，严肃批评教育，依法制裁。县法院通过审判活动，对当事人和群众进行法制宣传，引导公民树立正确的婚姻家庭观和道德观。对离婚案件涉及生产资料、债务、住房等财产，从实际出发分割。未成年子女抚养、教育等问题，对不尽赡养、抚养义务，遗弃、虐待老人、子女行为的，除判令其承担民事义务和责任外，对违法情节严重的，予以制裁；构成犯罪，依法追究刑事责任。2001 年，审理婚姻家庭纠纷案件 821 件，审结 820 件，结案率 99.87%。比 2000 年增加 311 件，上升率 37.88%，其中婚姻纠纷案件 396 件，比 2000 年增加 72 件，上升 18.18%；家庭纠纷案件 425 件，比 2000 年增加 239 件。审结赡养纠纷案件 22 件，抚养纠纷案件 28 件，继承纠纷案件 13 件。2008 年，社会矛盾纠纷突显，社会治安秩序混乱，犯案率高涨，特别是婚姻家庭纠纷案件增多，比 2001 年上升 1.35 倍。审理婚姻案件 408 件，其中离婚案件 241 件，占婚姻案件 59.06%。家庭纠纷案件 284 件，占婚姻家庭纠纷案件 41.04%。

2001—2014 年，受理婚姻家庭纠纷案件 9213 件，审结 9208 件，结案率 99.95%：其中婚姻纠纷案件 6019 件，离婚案件 4721 件，占婚姻纠纷案件 78.43%；判决离婚案件 802 件，占离婚案件 16.98%；调解离婚案件 3805 件，占离婚案件 80.59%。解除非法同居关系案件 731 件，占婚姻纠纷案件 7.9%；解除婚约关系案件 567 件，占婚姻纠纷案件 9.42%。

一、婚姻纠纷案件审判

1951 年 9 月，政务院发布《关于检查婚姻法执行情况的指示》及贵州省高级法院第三次会议精神，宣传婚姻法，废除封建婚姻家庭制度（男尊女卑、一夫多妻、包办买卖婚姻、干涉寡妇婚姻自由、养童养媳）和不和谐的婚姻关系，不少妇女陆续提出离婚。1950—1952 年，受理婚姻案件 233 件，结案率 100%，其中判决离婚纠纷案件 14 件，占婚姻案件 6%；调解离婚 18 件，占婚姻案件 7.72%；调解不离婚纠纷案件 8 件，占婚姻案件 3.43%；解除非法同居关系 15 件，占婚姻案件 6.43%；解除婚约纠纷案件 119 件，占婚姻案件 51.07%。

1953—1959 年，审结婚姻纠纷案件 57 件，结案率 100%，其中判决离婚案件 57 件，占审结总数 9.89%，调解离婚案件 161 件，占总数 27.95%，判决不离婚案件 39 件，占 6.77%，解除非法同居关系纠纷案件 92 件，占 15.97%，解除婚约纠纷案件 317 件，占 55.03%。

1961 年 9 月，草塘区委根据省委批转高级人民法院党组《关于加强人民法院和调解工作，正确处理拿摸问题的报告》指示，10 月 15 日草塘人民法庭，明确专人负责。截至 11 月 2 日，受理重婚和不登记手续结婚案件 12 件，其中重婚 6 件，非法同居 8 件。审理小河山公社党委书记王正富重婚一案，王与田结婚 9 年，婚姻关系正常，由于后期没有生育发生矛盾，产生嫌妻恶念，提出与妻离婚，其妻田不同意离婚，王不顾国家法律，就与当地妇女李树珍结婚。县法院依法给予王正富刑事处罚，判处有期徒刑 3 年。11 月 4 日审理杨炳章犯重婚一案，杨炳章，31 岁嫁与 61 岁五保户李齐木当“小老婆”。杨反映抚育有两个小孩，在生活上确实无着落，五保户李齐木在下司生产队看碾房，又开有部分荒土，可收

400公斤粮食，又有两头肥猪，还有鸡鸭等家禽，生活好过。经草塘人民法庭做调解工作，二人分居，解除重婚关系。16日，三百老公社党委秘书田兴明，多次找爱人陈兴碧离婚，女方不同意，互相关系不好，互相不提出来，拖延4年，男方与其妻未办离婚手续即与他人结婚，构成重婚罪，依法判处有期徒刑3年。

1973年，审理婚姻纠纷案件62件，其中离婚案件17件，解除婚约军婚2件，调解离婚10件。中坪区建中公社军坡大队调查，在婚姻问题上，全大队15岁以下男女青少年77人，由父母包办订婚4—5岁7人，6岁6人，7岁14人，8岁9人，10岁6人，11岁8人，12岁12人，13岁3人，14岁1人，15岁5人。婚姻制度出现两极分化，生活富裕的家庭4—5岁就可以订婚约，略有困难的家庭，到了婚龄才订婚。中坪人民法庭组织宣传，反对早婚早育及非法结婚，通过宣传教育，解除婚约43人，占总人数55.84%。

20世纪80年代，《中华人民共和国民事诉讼法》颁布后，婚姻纠纷案件增多，县法院依据新婚姻法规定，开展对婚姻纠纷案件调判活动。对离婚案件采用调解优先、调判结合。1983年7月26日，最高人民法院、最高人民检察院、公安部联合签发《关于重婚案件管辖问题的通知》规定，对重婚案件由刑事审判庭审理，共审婚姻纠纷案件1646件，审结1643件，审结率99.83%，其中离婚案件848件，判决离婚案件85件，调解离婚案件725件，判决不准予离婚案件38件，占婚姻纠纷案件数2.3%，解除非法同居关系案件215件，解除婚约纠纷案件83件。

1990—1999年，审理婚姻纠纷案件3806件，其中离婚案件3024件，占婚姻案件79.45%；在离婚案件中，判决离婚619件，占离婚案件总数20.47%；调解离婚案件2308件，占离婚案件总数60.64%；判决不离婚案件97件，占离婚案件总数2.54%。非法同居纠纷案件327件，占婚姻案件8.59%；解除婚约案件455件，占婚姻案件11.95%，占离婚案件15.05%。1995年，审理婚姻纠纷案件531件，结案526件，结案率99.17%，审结离婚案件438件，占婚姻纠纷案件82.49%，解除非法同居25件。1999年，审理婚姻案件407件，比1998年下降11.14%，离婚案件320件，同比下降15.34%；解除非法同居纠纷案件23件，解除婚约64件。

2000—2009年，审理婚姻纠纷案件比20世纪90年代增加303件，上升率7.39%。审理离婚纠纷案件3080件，比1990—1999年增加56件，上升1.82%；判决离婚案件789件，占离婚案件17.1%。

2010—2014年，受理离婚案件4721件，结案率100%；占婚姻纠纷案件78.43%；判决离婚案件802件，占受理数16.98%；调解离婚案件3805件，占受理数80.59%；判决不离婚案件114件，占离婚案件数2.41%。2001年，审理离婚案件309件，结305件，结案率99.02%；判决离婚案件占审结数31.48%；调解离婚案件是判决离婚案件的2.14倍，判决不准离婚案件8件。2013年，县法院贯彻执行“慎重稳进，多调少判”的原则，审理离婚案件324件，结案率100%。其中判决离婚8件，占离婚案件2.47%；调解离婚案件308件，占离婚案件95.06%，是判决离婚案件的38.5倍。

1950—2014年，受理婚姻纠纷案件11494件，审结11492件，结案率99.98%。离婚案件8729件，审结8728件，结案率99.98%。婚姻案件占婚姻家庭纠纷案件92.06%。

（一）离婚案件

县法院在审理离婚案件时，遇到离婚案件多为包办婚姻、买卖婚姻、转亲换婚、草率婚姻、勉强婚姻、凑合婚姻。这些建立在脆弱基础上的婚姻，一方或双方在婚后不能正确对待，婚姻不能巩固，发生急剧变化，直至走到彻底崩溃，宣布离婚。

1950年，《中华人民共和国婚姻法》颁布，废除包办强迫、男尊女卑、重婚纳妾、漠视子女利益的婚姻制度，但包办、强迫婚姻仍然存在，妇女受压迫、遭虐待歧视以致自杀或他杀的事件时有发生。

1950—1952年，受理离婚案件37件，占婚姻案件受理数15.88%；判决离婚案件12件，占婚姻案件受理数5.15%；调解离婚案件15件，占婚姻案件受理数6.43%；解除非法同居关系15件，占受理数6.43%。

1953—1957年，开展贯彻婚姻法群众运动，受教育人数达10万人（次），占总人数61.58%。群众觉悟提高，强迫婚姻、买卖婚姻、非法婚姻现象受到制止和打击。妇女婚姻自由，走出家门，从事各种生产劳动，社会地位提高，婚姻家庭纠纷案件逐年增多。受理婚姻纠纷案件576件，占民事案件45.35%，其中离婚案件167件，比1950—1952年增加130件。上升率28.46%。1957年8月26日，安顺地区中级人民法院召开县市人民法院审判员座谈会，讨论如何处理婚姻纠纷案件，县法院根据座谈会精神，正确处理婚姻纠纷案件，组织全院法官、干警学习、讨论，判别离婚案件真伪，判别该离与不离的界限；离婚后妥善处理好赡养父母，抚养子女和彩礼、财产问题。案件处理后，达到团结，群众拥护，当事人满意的要求。对该离婚与不该离婚问题，执行“慎重稳进”和“坚持教育为主，多调少判”的原则。县法院分析研究双方感情状况，调查感情是建立在婚前或婚后，据情分析，分别对待，防止机械化和绝对化判案。如夫妻感情已经完全破裂，无法转变和改善，均已达到不堪继续同居的判决离婚，有转变和改善夫妻感情的，均不宜处理离婚。判别是否有感情或感情是否完全破裂，深入调查研究，实事求是处理。实属包办婚姻，一直未建立感情的，准予离婚；虽然包办，基本自愿，初步建立不同程度的感情，并亲自到婚姻登记机关办理结婚登记手续，领取结婚证，不准予离婚；在形式上是包办，实际上是本人自愿的，而且感情密切，只为家务琐事矛盾的，不准予离婚；一方存在旧的婚姻思想，提出要求离婚，从实际出发，名存实亡的婚姻，准予解除婚约关系。是年，调解和好撤诉离婚案件21件。

1958年，结合“大跃进”高潮，贯彻落实婚姻法，执行“一夫一妻”制，凡有重婚、纳妾的纷纷提出离婚。县法院根据中央人民政府法制委员会《就有关婚姻法施行若干问题的解答》及《关于重婚案件的处理原则》精神，重婚离婚，“离大离小”根据案件实际情况和法律规定决定离大离小的处理意见而定。受理离婚案件17件，非法同居关系案件15件，比1957年下降32%、28.57%，比1950年增加1.42倍、1.5倍。执行“调查研究，调解为主，就地解决”的方针，利于增强人民内部团结和社会主义建设事业，按照“慎重稳进”，结合民族特点，说服教育开展民事审判活动。

1959年，调处离婚案件12件，结案率96%，占婚姻家庭纠纷案件12%。永和公社调解管锡书（女）与许克光离婚一案。县法院依靠群众，调查研究，查清事实，调解管锡书与许克光离婚。管解除思想顾虑，感谢党和各级领导，安心在工地上做工。大队支书杨再全说："这对婚姻解除我们落心，怕出事（自杀），随时都为他们夫妻担心。"

60年代，审理离婚纠纷案件238件，结案率100%。判决离婚60件，占离婚案件25.41%；判决不准离婚案件29件，占离婚案件12.18%；调解离婚案件149件，占离婚案件62.61%。1963年，离婚受案率高，占60年代离婚案件总数的38.24%，其中判决离婚9件，调解离婚43件，占受理离婚案件数18.06%。

1970—1979年，受理离婚案件131件，审结129件，结案率99%。判决离婚案件28件，占离婚案件21.37%。判决不离婚案件13件，占离婚案件9.92%；调解离婚案件90件，占离婚事件68.7%。

80年代，各类法律逐渐健全，民事案件相继增加，离婚案件明显，共受理离婚案件848件，审结846件，结案率99.83%，占婚姻案件51.4%。判决离婚85件，占离婚案件受理数10.03%；调解离婚725件，占离婚案件受理数85.5%；判决不离婚案件38件，占离婚案件受理数4.48%。县法院依据"调解为主、判决为辅"的审理原则，对离婚案件开展调判活动。1989年，是离婚发案率最高年份，受理离婚案件271件，占婚姻案件68.09%，判决离婚8件，占离婚案件2.95%；调解离婚案件254件，占离婚案件93.73%；判决不离婚案件9件。

1990—1999年，审结离婚案件3024件，其中判决离婚案件619件，占离婚案件总数20.47%，调解离婚案件2308件，占审结离婚案件76.32%；判决不离婚案件38件，占离婚案件总数1.26%。1996年，县法院审判制度实行相应调整和改革，恢复民事审判庭指导基层人民法庭所审理的民事案件，经庭长审查签署意见，送交民庭庭长审核把关，离婚案件是90年代最高。是年，受理离婚案件593件，占婚姻案件95.8%；判决离婚案件109件，占离婚案件18.38%；调解离婚案件473件，占离婚案件79.76%；不准予离婚案件11件。离婚案件比1990年增加1.84倍，判决离婚案件上升46.79%。

2000年，县法院审理离婚案件226件，结案224件，结案率99.05%；判决离婚案件占审理数43.36%；调解离婚案件是判决离婚案件1.28倍，判决不准离婚案件3件。2002年，受理离婚案件294件，判决离婚82件，调解离婚案件208件。2003年，民事法院二庭受理离婚案件115件；草塘人民法庭受理离婚案件19件。玉山人民法庭在审判活动中，把好审查立案关，力求公正与效率，及时立案与送达，审判公正、程序合法、严格审理、裁判公正、依法执行，受理离婚案件33件（包括解除非法同居关系案件），占总收案数25%，判决离婚3件，驳回离婚请求3件，调解离婚8件，调和婚姻关系16件。

2001—2014年，受理离婚案件1487件，结案率100%；占婚姻案件总数48.01%；判决离婚案件127件，占受理数8.54%；调解离婚案件1336件，占受理数89.85%；判决不离婚案件24件，占受理离婚案件数1.61%。2013—2014年，县法院贯彻执行"慎重稳进，多调少判"的原则，审理离婚案件618件，结案率100%；其中判决离婚26件，占离婚案件4.2%；调解离婚案件580件，占离婚案件93.85%，是判决离婚案件的22.3倍。

（二）婚姻纠纷典型案例

离婚纠纷案　姜丑妹，女，汉族，21岁，瓮安县中坪区人。1948年腊月，经媒人介绍，父母同意，于1950年二月初八与谢维义结婚，婚后夫妻、婆媳关系一直不好，结婚一年常回外家不返，被母、嫂等强行送回，甚至用绳索捆绑送过，造成姜、谢婚姻家庭关系日益恶化，生活痛苦，自杀（未遂）。瓮安县巡回法庭下乡宣传《中华人民共和国婚姻法》，姜听后深受启发，向中坪法庭诉讼。经审理，姜实属强迫婚姻，多次调解无效，造成几次逃婚甚至自杀。根据婚姻法第25条、31条规定，1952年10月6日，判决姜丑妹与谢维义离婚。调判梁永州诉文淑芝离婚。梁经舅父（何德新）介绍招至文家上门。婚初感情尚好，生育儿子梁白牛。日常琐事导致夫妻性格不合，长期吵闹打架，致使梁生活无规律。经亲友和基层组织调解劝说无果，梁诉文至县法院要求离婚。经查证属实，调判梁永州诉讼离婚要求成立，准予离婚。1960年4月2日，李经媒人介绍，包办强迫与兰启英订婚。6月，李由父母强迫去兰家上门结婚，同居四天，即离开兰家。在土改中，兰被划为地主，彼此更无往来。7月，李之母未经本人同意，将兰接来与之同居。10月，婚姻关系破裂，诉至县法院要求与兰离婚。经调查，纯属父母包办强迫所致，婚前没有建立夫妻感情，婚后又没有加强婚姻基础建设，导致夫妻不和。经管理区人民政府调解，无效。根据婚姻法第31条规定，1960年11月26日，判决李元忠与兰启英离婚。雍阳人民法庭调解王兴连与颜德明离婚。1974年，王与颜经双方父母主持订婚，1977年5月，双方自愿登记结婚，次年生育1女孩。嗣后，双方经常为家务琐事发生争吵，甚至殴打，严重影响家庭团结，经组织多次调解无效，王要求与颜离婚。1978年6月13日，经调查，王为达到离婚目的，表示婚前财产一律不要，同时负责抚养三个月的婴儿，协议离婚成立。几天后，颜又反悔离婚协议，经常到法庭吵闹。雍阳人民法庭人员携卷下乡，深入了解，于1978年12月23日派员专办此案，历时5天，纠正案件处理中一些不当问题，12月28日，调解离婚。调解卢增碧诉冯朝洪离婚。经珠藏人民法庭深入发案地查实，原告与被告婚姻纯属父母包办，双方虽然在婚姻登记机关办理结婚手续，但没有同居。在法庭调解时，被告冯朝洪数出28个条件要原告补偿其经济损失。法庭办案人员对照法律规定，针对被告提出一些过高要求，给予批评，通过做细致的思想工作，使其认识到没有感情基础的婚姻，是名存实亡的死夫妻，1983年2月13日，调解离婚。判决丁远波诉王水琴离婚。丁经人介绍与王认识，于1978年双方自愿到婚姻登记机关登记结婚，婚后夫妻感情较好，生育子女2人。嗣后，因双方性格不合，经常发生争吵，导致家庭生活无趣，诉至县法院要求判决离婚。调解黄德香与申春离婚1案。黄德香，女，20岁，瓮安县人，住松坪乡冉家塘下寨小组，经人介绍认识，1983年10月，双方自愿登记结婚，由于接触短，性格互相不了解，为一些琐事常发生争吵，互不谦让，导致夫妻关系逐渐疏远。1984年3月，申某因病住院，黄不去护理，一去娘家就是几个月，夫妻感情破裂，经街道居委会调解无效，黄诉至县法院要求离婚。经查实，根据《中华人民共和国婚姻法》第32条规定，黄德香诉与申春离婚请求成立，准予离婚。判决文友才诉简崇美离婚。文友才，男，汉族，1958年2月生，瓮安县人，住珠藏镇街上；简崇美，女，汉族，1956年8月生，瓮安县人。1975年，双方经人介绍认识，于1977年10月，双方自愿登记结婚。婚后关系尚好，共同生育子女1女1男。简不愿在家抚养子女，要求出外打工，一去五年之久未与家中联系，音信杳无，导致婚姻关系名存实亡，文诉至法院，要求离婚。经审理查明，确认上述事实，可以采信。文提出离婚有理，予以支持。

解除婚约案　1973年4月14日，调解解除徐德华与田荣婚约一案。徐德华与田荣于1969年农历正月经人介绍认识谈婚，双方均有书信来往。徐是现役军人，在部队不了解田的情况，在交往中逐渐感情淡薄，信件减少。徐认为没有继续保持婚约关系，遂向中国人民解放军贵州省瓮安县公安机关军事管制小组申请，要求解除与田荣婚约关系。经查实，双方书信失联，婚姻感情交往不深，解除双方婚约成立，准予解除。5月29日，解除左世莲与代洪新婚约一案。左世莲，女，汉族，23岁，瓮安县草塘人，现在银行工作，代洪新，男，汉族，22岁，贵州省瓮安县人，现在中国人民解放军某部队服役。左与代于1969年经人介绍认识谈婚，形成婚约，双方交往密切，感情尚好。1970年洪新应征入伍，初期有书信联系，至1971年，书信减少甚至双方断绝往来。因双方工作环境所致，左提出与代解除婚约关系，向县军管组申请。经查明，双方婚约基础未建立，感情不深，调解解除双方婚约成立，准予解除。判决解除雷玉兰与刘昌权婚约。雷玉兰，女，16岁，文盲，住瓮安县第七区（天文）云南寨村。刘昌权，男，14岁，文盲，住瓮安县第七区（天文）木老坪。雷玉兰11岁时，由父母主持，媒人提谈，双方订婚。父母没有征求女儿意见，包办与之订婚，雷提出婚姻不成立，要求与刘解除婚约。诉至县法院调解无效，查明双方按订婚非法结婚约定，法律不予保护。且婚约纯属父母之命，媒妁之言导致，强迫包办。2001年12月24日，最高法院关于适用《中华人民共和国婚姻法》若干问题解释（一）之第9条规定，支持雷玉兰的合法权益，判决解除雷玉兰与刘昌权婚约。

非法同居案　1999年3月18日，判决解除谭本英诉蔡志兵非法同居关系一案。谭本英，女，汉族，1973年10月30日生，贵州省思南县人，住思南县孙家坝镇石门坎村谭家寨组。蔡志兵，男，汉族，1965年出生，贵州省瓮安县人。谭诉称，1992年农历九月初与蔡同居生活，当时只有19岁，未办理结婚登记手续，夫妻共同生活期间经常吵打，导致感情破裂，要求县法院解除与蔡非法同居关系。经查明，谭、蔡于1992年6月经人介绍认识谈婚，9月8日同居生活，未办理结婚登记手续。同居后生育子女3人，长女蔡琴飞（1993年7月生），次子蔡琴梦（1995年3月生）、三子蔡江涛（1997年10月生）。因家务琐事产生矛盾，经常吵打，谭于1998年12月离开蔡回老家思南县与生父母共同生活至今。双方共同生活期间，有财产灶房2间，沙发1套，铁炉子1个，猪、牛圈各1间。县法院认为，谭未到法定婚龄与蔡同居生活，违反《中华人民共和国婚姻法》第5条规定。根据最高人民法院《关于人民法院审理未办结婚登记而以夫妻名义同居生活案件的若干意见》第2条规定，未办结婚登记手续即以夫妻名义同居生活，群众也认为是夫妻关系的，一方向人民法院起诉“离婚”，如同居时，双方符合结婚的法定条件，可以认定为事实婚姻关系，如同居时一方或双方不符合结婚的法定条件，应认定为非法同居关系。谭、蔡的婚姻关系为非法同居关系，谭本英要求解除非法同居关系，符合最高人民法院《意见》第7条规定，谭的诉求有理，应予支持。双方同居期间所生育子女和财产，根据《意见》第8条“人民法院审理非法同居关系的案件，如涉及非婚生子女抚养和财产分割时，应照顾妇女、儿童的利益，考虑财产的实际情况和双方的过错责任，妥善分割。”和第9条规定：“解除非法同居关系时，双方所生育非婚子女，由那一方抚养，双方协商，协商不成的，应根据子女的利益和双方的具体情况判决。”《中华人民共和国婚姻法》第5条和最高人民法院《关于人民法院审理未办结婚登记而以夫妻名义同居生活案件的若干意见》第2、7、8、9条规定，判决：1. 解除谭本英与蔡志兵非法同居关系；2. 子女蔡琴飞、蔡江涛由蔡志兵负责抚养，蔡琴梦由谭本英负责抚养；3. 共同财产归蔡志兵所有。2000年3月，判决解除李正荣与周天红非法同居关系一案。李、周于1998年5月经人介绍谈婚，10月，双方未办理结婚登记手续，即以夫妻名义同居生活，在共同生活期间，常为家务琐事发生争吵打架。经审理：2人结婚时，未在婚姻登记机关办理结婚登记手续，即以夫妻名义同居生活。依照《中华人民共和国婚姻法》和国家民政部发布新的《婚姻登记管理条例》第24条规定："未到法定结婚年龄的公民以夫妻名义同居生活的，或者符合结婚条件的当事人未经登记以夫妻名义同居生活的，其婚姻关系无效，不受法律保护。”依法判决解除李正荣与周天红非法同居关系。

判决不准离婚案　2000年4月18日，判决何元菊与王开基不准离婚。何、王经人介绍认识，次年双方自愿登记结婚，共同生育子女3人。由于家庭经济困难，经常发生争吵，何诉至法院要求离婚。经查明，何元菊诉称，王性格不好，好逸恶劳，沉醉于赌博，不务正业，要求法院给予判决离婚，经调解，离婚诉求不成立。王开基辩称，与何结婚是经人介绍，感情尚好，自愿登记结婚，生育子女3人。由于家庭经济基础落后，导致矛盾产生，何经常用恶语伤人，经组织调解，本人愿意悔改，在今后夫妻生活中互谅互让，互敬互爱，对家庭尽其责任建设。法院认定，何、王离婚矛盾不是真实的夫妻感情破裂，是家庭经济困难所致，但王有悔改之意，愿意同心协力建好家庭。根据《中华人民共和国婚姻法》第25条2款规定，何诉与王离婚理由不充分，不予支持，判决不准何元菊与王开基离婚。

表4-9　　1950—2014年瓮安县人民法院婚姻案件审结表

类别/年份	合计	离婚	其中			非法同居	解除婚约
			判决	调解	不准离		
1950	78	7	2	4	1	6	65
1951	57	27	4	20	3	2	48
1952	98	23	8	11	4	7	68
1953	71	14	13	—	—	6	51
1954	116	50	18	16	16	18	48
1955	83	29	7	11	11	9	45
1956	60	20	5	9	6	11	29
1957	90	25	4	18	3	21	44
1958	91	17	5	10	2	15	59
1959	65	12	5	7	0	12	41
1960	39	12	3	7	2	11	16

续表

年份＼类别	合计	离婚	其中			非法同居	解除婚约
			判决	调解	不准离		
1961	57	25	5	17	3	15	17
1962	69	35	11	20	4	16	18
1963	91	58	9	43	6	20	13
1964	57	25	6	12	7	11	21
1965	47	20	6	11	3	14	13
1966	49	14	4	8	2	11	24
1967	110	16	4	12	—	13	81
1968	70	17	7	10	—	12	41
1969	113	16	5	9	2	14	83
1970	29	9	2	7	—	3	17
1971	42	12	2	8	2	2	28
1972	59	12	3	8	1	8	39
1973	62	17	5	10	2	4	41
1974	34	13	2	8	3	3	18
1975	40	8	1	7	—	5	27
1976	83	11	2	9	—	9	63
1977	71	15	1	12	2	5	51
1978	50	18	4	14	—	8	24
1979	52	16	6	7	3	3	33
1980	66	26	8	13	5	19	21
1981	102	21	2	18	1	18	63
1982	133	43	8	33	2	16	74
1983	94	51	6	42	3	17	26
1984	115	48	3	43	2	18	49
1985	132	45	9	33	3	23	64
1986	140	48	3	41	4	20	72
1987	190	79	14	59	6	22	89
1988	276	216	24	189	3	28	32
1989	398	271	8	254	9	34	93
1990	246	178	18	153	7	44	24

续表

年份＼类别	合计	离婚	其中			非法同居	解除婚约
			判决	调解	不准离		
1991	223	158	16	137	5	32	33
1992	249	166	23	133	10	35	48
1993	310	203	48	149	6	35	72
1994	459	372	55	309	8	36	51
1995	531	438	86	340	12	25	68
1996	619	593	109	473	11	10	16
1997	304	218	88	115	15	48	38
1998	458	378	86	279	13	39	41
1999	407	320	90	220	10	23	64
2000	324	226	98	125	3	46	52
2001	396	309	96	205	8	49	38
2002	419	294	82	208	4	77	48
2003	466	398	56	332	10	24	44
2004	425	343	68	263	12	58	24
2005	474	372	36	327	9	86	16
2006	434	313	92	213	8	43	78
2007	365	298	38	252	8	52	15
2008	408	241	102	125	14	71	96
2009	398	286	79	194	13	69	43
2010	464	380	26	350	4	43	41
2011	488	371	42	324	5	72	45
2012	580	498	59	432	7	46	36
2013	367	324	8	308	8	24	19
2014	335	294	18	272	4	17	24

二、家庭纠纷案件审判

根据《中华人民共和国婚姻法》规定，结合实际，广泛征求意见，制订工作方案，指导离婚案件，合理处理财产分割和子女抚养问题。在《中华人民共和国婚姻法》原则指导下，本着有利于生产、团结、社会和保护妇女、儿童的合法权益，开展对离婚后财产分割和子女抚养案件的审判活动。

20 世纪 50 年代，受理家庭纠纷案件 558 件，结案率 100%；审结赡养纠纷案件 61 件，抚养案件59件，继承案件58件，房屋纠纷案件57件，宅基地纠纷案件53件。1952年，受理赡养纠纷案件12件，比1950年增加2.4倍。1953年，开展“五大”任务运动，农民深受旧社会屈辱，没有土地，没有屋基，对宅基地争议激烈，受理宅基地纠纷案件6件，比1950年增加3件。1951年，贵州省高级人民法院制定《关于处理离婚案件几个政策问题的意见》规定，离婚时，除女方婚前所带财产归女方所有外，其他家庭财产由双方协议，协议不成，由人民法院根据家庭财产情况，照顾女方及子女利益进行判决。女方及子女分得的财产足以维持生活和教育费者，男方可以不再负担。夫妻共同生活期间所负债务，以共同生活期间所得财产偿还。如无财产或不足清偿时，由男方清偿。在处理共同财产上，对于土地、山林，除女方自愿不要外，均作适当分割。房屋财产，一般女方都有再婚可能，可不与分割。如女方提出要求，可从其家庭财产中给女方适当照顾。

60年代，受理家庭纠纷案件333件，结案率99.48%。受案数比50年代下降40.32%。其中受理抚养纠纷案件37件，占赡养、抚养纠纷案件30.83%；占赡养纠纷案件44.58%；1963年，受理家庭纠纷案件中，赡养纠纷案件6件，抚养纠纷案件5件，继承纠纷案件2件，房屋纠纷案件8件，宅基地纠纷案件4件。

70年代，受理赡养、抚养纠纷案件65件，比60年代减少55件，下降45.83%。1978年，中共十一届三中全会后，各类法律健全，法律规定子女、夫妻有享受家庭财产和继承权利。审理家庭纠纷案件26件，结案率100%。

80—90年代，受理家族纠纷案件3726件，审结3724年，结案率99.95%：其中受理赡养纠纷案件221件，抚养纠纷案件248件，继承纠纷案件183件，房屋纠纷案件346件，宅基地纠纷案件124件，审结1122件，结案率100%。

2001—2014年，受理家庭纠纷案件5957件，审结5926件，结案率99.49%，审结赡养、抚养纠纷案件674件，比20世纪90年代上升55.32%。1950— 2014年，审理家庭纠纷案件11067件，结案11064件，审结率99.98%：其中审结赡养纠纷案件633件，占家庭纠纷案件总数5.72%，抚养纠纷案件835件，占总案件数7.54%，继承纠纷案件537件，占总数4.85%。

（一）赡养、抚养案件

清代，父母子女关系属于宗法家庭制度，以孝为本，祖父母、父母尚在，而子孙别籍异财，供养有责，须按不孝治罪，以律科处罚。在父母子女关系中，有自然血亲的亲子关系和拟制的亲子关系，拟制的亲子关系，有嗣父、嗣子和养父母、养子女两种。赡、抚养的范围主要包括配偶、直系血亲、兄弟姐妹及子孙等，在乡里发生类似纠纷（赡养、抚养）案件，一般由亲友劝说调解。

民国期间，对于未成年子女权利与义务，除法律另有规定外，由父母共同行使或担负义务。

1950年，《中华人民共和国婚姻法》颁布施行，规定父母子女关系、父母与亲生子女（包括婚生子女和非婚生子女）、养父母与养子女、继父母与继子女之间关系。父母在非婚生育子女，养父母与养子女，继父母与受其抚养教育的继子女之间，均适用法律对父母子女关系的有关规定。婚姻法规定，子女对父母有赡养义务，夫妻有互相抚养子女的义务。

在赡养案件中，原告多数是年老体弱多病者，针对这类案件特点，县法院坚持就地调解，提倡养老育幼共产主义道德，促使当事人自觉履行法律义务。

在审理赡养纠纷案件中，有的子女不尽孝道，忘恩负义，精神上折磨老人；有的属婆媳、妯娌之间不和睦关系互相推卸责任，有的多子女之间因财产分配矛盾引起；还有不赡养因素是老人偏爱之心引起。依法律规定，对赡养、抚养争执的纠纷，本着敬仰老人和爱护子女进行审理。

1951年9月，政务院发布《关于检查婚姻法执行情况》，最高法院、司法部、西南军政委员会和贵州省人民政府相继发出贯彻指示，宣传婚姻法，建立男女平等、一夫一妻，家庭成员间互敬、互爱、互谅、互助的新型婚姻家庭关系。夫妻有互相帮助义务，父母对子女有抚养教育义务，子女对父母有赡养扶助义务，养父母与养子女相互间适用父母子女间的规定；非婚生育子女享受与婚生育子女同等权利。是年，受理赡养纠纷案件3件，抚养纠纷案件4件，结案率达100%。

1954年，贯彻婚姻法，开展赡养、抚养案件审判活动，抚养中出现纠纷，在案件未判决前，子女的抚育确已成问题，适当处置，暂确定由一方抚育，暂给付生活费若干等；哺乳期内的子女由女方抚育为原则；哺乳期之外未成年子女由一方抚育，一般应根据有利于教育子女方抚养来确定；女方抚育子女时，不论其经济条件如何，男方原则上都应负担生活费和教育费一部分或全部；如有任何一方抚育子女均属不利时，也可另定抚育办法（交由幼儿园、托儿所抚育等），其费用由一方或双方共同负担；关于给付子女抚育费的判决，一般以宣告暂先执行为宜。

1956年，省高院制定《关于民事审判座谈会上几个问题的意见》，对抚育费和争子女抚养问题明确指出："关于抚育费给付办法，应根据子女需要及给付一方的经济能力，按时分期给付较为恰当。对于争养子女的案件，一般应有利于子女出发，幼童和哺乳期中的婴儿，一般均由女方抚育。对年龄较大的子女，随父随母由其自愿，根据双方实际情况确定。"1950—1959年，受理赡养纠纷案件61件，抚养纠纷案件59件，结案率均为100%。1951—1952年，审理赡养纠纷15件，年均7.5件，抚养纠纷均持续在4.5件左右，占50年代总数10%。

20世纪60年代，受理赡养、抚养纠纷案件120件，审结119件，结案率99.17%：其中受理抚养纠纷案件37件，占赡养、抚养纠纷案件30.83%；占赡养纠纷案件44.58%。1963年，受理赡养纠纷案件6件，抚养纠纷案件5件，继承纠纷案件2件，房屋纠纷案件8件，宅基地纠纷案件4件。1965年，审结赡养纠纷案件21件，占60年代赡养、抚养纠纷案件17.5%。

70年代，受理赡养、抚养纠纷案件65件，比60年代减少55件，下降45.83%。1975年1月11日，调解谢随万诉卢翠荣抚养纠纷1案。1972年2月，经瓮安县公安机关军事管制小组调解离婚，离婚时，谢、卢各抚养小孩1个，卢翠荣抚养女孩，谢随万抚养男孩。

《中华人民共和国婚姻法》规定："对继父或继母与受其抚养教育子女相互之间，有负担能力的祖父母、外祖父母，对于父母已经死亡的未成年孙子女、外孙子女互相之间，有负担能力未成年的兄、姐，对于父母已经死亡或父母无力抚养未成年的弟、妹互相之间，有抚养和赡养义务”，“父母与子女的关系，不因父母离婚而消除，离婚后，子女无论由父方或母方抚养，仍是父母双方的子女，父母对子女仍有抚养和教育的权利与义务”。县法院在处理离婚案件时，对子女的抚养，子女原则上不由已娶的后母或另嫁的后父抚养，以免遭受后母后父的歧视；子女原则上由经济条件较好的一方抚养；双方另婚，经济条件相差不多的各抚育一部分；因男方另有妻室而女方经济条件不佳的，仍由女方抚养，但令男方给付一定数额的抚育金。是年，受理赡养纠纷案件 4 件，抚养纠纷案件 1 件，均审结。90 年代，赡养纠纷案件是近年来，在农村引起群众普遍关注的案件，老年人体弱，丧失劳力，有的子女不负担赡养义务，有的婆媳关系不和，致使老年人无依靠，出现缺食少穿，诉至法院。在审理中，现场教育子女，指出其错误，明确其子女的赡养义务，执行到位，使这部分老人能正常生活，依法保护老年人合法权益。松坪乡关塘村后坝组陈远珍老人年高 91 岁，来到草塘法庭提起诉讼，理由是儿子李祖云、李祖江不履行口头协议赡养老人的义务，弟兄互相推诿，老人生活无着落。草塘法庭见其老人年高行走困难，将法庭搬到农村开庭对李氏兄弟审理，通过法庭宣讲子女有赡养老人的义务，判决李母由长子李祖云全部负责赡养义务，其三子李祖江自愿将前欠人民币 2050 元一次性付清给长兄李祖云，作为母亲陈远珍的赡养费。

1980—1999 年，受理赡养纠纷案件 221 件，结案率 100%；抚养纠纷案件 248 件，审结 247 件，结案率 99. 62%。

2001—2014 年，受理赡养、抚养纠纷案件 674 件，结案率 100%；审结赡养 222 件、抚养纠纷案件 452 件，比 20 世纪 90 年代上升 53. 7%。1950—2014 年，受理赡养、抚养纠纷案件 1468 件，其中赡养 633 件，占受理赡养、抚养案件数 43. 11%，抚养 835 件，占 56. 88%，收养 18 件。

（二）继承纠纷案件

清代，继承制度建立在封建经济基础上，为巩固封建经济基础和维护剥削阶级利益服务，以维护封建统治阶级秩序，家法制和等级制，确保父权、夫权统治。从血缘、宗族关系出发，“父债子还”“父业子继”“有子立长，无子由亲族议侄立嗣”继承，均以男性为限，女儿无继承权利。

民国时期，虽确定男女均有继承权利，规定以联合财产制为法定财产制。以共同财产和分别财产制为约定财产制，但又确定封建家族主义原则和继承制度。

1949 年 12 月 11 日，瓮安解放，初期，仍沿用旧的继承制度，依照《共同纲领》规定，国家保护民族资产阶级私有财产所有者的经营权利，彻底废除宗祧继承和立嗣承宗等制度，保护公民私有财产继承权利。在审判这类案件时，县法院坚持男女平等，权利义务一致，养老育幼三原则，实行法定继承为主，遗嘱继承为辅，准确认定遗产范围、法定继承的范围和严格执行法定继承程序，妥善处理社会主义家庭中的财产关系，保护无劳动能力和无生活来源的家庭成员合法权益，发扬互谅互让，和睦团结的道德风尚，以确保公民的继承权利。

1950—1959 年，审理继承纠纷案件 5. 8 件，结案率 100%。

20 世纪 60 年代，县法院实施一系列正确政策，公民的合法继承权受到保护，继承纠纷案件显著上升，审理52件，比50年代减少5件，下降率8.62%。1966年“文化大革命”开始，“除四旧，立四新”，公民的私有财产受到分割，合法的继承权失去保障，继承纠纷案件处于无人过问状态。

1970—1979年，受理继承纠纷案件28件，结案率100%，比50年代下降51.72%，比60年代下降41.17%。1978年，中共十一届三中全会后，各项政策得到落实，公民的合法权益得到充分保障。城乡经济体制改革后，所有制改革，属于个人所有的生产资料结构、数量变化、继承纠纷案件显著上升。在审理继承纠纷案件时，划清被继承人遗产与家庭共同财产、夫妻共同财产的界限，夫妻在婚姻关系存续间，共同所有的财产除有约定外，财产分割时，先将共同财产所有一半分出为配偶所有，另一半为被继承人的遗产，然后再由配偶和同一顺序的继承人对遗产进行分配。县法院审理房屋、财产等继承纠纷案件，依照《中华人民共和国婚姻法》和民事法律、政策有关规定，结合瓮安各地民族传统习惯开展审判活动，贯彻以“调解为主，判决为辅”审判原则，充分注意双方当事人合法权益，针对不同案件，采取调解、裁定、判决、部分变更或全部变更等方式，妥善进行处理。

20世纪80年代，受理继承纠纷案件73件，审结72件，结案率99.72%。1985年10月1日，《中华人民共和国继承法》颁布施行，对审理公民房屋、财产继承纠纷案件有法律准绳，诉讼重事实、审理有依据。根据社会主义法制原则，坚持继承权男女平等。县法院贯彻互相扶助和权利义务相一致的精神，结合审判实际，开展对继承纠纷案件审判，依法保护公民私有财产的继承权。执行继承法，结合审判实践活动，开展对继承案件审理。

1990—1999年，受理继承纠纷案件110件，审结109件，结案率99.2%。其中审结房屋纠纷案件60件，占受案数55.29%；宅基地纠纷案件17件，占受理数15.6%。比80年代增加37件，比70年代上升74.55%。1991年，审结继承纠纷案件12件，其中房屋继承纠纷案件4件，占审结数33.33%，宅基地继承纠纷案件3件。

2000—2009年，受理继承纠纷案件147件，审结146件，结案率99.78%：其中审结房屋继承纠纷案件42件，占受理数29.3%；宅基地继承纠纷案件33件，占继承纠纷案件22.9%。

2001—2014年，《中华人民共和国继承法》实施后，财产继承纠纷案件相继增加，受理继承纠纷案件200件，其中房屋纠纷案件92件，宅基地56件。与20世纪90年代同期相比上升45%。1950—2014年，审结继承纠纷案件537件，其中房屋纠纷案件72件，宅基地纠纷案件146件。

（三）家庭纠纷典型案例

赡养纠纷案　2012年3月23日，审理邓志碧诉兰定银七弟兄不履行赡养义务纠纷一案。邓志碧，女，汉族，贵州省瓮安县人，兰定银、兰定忠、兰定禄、兰定华、兰定国、兰定安、兰定权七弟兄，贵州省瓮安县人，同住瓮安县玉华乡白岩村新寨组，与邓系母子关系。邓辛苦将兰某银七弟兄抚养成人，成家立业，邓80岁，年老体弱多病，无任何经济来源，生活困难，又患眼病，多次要求七个儿子支付生活费，一直未履行赡养义务，经玉华乡调解委员会、乡综合治理办公室调解未果，七弟兄仍拒绝履行赡养义务。依照婚姻法第21条规定：“子女对父母有赡养扶助义务，子女不履行赡养义务时，无劳动能力的或者生活困难的父母，有要求子女给赡养费的权利。”《中华人民共和国老年人权益保障法》第15条第2款规定：“赡养人不履行赡养义务，老年人有要求赡养人给付赡养费的权利。”第12条又规定：“赡养人对患病的老年人应当提供医疗费用。”邓志碧为维护自己的合法权益，请求法院判令履行赡养费每年5000元，医疗费5000元。经开庭调解，七弟兄认同邓诉称真实，均无异议，同意法院调解。根据最高人民法院《关于适用简易程序审理民事案件的若干规定》第14条规定，双方当事人自愿达成协议。

抚养纠纷案　2014年4月24日，审理蒋云兴诉母李泽先不承担抚养费一案。蒋云兴，男，汉族，贵州省瓮安县人，现贵州省瓮安县职业中学就读。李泽先，女，汉族，1975年4月6日生，贵州省瓮安县人，现住湖北省沙洋县马良镇马台村三组179号，与蒋系母子关系。蒋云兴之父蒋必武与李泽先于2001年离婚后，一直未给付蒋抚养费，由蒋之父承担抚养义务。蒋云兴于2014年2月27日被贵州省广播电视大学录取，该校缴纳学费、书本费等2250元，生活费自理，父亲无力单独抚养，造成蒋云兴生活困难，诉至县法院请求判令李泽先每月给付抚养费1200元。李辩称，在过去年间，每次回来时均为蒋购买衣物和尽其所能给钱，在离婚判决书上载明儿子由其父亲抚养，李依照判决履行自己的义务；李离婚后于2001年再婚，与现任丈夫生育子女2个，家庭负担重，没有固定收入，在早餐店上班，每月工资800元，无力承担抚养费1200元诉求。审理查明，蒋、李所述事实经开庭质证和审查属实，可以采信；抚养未成年子女是父母法定义务，对于李泽先“离婚判决书上载明儿子由其父蒋必武抚养。”依照《中华人民共和国婚姻法》第37条关于“离婚后，一方抚养的子女，另一方应负担必要的生活费和教育费的一部分或全部，负担费用多少和期限长短，由双方协议；协议不成时，由人民法院判决。关于子女生活费和教育费的协议或判决，不妨碍子女在必要时向父母任何一方提出超过协议或判决原定数额的合理要求”，父母离婚后，子女抚养费在确有增加必要时，子女可以随时提出要求给付抚养费或增加生活、教育费的合理请求，现因蒋云兴上大学需要学费和生活费，因此，对李的辩称法院不予以采纳。依照《中华人民共和国婚姻法》第21条第1、2款关于“父母对子女有抚养教育的义务；子女对父母有赡养扶助的义务；父母不履行抚养义务时，未成年子女或不能独立生活的子女，有要求父母付给抚养费的权利”的规定，李泽先应当支付蒋云兴抚养费；对于义务人蒋必武要求李每月给付抚养费1200元的诉讼请求，考虑李还有两个未成年子女需要抚养，每月收入800元，家庭负担重，依据《中华人民共和国婚姻法》第21条第1、2款，第37条规定，判决：李泽先自本判决生效之日起，每月25日前给付蒋云兴抚养费300元。5月，审理黄南诉胡春芳探望权，黄南，女，汉族，1988年7月23日生，贵州省瓮安县人；胡春芳，男，汉族，贵州省瓮安县人。黄、胡于2010年7月8日生育1女孩，取名胡喻婷。夫妻关系破裂，2012年9月29日协议离婚。离婚协议规定：婚生女儿由胡春芳抚养，随同男方生活，孩子所有费用由男方负责，女方自愿支付费用。在不影响孩子生活、学习情况下，女方（黄南）随时可探望女儿，但要提前通知男方（胡春芳），如在不知晓的情况下带走小孩，将向公安机关报案追究法律责任。如果女方代养小孩，由男方每月17号支付小孩生活费人民币500元打到女方卡上，男方随时可探望孩子。如果双方家人任何一个对小孩教养、学习造成子女关系不合，且对小孩人生有不良影响，将取消双方对小孩的一切权利。离婚后，黄南几次探望小孩，而胡春芳不准女儿与其见面，黄通知胡要探望女儿，胡甚至将女儿藏起来，因胡违背离婚协议规定，女方诉至法院。经查明，黄、胡已离婚，女儿胡喻婷由胡春芳抚养，双方对女儿探望权发生争议。依照《中华人民共和国婚姻法》第38条、《中华人民共和国民事诉讼法》第93、96条规定，经调解达成协议：黄南有权探望女儿胡喻婷，自2014年暑假和寒假期间法定节日探望女儿胡喻婷，并接走一起居住，其中春节期间法定节日大年初三至初十由黄南接孩子一起居住。其余在胡喻婷学习期间，在每月前后一个星期周末探望女儿，并可接走一起居住。

继承纠纷案　1986年1月，审理肖明书诉肖培伦房屋财产继承纠纷一案。肖明书，女，汉族，瓮安县银盏人。肖培伦，男，汉族，瓮安县银盏乡人，系肖明书之四叔，肖明书之祖父肖正权有四子一女，长子肖国章、次子肖国安、三子肖国焱（均已故），四女肖四妹。肖国章（系肖明书之父）于1930年去世，其妻改嫁后，留下不到一周岁女儿肖明书，由其祖父（肖正权）抚养（祖母已故）。肖正权于1942年去世，去世时留有木房两幢，经其家人共同协商卖一幢安葬其父，另一幢由肖国安、肖国焱、肖培伦兄弟三人居住管理，当时肖明书12岁，由其四叔肖培伦抚养至1950年出嫁。1944年6月8日，肖国焱将自己三分之一房屋立据卖给肖国安和肖国伦居住至今。后因肖明书与肖培伦发生纠纷，于1986年元月，肖明书以肖培伦霸占其祖父遗产为由，向县法院提起诉讼，要求继承祖父遗产。经调查、取证，据实审判。肖明书之祖父肖正权房屋遗产，父辈早年已作了自然分割管理，继承开始时间至今已达40年。根据《中华人民共和国继承法》第8条规定，依法判决：肖明书要求继承其祖父遗产无理，不予支持。

第二节　农林　水纠纷案件审判

审理土地、山林、水利纠纷案件，包括国家、集体和个人的土地、自留地、责任地、宅基地、山林、水利（水库、河流、沟渠）等所有权、使用权发生争议案件。

1952年，土改结束后，审理土地买卖、典当、租赁纠纷案件47件。1958年8月，中共中央颁布《关于在农村建立人民公社的决议》，土地、山林等生产资料全部入社归集体，此类案件发案率低。

1958—1960年，受理农、林、水纠纷案件19件，其中宅基地7件。1960年11月，中共中央发出《关于农村人民公社当前政策问题的紧急指示信》，将公社所有制改为“三级所有，队为基础”（公社、大队、生产队）。1962年9月27日，中共中央在《农村人民公社工作条例修正草案》中规定：“生产队范围的土地归生产队所有，生产队所有土地包括自留地、自留山、宅基地，一律不准出租和买卖。”在此期间，审结农、林、水纠纷案件17件。

1978年中共十一届三中全会后，农村实现联产承包责任制，土地、山林、水利等纠纷案件相继增加，至1982年受理102件，比1960—1962年上升54.47%。

1950—2014年，受理土地、山林、水利案件1505件，审结1503件，结案率99.87%。

一、土地纠纷案件审判

20 世纪 50 年代，受理土地纠纷案件 142 件，审结 141 件，结案率 99.49%：其中宅基地 53 件，占受理数 37.59%；审结土地买卖纠纷案件 5 件，土地权属纠纷案件 4 件。1950 年，农民对新社会土地政策理解不深刻，土地所有权纠纷相继增加，买卖、出租、典当等纠纷案件诉至法院。是年，受理土地纠纷案件 6 件，其中宅基地 3 件。

1960—1969 年，受理各类土地纠纷案件 109 件，比 50 年代减少 33 件，下降率 23.24%；宅基地纠纷案件 39 件，占土地纠纷案件 37.78%。1960 年 11 月，中共中央发出《关于农村人民公社当前政策问题的紧急指示信》，将公社所有制改为“三级所有，队为基础”（公社、大队、生产队）。1962 年 9 月 27 日，中共中央在《农村人民公社工作条例修正草案》中规定：“生产队范围的土地归生产队所有，生产队所有土地包括自留地、自留山、宅基地，一律不准出租和买卖。”在此期间，国家经济有困难，农村出现毁林开荒、土地变相买卖、乱砍滥伐、纵火烧山、地主富农反攻倒算等，审结此类纠纷案件 17 件。1963 年，以最高人民法院《关于贯彻执行民事政策几个问题的意见》及中央、省、州委有关决议、指示为依据，处理土地所有权纠纷案件，并依照土地改革有关法律进行保护；土地买卖纠纷案件，在查清买卖事实基础上，依照法律法令，合法的予以保护，非法的不支持，宣布无效；土地典当纠纷案件，农民之间在解放前期的关系，实事求是处理，予以保护；占地建房纠纷案件，根据不同对象和情况，采取政策法律教育，限期拆除恢复耕地，实行经济处罚，强制制止，依法判决。坟山纠纷案件，依照法律规定，保护土地资源，尊重群众习惯，依靠当地政府，采取协商办法处理。对肇事违法构成犯罪的，视其情节轻重，依法处理；宅基地使用权属纠纷案件，本着既要保护国家和集体利益，又要照顾历史情况和群众实际需要的原则处理；土改时所确定宅基地的所有权，该宅基地的所有权不变。凡当地将宅基地统一规划，按照规划确定个人宅基地使用权处理。房屋所有人新建房屋，未按规定办理合法手续，法律不保护。

1970—1989 年，农村实现联产承包责任制，土地所有权纠纷相继增加，受理土地纠纷案件 165 件，宅基地纠纷案件 86 件，审结 163 件，结案率 98.99%；宅基地结案率 52.12%；其他土地纠纷案件 79 件，占土地纠纷案件 47.88%。

20 世纪 90 年代，受理土地纠纷案件 140 件，其中宅基地 59 件，审结 138 件，结案率 99.28%；比 80 年代减少 17 件，下降率 12.14%；其中宅基地减少 6 件。

2000—2009 年，土地纠纷案件 180 件，审结 178 件，结案率 98.9%，比 90 年代上升 1.299 倍，审结宅基地纠纷案件 104 件，增加 45 件，上升率 43.27%。

2001—2014 年，审结土地纠纷案件 285 件，结案率 98.9%；其中宅基地纠纷案件 166 件，结案率 100%。1950—2014 年，审理土地纠纷案件 864 件，结案 861 件，结案率 99.65%；其中宅基地纠纷案件 407 件，结案 405 件，结案率 99.55%。

二、山林纠纷案件审判

山林纠纷多因林权、林界、林木利益受侵害发生争议。历史上族性争夺山林权纠纷甚多，土改时期分配的山林，按土改政策处理，对个人之间林界纠纷，以据为证，协商处理。随着经济体制改革和发展，各级党委、政府重视林业事业，每年3月12日“植树节”期间由领导带头植树，对纵火烧山、乱砍滥伐林木违法行为，依法处罚。

1950年，土改时期将地主、富农的土地、山林分给贫苦农民，林权、林界、林木纠纷常有发生，巡回法庭携卷下乡就地审理。至1955年，审理山林纠纷案件33件，林权4件，林界8件，林木纠纷案件15件，纵火毁林发生案件6件。1956年1月28日，中共贵定地委《关于高级农业生产合作社若干具体政策问题的处理意见》规定，农民房前屋后的零星树木和果树归社员个人所有，成片林木一律折价入社，归集体所有。直至高级农业生产合作社时期，全部收归人民公社所有，进入人民公社化，私有林权全部被取消。1958年8月，中共中央《关于在农村建立人民公社的决议》，山林权全部归集体，变成社会主义公共财产，私人不拥有林权，林权、林界、林木纠纷案件减少，是年，受理山林纠纷案件6件，比1950—1952年减少7件。偶尔发生山林纠纷是私人与集体，或集体之间林界纠纷，通过政府出面协调，诉至县法院的山林纠纷案件少。1959年，受理山林纠纷案件6件，与1952—1955年下降3.33倍。

20世纪60年代，受理山林纠纷案件52件，审结51件，结案率98.75%。1960年11月，中共中央在《农村人民公社条例修正草案》中规定：“社员基本没有山林所有权属，需用林木必须向生产队申请审批砍伐。”此间，山林纠纷案件基本解决在当地。1961—1964年，审理山林纠纷案件31件，其中林界纠纷8件，占审理数25.8%。1962年6月，《中共中央确定林权、保护山林和发展林业的若干政策规定（试行草案）》，结合瓮安实际，依法处理山林纠纷案件3件，在处理集体之间的林权纠纷中，以高级社时期确定产权为基础，长期不变。对山林权属、林界纠纷案件，以尊重历史事实进行审判。社员经营的自留山和房前屋后林木（包括自己植树），永远归私人所有。集体或个人乱砍滥伐，着重教育、协商解决。毁林开荒、破坏封山育林，严肃处理、强令制止、责令赔偿，情节严重的追究刑事责任。1963年7月12日，中共黔南州委批转州林业局党组《关于处理林权试点安排意见的汇报》，按“四固定”（固定劳力、固定工地、固定耕畜、固定农具）要求，划给社员自留山，社员房前屋后果树、零星树木、竹林和老人的养老树（棺木树）属私人所有。是年，山林权属、林界、林木纠纷案件上升，受理山林纠纷案件18件，审结8件，比1962年增加5件，上升率62.5%。1964年，开展“社会主义教育”运动，又否定林权私有，包括农户房前屋后所有林木及果树，全部归集体所有。山林纠纷又减少，纯属集体之间林界纠纷。

1978—1984年，依照1981年《中共中央国务院关于保护森林发展林业若干问题的决定》，实行“林业三定”（稳定山林权、划定自留山、确定集体山林管理责任制），山林权属归村民所有，农民手中持有《林权证》，实现“山定权、人定心、树定根”森林发展前景。山林纠纷案件又相应增加，所发生山林纠纷案件85件，年均5.8件，1984年审结8件，结案率100%。

20世纪90年代，受理山林纠纷案件37件，审结36件，结案率97.29%。比80年代下降63.37%。

2001—2014年，受理山林纠纷案件33件，审结32件，结案率97.62%。1950—2014年，受理各类山林纠纷案件327件，审结322件，结案率98.62%。

三、水利纠纷案件审判

调判水利纠纷案件，“依靠群众、调查研究、就地解决、调解为主”，以团结、互助、互利、尊重历史事实与现实状况调解为原则。

20世纪50年代，受理水利纠纷案件25件，结案率100%。在此时期，水利纠纷多为私人之间因天旱争执，基层人民法庭配合当地组织调解结案。

1960—1969年，县法院受理各类水利纠纷案件38件，审结35件，结案率92.31%，比50年代增加1.52倍，上升率34.21%。1964年，玉山人民法庭配合区政府调解瓮安、开阳多年用水纠纷1案。双方有法院参加调解。尊重历史事实，邻里团结和睦，合情合理解决双边多年用水纠纷。

20世纪70—80年代，受理水利纠纷案件83件，年均4.15件，比60年代上升35%，审结75件，结案率90.6%；70年代受理水利纠纷案件5件，纠纷案件多为集体之间争执。1978年，中共十一届三中全会后，改革开放，农村实行联产承包制，土地、山林、水利权属归私人，争议纠纷相继增加。

90年代，审结各类水利纠纷案件44件，年均受理数4.4件，调解结案38件，占受理数86.36%。

2001—2014年，改革开放新时期，各类法律健全，有法必依，违法必究，执法必严。受案率上升，受理水利纠纷案件115件，结案率100%。1950—2014年，受理各类水利纠纷案件314件，结案率98%。调解结案258件，占受案数82.34%。

四、农、林、水纠纷典型案例

土地纠纷案　1981年10月24日，依法调处丁晓鹏侵占公地一案。丁晓鹏，男，汉族，瓮安县人。丁诉称，1959年，父亲买得刘炳成草房1间，房价75元，当时很破烂，不能住人，只图屋基修房子，边界与瓮安中学公地连界。中学负责人答复，边界以吹倒的梓木树靠你家房子属你所辖、靠树子那边属瓮安中学，此后各自管理。1978年10月，丁晓鹏由于居住紧张，在购地上动工下基础，遭受县企业局阻挡，经城关公社、中心大队、街道办事处调解未果。1981年2月，继续在此地修房子，又遭企业局阻挡，争执，遂诉至县法院，要求判决。县企业局辩称，1977年10月，瓮安中学需要在南街袁家湾的两间半木房处开设校门。袁家湾的木房早在1974年6月卖给乡镇企业局（购价2100元）。双方协商，瓮安中学愿将学校前面公地与袁调换达成协议。丁晓鹏侵占公地建房争执，经调解，企业局服从组织调解，补偿丁下基础时所花费材料费400元。中心大队负责人述称，丁晓鹏购刘炳成草房，没有购房凭据，口说无凭，不但侵占企业局地基权，并侵占中心大队加工房集体土地扩建房屋一步水，导致丁晓鹏屋后路面狭窄，通行困难，应依法处理。经查证，丁晓鹏侵占公地强行建筑，并拒绝拆除建筑物归还公地，于1981年3月，又继续违章建筑，县乡镇企业局提起反诉，经劝阻未果，县法院复查，丁陈述该地属购买无据、侵占公地强行建筑，又侵占集体土地扩建房屋，实属无理。依法采取公开辩论审理方式，丁承认侵占公地错误，并写《悔过书》，同意调判意见，由乡镇企业局补偿丁建房所花材料费400元，公地管理权归县乡镇企业局。2012年4月5日，审理李银碧等诉廖大权土地承包纠纷一案。李银碧、陈金贵、陈金兰、陈金菊，住瓮安县雍阳镇桐木冲村茶山组。李承包包含黑洞土地在内一片土地不好管理，让儿子陈金发管理，为方便耕种，与同组村民郑南元互换，郑又将该土地转包给廖大权。廖大权从村民郑南元手中转包的土地，承包费已经付清11.34万元，承包期限30年，并签订合同。县法院审理认定，2004年，陈金发与郑南元签订互换土地协议，根据《中华人民共和国农村土地承包法》第40条规定，陈金发与郑南元互换土地协议合法有效，予以确认；2006年，郑南元又将互换土地有偿转包给廖大权，并把房屋、监督卡、存折一并交付廖大权。依据《中华人民共和国农村土地承包法》第32条规定，郑南元将互换土地转包给廖大权，不违反法律规定，故陈金贵、陈金元、陈金兰、陈金菊、李银碧诉讼请求无理，法院不支持。2013年5月21日，审理方用琴诉方林土地征收补偿款分割纠纷一案。瓮安县工业园区北部新城于2011年11月将方用琴承包土地征用，当时未分户，方林领取补偿款后拒绝分割给方用琴。经银盏乡政府调解未果，诉至县法院。根据《中华人民共和国民事诉讼法》第18、120条规定，依法采用辩论式民事审判方式一审程序，以诉讼参与人为主体，围绕案件事实证据，争执焦点，是非责任和适用法律。通过双方当事人诉讼言词对抗，实行当事人“庭审陈述”“当庭举证”“当庭辩论”，查明事实，分清是非，“当庭调解”“当庭裁判”。适用简易程序公开审理方用琴要求方林给付土地征用补偿款1.27万元。依照最高人民法院《关于适用简易程序审理民事案件的若干规定》第14条规定，双方当事人自愿达成协议：方林自愿给付方用琴土地征收补偿款4000元，在工业园区发放补偿款时，由方林给付方用琴。

林木纠纷案　1952年，简永昌与龙昌智向地主赵金芳购买杉树纠纷一案。瓮安县第二区（草塘）新华乡龙昌智于民国36年（1947年）向地主赵金芳购买杉树50根，每根价值旧币叁仟圆（3000元），杉树款全部付清。龙昌智带领木工上山砍伐，卖给中农简永昌之大杉树10根，每根旧币陆仟圆（6000元），树款全部付清，赵奎芳遂起敲诈之心，龙昌智卖给简永昌的杉树大，可以做枋子，赵勒索龙要加补每根杉树款旧币伍佰圆（500元），否则不能抬走。后来龙同意加补旧币伍仟圆（5000元）给赵，同意龙将杉树抬走。简眼看自己出钱购买的杉树受到阻拦，龙与简商议，就抬到龙昌智家里放着。过了几天，简过问杉树一事，龙不认可，遂向伪司法处起诉，经判决败诉，简一直不服，又上诉到国民高等法院，亦被驳回。1950年，简永昌向第二区人民政府诉请龙返还10根杉树1案，经调解无效，移到县法院审理。在审理中，龙昌智一再声明，购买50根杉树纯系地主赵奎芳所卖，与简无关系。地主赵在区政府供词中说：“龙抬去我卖给他的50根杉树后，又抬走卖给简的10根杉树。”认为证据不确凿，法庭搬到发案地审判，邀请当地群众出庭证实，赵的佃农王知和（系农会小组长）说：“在国民党反动统治时期，我根本不敢说，现在有共产党撑腰，可以出庭证实，简永昌砍伐的杉树比龙昌智买的杉树要大些，恰恰赵奎芳需要鸦片烟钱，叫龙加补卖给简10根杉树的钱，每根加补伪币伍佰圆（500元）。龙答应加补伪币现金伍仟圆（5000元）。赵才让龙将山上砍伐的杉树抬走，简出了钱没得树木是事实。”经过审理，赵也承认是欺诈龙昌智。龙说：“当初我要赔偿双价，不敢谈出赵另加补钱的事。”简永昌说杉树虽然被龙抬去了，是在赵的山上不见，也可以找他赔偿，但在当时他们有权有势，不敢找他。新中国成立后找他，他的财产也被没收，他赔偿不起，因此才告龙昌智。调解结论：由地主赵奎芳赔偿10根杉树给简永昌。赵因无法赔偿，简主动不要，诉讼地主剥削等罪恶，本庭予以训诫处分。

1953年7月31日，调判李春林诉黄林侵占林木一案。申诉人李春林，男，汉族，瓮安县梭罗乡人。被申诉人黄树芝，男，汉族，瓮安县营定乡人。李春林诉称，民国28年（1939年），父亲李学斋向黄树芝（系李春林舅爷）买杉树2根，1952年，去砍杉树，遭黄阻拦，反说父亲欠互换马款不清。法院调判，此事发生长久，买卖没有凭据，经深入调查，买卖交易双方承认是事实，查实砍伐李的杉树2根，骡子换母马有证人，补钱辩称不成立，调判黄无理，经协商，两棵杉树折价贰拾伍万元（旧币250000元），限期黄在本年阴历九月底内如数交给李春林，倘若逾期不交，由法院强制执行。

水利纠纷案　1958年2月1日，受理珠藏区木引槽乡砂子坎农业合作社诉周大发等人毁坏集体山塘一案。周大发，男，汉族，住漆坡组。砂子坎诉称，砂子坎农业生产合作社山塘修在上庆牟家湾，是经过农业合作社和木引乡政府研究决定的，任何人没有权利干涉，该塘能管辖面积180多亩，其中管辖砂子坎望天水田37.4亩（187挑）。周家族人因为墓碑一事，损坏集体利益，应该负责修复或负法律责任。合作社找周姓协商不成，诉至县法院调判。周姓族人辩称，山塘修在上庆，周家族人没有意见，在修塘时未告知周姓，祖坟被损坏一半，周姓应该阻拦。经调解坟墓搬迁，墓碑未迁。经木引乡陶乡长、邓社长、陈支书在犹主任家研究决定，答复新渡农业合作社打口新碑。嗣后，没有了结此事，找陈支书不理此事（已调到桂花）。族人搬迁旧碑时，出于气愤，遂将塘坎挖个大槽。法院认定，经查实，毁坏塘坎事实成立，经周姓族人代表周大伦、周兴前、周大发协商，免追法律责任，承认毁坏山塘水利是错误行为，应负赔偿责任，同意修复。调解周姓补助8个劳工折款贰元伍角整（2.50元）给砂子坎农业合作社修复。1964年，玉山人民法庭配合区政府调解瓮安、开阳多年用水纠纷一案。瓮安县玉山区小开洲公社大坪大队坡脚生产队，与开阳县花梨区龙水公社山坪大队（水平、羊耳牌、湾蔸、大山生产队）集体灌溉用水纠纷，由法院参加调解工作。开展三天时间座谈调解，尊重历史事实，双方本着国家利益为重，邻里团结和睦，避免天旱年间用水纠纷，协调同意在水源头做上分水卡子，开阳方水路长达2.5公里，灌溉面积300亩，用水三分之二，瓮安方灌溉只有坡脚一个生产队，水路短，面积30亩，属于陡水下滩，用水三分之一，合情合理解决双边多年用水争端。1982年6月18日，审理高水乡卢增光诉卢光会水利纠纷伤害1案。经高水公社、高炉大队3次调解，卢光会拒付卢增光的医药费。经公社、大队、群众3家协助法庭工作，事实清楚，证据确凿，将法庭搬到高炉大队公开调解，对卢光会进行严厉批评，所作行为已触犯刑律，应受到法律制裁。卢光会在事实面前承认错误，当众付清卢增光医药费168元，经教育，态度改变，免予刑事处分。

第五章　经济（商事）审判

商事案件审判主要审理经济类纠纷案件。收案范围为：经济合同纠纷案件、涉外经济纠纷案件、农村承包合同纠纷案件、经济行政案件和其他经济纠纷案件。

1978年中共十一届三中全会后，工作重点转移到经济建设。社会主义民主与法制加强，改革开放，搞活经济。经济合同制度普遍推行，各类经济纠纷案件日益增多，解决标的10576.26万元，其中农民工资6800万元。

1981年6月，县法院成立经济审判庭，开展经济纠纷案件审判活动。经济案件，涉及面广，适用法规多，当事人大多系经济组织类法人，在经济案件审理时，依照国家法律查清事实、核实证据、分清责任、依法有序审理，建立审判制度。

一、行政裁判权

经济纠纷可以申请调解、仲裁或直接起诉，由县法院行使审判权。对调解、仲裁和行政处理不服的，起诉到县法院，立案后依法判决。

二、独立审判

县法院在审理经济纠纷案件时，上级主管部门支持配合，依法办案，任何单位、部门或个人不得干涉，本着公平合理、真实、正确实施国家法律，维护人民法院公正、廉洁、尊严、自主进行独立审判。

三、重“实”审判

遵从“事实为依据，法律为准绳”的基本原则，查清事实、核实证据、分清责任、依法处理、有法依法或按相关政策办理；对无具体政策规定的，与有关方面协商，合情合理解决。办案质量“事实清楚、是非分明、责任明确、处理恰当、程序合法、文书齐全”。在程序运用、实体处理上，坚持“一律平等”原则。

四、调解优先、调判结合

民（商）事案件审判，遵从民事诉讼法（试行）规定的“优先调解”为主，“调判结合”为辅审判程序。从有利于发展生产、安定团结、社会和谐出发，县法院做耐心细致查询工作，事实清楚、证据确实、明确是非、分清责任、达到合法、自愿为目的撤诉或和解。

调解不服，结合民事案件有关法律法规，依法对号施行，给予判决。

第一节　经济案件审判

1980—1989 年，审理经济纠纷案件 761 件，其中合同纠纷案件 180 件，伤害赔偿纠纷案件 92 件，债务纠纷案件 489 件，审结标的 122.3 万元。1981 年 6 月，根据《中华人民共和国人民法院组织法》规定，成立经济审判庭，配备经济审判干部。省高院〔1982〕2 号文件通知关于经济庭收案范围，按照经济法程序，经济审判庭由原来 3 人增加到 4 人，开展经济审判工作。1983 年，受理经济纠纷案件 50 件，其中旧存案件 1 件，新收 49 件，审结 47 件，占受理数 95.19%。在审理中，按照《中华人民共和国民事诉讼法》规定，查明事实、分清是非、明确责任，坚持以调解为主，所审结的经济案件全系调解结案。1984 年，通过贯彻第一次全国经济审判工作会议及中央〔1984〕1 号文件精神，清理“左倾”的思想，依法严厉打击严重破坏社会主义经济秩序的犯罪分子，统筹兼顾，安排力量，抓好经济纠纷审判工作。审理经济纠纷案件 38 件（新收案件 35 件），审结 29 件，占受案数 78.9%。对“两户一联”（专业户、个体户、联产承包户）合法权益，运用法律手段予以保护。审结经济案件中，属于保护“两户一联”合法权益 12 件，占审结数 12.77%。1988 年，受理各类经济纠纷案件 211 件，结案 209 件，结案率 99.05%。审结购销合同案件 8 件，建筑工程、财产保险、货物运输合同各 1 件，借款合同 62 件。调解结案 123 件，判决结案 1 件，移送 1 件，撤诉 17 件，解决诉讼标的 85.945 万元。县法院利用法律手段调节经济职能，保护公有制为主体的多种所有制经济发展，保护城乡个体经济、私营经济合法权益。在审理原有各类经济纠纷案件时，购销合同和农村承包合同纠纷案件，采用“调解优先、调判结合”方法。审理在改革过程中出现、反映新经济关系及其新型案件，针对商品经济新变化、新特点，开展专项法律服务，治理经济经营环境。许多借款户因种种因素到期不还贷款，造成银行资金紧缺，影响信贷资金为商品生产服务功能。依法为县农行、县工行清收逾期贷款，11 月中旬至 12 月，结案 61 件，解决诉讼标的 58 万元。

1989 年，院领导从机关和部分法庭抽调 15 名审判干部，组成巡回法庭。7 月 18 日，由 1 名副院长带队，在雍阳区茅坡乡试点，摸索经验，培训骨干，分成三个审判组，对各区、镇实行划片突击，各人民法庭配合巡回法庭办案人员，至 11 月 20 日，审结借款合同纠纷案件 66 件，结案率 100%。12 月 2 日，县法院派出两个办案组去辽宁、河北、山东、河南、湖北等省审理县属企业的货款纠纷案件，一个多月工作，审结 17 件，收回货款 7 万元。审理各类经济纠纷案件 274 件（含旧存 53 件），结案 264 件，审结率 96.63%。其中审结购销合同 29 件，借款合同 59 件，建筑工程合同 2 件，交通运输合同 4 件，加工承包合同 2 件，农村承包合同 5 件，仓储保管合同 1 件，其他经济纠纷案件 46 件。调解结案 231 件，判决结案 10 件，撤诉 33 件，解决标的 15 万元。

1990—1999 年，受理经济纠纷案件 4843 件，审结 4341 件，结案率 89.64%。其中审结合同纠纷案件 309 件，占案件总数 23.37%；伤害赔偿案件 758 件，比 80 年代上升 8.71

倍；债务纠纷案件2842件，占经济案件受理数58.68%；解决标的1871万元。承办经济纠纷案件以本庭审理、执行为主，促使审判干部增强责任心，重视办案质量。并帮助企业完善内部管理。1990年，审理贵州省新华磷肥厂起诉一批货款纠纷案件时，发现该厂在订立合同时，存在违约责任不明确，订立合同程序混乱，致使大量磷肥款在外省无法及时收回。院领导与办案人员专程去该厂参加座谈会解决，并理顺该厂内部管理制度。审理经济纠纷案件152件，审结121件，结案率79.6%。调解结案88件，判决结案33件，撤诉13件，解决标的11万元。1991年，认真执行《中华人民共和国经济合同法》《中华人民共和国民事诉讼法》规定，对起诉到法院的案件，只要符合立案条件，及时受理，及时审结；正确认定合同效力，依法保护国家、集体和公民合法权益；正确确定赔偿标准和诉讼费承担。审结购销合同案24件，建筑工程承包合同案5件，财产租赁合同2件，借款合同案件52件，农村承包合同纠纷6件，其他经济纠纷案件23件。审结196件，占受理数80%。对经济纠纷案件审理，本着制裁民事违法行为，保护当事人合法权益，维护社会经济秩序，促进治理整顿和深化改革顺利进行。1992年，运用法律手段调整经济关系，保护国营经济、个体经济、私营经济和公民合法经济利益，为改革开放、发展社会主义市场经济保驾护航。挽救一批因资金外流不能收回，致使生产经营瘫痪的企业。瓮安县车队22名驾驶员拖欠车队承包费等各种欠款纠纷案件。经过摸底调查，发现欠款者多数是有钱不还，原告方申请，按照《中华人民共和国民诉法》规定，在开庭前连夜组织力量分别对被起诉的22名驾驶员财产进行诉讼保全，然后公开开庭审理，及时兑现，收回拖欠款6万元。

1993年，通过审判活动，促进经济正常流转。针对供销社经营不景气，在外有400万元资金收不回来，造成供销部门经营困难，由一名法院副院长和党组成员带队深入各直属厂矿、公司内巡回办案，两个半月时间，解决诉讼标的265.37万元。1994年，运用“三步到位”（立案后送达诉状副本、采取财产保全和执行、送达开庭传票三步同时到位）和“直接审判”（开庭前查案为开庭查案）相结合的审判方式进行经济案件审理工作。正确适用简易程序审案，缩短时间，提高效率。审理各类经济纠纷案件264件，审结289件，结案率88.95%。比1993年收案上升7.63%，结案增加18.09%。审结购销合同案件62件，建设工程承包合同案件1件，借款合同171件，财产保险合同1件，企业承包经营合同1件，货物运输合同10件，其他经济合同纠纷案件43件，全民企业破产案件1件，已结案中，调解结案245件，判决结案46件，撤诉35件，解决诉讼标的99万元。

1996年，受理法人之间借款合同和贷款纠纷案件97件，审结84件，结案率86.59%，解决互相拖欠款、债权债务、加速资金流转。依法做好流通领域中经济纠纷案件审理，受理购销合同45件，审理结案34件，审结率75.56%。受理各类经济案件468件，审结429件，结案率91.82%，解决标的410万元。

1998年，开展对企业金融体制改革，粮食流通体制改革，住房制度改革等重大改革措施的审判活动。经济纠纷案件审判，保障国有企业股份制改造，金融体制改革和国有商业银行管理制度案件审理。受理各类经济纠纷案件539件，结案率98.55%。审结购销合同纠纷53件，借款合同纠纷案件113件，农村承包合同纠纷案件15件，企业承包经营合案件2件，其他经济合同纠纷案件19件，非全民企业破产案件1件，货运合同纠纷案件2件。调解结案415件，判决结案64件，撤诉43件，终结3件，移送3件，其他处理3件。三个月内审结323件，占60%，六个月内审结149件，占27.8%，经批准延长期限审结67件，占12.2%，解决诉讼标的72万元。1999年，适用简易程序审结经济纠纷案件135件，占受理各类经济纠纷案件90%，适用普通程序审结11件，占7.33%，适用普通程序经批准延长审限审结3件，占2%，解决诉讼标的608万元。

2001—2014年，坚持改革开放和经济繁荣为指导思想，发挥调节、保护、规范职能，加强经济审判工作。审理承包、租赁、购销、融资、贷款、票据、联营等各类经济纠纷案件8382件，审结8205件，结案率97.9%，与20世纪80—90年代同期相比上升1.49倍。解决标的9075万元 。2001年，根据中共瓮安县委办公室瓮委办字〔2001〕103号文件《关于瓮安县人民法院机构改革方案》精神，将原经济审判庭撤销，更名为民事审判二庭，审理第一审经济合同、证券、票据、借贷合同纠纷案件和企业矿产案件，监督指导人民法庭相关民事审判工作，办理其他相关民事审判工作事宜。受理各种经济纠纷案件580件，审结570件，结案率98.67%，解决标的1751万元。2014年，民二庭审结工业园区建筑施工合同纠纷案件12件，财产保险合同15件，经营合同6件，购销合同56件，物业服务合同30件，审结商事案件188件，结案率100%。合理运用调解、判决方式解决商事纠纷审判活动，营造良好投资环境，受理各类经济纠纷案件603件，审结599件，结案率99.34%，解决标的5589万元。

1950—2014年，受理各类经济纠纷案件14955件，审结14913件，结案率99.72%：其中经济合同纠纷案件3100件，占受理各类经济纠纷案件总数15.46%；经济赔偿纠纷案件1466件，占受理各类经济纠纷案件总数7.32%；债务纠纷案件8728件，占受理各类经济纠纷案件总数58.36%；其他类经济纠纷案件2246件，占受理各类经济纠纷案件总案件数15.02%。

第二节　债务纠纷案件审判

清代时期，审判债务纠纷案件，规定履行债务的人身制裁。

民国时期，废除债务的人身抵债，转为财产抵偿。

中华人民共和国成立，随着所有制改革，债务关系发生变化。农村集体事业发展壮大，社员发生临时困难，可向信用合作社或银行借贷，也可以在生产队公益金中临时借支解决，民间债务纠纷发案率下降。

20世纪50年代，审理各类债务纠纷案件200件，审结198件，结案率99.14%，解决标的4.999万元（包括旧币）。其中，“一五”期间（1953—1957年），受理债务纠纷案件3件，结案率100%。

60年代，受理债务纠纷案件90件，审结89件，结案率99.35%；审结国家、集体债务纠纷案件48件，占受案数53.33%；审结国家银行贷款纠纷案件12件，集体债务纠纷案件14件，民间借款纠纷案件16件，占受理总数17.78%，审结标的245万元。“文化大革命”

期间债务纠纷案件由军管组审理，审结59件，比50年代减少58件，下降率39.19%。

1970—1979年，受理债务纠纷案件46件，审结44件，结案率97.15%；结案民间借款17件，占审结数36.95%；解决标的6.15万元，审结银行贷款纠纷案件7件，审结标的1.88万元，其他债务纠纷案件22件，解决标的1.11万元。

20世纪80年代，改革开放，各类法律健全，民间纠纷频繁，特别是债务纠纷案件剧增，受理各类债务纠纷案件489件，审结487件，结案率99.62%；比70年代增加443件，上升9.63倍；审结国家、集体债务纠纷案件86件，标的59.13万元，小额贷款154件，标的52.72万元，民间债务纠纷案件249件，占受案数50.92%；解决标的10.94万元。1980—1988年，受理债务纠纷案件307件，比“文化大革命”期间增加248件。1981年6月，建立经济法庭，债务纠纷基本形成经济合同纠纷案件审判。受理债务纠纷案件19件，审结18件，结案率94.74%。1983年4月23日，审理张玉连利用熟人关系冒名贷款一案。嗣后，该社以催收贷款为名，将江明亮的一头耕牛拉走折价还款。导致江的田土荒芜，生活困难。江诉至县法院，依法驳回原告起诉。1989年10月，审理瓮安县雍阳区供销社诉凯里市粮油公司欠款一案，凯里市粮油公司经营部向瓮安县雍阳区供销社购油菜籽1.91万公斤，共计人民币36.19万元，未按合同付款，雍阳区供销合作社多次催收无效，诉至县法院。县法院组成合议庭前往凯里市粮油公司经营部进行公开审理，依法判决公司经营部负责偿还拖欠雍阳区供销合作社货款及违约金。

90年代，受理债务纠纷案件2842件，审结2761件，结案率97.15%：其中审结经济合同纠纷案件1256件，占债务纠纷案件44.19%。

2000—2009年，受理各类债务纠纷案件4040件，审结4008件，结案率99.23%，解决标的8168.9万元。审结国家银行借款纠纷案件1615件，标的1172万元，集体行业借款纠纷案件583件，标的819万元，小额借贷纠纷案件734件，标的1189.9万元，民间借贷纠纷案件1108件，标的4988万元。2004年，受理债务案件409件，审结402件，占受理数98.28%。审理案件标的20万元，结案标的20万元，占审理数100% 。2009年，推进新农村建设及受全球金融危机影响，农村集中建房、土地流转合同类纠纷和复杂疑难案件源源涌现。永和人民法庭受理债务纠纷案件25件，结案25件，结案率100%。根据最高人民法院《关于进一步加强司法便民工作的若干意见》规定，抽调政治素质高、法学基础扎实、审判经验丰富的业务骨干，设立合议庭审判道路交通事故、经济纠纷案件，实行民事裁定，审理事实异议的案件70件。达到便捷、高效处理交通事故赔偿，维护当事人合法权益，审结交通事故经济赔偿案件16件。审理债务纠纷案件766件，结案752件，结案率98.17%。

2011年12月，审理债务纠纷案件219件，标的1300万元。有的当事人借、贷不守信用，负债采取躲、逃、赖的办法，不履行还款义务，长期拖欠私人或银行贷款，使社会诚信受到严重挑战。县法院党组向县委汇报，指定县政法委召开专题专项审理债务积案清理会议，开展清理债务积案活动。6月30日前化解50%积案，8月31日全部化解。每个干警主动到涉案单位和主管部门联系，与债务人协商达成共识。严格依照相关法律规定进行审理，明确还款义务，制订还款计划，落实还款期限，确定还款数额。采取“诉调对接、调解优先、调判结合”，实现案结、事了、人和目的。合理调节经济社会关系，化解人民内部矛盾，服务社会，促进经济发展，了结债务。江老大、赵正祥诉玉山水泥厂欠债一案。江、赵诉至县法院请求判令，查明事实，耐心劝说，最后债务人同意偿还借款606万元。

2012—2014年，审理债务纠纷案件469件，审结468件经，结案率99.78%。审理时既要严格追究经济责任，又要从实际出发，妥善解决纠纷。处理中除依照经济合同法规，因案制宜，适用工商行政、基建、物价、质量标准等其他经济有关法规，追究经济责任，调判债务偿还关系。对有效经济合同，坚持重合同守信誉原则，区分一方或双方过错，全部责任还是部分责任，依法追究相应经济责任。2012年6月，审理曹建、李欣诉王伦转让协议一案。王伦系都匀汽运公司聘用驻樟木头客车站管理人员，未经都匀汽运公司授权，私自将都匀汽运公司驻樟木头客车站经营权转让。曹、李发觉王未经公司授权，又无固定住所，实属欺骗行为，经多次协商毁约退款，王拒绝退款而躲避，曹、李诉至县法院裁决。法院干警驱车奔赴广州、深圳、东莞找到王对证。根据国家相关法律规定，结合实际，对王伦行骗行为作严厉批评，裁定双方签订客车站经营权转让协议无效，对被告王处以罚款，并将原告预交的转让金如数退还。2014年，依法审理债务纠纷案件167件，审结164件，结案率98.2%。1950—2014年，受理债务纠纷案件8728件，审结8690件，结案率99.56%，解决标的11086.28万元。

债务纠纷典型案例

债务纠纷案　1988年12月1日，调解唐兴书、向文学诉陈辉权债务纠纷合同一案。唐兴书，女，汉族，初小文化，瓮安县人，住瓮安县永和区长林乡龙山村烂田坡村民组，向文学，男，汉族，时年40岁，初中文化，瓮安县人，在洗马塘乡工作，住瓮安县永和区长林乡龙山村烂田坡村民组，（系唐兴书之夫）。陈辉权，男，时年36岁，汉族，初小文化，瓮安县人，务农，住瓮安县永和区长林乡长林村小土村民组（系欠款人）。1987年，陈辉权组建模具加工厂，由于资金不足，是年7月15日与唐兴书、向文学夫妇借款1000元，约定月息5%，到本月底还清。到期后，陈辉权没有偿还，唐多次催收未果。1988年2月14日，陈向唐出具借条，借到唐兴书人民币壹仟伍佰肆拾元（1540元含息）。限期1988年5月17日还清，到期不还，陈以家产房子抵押，期到后，陈仍然未还款，8月4日，陈以再次出具归还，并写明用灶房1间，耕牛子母作抵，又逾期，陈仍然未还。11月13日，唐、向夫妇向县法院起诉，要求陈偿还借款和利息。根据《中华人民共和国民法通则》第84条规定调解如下：陈辉权借唐兴书夫妇人民币本金壹仟元（1000元），利息按银行贷款1.5%计算，共息款贰佰肆拾壹元伍角（1987年已付利息陆拾元），除已付外实付利息181.50元，陈辉权应清偿给唐兴书本息人民币1181.50元（限期在1988年农历腊月二十偿付1000元，1989年5月20日偿付181.50元）；诉讼费36元由陈辉权承担，本调解书与判决书具有同等法律效力。1994年11月3日，审理瓮安县企业局诉草塘大湾田煤厂欠“四费”一案。瓮安县企业局法定代表人唐遵学，男，县企业局局长，委托代理人谢昌明，男，草塘镇企业管理站站长。被告吴定学，男，汉族，1952年7月生，瓮安县人，原草塘大湾田煤厂厂长，现住木老坪乡印山村茶园组。委托代理人李文新，男，汉族，1936年生，瓮安县人，退休老师，现住草塘镇上街。委托代理人吴安亮，男，汉族，1946年生，瓮安县人。县企业局诉称，1993 年度，吴定学在草塘镇大湾田开办煤厂，根据上级相关文件精神，吴定学与县企业局签订“四费”（管理费、救护费、发展基金、维检费）承包合同。合同规定，全年向县企业局上缴“四费”金额 15200 元，嗣后，吴仅交 1700 元。1993 年 9 月，根据该厂具体情况，县企业局作了适当调整，立据欠“四费”款 5500 元，限当年底付清。到期后，催收多次未果，诉至县法院请求判令吴定学上缴所欠款 5500 元。吴定学辩称，企业局所述属实，但当年煤厂 11 月、12 月停产，所欠费用未能兑现，要求给予减免。经审理查明，吴定学在 1993 年 9 月立据欠瓮安县乡镇企业局“四费”5500 元，至今未缴属实。本案在审理中，主持调解，双方当事人自愿达成协议，吴定学清偿所欠瓮安县乡镇企业局“四费”5000 元，限期 1994 年 12 月 15 日前清偿，到时不还，从 1993 年 9 月立据之日起，按国家信用社贷款利率计息清偿。诉讼费 530 元由吴定学负担。上述协议符合有关法律规定，经双方当事人签收后，即具有法律效力。2002 年 5 月 22 日，审理李祝伦诉瓮安县雍阳镇农村合作基金会一案。李祝伦，男，汉族，1972 年 9 月 11 日生，瓮安县人，天文镇财政所驾驶员，住瓮安县天文镇粮油公司宿舍。委托代理周艺，男，汉族，系瓮安县中心法律事务所法律工作者，住瓮安县雍阳镇文峰北路。被告瓮安县雍阳镇农村基金会，地址：瓮安县雍阳镇文峰路财政所门面，法定代表人，刘泽林，男，汉族，该会主任，住瓮安县林业局宿舍。原告诉称，被告以入股方式吸收存款，原告自 1998 年 3 月 19 日开始在被告处存款，截至 2001 年 4 月 16 日，共存入金额 33145 元。2002 年 3 月 15 日，雍阳镇人民政府发出《关于农村合作基金会存款兑付》公告，要求储蓄户在 4 月 15 日前将存款兑现完毕。原告持存折兑付时被被告以原告之父（何建培）给别人担保借款为由，冻结原告存款 33145 元，拒绝兑付。原告的合法利益遭受被告侵害，请求县法院判令兑付存款金额 33145 元。审理认为，原告在被告处存款事实存在，根据贵州省高级人民法院《2000 年积极参与整顿和规范市场经济秩序工作的意见》，“对涉及农村合作基金会的案件，一定要以稳定大局的原则出发，审慎处理。目前暂不受理以农村合作基金会为被告的纠纷”的精神，本案暂不受理。依照《中华人民共和国民事诉讼法》第 140 条和最高人民法院《关于适用〈中华人民共和国民事诉讼法〉若干问题的意见》第 139 条规定，经审判委员会讨论决定：驳回李祝伦的起诉，案件受理费 50 元由李祝伦负担。如不服本裁定可在裁定书送达之日起 10 日内向县法院递交上诉状，上诉到贵州省黔南州中级人民法院。2011 年 8 月 31 日，江老大、赵正祥诉玉山水泥厂欠债 1 案。江、赵诉至法院请求判令，其间江、赵将水泥厂大门堵住，停止生产，造成经济损失，导致债务人反诉。查明事实，经调解，债务人同意偿还借款 606 万元。

货款纠纷案　1989 年 10 月，审理瓮安县雍阳区供销社诉凯里市粮油公司欠款一案，凯里市粮油公司经营部向瓮安县雍阳区供销社购油菜籽 1.91 万公斤，共计人民币 36.19 万元。凯里市粮油公司经营部未按合同付款，尚欠货款 11.44 万元，雍阳区供销合作社多次催收无效。县法院立案后，由一名副院长和经济庭负责人参加组成合议庭前往凯里市粮油公司经营部进行公开审理，依法调判凯里市粮油公司经营部负责偿还拖欠雍阳区供销合作社货款及违约金合计 14.55 万元。1994 年 7 月 4 日，审理瓮安县茅坡水泥厂诉蒙应举拖欠货款一案。原告瓮安县茅坡水泥厂，法定代表人吴忠奎，厂长，委托代理人吴方进，该厂出纳。被告蒙应举，男，汉族，1950年11月10日生，瓮安县人，个体工商户。原告诉称，蒙应举于1993年7—8月向水泥厂赊购水泥40吨，共计货款10000元，不受信誉，一直拖欠不还，请求判令蒙应举及时偿付货款及利息，并承本案诉讼费用。被告辩称，赊购茅坡水泥厂水泥40吨，欠款10000元是事实，在赊购水泥时，厂方没有讲付款时间和利息，未付款的原因是赊出去的水泥仍未收到款，所以没有及时付清赊购款。要求水泥厂原谅收回砖款和卖砖后付清，要付利息不同意。审理认为，经查明蒙应举于1993年7月16日、8月24日向茅坡水泥厂赊购水泥40吨，货款10000元，当时茅坡水泥厂出具借条时未明确付款时间，也未约定利息，原告催收未获诉至县法院请求判令及时付清货款。审理中，认定上述事实，有原、被告的陈述，被告出具的借据在案，在庭审中经质证核实，可采信。蒙应举赊购水泥款长时间未付，导致茅坡水泥厂提起诉讼，请求蒙应举及时付清水泥款及承担拖欠款期间的损失，按银行贷款月息利率10.4‰计付理由成立，法院支持。蒙应举提出茅坡水泥赊销水泥时未约定付款时间和利息，不同意付利息请求，不予采信。根据《中华人民共和国民法通则》第84条规定判决：蒙应举欠瓮安县茅坡水泥厂水泥款10000元，计付利息1144元（自1993年9月1日至1994年7月31日止，按月息10.4‰计算），共计应付款11144元，判决生效后10日内一次性清偿。诉讼费460元由蒙应举承担。如不服可在接到判决后15日内上诉到黔南州中级人民法院。2009年3月9日，审理邓志华诉贵州省新华磷肥厂拖欠货款一案。邓志华，男，汉族，1961年1月17日生，初中文化，务农，瓮安县人，住瓮安县草塘镇杉树坳村牛场坝组。任家祥，男，汉族，1944年2月22日生，初小文化，务农，住瓮安县草塘镇杉树坳村牛场坝组。被告贵州省新华磷肥厂法定代表人李祥，厂长。原告诉称，2003年2月22日起，贵州省新华磷肥厂先后5次向原告买柴火，工作人员开具《产品过磅单》。2003年4月2日，结算后，并向2原告开具《贵州省地方国营新华磷肥厂收料单》，注明被告应付货款1280元。经原告多次催收未获。虽口头答应，但一直拒不偿还欠款，遂诉至县法院请求判令被告立即清偿拖欠货款1280元，本案诉讼费由被告承担。被告未到庭，未提供书面答辩，亦未出庭对原告的证据发表质证意见。审理查明，被告自2003年2月22日至2003年4月2日，先后5次向2原告购买柴火，由被告工作人员向原告开具0046278、0046413、0046709、0046716票号《贵州省新华磷肥厂产品过磅单》。2003年4月2日，被告对前述票据核算后，并向2原告开具有《贵州省地方国营新华磷肥厂收料单》，注明柴火8吨，单价为每吨160元，货款合计1280元。2009年1月23日，原告请求县法院判令被告清偿货款人民币1280元，并承担本案诉讼费。上述事实，有原告的陈述和提供的《贵州省新华磷肥厂产品过磅单》《贵州省地方国营新华磷肥厂收料单》在卷证实，本院开庭审查可以采信。审理认为，贵州省新华磷肥厂向邓志华、任家祥购买柴火8吨，单价每吨160元，合计1280元，有原告提供的《贵州省新华磷肥厂产品过磅单》《贵州省地主国营新华磷肥厂收料单》在卷证实。事实清楚，2原告与被告胡伦高之间的债权债务关系明确，合法。根据《中华人民共和国民法通则》第84条“债权人有权要求债务人按照合同的约定或者依照法律的规定履行义务”和第108条“债务应当清偿”之规定，被告作为本案债务人，应当承担向债权人邓志华、任家祥清偿所欠货款债务的责任，2原告请求有理，予以采信支持。被告无正当理由，经传票传唤未到庭参加诉讼，根据《中华人民共和国民事诉讼法》第130条“被告经传票传唤，无正当理由拒不到庭的，或者未经法庭许可中途退庭的，可以缺席判决”规定，依照《中华人民共和国民法通则》第84、108条和《中华人民共和国民事诉讼法》第130条规定判决：限期被告贵州省新华磷肥厂于判决生效之日起15日内清偿原告邓志华，任家祥货款人民币1280元。如被告未接判决指定期间履约给付货款义务，应当依照《中华人民共和国民事诉讼法》第229条规定，加倍支付迟延履约期间的债务利息。案件受理费50元减半收取25元，由贵州省新华磷肥厂承担。

第三节 合同纠纷案件审判

依法调节经济关系，促进经济发展，必须有合同约定。根据《中华人民共和国合同法》规定，发挥人民法院依法调节、保护、规范经济活动职能，依法保护国企改革和非国有企业发展的合法权益，为国有企业及其他所有制企业平等参与市场竞争，促进经济发展，提供法律保障。

1950—1978年，审理经济合同纠纷案件54件，结案53件，结案率98.15%；审结购销合同纠纷案件9件，工程承包合同16件，其他经济承包合同13件，民间借贷合同16件。此时期，计划经济一直占领市场阵地，企业之间、公私之间发生经济往来纠纷，主要由民间协调，行政主管部门调解或仲裁，达不成共识再诉至县法院审判。

20世纪80年代，各类法律健全，经济体制改革，民间经济纠纷案件增多，主要涉及经济合同类，如项目工程、施工合同、购销、土地、山林、承包转让，民间借贷合同等。受理经济合同纠纷案件180件，审结179件，结案率99.44%。审结工程施工承包合同纠纷案件27件，涉及标的28.63万元，其中农民工工资13.58万元；民间借贷合同169件，标的138.64万元；土地、山林承包、转让合同纠纷案件78件。

1990—1999年，审结经济合同纠纷案件1243件，比80年代增加1063件，上升6.9倍。结案工程施工合同864件，占受案数69.5%；民间借贷经济合同197件，占受案数15.85%；土地、山林、承包、转让合同118件，购销经济合同59件，其他经济合同纠纷案件5件。1996年，审理经济合同纠纷案件，首先抓对国有企业改革和发展案件的审理，受理法人之间借款合同和贷款纠纷案件86件，审结74件，审结率86%。解决相互拖欠贷款，清理债权债务，加速资金流转速度，保护市场公平竞争，制裁不正当竞争，规范市场行为，促进商品市场健康发展。4月20日至12月20日，为银行系统盘点信贷资金收回逾期、呆滞贷款308.32万元。

2001年，根据最高法院、省高院和州中院关于建立民事审判格局要求，超前安排审判任务，将原来经济法庭受理的经济（经字号）纠纷案号改为民字号，将经济庭改为民二庭，负责民商事合同纠纷案件审理，并组织全院干警学习“山东烟台召开的全国法院工作会议精神”，学习《中华人民共和国合同法》，正确理解和运用法律条文，依法调整合同关系，维护交易安全。对金融、流通、运输、技术和房地产等领域合同纠纷案件，尊重当事人意愿，保护有效合同严肃性，切实兑现合同所确定的权利和义务。依法制裁欺诈、胁迫、故意违约、窃取商业秘密、制售假冒伪劣商品等损害国家、集体和他人利益的行为。是年，受理经济合同纠纷案件97件，审结89件，占受理数95.93%；其中，依法收贷审结借贷经济合同纠纷案件75件，占经济合同案件91.97%，解决标的1751万元。

2003年，中坪人民法庭受理贷款合同纠纷案件60件，永和人民法庭受理民间借款合同纠纷案件148件，适用简易程序，在6个月内审结16件，占受案数9%。在审案活动中，注重社会效果，坚持对被执行人做细致法制教育工作，督促其自觉履行法律文书确定的义务。从有利于保护债权人合法权益，以促进社会稳定和经济发展为原则，采取“活查封”和“放水养鱼”形式，允许被执行人继续生产经营，分期偿还债务、分期履行义务。

2009年，审理经济合同案件235件，其中涉及借贷纠纷案件189件，占经济合同案件80.42%。

2014年，在经济纠纷案件中，重点审查合同、协议的法律效力，依照合同法有关规定，结合民间贷款活动实际，合同主体是否具有法人资格，从事经营活动有无工商行政管理部门核准登记注册；经济合同内容标的、价格、经营范围等是否合法，有无违反国家法律政策；合同当事人在签约过程中意思表示是否真实，有无违反平等互利，协商达成共识、等价有偿的基本原则；合同是否履行审批手续等，本着经济合同法的基本原则开展审判活动。是年，受理各类经济案件603件，其中经济合同案件民一庭68件，民二庭106件，基层法庭受理89件，结案率100%。1950—2014年，受理各类经济合同案件4753件，审结4701件，结案率98.90%。其中工程施工合同1657件，占总案件数34.86%；购销合同1865件，占总案件数39.24%；借贷合同864件，占受理总数18.18%；农村联产承包合同228件，占总案件4.79%；其他合同纠纷案件139件，占受理案件数2.92%。

合同纠纷典型案例

购销合同案　2001年10月12日，调解南昌兴达物资有限公司诉瓮安县腾达磷化工科技发展责任有限公司购销合同纠纷一案。南昌兴达物资有限公司法定代表人胡美华（女）委托代理人尚金林，是该公司业务员，住南昌市南莲路152号。瓮安县腾达磷化工科技发展责任有限公司法定代表人刘申易委托代理人董天明，系该公司董事。2001年6月12日，双方签订生铁购销合同，合同中约定，腾达公司每月向南昌公司提供生铁800—1200吨，13日，南昌公司向腾达公司预付货款20万元。7月15日前，腾达公司应向南昌公司提供生铁200—300吨，否则如数退还货款20万元。嗣后，腾达公司因遇到不可抗力因素，未按期履行合同义务，南昌公司要求腾达公司退货款，并赔偿因此造成的经济损失，遂诉至县法院要求裁决。经审理查明，腾达公司为供方，南昌公司为需方，合同签订从2001年7月份起，每月向需方提供炼钢生铁800—1200吨，供方提产及扩产同时都必须确保需方独家销售，每吨生铁运到铁路发货场基准价每吨980元（含税17%），随行就市双方协商调整，火车运输以内的费用由需方承担，火车运输以外的费用由供方承担。需方向供方一次性预付首批货款20万元，以作供方启动资金，要求供方在7月5日前向需方提供生铁200—300吨，否则将原款退回需方。合同有效期2001年6月13日至2002年5月31日止，嗣后，供货方因经常下雨和停电等因素所致，未按合同约定履行义务，南昌公司诉至法院要求腾达公司终止合同，并退货款，及赔偿造成的经济损失。经调解达成协议：1. 终止南昌兴达物资有限公司与瓮安县腾达磷化工科技发展责任有限公司签订的生铁购销合同；2. 瓮安县腾达磷化工科技发展责任有限公司自愿于 2001 年 12 月 31 日前一次性退还南昌兴达物资有限公司预付货款 20 万元，并按中国人民银行同期同类贷款利率给付，从 2001 年 7 月 6 日起至清偿完毕之日止。瓮安县腾达磷化工科技发展责任有限公司自愿提供除尘系统一套，球式热风炉两座，设备制作系统一套作还款担保。3. 瓮安县腾达磷化工科技发展责任有限公司自愿于 2001 年 12 月 31 日前一次性赔偿南昌兴达物资有限公司差旅费损失 5000 元，其余经济损失南昌兴达物资有限公司自愿放弃。4. 案件受理费人民币 5580 元，瓮安县腾达磷化工科技责任有限公司自愿承担。2004 年 5 月，判决陈明诉李华东购销合同纠纷一案。李华东因添置家具，在陈明处购买家电产品（电视机、洗衣机、电冰箱、音箱、功放机、VCD 等）共计 4900 元，当即给付 2000 元，下欠 2900 元，约定本月底清偿，并签订立具违约责任。之后，李又给付 500 元，所欠 2400 元一直未付。陈催收多次未果，诉至法院请求判令。李华东与陈明并签订给付协议，拟订违约责任，双方按协议期限履行义务，逾期按所欠数额每日 6‰给付违约金，事实符合，可以采信，根据《中华人民共和国合同法》有关规定判定李华东履行还款义务。法院认为：陈、李签订买卖合同系双方真实意思表示，合法有效，予以支持。李华东违反合同的真实意思，违反诚实信用市场交易原则，陈明要求李及时给付欠款 2400 元，并按欠款金额每日承担 6‰的违约责任至开庭审理时止。陈明诉求符合情理，于法有据，予以支持。根据《中华人民共和国合同法》第 114、130、161 条第 1 款规定判决：1. 李华东于本判决之日起 5 日内一次性给付陈明货款 2400 元，违约金 273 元，共计 2673 元；2. 案件受理费 130 元，其他诉讼费 240 元，共计 370 元，由李华东承担。2012 年 4 月 5 日，判决宋锡平诉杨武华购房合同纠纷一案。宋锡平，男，汉族，文盲，48 岁，务农，贵州省瓮安县人，住瓮安县草塘镇桃源村朵汪坡组。杨武华，男，汉族，初中文化，36 岁，务农，贵州省瓮安县人，住瓮安县草塘镇对门场村坝尾组。3 月 10 日，宋、杨口头协议达成购房共识。杨向宋承诺建房手续只有一个总的，今后过户时协助办理，并提供相关手续和资料，约定 19 日正式签订购房合同，杨提出未签约之前首交购房定金 4800 元（有收据）。3 月 19 日签订合同，宋向杨提出出示建房手续，杨说：“没有建房手续。”宋认为杨不说实话，有欺骗行为，购房口头协议不成立，并且要求退还预交定金款 4800 元，双方争执，经猴场镇综合治理办公室调解未果，诉至县法院判令，根据合同法有关规定，宋与杨购房口头协议达成共识，已确定预交定金 4800 元．到正式签订合同时宋反悔，严重违反合同法有关违约行为规定，宋不购房屋已构成违约责任，据此，不退还预交定金 4800 元。审理查明，宋购买杨修建在草塘镇对门场村坝尾组房屋 1 套，价款为 5. 98 万元。经双方口头协议达成共识，被告要求原告先交定金 4800 元，约定 3 月 19 日正式签订合同。宋提问建房相关手续事宜，杨说建房手续只有一个总的，到需要过户时，协助办理相关手续和提供资料，但费用由宋承担。双方在正式签合同时，宋提出请出示建房相关手续，杨“没有建房手续”出示，宋认为，没有建房手续当时要讲清楚，有就有，没有就没有，不能欺骗交定金 4800 元。双方发生争执，经猴场镇综治办调解未果，宋诉至县法院要求判令。审理认为：双方买卖行为应当符合法律规定。在本案中，杨将未经批准在建房屋，收取定金预售给宋，其行为不符合法律规定，不受法律保护。依照《中华人民共和国民法通则》第6条“民事活动必须遵守法律，法律没有规定的，应当遵守国家政策”，“当事人订立、履行合同，应当遵守法律、行政法规，尊重社会公德，不得扰乱社会经济秩序，损害社会公共利益”规定。宋锡平请求杨武华退还购房定金款理由充分，符合法律规定，应予以支持。依据《中华人民共和国民法通则》第6条及《中华人民共和国合同法》第7条规定，判决杨武华于法律文书生效后3日内退还宋锡平购房定金款4800元。

工程施工合同案　2013年10月10日，判决瓮安县恒丰园茶业有限公司诉贵州靖沣建筑工程有限公司建设工程施工合同纠纷一案。瓮安县恒丰园茶业有限公司，住址雍阳镇。贵州靖沣建筑工程有限公司，住址贵州省六盘水市钟山区花渔路32号。2012年2月10日，恒丰园茶业公司为修建公司办公楼、宿舍楼、厂房、围墙、挡土墙、排水沟、大门及附属设施，将该工程发包给靖沣建筑公司修建，双方签订施工合同。在施工过程中，双方发生纠纷导致停工。2013年1月15日，靖沣公司诉至县法院，要求恒丰公司支付39.88万元工程款，并承担违约金113.55万元。通过调查作出（2013）民初字第167号民事判决书，判决由恒丰园公司支付工程款33.09万元，扣除已支付款5.14万元，还应给付工程款27.95万元，该款经县法院执行局执行给付完毕。靖沣公司得上述工程款后，未支付板房费4.6万元，运水、油费、修理费及工资共1.66万元，挖机费5700元，砖费2700元，导致相关债权人到工地上要债甚至阻挡施工。为保证工地施工正常，恒丰园公司代替靖沣公司支付上述款项。靖沣公司未将33.09万元工程款交给恒丰公司，导致恒丰公司承担2.32万元建安税款。另外工程还包含效果图5000元，工程设计图设计费用40000元，靖沣公司得到工程款后未将设计图纸交给恒丰公司，导致另行设计又花去投资费40000元。靖沣公司在施工过程中经常有2—5人不等在贺云友饭馆吃饭欠账，贺云友无奈找人支付，恒丰公司迫于无奈替靖沣公司支付生活欠款5000元。以上各项费用都是由于靖沣公司原因给恒丰公司造成的损失共计14.42万元。依照《中华人民共和国合同法》第60条、最高人民法院《关于民事诉讼证据的若干规定》第2条规定判决：1. 限贵州靖沣建筑工程有限公司在本判决生效后7日内一次性支付瓮安县恒丰园茶业有限公司运水等相关费用5000元，施工图设计费2.23万元，共计2.73万元。2. 驳回瓮安县恒丰园茶业有限公司其余诉讼请求。如果靖沣公司在判决确定期限内未履行给付义务，应按《中华人民共和国民法通则》第253条规定加倍支付迟延履行期间的债务利息；3. 案件受理费3182元，减半收取1591元，恒丰公司承担1091元，靖沣公司承担500元，与前述款项一并付给恒丰公司。

借贷合同案　1994年5月1日，审理天文营业所诉张国祥借贷纠纷一案，瓮安县天文营业所于1988年3月3日，放贷300元给张国祥，约定1989年3月3日归还，张国祥借款300元到期未还，经多次催收未果，遂诉至县法院请求判决张国祥归还本息637.55元。经调解，张国祥同意调解协议。张国祥向天文营业所借款人民币300元整，限期在1994年5月20日前全部清偿（利息还款时计算），如到期不归还，张国祥自愿用家庭财产作抵。诉讼费50元由张国祥承担，本调解协议书与判决书具有同等法律效力。2000年4月14日，审理瓮安县雍阳镇信用社茅坡分社诉蒙德平等人借款纠纷一案。原告代表人蒋丽君，主任，借款人蒙德平，男，汉族，1955 年 10 月生，瓮安县人，务农，住瓮安县雍阳镇中心槽村核桃园组。借款担保人，袁仕雄，男，汉族，1954 年 7 月生，瓮安县人，务农，住瓮安县雍阳镇中心槽村核桃园组。原告诉称，1998 年 1 月 15 日，蒙德平与信用社签订借款合同，人民币 10000 元，将其所有房产抵押，由袁仕雄为此借款作担保。1998 年 12 月 15 日到期，蒙仅结付借款利息（至 1999 年 12 月 30 日），尚欠本金 10000 元和后面的利息。经催收未获，遂诉至县法院请求判令蒙归还借款。被告辩称，原告所述属实，尚欠原告本金 10000 元及从 2000 年 1 月 1 日至今的利息是事实。因外欠本人钱未收到，无法按期偿还原告借款，请宽延期限。所欠借款本息 2000 年 7 月底全部还清。担保人袁仕雄辩称："这笔款是我担保的，蒙德平未按期归还此款我有责任。现在，我继续担保，并督促他在约定时间内清偿，如不按时清偿，我对借款承担连带偿还责任。"经审理查明，1998 年 1 月 13 日，蒙德平因需资金周转，与原告签订借款合同，金额 10000 元，将其所坐落地雍阳镇中心槽村朱家寨的房屋 1 栋作抵押，但未办理抵押登记手续。担保人袁仕雄自愿将其所有的房屋 1 栋为此借款作连带责任担保，约定月息 10.08‰，定于 1998 年 12 月 15 日到期归还本息。借款期到后，经多次催收，蒙德平只付了贷款利息至 1999 年 12 月 30 日，本金 10000 元及 2000 年 1 月 1 日后的利息未还，原告诉至县法院请求裁决。经调解，蒙德平欠瓮安县雍阳镇信用社茅坡分社借款本金 10000 元及其利息（2000 年 1 月 1 日至清偿完毕之日止，利息按国家规定超期借款利率计算），蒙德平自愿在 2000 年 7 月 30 日前一次性清偿欠款，如不近期清偿，担保人袁仕雄对此笔款本息承担连带清偿责任。本案诉讼费 420 元，蒙德平自愿承担。调解书经双方当事人签收后，即具有法律效力，若被告未按调解书明确的期限履行还款义务，可在履行期届满 1 年内申请执行。2011 年 3 月 15 日，调解瓮安县智诚典当有限责任公司诉瓮安县玉山水泥厂有限公司民间借贷纠纷一案。瓮安县智诚典当有限责任公司法定代表人邓金阳，住址瓮安县雍阳镇文峰南路；瓮安县玉山水泥厂有限公司，法定代表人龚雪海，住址瓮安县玉山镇北街。根据最高人民法院《关于适用简易程序审理民事案件的若干规定》第 14 条规定，主持调解工作。当事人双方自愿达成协议：1. 玉山水泥厂所欠智诚典当公司人民币 380 万元，于 2013 年 1 月 30 日前一次性清偿 380 万元及利息（2011 年 3 月 15 日至 2013 年 1 月 30 日止，按月息 1%计算），如逾期不清偿，水泥厂则按商业银行同期同类贷款利率的 4 倍给付利息；2. 智诚典当公司自愿放弃其余诉讼请求；3. 案件受理费 5.114 万元，减半收取 2.557 万元，由玉山水泥厂承担。

转让合同案　2010 年 4 月，曹洪、李建与王兴就都匀汽运公司驻广东省东莞市樟木头镇客车站经营权转让达成协议。王系都匀汽运公司聘用驻樟木头客车站管理人员，未经都匀汽运公司授权，私自将都匀汽运公司驻樟木头客车站经营权转让。曹、李草率签订转让协议，并预付转让款 20 万元。在经营中出现不可抗力干预，引起曹、李重视，发觉王未经公司授权，本人又无固定住所，实属欺骗行为，经双方多次协商毁约退款，王拒不退款反而躲避，曹、李诉至法院裁决。立案后，法院干警经多渠道查询，驱车近 3000 公里奔赴广州、深圳、东莞三地找到被告对证。根据国家相关法律规定，结合实际，对王行骗行为作严厉批评，裁定双方签订都匀汽运公司驻樟木头客车站经营权转让协议无效，对王处以罚款，并将原告预交的转让金 20 万元如数退还，限期兑现。2014 年 3 月 26 日，审理任远碧诉毛光其土地转让纠纷一案。原告任远碧，女，汉族，住瓮安县天文镇天文村下街 1 组。被告毛光其，男，汉族，住瓮安县天文镇大塘村毛家寨组 7 号。县法院依照适用简易程序进行审理。2007 年 12 月 1 日，任将自家房屋卖给毛，又将承包天文村委会土地 3.6 亩（田 1 亩，土 2.6 亩）有偿转包给毛。双方签订《土地承包经营权转包协议》，协议中未明确承包期限。2008 年 2 月，任得知毛之妻贾治会领取应享有土地征用补偿费 1715 元，认为毛侵害合法权利，诉至法院。县法院审理认定：任远碧与毛光其签订《房屋宅基地转让协议》和《土地承包经营权转包协议》合法。任将其位于瓮安县天文镇天文村下街 1 组的房屋及《土地使用证》《土地承包经营权证》和《林权证》一并交给毛光其，于 2008 年 1 月 15 日将户籍由天文镇大塘村迁至天文村，成为该村集体经济组织成员。嗣后，任将农村粮种补贴到天文镇财政所过户给毛。2014 年，该村部分土地被征用，毛光其获得土地征用补偿费 1715 元，粮种补贴被毛领取近 6 年时间。但毛光其已经举证证明，双方为了规避土地不可买卖的国家政策所立，实际毛光其已付转让费 13.28 万元。根据《中华人民共和国民法通则》第 4 条和《中华人民共和国物权法》128 条，并参照《农村土地承包经营权流转管理办法》第 35 条第 1 款规定。任远碧将其承包经营土地全部转让，其户籍由该村迁出至瓮安县城居住，丧失该村集体经济组织成员资格。任请求解除双方签订土地转包协议，并要求毛光其返还征地补偿费 1715 元。任远碧诉讼主张于法无据，不支持。依照《中华人民共和国民法通则》第 4 条，《中华人民共和国农村土地承包法》第 32 条，《中华人民共和国物权法》第 128 条，《中华人民共和国土地承包经营权流转管理办法》第 2、4、35 条，《中华人民共和国民事诉讼法》第 64 条，最高人民法院《关于民事诉讼证据的若干规定》第 2 条、第 5 条第 1 款，最高人民法院《关于审理涉及农村土地承包纠纷案件适用法律问题的解释》第 1 条第 1 款第 3 项规定，驳回任远碧诉讼请求。

第六章　行政案件审判

1949 年 12 月 20 日中华人民共和国中央人民政府委员会批准《最高人民法院组织条例（试行）》后，开始行政诉讼制度。

1950 年，由于多种因素所致，相当一段时间，没有在最高人民法院和各级地方人民法院内设行政审判庭，也没有制定相应的行政诉讼程序，涉及民告官的案件，只能依靠中国共产党的路线、方针、政策来解决。

1978 年，中共十一届三中全会后，从单纯政策办案转变为依法办案，为公民、法人和其他组织的合法权益遭受侵害时提供相应的法律救助。

1986 年 12 月 12 日，按照〔1986〕黔法字第 38 号文件《关于全省各级法院设置行政审判庭的通知》，依法审判第一审行政案件，审查行政机关申请强制执行案件，办理行政赔偿案件，办理其他行政审判工作事宜。受理的内容有土地纠纷、行政处罚、劳动争议、林地纠纷、房屋拆迁、治安处罚、行政侵权、计划生育等。是年，受理各类行政诉讼案件 53 件，审结 43 件，结案率 81. 13%。

1987 年 2 月 20 日，建立县法院行政审判庭。行政诉讼审判庭建立后，给民告官提供法律援助，通过实际案例就案讲法，让广大群众和行政机关办案人员知道自己的权利和义务，以及不服行政机关处罚的诉讼程序。受理行政诉讼案件 18 件，结案 15 件，结案率 85. 07%。在审结中，不服治安处罚 1 件，不服土地管理行政执法机关处罚案件 2 件，不服林业执法部门处罚案件 2 件，食品卫生 1 件，解决标的 2000 元。

1989 年，行政执法机关依法行使职权，对有影响的案件，依法予以公开审理，张扬法制，扩大办案效果。审理周焕南不服黔南州工商行政管理局责令停止营业、罚款 100 元复议决定 1 案。县法院针对此案有影响力，决定实行公开审理，全州工商系统派人参加旁听。本着公正、公平、公道审判原则，实事求是，开展谁是谁非公正评判。是年，受理行政诉讼案件 27 件，结案 27 件，结案率 100%。收案比 1988 年上升 33. 33%。不服土管部门处罚 5 件，不服计量部门处罚 1 件，不服其他处罚 2 件。县法院实行开庭公开审判，还利用广播等形式，宣传行政审判案件的收案范围和行政审判的重要意义。

1991—1995 年，受理行政纠纷诉讼案件 304 件，审结 284 件，结案率 93. 68%。不服治安处罚 6 件，土管部门 33 件，林业执法部门 34 件，食品卫生部门 21 件，计量部门 6 件，其他 2 件，处罚款 25000 元。按照《中华人民共和国行政诉讼法》和最高人民法院《关于贯彻执行<中华人民共和国行政诉讼法>若干问题的意见（试行）》，审理卢明刚、曹绍红等 37 人诉讼不服县政府 1991 年 6 月 18 日瓮政字〔1991〕34 号文件《关于珠藏饭店与珠藏供销社合并的处理决定》。县法院深入调查取证，依法公开审理，由分管副院长担任审判长，县政府副县长姜万顺和代理人一道与卢明刚、曹绍红等人出庭。县政府、县供销社、珠藏供销社和原珠藏饭店职工及其家属、街道居民上百人参加旁听，县广播电视局派人进行实况录像。通过公开审理，公民合法权益受到保护，原珠藏饭店职工回家组织给瓮安县人民法院赠送锦旗。1993 年，对土地、林业、矿产、工商、税务、环保、计量等案件审理，制止阻碍生产、商品流通的行政违法行为，促进市场经济体制改革。受理行政诉讼案件 46 件，审结 43 件，结案率 95. 15%。在审结案件中，不服治安处罚 2 件，不服收审 1 件，不服乡镇政府土地使用权属处理 6 件，不服林业部门林权处理 12 件，不服交通运输处罚 1 件，不服计量处罚 3 件，其他案件 1 件。判决撤诉 1 件，裁定驳回 1 件，原告主动撤诉 10 件，被告改变原具体行政行为原告撤诉 14 件。附带提起行政赔偿 1 件，赔偿金额 4130 元。1995 年，在州法院业务庭指导和县人大监督下，行政庭依法受理行政诉讼和非诉行政案件 258 件，审结 248 件，结案率 96. 12%。比 1994 年增加 204 件，上升率 49. 75%，实际执行标的 45. 17 万元。

1996—1999 年，受理各类行政诉讼纠纷案件 639 件（旧存案件 19 件），审结 596 件，结案率 93. 33%。在已结案件中，全部裁定撤诉，其中原告主动撤诉 25 件，被告改变原具体行政行为原告撤诉 23 件。省、州法院下达县法院行政案件受案指标 20 件，实际新收案件 29 件，超指标数 45%。1998 年，受理不服公安治安处罚 1 件，其他处罚 3 件；不服乡、镇人民政府土地权属处理 3 件，林木、林地权属处理和处罚 8 件，其他处理 11 件。已结案件中，判决维持 1 件，判决撤诉 3 件，原告主动撤诉 4 件，被告改变原具体行政行为原告撤诉 16 件。属于行政处罚 7 件，行政裁决 12 件，要求履行义务 1 件，行政强制措施的 6 件。主张正义，不管是“民”还是“官”，有理支持，无理反对，批评或处罚。1999 年，受理各类行政诉讼案件与 1998 年相比，收案率上升 48. 15%，结案率上升 50%。在结案中，强制戒毒处罚 10 件，不服交通主管部门处罚 4 件，不服其他处理 8 件。在行政审判中，营造良好行政执法环境，依法大胆受理各类行政案件，维护行政机关依法行政执法，保护相对人合法权益，维护社会政治稳定。

2000—2001 年，县法院坚持维护与监督并举，支持与制约并重方针，依法审理行政机关在行政执法中发生行政案件 91 件，审结 86 件，结案率 95. 6% 。对行政机关合法的具体行政行为依法予以维持，对违法的，不当行政行为依法判决撤销或变更，切实保护公民、法人的合法权益。在行政审判活动中，克服以往行政审判畏难情绪，维护行政机关依法行政，教育相对人服从行政机关合法管理，又监督行政机关依法行政，保护相对人合法权益。运用行政审判权维护社会政治稳定，行政执法体现在行政诉讼审判活动中“公正、公平、公道”，人民法官依法办案，铁面无私的法官形象。

2001 年，把维护公民权益放在行政审判工作首位，着力解决有案不收，强迫撤诉，久拖不结的错误行为，严格依照行政诉讼法和有关司法解释规定，大胆受理符合法定条件行政诉讼案件，受理各类行政诉讼案件 42 件，审结 39 件，结案率 94. 44%，与 2000 年相比，减少 7 件，下降率 16. 67%。审理不服公安治安处罚 1 件，不服工商行政处罚 1 件，不服土地管理部门行政裁决 2 件，不服乡镇人民政府和林业主管部门林木权属处理 5 件，不服矿管部门矿界处理1件，不服城建管理处罚2件，不服交通行政处罚1件，不服烟草专卖处罚2件，不服其他处罚2件。判决维持6件，判决全部撤销5件，被告改变原具体行政行为，原告撤诉4件，原告主动撤诉2件。具体行政行为属行政处罚6件，属行政裁决6件，要求履行义务2件，属行政强制措施3件。从行政诉讼案件审理期限，除有一件因特殊经省高院批准延长期限审结外，其余均在三个月内审结。

2003—2005年，行政审判工作坚持“司法为民”和“无救济即无权利”的司法理念，严格执行行政诉讼法，全面杜绝当事人起诉无门进的现象。2004年，依照法律程序进行审判，邀请人大代表、政协委员旁听和座谈，监督行政审判工作。受理各类行政案件83件，结案率100%。维持6件，判决违法案件4件，裁定驳回起诉5件，判决限期履行4件，当事人撤诉13件。县法院积极慎重进行审案，既坚持依法审判，又维护行政机关的权威和形象，保护行政相对人的合法权益。在处理非诉执行案件时，及时召开审判委员会，反复研究，现场了解，最后履行相关法律手续进入执行程序结案。

2006—2008年，制定《瓮安县人民法院行政诉讼举证须知》等法律文书样式10多种，推行庭前诉讼指导制度。通过发放《诉讼须知》《举证须知》为民提供诉讼帮助，告知当事人诉讼风险，减少群众盲目诉讼造成的损失，共受理行政诉讼案件84件，结案84件，结案率100%。2008年，推进和谐瓮安建设，调节不和谐因素，县法院与司法机关发放行政诉讼便民卡200张，行政诉讼有关资料和司法解释规定宣传资料1000份，审结行政案件23件，审结率100%。公民、法人在重大工程建设、土地征用、城建拆迁引起的行政诉讼案件减少，比2007年减少11件，下降率47.83%。

2009—2010年，审理行政纠纷诉讼案件67件，结案66件，结案率98.51%。2009年，完善行政纠纷诉讼案件协调机制，对受理18件因土地征用、城建拆迁、劳动保护、林权纠纷等引发的群体性行政纠纷案件处理。在审理城关建筑社职工任继远、雷龙芳、罗玉书、肖玉田等80名行政纠纷诉讼案件时，邀请人大代表、政协委员和检察院派员旁听审理。2010年，行政机关依法履行职责，营造有利于投资开发的法制环境，注重行政机关与行政相对人的沟通协调，引导行政相对人正确表达行政案件诉讼。受理行政纠纷案件35件，结案32件，结案率91.43%。

2014年，依法履职，化解矛盾，促进官民和谐，给政府部门提供社会抚养费征收案件司法审查意见132件（次），行政相对人合法权益得到保护。以协调方式审理行政案件56件，结案率100%。1987—2014年，共受理行政纠纷诉讼案件1814件，审结1767件，结案率97.46%，其中，审结行政纠纷诉讼案件437件，不服公安处罚82件，不服土管处罚159件，不服林业处罚129件，不服收审68件，不服其他行政处罚的行政纠纷诉讼案件892件，占行政纠纷诉讼案件49.17%。

第一节　公安行政案件审判

公安行政案件审理，有治安、拘禁、收容、林业公安等行政处罚案件。1982年，开展受理各类行政案件审判活动。1987—2014 年，受理不服公安处罚纠纷案件 82 件，审结 82 件，结案率 100%。不服收容审查处罚纠纷案件 68 件，审结 68 件，结案率 100%。

一、不服公安治安处罚案件审判

1987—1989 年，行政庭审理不服公安治安处罚案件 10 件，结案 10 件。县法院在行政诉讼案件审判活动中，行政庭注重两个方面的问题：（一）支持行政机关依法行使职权，强化行政管理权威。1989 年，李大华不服公安局治安处罚复议裁决，诉至法院，经查实，公安机关以李大华深夜在县人民医院与值班护士发生争吵，不听他人劝阻，影响住院病人休息和医务人员正常工作，违犯《中华人民共和国治安处罚条例》第 19 条第 1 项规定，决定对其行政拘留 10 天，认定事实和法律正确，判决予以维持。（二）保护公民、法人合法权益，纠正行政机关不合法的具体行为。

1990—1999 年，审理不服公安处罚案件 30 件，审结 29 件，结案率 99.66%。1990 年，审理刁国胜、文泽忠不服县林业公安局林木处罚决定，县林业局认定原告投机倒把行为，手续不清，鉴于刁、文出卖林木未办理相关手续，县法院调解变更林业局处罚决定，既维护林业公安职能，又保护刁、文的合法权益。

2000—2014 年，审理不服公安处罚案件 41 件，结案率 100%。

二、调解不服公安收容审查案件

1995 年，受理周福高诉县公安局错误收容，要求县法院讨个公正。行政审判庭接受案后，及时立案调查处理。根据《中华人民共和国行政诉讼法》有关规定，对行政案件，立案及时、处理得当，当事人有理的，为其讨个公道。本着“公正、公平、公道”办案，对周福高不服公安机关收容审查，行政庭通过查实，公安局对周福高实行收容审查不服，要求公安局赔礼道歉，并赔偿误工损失。行政庭办案人员主动找公安局协商，公安局仍坚持错误观点，不肯向周赔礼。经院领导请示县委，由县领导组织公、检、法三家会议，统一思想认识，使公安局改变错误观点，主动向周福高赔礼道歉，并赔偿误工损失。10 月，公安机关破获赌博一案，有国家干部参与赌博，分别被处罚款，参与者李小强被罚款 1000 元，其余窝家和国家干部罚款 100—200 元。李小强不服公安局处罚，诉至法院。立案后，通过审理，认为公安局处罚显失公正，建议公安局撤销其原处罚决定，公安局接受法院建议，重新作出公正处罚决定，李小强认为处罚一视同仁，自愿申请撤回起诉。

第二节　部门行政案件审判

一、土管行政处罚纠纷案件审判

1987—1989 年，受理土管行政处罚案件 2 件，审结 2 件。1987 年，审理卿光明诉县土管局处罚 1 案。经查明：卿于 1982 年购买生产队牛圈 1 间，未实付价款，未经主管部门批准，将牛圈改造为居室，拆掉新建住宅 1 幢及配套设施。县土管部门按违章规定给予处罚，卿不服诉至县法院要求裁决。据此，县法院依法判决维持县土管局主管部门处罚决定。该案在公开审理时，旁听群众有 200 人，从开庭到闭庭没有一个人退庭。县法院坚持依法办案，保护公民、法人和其他组织合法权益，维护国家、集体和个人的权利，在公开审理案件中，起到审案教育片、影响一方的社会效果。

1990—1995 年，受理不服土管处罚案件 10 件，结案 10 件，结案审 100%。在审理行政案件中，立案不推，凡是有民告官和法人的案件，热情接待，只要符合《中华人民共和国行政诉讼法》受案范围的，大胆受理立案，立案后审理不拖。按照《中华人民共和国行政诉讼法》规定送达期限和审结时限内诉讼程序进行。1992 年，审理老坟嘴乡麦子坡村民唐仕明诉老坟嘴乡政府土地权属纠纷。行政庭庭长金秉福亲自到老坟嘴麦子坡发案地点查实案情，通过实地踏查取证，结合有关法律，认为县政府作出处理决定符合有关法律规定，依法判决维持县政府处理决定。

1996—1999 年，县法院全体干警解放思想，严肃执法，克服困难，开拓进取。凡是到行政审判庭来告状的公民和法人，均接待受理案件，使当事人来有希望，去有着落，心里踏实。审理不拖，只要起诉到行政审判庭的案件，按照行政诉讼法规定的诉讼程序审结；1996 年，审理松坪乡李仕伦不服松坪乡人民政府土地权属处理决定，行政审判庭三次派员到松坪乡调查了解，搞清案情始末，纠正松坪乡人民政府对该案决定处理不当，依法裁决，维护农民李仕伦的合法权益。

2001—2014 年，受理不服土管行政处罚案件 75 件，结案 100%。2003 年，行政庭审理土地使用权属争议，民告官 1 案。建中镇茅坪村下后坝村民组村民潘龙华与其胞弟潘龙祥土地使用权属发生纠纷，潘龙华之子潘显多多次找建中镇政府解决，请求作出权属处理，镇政府以该村寨全属潘姓家族，群众各说不一，取证艰难为由，迟迟不理。9 月 17 日，村民潘龙华向县法院起诉。10 月 17 日开庭审理，据查实，建中镇人民政府不履行法定职责，对其争议土地使用权属未作出处理决定，诉讼费由建中镇政府承担，对镇政府采取经济处罚 7500 元。2004 年 4 月 29 日，建中镇人民政府对潘龙华与潘龙祥争议土地使用权属纠正决定，潘龙华的合法权益依法得到保护。

二、工商行政处罚纠纷案件审判

1987 年，审理工商行政处罚纠纷案件 6 件，结案 6 件，结案率 100%。1996 年，审结工商行政处罚纠纷案件 8 件，结案 8 件。比 1994 年增加 4 件，上升率 50%；7 月 18 日，行政庭裁定彭文学诉县工商行政管理局暂扣财物 1 案。彭诉称，1994 年 8 月 18 日，从外购进炉用钢板（15 厘米厚）1 车，被县工商行政管理局查收，理由是超越经营范围，处罚金 2000 元，暂扣财物（钢板）价值 3000 元，待后处理（打收条）。嗣后，未通知本人处理，造成本人经济损失，诉至县法院要求裁决。县工商行政管理局辩称，处罚彭文学非法经营钢材，超越本营业范围，根据《中华人民共和国工商行政管理法》有关规定，实行处以罚款、教育，维护社会经营秩序正常开展。彭不服处罚诉至法院，行政庭在审理过程中，对彭进行说服教育，通过法律攻心，自知有违反市场经营管理秩序行为，其以维护国家行政机关威信为由，自愿向县法院申请撤回诉讼。县法院裁定，彭文学撤回申诉符合法律规定，根据《中华人民共和国行政诉讼法》第51条规定，准许彭文学撤回起诉。

2000年，审理工商行政纠纷案件7件，审结6件，结案率85.71%。8月9日，审结县工商行政管理局申请执行平定营烟草站违规经营，拒缴罚款。于2000年8月2日，县工商行政管理局执行人员在巡回执法中，查出平定营烟草站，在从事烟草经营活动中，未按经营规定悬挂营业执照营业，严重扰乱社会经营秩序。根据《营业法实施细则》第66条第1款规定，处罚平定营烟草站人民币10000元。处罚后，平定营烟草站未按县工商行政管理局当场处罚决定书履行义务，遂申请县法院执行。执行局根据《中华人民共和国民事诉讼法》第222、232条及最高人民法院《关于人民法院执行工作若干问题的规定》第24条规定，限期执行，通知平定营烟草站，于2001年1月3日内履行该处罚决定书所确定履行义务，并承担迟延履行期间双倍债务利息或履行金。拒不履约，依照《中华人民共和国民事诉讼法》第102条规定，据情罚款、拘留，构成犯罪依法追究刑事责任。1987—2014年，审理工商行政处罚纠纷案件36件，结案36件，结案率100%。

三、城市建设行政处罚纠纷案件审判

1987—1989年，受理城市建设行政处罚纠纷案件12件，审结9件，结案率75%。1989年，受理城市建设行政处罚纠纷案件2件，审结2件，结案率100%。

1996年，审结城市建设行政处罚纠纷案件6件，结案率100%。10月24日，蔡凤祥诉瓮安县城市建设委员会不履行法定责任纠纷一案。蔡凤祥诉称，1993年10月，申请建设住房用地，县城建委同意，并确定在雍阳供电所门口征地。1994年元月10日，城建委副主任胡良才与其工作人员一行6人到现场征地丈量。15日，向县城建委交清建房征地费8000元（有城建委收据为凭）。隔几天，已丈量的建房用地被瓮安县水利局征用，据此，胡主任找蔡协商，将建房用地划在县印刷厂左侧，地势陡，工程大，本人已同意。胡主任与镇长庹文书丈量后说，你们先挖平，最后来填表办理相关手续。于1994年2月，组织兴工动土至6月，基础工程完工，共花费人民币23000元（有施工工资收据为凭）。嗣后，多次找城建委办理相关建房手续，其至今不办，导致本人合法权益遭受侵害。根据《中华人民共和国行政诉讼法》第2条规定，诉至县法院请求判令。经审理，瓮安县城市建设委员会，因其他原因所致，导致迟延办理蔡凤祥建房用地手续，经协调，城建委同意履行法定职责，蔡凤祥认为起诉目的达到，自愿申请撤诉。县法院认为，蔡凤祥申请撤诉理由符合有关法律规定，根据《中华人民共和国行政诉讼法》第51条规定，裁定准予蔡凤祥撤回起诉。

2002年，审理城市建设行政处罚纠纷案件3件，审结3件，其中调解撤诉1件，结案率100%。3月13日，裁定夏桐华诉县建设局房屋规划侵权一案，夏桐华，男，35岁，汉族，瓮安县人，住瓮安县雍阳镇文峰北路；瓮安县城市建设局，法定代表人局长蔡吉安。夏桐华诉称，于2001年4月9日，县城市建局向肖荣飞办理建房许可证时，在选址审批单上同意靠近本住房面墙5米处建房，同意肖建房3层，并陈述高度不限，明显批文自相矛盾，导致肖荣飞在建房中侵害本人采光、通风。根据州政府《城镇建设管理条例》第12条和《中华人民共和国民法通则》第83条规定，书面向县城市建设局请求，纠正肖荣飞建房

审批意见和改变建房设计方案，其拒不改。10 月 19 日，县城建局向县法院出具“关于肖荣飞建房的说明”，其中不顾事实真相，将肖未按设计标高施工，认定为“符合规划证件的规定”。但肖建房的情况与县城建局颁发的两证一书不相符合。城建局在设计或审批他人建房时，应当遵守法规，不得侵犯公民权利。审批肖荣飞建房行为严重侵害本人合法权利、执迷不悟、包庇他人，诉至法院请求判令。经审理查明，瓮安县城市建设局在审批房屋规划建设时，没有注意周边公民的利益，同时在批文中出严重用词错误，裁定纠正。经协商，建设局同意纠正其错误，夏桐华主动撤诉。1987—2014 年，受理城市建设行政处罚纠纷案件 49 件，审结 49 件，结案率 100%。

第三节　非诉行政案件审判

在审理行政机关非诉行政案件中，县法院坚持“保护和教育，维护和监督”并重的方针，对行政机关合法的行政行为，依法判决予以维持，维护行政机关的权威，对不合法的具体行政行为，依法判决撤销或变更，保护相对人的合法权益不受侵害。1987—2014 年受理非诉行政案件 3909 件，审结 3771 件，结案率 96. 48%。

1987—1995 年，行政庭受理非诉讼行政案件 1174 件，审结 1100 件，结案率 93. 69%。其中，审理交通征费稽查部门养路费案件 60 件，交通运输部门运管费案件 96 件，防疫部门食品卫生监督处罚案件 8 件，乡镇人民政府计划生育处罚案件 11 件，水利部门水事处理案件 1 件，物价部门物价管理处罚案件 13 件，技术监督部门质量监督处罚案件 9 件，矿产资源管理部门矿产管理处罚案件 6 件，卫生部门医疗管理处罚案件 1 件。1987 年，成立行政审判庭，受理非诉行政案件 116 件，审结 109 件，结案率 94. 69%，审结标的 13 万元。1998 年，依照《中华人民共和国行政诉讼法》《中华人民共和国国家赔偿法》，巡回到有关行政机关专题讲解依法行政、行使管理权和应掌握的操作方法。反复宣传，打消行政执行机关的顾虑，既依法行政，又大胆行使管理权。瓮安县征费稽查所扣押余家烈汽车一案，判决撤销瓮安县征费稽查所具体行政行为，由瓮安县征费稽查所赔偿余被扣押车辆期间损失费 5800 元。1989 年，《中华人民共和国行政诉讼法》实施后，县法院受理非诉行政案件范围扩大，包括土地管理、森林资源、城市规划、技术监督、环境保护、交通征管、计划生育、税收管理等。行政机关在行政管理活动中，对公民、法人和其他组织作出大量具体行政行为，有的公民、法人或者其他组织，对具体行政行为在法律规定期限内不提起复议或诉讼又不履行承担义务的，行政机关可以向县法院申请执行。受理非诉行政案件 113 件，审结 103 件，结案率 91. 15%。

1999 年，受理非诉行政案件 120 件，审结 118 件，结案率 98. 33%，审结标的 15. 32 万元。通过非诉讼行政案件审理，支持行政机关依法行政，维护法律、法规的严肃性。受理非诉行政案件有土地管理、森林资源、城市规划、交通征管、技术监督、环境保护、税收管理、计划生育、水利资源等。

2000—2005 年，受理非诉行政案件 994 件，审结 875 件，审结率 88. 03%，审结标的

887 万元。2003 年，在审理行政机关申请执行非诉行政案件中，法院认真审查，教育相对人自觉服从行政机关依法管理、主动履行义务。坚持“保护和教育，维护和监督”并重的方针，对行政机关合法的行政行为，依法判决予以维持，对不合法的具体行政行为，依法判决撤销或变更，保护相对人的合法权益不受侵害。

2006—2010 年，受理非诉行政案件 694 件，审结 688 件，结案率 74.44%，审结标的 439 万元。比 2000—2005 年减少 300 件，下降率 30.18%，标的减少 448 万元，下降率 50.5%。

2011—2014 年，受理非诉行政案件 517 件，审结率 100%。比 20 世纪 80 年代增加 171 件，上升率 33.08%，比 90 年代减少 841 件，下降率 61.93% 。受理非诉行政案件均为社会优抚费征收案件，裁定 119 件，裁定不予受理 127 件，自动履行 198 件，撤回申请 51 件。

表 6-1　　1987—2014 年瓮安县人民法院行政及非诉行政案件审结统计表

类别／年份	合计			审结		其中：分类案件							
	件	其中		件	%	行政	非诉	公安	土管	林业	收审	食品	其他
		新收	旧存										
1987	134	134	—	114	85.7	11	116	1	2	2	1	1	—
1988	129	109	20	129	100	12	117	—	—	—	—	—	—
1989	124	124	—	124	100	11	113	—	—	—	—	—	—
1990	149	149	—	135	90.9	11	128	1	2	3	1	—	3
1991	136	122	14	128	94.12	8	120	—	6	—	—	—	2
1992	170	162	8	154	90.9	11	150	1	2	3	—	—	3
1993	180	164	16	180	100	20	160	—	—	—	—	—	—
1994	135	135	—	119	88.24	15	120	—	—	—	—	—	—
1995	180	164	16	180	100	30	150	—	—	—	—	—	—
1996	187	187	—	174	93.33	27	160	—	—	—	—	—	—
1997	158	145	13	158	100	18	140	—	—	—	—	—	—
1998	135	135	—	129	96.29	25	110	—	—	—	—	—	—
1999	159	153	6	155	97.48	39	120	—	—	—	—	—	—
2000	152	148	4	152	100	9	119	2	6	8	7		1
2001	179	179	—	164	94.44	18	146	1	7	—	4	—	3
2002	211	196	15	211	100	23	165	9	2	5	6	—	1
2003	184	184	—	184	100	8	163	—	4	—	7	—	2
2004	307	307	—	307	100	17	282	3	—	3	—	—	2

续表

年份＼类别	合计 件	其中 新收	其中 旧存	审结 件	审结 %	其中：分类案件 行政	非诉	公安	土管	林业	收审	食品	其他
2005	142	142	—	142	100	13	119	—	4	—	5	—	1
2006	158	158	—	158	100	12	135	2	2	4	—	—	3
2007	208	208	—	208	100	11	186	1	8	—	2	—	—
2008	148	148	—	148	100	10	128	5	—	4	—	—	1
2009	150	150	—	150	100	18	120	—	7	—	3	—	2
2010	156	156	—	156	100	25	125	4	—	2	—	—	—
2011	139	139	—	139	100	6	126	—	4	—	—	—	3
2012	148	148	—	148	100	6	135	4	—	3	—	—	—
2013	165	165	—	163	99. 34	9	121	2	11	8	1	—	13
2014	191	191	—	188	98. 88	14	135	6	12	4	2	—	18

第七章 执 行

20世纪50年代，审判制度不健全，法律不完善，审理刑事、民事和经济纠纷案件执行时，为“审执合一”方式。刑事案件由审判庭负责执行，民事和经济纠纷案件多数委托当地部门调解履行。1954年，《中华人民共和国人民法院组织法》颁布，第38条规定：“地方各级人民法院设执行员。”至60年代，刑事附带民事案件，民事和经济纠纷案件由执行员负责办理。

1978年，中共十一届三中全会后，法律陆续颁布施行。1979年，《中华人民共和国刑法》《中华人民共和国人民法院组织法》修改施行，规定地方各级人民法院设立执行员、书记员。县法院相继设执行员办理民事案件判决和裁定执行事项。

1980年《中华人民共和国刑法》《中华人民共和国刑事诉讼法》施行，各类刑事案件审判有章可循，但在审判时，弊病明显，审执不分。1982年，《中华人民共和国民事诉讼法（试行）》规定“审执分离”。4月，县法院设立专职执行员、书记员，从1983年起，遵照《中华人民共和国民事诉讼法（试行）》规定，“关于执行工作由执行员、书记员进行办理”；“发生法律效力的民事判决、裁定文书和调解协议，刑事判决、裁定中财产部分，由原一审法院执行”；“法律规定人民法院执行的其他法律文书，由管辖权的人民法院执行”；“有关单位和个人都有义务按照人民法院通知协助执行”。县法院对当事人申请执行案件，被申请执行有履行能力，但经做工作仍未自觉履行义务的，依法采取强制措施执行。

1984年6月，县法院设立执行庭，开展刑事、民事和经济纠纷案件申请执行工作，改变过去“审执合一”、重审轻执、片面追求结案率的情况。执行庭独立行使执行职能，促使审判结果兑现，保护当事人合法权益，维护法律尊严。是年，申请执行案件16件，其中强制执行6件。1988年，受理申请执行案件35件，已执行19件，占受执数54.93%，执行民事33件，其中：经济纠纷案件2件，交通1件，行政诉讼案件2件，刑事案件裁定中财产部分4件。

1989年4月，省高院下发《关于加强执行工作意见》，实行“审执分离”，制定执行规定，争取人大对执行工作监督。受理申请执行案件98件，已执行35件，执结率35.71%。在已执结中，通过督促，当事人自觉履行判决和裁定案件25件，占执结数40.32%。根据《意见》精神，县法院建立健全执行机构，充实执行人员5人，实行审执分离；加强组织建设和提升执行人员法律知识，提高独立执法水平；分管执行工作，明确执行人员责任，严格依法执行；分管副院长亲自参加重大案件和难案执行工作；执行庭接受党委、人大监督，协调各有关部门与法院之间联系，排除干扰，全面开展执行工作。

20 世纪 90 年代，受理申请执行案件 2743 件，执结 2024 件，执结率为 73.78%。执结民事案件 1974 件，占执结数 71.97%，其中：经济纠纷案件 515 件，占执结数 18.77%，执行刑事判决、裁定法律文书中财产部分案件 665 件，占执结数 26.09%。1999 年，执行工作采取“教育疏导为主，强制执行为辅；经常性执行为主，集中执行为辅”等方法，解决“执行难”和“执行乱”问题，是年，执行各类案件 428 件，执结率 95.38%，执行标的 683.45 万元，司法拘留 34 人，罚款 9100 元。

2001 年 1 月，县法院成立执行工作局，取代执行庭业务，依法执行已发生法律效力具有给付内容的判决、裁定文书，调解协议，民事判决书及刑事判决、裁定中的财产部分，执行法律规定由县法院执行其他生效的法律文书，办理委托执行和协助规定人民法院执行其他法律文书案件工作。是年，申请执结各类案件 604 件，占受执数 90.39%。对有影响面案件采取现场宣传，受教育群众 2.5 万人（次），现场执行案件 26 件，现场兑现标的 390.8 万元。

2003—2009 年，执行局建立执行实施权与执行裁判权运行机制，形成对执行权有效制约，确保执行公开、公平、公正原则。2003 年，执结各类案件 362 件，执结率 65%。2005 年，制订执行方案，明确执行期限，严格执行收支两条线规定，执行款、物统一交县法院财务室上账，当天不能交付的钱、物，次日必须如数交清，杜绝办案人员挪用或占有。2007 年，执行案件增加，受理申请执行案件 487 件，执结 472 件，执结率 96.92%，与 2006 年同比增加 162%。2008 年，贯彻中共中央〔2008〕11 号文件和中央政法委《关于切实解决人民法院执行难问题的通知》，探索执行工作新思路。2009 年，根据《最高人民法院关于进一步加强和执行工作的若干意见》，执行工作实行归口管理，发挥联席会议制度，加强立案、审判和执行三个环节协作配合，形成多部门联动作用，解决执行难合力。清理执行积案 1459 件，执行 1459 件，执结率 100%，涉财产案件 31 件，执行标的 9545.41 万元。

2010—2014 年，依法调处一批因教育、医疗、劳动、社保、公共服务等行业引发的行政争议案件，县法院探索行政争议和解机制，创新执行机制，统一协调管理，缓解执结难题。共受申请执行案件 2845 件，执结案件 2081 件，占申请执行数 73.15%。申请执行标的 36634.04 万元，执结标的 28905.91 万元，执结率 78.9%。2010 年，发挥联席会议制度和多部门联动震慑机制作用，对以调解方式结案，当事人又申请强制执行，执结案件 326 件。2011 年，受托执行案件 29 件，劳动争议仲裁执行案件 16 件，公证债权文书案件 1 件，受执行标的 7063.61 万元，执结标的 6713.51 万元，执结率 95.04%；2013 年，强制执行标的 2184.55 万元，通过法院宣传教育启发工作，自动履行标的 2436.74 万元，和解结案标的 5726.4 万元，申请执行人放弃执行标的 16.37 万元；2014 年，执行局参与最高人民法院提出的“转变执行作风，规范执行行为”等活动，通过网上拍卖等方式处置涉案财物 120 万元，面向社会公布失信被执行人“黑名单”22 人，司法拘留 105 人（次）。执结案件 760 件，执结率 76.28%，执行标的 8491.18 万元，兑现农民工工资 600 万元，仅执行玉山水泥厂民间借贷尾款就达 3100 万元。

第一节　刑事案件执行

20世纪50—70年代，县法院组织、指挥、监督，交由公安机关执行死刑命令179件185人。1954年《中华人民共和国人民法院组织法》颁布施行，除死刑命令继续由县法院负责组织、指挥、监督，交由公安机关具体执行外，其他刑事案件判决和裁定不再履行执行任务。根据《中华人民共和国刑法》《中华人民共和国刑事诉讼法》规定，对附加刑和有关财产刑的刑事判决、裁定以及刑事附带民事判决书，由县法院执行。90年代，加强司法警察力量，执行死刑命令不再交由公安机关执行，直接由县法院司法警察执行。1978—2014年，执行刑事判决、裁定、调解法律文书和死刑命令案件6331件，其中自诉案件1280件，占收案数20.22%，判决案件4382件，占收案数69.21%，申请执行刑事案件1461件，占判决数33.34%，撤诉853件，占受理数13.47%。

一、执行死刑命令

20世纪50年代，执行死刑命令137件137人，死缓案件23件23人，无期徒刑54件54人，关押待批案件78件78人。1949—1952年，县法院隶属贵阳专署中级人民法院管辖领导，对刑事案件审判主要是镇压反革命。1950年7月，根据中央人民政府公布《中华人民共和国人民法院组织通则》规定，对严重危害人民与国家利益，阴谋暴乱、破坏社会治安的恶霸、土匪、反革命及违抗土改法令的犯罪分子王道宏、袁良臣、宋光炜、赵述之、江霖珊等，报经贵阳专署核准死刑。1951年3月，最高人民法院院长签署死刑命令，对以上罪犯判处死刑，在7日内召开公审大会，由县法院组织、指挥、监督，交由县公安局执行枪决，剥夺政治权利终身。1956年，对死刑案件审批权由专署核准报中央批准，由最高人民法院院长签署执行死刑命令，再转由县法院组织、指挥、监督，交由公安机关执行。是年，执行死刑命令2件2人，占刑事案件执结数7.4%。1958年，受理杀人案件4件4人，经核准执行死刑案件2件2人，执行死缓1件1人。判无期徒刑1件1人。

60年代，黔南布依族苗族自治州不再核准死刑案件，死刑案件核准权由中央批准，最高人民法院院长签署执行死刑命令，再转由县法院负责组织、指挥、监督，交公安机关执行。县法院在组织、指挥、监督执行死刑命令时，召开公判大会，在法定执行期内做好执行场所等准备工作，执行后做好善后工作，保证执行任务顺利完成。10年间，执行死刑案件15件15人，死缓6件6人，同比50年代执行率下降89.05%。1966年，审判“中华民生党”“同盟党”和“复兴党”三个反革命集团首要罪犯赵光富、王定成、陈邦祥、黎竣昌、费自强等报经中央批准，由最高人民法院院长签署执行死刑命令，县法院组织、指挥、监督，交由公安机关执行枪决，剥夺政治权利终身。

1973—1982年，县法院组织、指挥、监督，交由公安机关执行死刑命令案件26件26人，执行死缓案件6件6人，占执行死刑命令23.08%。1979年11月2日，受理抢劫杀人罪犯李德荣、汪锡俊案。两罪犯长期流窜瓮安、草塘、玉山、中坪等地巡回赌博。是年8

月 6 日，两罪犯因赌博把钱输光，同谋将赌徒吴吉昌勾引至中坪方向行赌，同路间遂起歹心，两罪犯互相暗示，行至人烟稀少地段，将吴吉昌杀伤抢劫，搜得现金 51 元，手表 2 块。受害者因失血性死亡，案发后，报经最高人民法院院长签署死刑命令，立即执行。县法院组织、指挥、监督，交由县公安机关，将首犯李德荣执行枪决，剥夺政治权利终身，从犯汪锡俊执行死缓，剥夺政治权利终身。

1983 年，最高法院下发《关于授权高级人民法院核准部分死刑案件的通知》后，贯彻执行中共中央《关于严厉打击刑事犯罪活动的决定》，8—12 月，经贵州省高级人民法院核准，由高级法院院长签署执行死刑命令，依法《从重从快惩处一批严重危害社会治安的刑事犯罪分子》，县法院组织、指挥、监督，交由公安机关执行死刑命令 7 件 7 人，死缓 2 件 2 人，剥夺政治权利终身 9 人，无期徒刑 4 件 4 人。9 月，根据中共中央《关于严厉打击刑事犯罪活动的决定》，依法"从重从快惩处一批严重危害社会治安的刑事犯罪分子"，受理付发尧、罗泽伦流窜拐骗、抢劫、盗窃案。2 罪犯于 1982 年 3 月流窜到广西都安县将女青年罗某（17 岁）拐骗至瓮安卖给龙塘公社社员钟显权（42 岁）做妻，得人民币现金 50 元。7 月 26 日，拦劫岩坑公社社员周兴伦（未得现金），28—29 日，经高枧至瓮安沿途偷盗鸡、鸭、衣物等销售。8 月，2 罪犯流窜到湄潭县以进厂为名拐骗两名女青年到福建，途中多次奸淫侮辱两名女青年，最后贩卖。报经贵州省高级人民法院核准，由高级法院院长签署命令，将 2 罪犯执行死刑。县法院组织、指挥，在县体育场召开 3000 人公审大会，交由县公安机关执行枪决，剥夺政治权利终身。

1996—1999 年，县法院执行省高院核准死刑命令 13 件 15 人。

2000—2014 年，由省高院核准执行死刑命令，县法院组织、指挥、监督，交由司法警察执行 15 件 15 人。

二、刑事案件有关财产部分执行

县法院判决、裁定文书发生法律效力后，对刑事案件有关财产部分，义务人拒不履行给付义务，在县法院未建立执行庭前，由刑事审判庭执行。

20 世纪 60 年代，集体化时期，属于公民所有财产较少，履行赔偿责任能力减弱。一些犯罪分子家属在罪犯判处刑罚后，对承担经济赔偿责任不理解，观念、意识上有抵触情绪，对刑事附带民事法律文书确定的赔偿金额，很少自觉履行，在被害人亲属申请执行后，强制执行的比例较高。执行财产部分案件 89 件，标的 6800 元，其中强制执行 45 件。

1978—1989 年，申请执行庭执行刑事附带民事财产案件 1283 件，其中强制执行 164 件。1986 年，出现"官商""官倒"案件，造成法院办案难、执行难，共受理财产申请执行案件 166 件，执结 137 件，占 82. 53%，强制执行 11 件，占结案数 8. 03%。根据被执行人具体情况，区别对待。对有财产执行能力，又未在执行通知书规定期限内履行执行其个人财产，没有个人财产，但有共同财产的，执行其共同财产中应有份额，并注意维护其他共有人的合法利益。对没有财产可供执行，被执行人又被判处刑罚的，裁定中止执行，到被执行人刑满释放后恢复执行。对被执行人是未成年人，执行监护人的财产，监护人无可供财产执行，终止执行。

2000—2014 年，受理刑事附带民事申请执行案件 2275 件，执结 2215 件，占受执数 97.36%，强制执行财产案件 11 件。

第二节　民事案件执行

20 世纪 50—70 年代，县法院对民事案件审理和执行，实行“审执合一”方式。民事审判庭审判案件，由民事审判庭负责执行；基层法庭审判民事案件，由基层法庭执行。在办案中，办案人员会同当地党委、政府和调解组织、共同执行或委托有关部门执行。1950—1952 年，受理申请执行婚姻案件 63 件，其中包办婚姻纠纷案件 51 件，占离婚案件总数 80.95%。

1957 年，受理申请执行婚姻家庭纠纷案件 12 件。1958—2014 年，执结离婚案件 3486 件，家庭纠纷案件执结 5633 件。

1982 年 4 月，民事审判庭内设专职执行员、书记员，开展执行工作。

1984 年 6 月，执行庭成立后，民事案件申请执行由执行庭具体负责。至 1999 年共执行 519 件，执结 339 件，执结率 65.32%。2001—2014 年，民事案件申请执行由执行工作局负责。

一、婚姻家庭案件

1950—1952 年，受理婚姻案件申请执行 63 件，其中离婚案件 63 件，占受执数 100%；执行判决离婚 27 件，占受执数 42.86%；强制执行解除非法同居关系 15 件，占受执数 23.81%。1953—1957 年，受执婚姻家庭纠纷案件 134 件，比 1950—1952 年上升 71 件，执行率上升 52.98%。

1978 年，中共十一届三中全会后，法制健全，各类案件相继增加。2002 年，受理婚姻家庭纠纷案件申请执行 16 件，执结 15 件。

1950—2014 年，受理申请执行婚姻家庭纠纷案件 697 件，执结 482 件，执结率为 69.15%，其中离婚案件 264 件，占受执数 54.77%，申请执行解除婚姻关系纠纷案件 91 件，占受执数 18.88%。

二、房屋财产案件

20 世纪 50 年代初，主要是土改中的房屋确权纠纷案件；60—70 年代，落实私房改造政策和房屋纠纷案件增多。

1980—2014 年，依法坚持有利城市建设，群众生产、生活和社会安定团结的原则，切实保护国家、集体和个人的房屋所有权。坚持调查研究，实事求是，依靠群众，针对不同案件，采取不同方法区别对待，妥善进行处理。共受理房屋纠纷案件申请执行 767 件，执结 738 件，执结率 96.22%，其中房屋买卖纠纷案件 660 件，房屋继承纠纷案件 107 件，占受执数 13.95%。

三、债务纠纷案件

1950—1957 年，发生债务纠纷案件，多数是私人之间债务纠纷。

1958—1980 年，发生债务纠纷案件，多数是个人与集体、个人与国家的债务纠纷。1980 年后，私人与金融部门之间贷款债务案件增多，诉至县法院，申请强制执行的案件急剧增多。

1981—1988 年，受理债务纠纷案件申请执行 889 件，执结 853 件，受执数 96%。1981 年，审理债务纠纷基于形成经济合同纠纷案件。

1989—2014 年，受理债务纠纷案件申请执行 1281 件，执结 1242 件，占受执数 97. 5%，执结标的 62456. 02 万元。2004 年，申请执行债务纠纷案件 709 件，执结 698 件，占受执数 98. 45%；执行标的 7063. 6 万元，执结标的 6049. 9 万元，占执行数 85. 65%。

四、损害赔偿案件

损害赔偿案件，因行为人侵权，致使公民或法人人身权益或财产权益受到损害而引起的赔偿纠纷。当事人拒不履行赔偿义务，受害人申请法院执行。2000 年，珠藏法庭受理执行胡应碧诉胡守才等故意毁损他人坟墓纠纷一案，胡应碧与胡守才因修建人畜饮水工程发生矛盾，胡守才为报复胡应碧，于 1999 年 4 月 16 日下午邀约他人用钢钎在原告父亲坟墓正中打孔深 80 厘米、宽 3 厘米，然后往里面灌桐油、铁砂等物。嗣后，经村镇调解，被告胡守才愿出资 400 元安慰原告，原告不服，双方争执。胡应碧曾向全国人大常委会法制工作委员会、贵州省法律援助中心、贵州省司法厅信访，称胡守才社会公德败坏，违背当地民风民俗，损害他人人格尊严，要求依法处理，均得到上级各部门支持。胡守才被判赔偿胡应碧经济损失 1000 元，精神损害赔偿 800 元，合计 1800 元。

2013 年，受理余倩、尚玉堂申请执行李高飞交通事故损害赔偿一案。10 月 20 日 12 时许，被告李高飞驾驶小型普通客车由玉山供销社至 205 省道方向起步行驶时，其车辆碰撞蹲在车头玩耍的陆清怡，造成陆清怡受伤，经抢救无效死亡。经县交警大队调查认定，李高飞承担全部责任，陆清怡无责任。两原告系受害者之父母，死者陆清怡随原告余倩在玉山镇生活。因陆清怡死亡给其父母精神带来痛苦、误工造成损失。经解决由李高飞负责赔偿陆清怡丧葬费 1. 87 万元，死亡赔偿金 37. 4 万元，精神损害抚慰金 5 万元，交通费 2000 元，误工费 2000 元。原告申请执行被告兑现现金 44. 67 万元，全案执行完毕。

第三节 经济（商事）案件执行

20 世纪 80 年代，经济纠纷案件上升。1984 年，根据最高人民法院《执行规定》，严肃执法、文明执法。经济（商事）案件申请执行，出现执行难问题，集中反映在经济纠纷案件。县法院分管执行工作副院长亲自抓，研究部署执行方案和措施，到现场指挥，对阻力较大案件，协调有关部门，保证执行案件进行。

1986 年，贯彻贵州省高级人民法院关于“统一管理”“统一协调”工作机制，对逃避债务的债务人依法制裁，对暴力抗法者依法严厉打击，依法执行、公正执行。对已发生法律效力的当事人提出申请执行案件，法庭在一个月交立案庭立案后移送执行庭执行，执结经济案件 38 件，占受执数 84. 4%。执结标的 25 万元。

1988—1999 年，执行经济（商事）案件 491 件，裁定执行财产部分 23 件，执行标的 871. 6 万元。1989 年，执行经济纠纷案件 2 件，裁定执行财产部分 1 件。1990 年，执行经济纠纷案件 8 件，裁定执行财产部分 1 件。1991 年，执行经济纠纷案件 61 件，裁定执行财产部分 3 件，执行兑现标的 90. 14 万元。1992 年，申请执行经济案件 3 件，执行标的兑现 29. 6 万元。1993 年，执行经济纠纷案件 7 件，执行标的 29. 59 万元。1994 年，申请执行经济案件 6 件，执行兑现标的 42. 79 万元。1996 年，申请执行经济纠纷案件 7 件，执行兑现标的 261. 12 万元。1997 年，申请执行经济纠纷案件 107 件，执行兑现标的 124. 88 万元。1998 年，申请执行经济纠纷案件 285 件，执行兑现标的 273. 48 万元。

2007—2014 年，受理申请执行经济案件 1048 件，执行标的 44507. 02 万元，执结 29217. 58 万元，执结率 65. 64%。2009 年，申请执行案件 448 件，执行标的 9545. 41 万元（有财产可偿执行 31 件）执行兑现 100%。2011 年，申请执行标的 7063. 61 万元，执行兑现标的 6713. 51 万元，占受执标的 95. 04%。2012 年，申请执行经济案件 620 件，执行标的 15095. 92 万元，执行兑现标的 11828. 34 万元，占执行标的 78. 35%。2013 年，申请执行标的 11374. 51 万元，执结标的 10364 万元，执行到位率 91. 12%。其中强制执行金额 2184. 55 万元。

2014 年，被执行人 22 人，申请执行经济纠纷案件 860 件，执结 656 件，执结率 76. 28%，执结兑现标的 8491. 18 万元。其中农民工工资 600 万元，民间借贷 3100 万元。

一、借贷合同案件

20 世纪 80—90 年代，县法院审理借款合同纠纷案件增加，申请执行案件也增加。1988 年，受理申请执行借、贷款合同 62 件，执结 61 件。1996 年，受理申请执行借款合同纠纷案件 97 件，执结 84 件，执结率 86. 6%。依法执行经济案件，保护市场公平竞争，规范市场行为，促进市场经济发展。

二、购销合同案件

购销合同纠纷案件执行，主要是财物交付或金钱给付。按照生效法律文书确定供需双方权利义务，义务人不自觉履行时，经权利人申请，依法强制执行。1984 年，受理个体工商经营户刘安碧申请执行瓮安县煤矿扣卡购销差价款经济纠纷案件。个体工商经营户刘安碧向瓮安煤矿推销 1 车（5 吨）工业用盐，获得合法利润。煤矿管理人员认为刘安碧从瓮安县城盐业公司提货到瓮安煤矿，几个小时赚几百元，煤矿扣卡了批零差价款。刘安碧诉至县法院。经审理并执行被告将批零差价款 500 元付清给原告。

三、建筑工程承包合同案件

执行建筑工程承包合同案件，包括勘察、设计、建筑、安装四种，以建筑工程承包合同和安装工程承包合同纠纷案件居多，主要涉及结算、质量以及挂靠、转包等问题。2013年1月15日，审理贵州省靖沣建筑工程有限公司诉瓮安县恒丰园茶业有限公司建筑工程施工合同纠纷一案，被告于2012年2月10日承包修建原告办公楼、宿舍楼、厂房、围墙、挡土墙、排水沟、大门及附属设施，在施工过程中，原、被告发生纠纷导致停工。原告诉至县法院，要求被告支付工程款39.88万元，并承担违约金113.55万元。县法院经审理作出判决，由被告支付原告工程款33.09万元，扣出已支付款5.14万元，还应给付27.95万元。判决后经县法院强制执行，全案履行完毕。

第四节 行政、非诉行政案件申请执行

县法院受理申请执行行政案件，包括行政、非诉行政案件申请执行。1984年6月，增设执行庭，开展行政、非诉行政案件申请执行活动。履行“民告官”、行政、非诉行政案件执行义务，对不服土地管理、林业部门、公安、工商行政处罚和计生处罚案件的申请执行。1987—2014年，执行行政诉讼案件321件，占申请执行数79.26%，申请非诉行政案件执行3992件，执结3494件，占申请执行数87.53%。

一、行政案件执行

1984年，履行《中华人民共和国行政诉讼法》规定行使行政案件审判和执行活动，受理发生法律效力判决、裁定文书申请执行。对土地、林业、工商、公安、计生等部门行政处罚不服申请被执行的活动。

1990—1999年，执行经济纠纷案件194件，结案100%；1993年7月，在州中院执行庭的协助下、审执县酒厂原欠吉林省扶余地区土产公司货款一案，执行标的7万元。

2001年1月，县法院成立执行工作局，依法执行已发生法律效力具有给付内容的判决、裁定文书中的财产部分，执行民事裁定文书及刑事判决书外，办理委托执行和协助规定县法院执行其他法律文书案件工作。在行政管理活动中，对执行公民、法人和其他组织作出大量具体行政行为，有的公民、法人和其他组织，对具体行政行为在法律规定期限内不提起复议或诉讼，又不履行义务，行政机关可以向人民法院提起申请执行。这类案件在1982年前没有具体统计，从《中华人民共和国行政诉讼法》颁布施行后，各类行政案件增多，当事人要求县法院执行案件也增多。

2003年，受理土地使用权属争议纠纷民告官1案，建中镇茅坪村下后坝村民组村民潘龙华与胞弟潘龙祥为土地使用权属争议。潘龙华之子潘显多多次找建中镇政府解决，镇政府干部经过调查，该村属潘姓村寨不好处理，不理此事，潘龙华遂诉至县法院。10月17日，开庭审理，被告建中镇政府不履行法定职责，对潘龙华、潘龙祥土地使用权属争议未

作出正确处理，判决诉讼费由被告建中镇政府承担，并处罚款7500元。建中镇政府不履行职责，县法院采取强制措施执行。2004年4月29日，镇政府作出正确决定，原告的合法权益依法得到保护。

2003—2014年，受理申请执行行政案件114件，执结90件，占受执数78.95%。

二、非诉行政案件申请执行

在审理行政机关申请执行的非诉行政案件中，县法院认真审查、教育相对人自觉服从行政机关依法管理，主动履行义务。坚持“保护和教育，维护和监督”并重方针，对行政机关合法行政行为，依法判决予以维持，维护行政机关的权威；对不合法的具体行政行为，依法判决撤销或变更，保护相对人的合法权益不受侵害，加强对行政机关的法律监督。1987—2014年受理非诉行政申请执行案件909件，执结771件，执结率96.48%。1987年，受理非诉行政案件申请执行102件，执行标的8万元。1989年，行政机关申请法院强制执行案件范围扩大，包括土地管理、森林资源、城市规划、技术监督、环境保护、交通征管、计划生育、税收管理等。行政机关在行政管理活动中，对公民、法人和其他组织作出大量具体行政行为，有的公民、法人或者其他组织，对具体行政行为在法律规定期限内不提起复议或诉讼又不履行承担义务的，行政机关可以向人民法院申诉执行。1999年，受理非诉行政案件申请执行98件，执结89件，执结率90.82%，执行标的10.82万元。2000—2005年，受理非诉行政案件申请执行686件，执行标的649万元；2006—2010年，受理非诉行政案件申请执行542件，执行标的238万元。2011—2014年，受理非诉行政案件申请执行367件，比20世纪80年代增加71件，上升率33.08%，比90年代减少153件，下降率61.93%。

（一）受理

县法院受理非诉讼行政申请执行案件，根据以下原则审理。

1. 审查行政机关申请执行具体行政行为案件，与该具体行政行为自起诉期限届满之日起3个月内提出；具体行政行为规定有履行期限，行政机关在规定最后期限届满之日起3个月内提出申请执行，逾期申请，法院不予受理。法律法规规定，由行政机关依法强制执行，也可以申请县法院强制执行，行政机关申请县法院强制执行，法院予以受理。对法律、行政法规规定应当由行政机关依法强制执行的，行政机关申请县法院强制执行，县法院不予受理。对法律规定由行政机关最终裁决的具体行政行为，行政机关申请县法院强制执行，法院不予受理。

2. 审查行政机关申请县法院强制执行具体行政行为，提交申请执行书以及执行的行政文书和其他必须提交的资料，未提交上述资料和证据，县法院不予受理。

3. 审查行政机关申请县法院强制执行具体行政行为，按规定交纳执行费，未交纳执行费，县法院不予受理。

4. 依法受理非诉行政案件与法院生效的裁判文书同等对待，积极执行；不符合受理条件的不予受理，手续不完备，由行政机关补充完备。

（二）执行根据《中华人民共和国行政诉讼法》

第66条规定，责令被执行人在规定期限内履行义务。县法院受理非诉行政案件申请执行后，从立案之日起10日内向被执行人发出执行通知书，被执行人拒不履行义务的，县法院依照法律程序采取查封、扣押、财产冻结、划拨银行存款、强制搬出房屋、强制拆除违章建筑或构建物、强制退出土地等措施，并通知有关单位协助县法院强制执行。非诉行政案件申请执行，由行政审判庭负责审查，依照法律规定行使司法审查权，坚持做耐心细致思想工作，教育被告人自觉履行义务，当事人不自觉履行，移送执行庭强制执行。

1987—1995年，行政庭受理非诉行政案件申请执行558件，执结552件，执结率93.69%。其中交通征费稽查部门申请执行拖欠养路费案件60件，交通运输部门申请执行拖欠运管费案件96件，防疫部门申请执行食品卫生监督处罚案件8件，乡镇人民政府申请执行计划生育处罚案件11件，水利部门申请执行水事处理案件1件，物价部门申请执行物价管理处罚案件13件，技术监督部门申请执行质量监督处罚案件9件，矿产资源管理部门申请执行矿产管理处罚案件6件，卫生部门申请执行医疗管理处罚案件1件。

1989年，余家烈诉瓮安县征费稽查所扣押汽车1案，经审理判决撤销瓮安县征费稽查所具体行政行为，判决由瓮安县征费稽查所赔偿余家烈被扣押车辆期间损失赔偿费5800元，依法申请执行兑现5800元。

2000—2004年，受理非诉行政案件申请执行639件，执结639件，执结率100%。2003年，审理行政机关申请执行非诉行政案件8件，执结6件，执结标的10万元。

2005—2009年，受理行政案件申请执行436件，执结436件，执结率100%，申请执行标的530万元。

2011—2014年，受理非诉行政案件申请执行369件，审查执行率100%。在受理非诉行政案件申请执行均为社会优抚费征收案件。裁定准予执行107件，裁定不予执行98件，自动履行132件，撤回申请执行49件。经审查作出强制执行18件，其中司法拘留9人。

第八章　告诉申诉　审判监督　复查

信访、告诉申诉和审判监督、复查是法院的一种审判制度，当事人向法院提起诉讼，法院才能受理。

1951 年，法院设立人民接待室，负责处理人民来信来访。来信来访多数是提起诉讼或者对发生法律效力的判决和裁定提出申诉，要求按照审判监督程序予以再审或者重审。因法院干部编制少，接待工作人员都是兼职，对信访中所涉及的事项一般都是转送院领导或庭室处理。1954 年《中华人民共和国人民法院组织法》颁布实施后，根据省高院对处理申诉作出的规定，加强接待室工作，一般申诉和非诉来信来访由接待室自行办理，重大复杂案件交由刑庭和民庭审查处理。建立申诉材料的审查制度。

1959 年 2 月，贵州省召开司法会议，贯彻最高法院召开的全国高级法院办公室工作会议精神，对人民群众来信来访申诉的审查处理工作，对干部配备，业务制度作具体规定：凡是越级起诉、越级上诉的简易纠纷，不属本级法院催办执行和非诉讼的信访，由县法院接待室负责处理；重大疑难案件和已经发生法律效力的判决或裁定的申诉，由审判庭直接处理。

1978 年，根据第八次全国人民法院司法工作会议和第十九次全省司法工作会议精神，开始复查纠正“文化大革命”中的冤假错案，县法院建立刑事审判二庭，接待处理人民来信来访工作，坚持专人接待、领导定期接待、值班人员接待和保证接待室 24 小时有人接待的“三坚持一保证”制度。处理涉诉来信来访 953 人（次），非诉来信来访 348 人（次）。自 1978 年开始复查纠正“文化大革命”中的冤假错案，至 1987 年中共十三大召开前夕，全面完成复查平反冤假错案工作。1989 年，正式设立告诉申诉庭，凡刑事、民事、经济、行政申诉案件概归告诉申诉庭受理，解决“告状难”问题。是年，处理涉诉来信来访 1119 人（次），非诉来信来访 232 人（次）。1996 年，建立告诉立案审批制度，缩短办案时间，保障告诉案件在法定期限内审结。处理涉诉来信来访 497 人（次），非诉来信来访 508 人（次），审结再审案件 22 件。1997 年，撤销告诉申诉庭，设审判监督庭和立案庭，及时调整工作职责，改进和加强审判制度，理顺工作关系，开展对刑事、民事、经济、行政案件的审判督促，提高再审案件质量。处理涉诉来信来访 600 人（次），非诉来信来访 504 人（次），审结再审案件 30 件。2000 年，处理涉诉来信来访 1343 人（次），非诉来信来访 612 人（次），刑事案件 1 件。2003 年，启动再审程序纠正错误和不当裁判，做到有错必查，有错必纠。审结民事再审案件 3 件，检查各类案件 1510 件。2007 年，严格信访工作责任制，建立健全信访形式分析、信访流程管理、重大涉诉信访案件协调制度和矛盾纠纷预警机制等，规范立案信访和涉诉上访工作。

2008年，开展“院长大接访”工作，由院领导轮流对来访群众进行接待，受理群众投诉和举报案件330件，办理284件，结案率86.06%；审结民事再审案件14件。2009年，制定《法院规范信访工作管理办法》等制度，做好信访接待，畅通民意，诉求渠道，从源头上减少和避免重信重访和非正常上访。审结经济纠纷再审案件24件。2010年，贯彻最高法院关于加强基层法院审判质量管理工作的指导意见，健全审判工作内部监督机制，减少申诉和申请再审案件数量。审结民事纠纷再审案件15件。2012年9月，成立以审限控制为重心的审判管理办公室，运用监控安全信息网络录入系统，对每个案件在立案、审理、执行等各个阶段实行节点控制，对已经发生法律效力的判决和裁定，发现有错误的，依法启动再审程序及时纠正。是年，审结行政经济纠纷再审案件4件。开展以案件庭审观摩和裁判文书评查为主的“两评查”活动，规范庭审活动，提高案件质量。审结刑事再审案件3件。2013年，把好立案关，提高办案速度，办案质量，落实各项措施和责任倒查制度，处理信访案件386件，接待信访当事人2068件2497人（次），其中县法院领导接访81件125人（次），立案大厅接待1987件2372人（次）。排查化解稳控重点人员15件17人，化解稳控对越自卫还击战退役军人矛盾纠纷5件5人。审结民事纠纷再审案件2件。

2014年，建立庭前调解机制，对事实清楚、纷争不大的128件民商事案件，在业务庭审理之前先调解，快速结案。审查各类案件立案3854件，接待信访当事人156件185人（次），排查稳控重点人员19件25人（次）。审结刑事再审案件结案1件。

第一节　立案　信访

告诉申诉信访处理：凡告诉至法院的刑事案件（杀人、放火、抢劫、强奸、盗窃）等，及时转公安机关处理。民事方面的案件（离婚、赡养、扶养、山林、水利、土地、房屋、债务）以及刑事自诉案件，及时立案分别交由民庭或刑庭处理。根据省高级法院制定的《关于告诉申诉制度规范化的意见》，理顺本级法院和上下级之间的案件受理关系及权限，加快对告诉申诉信访的处理。1989年，根据瓮安县编制委员会瓮编〔1989〕11号文件，县法院成立告诉申诉庭，依法保障公民和法人的诉讼权利，解决“告状难”问题。根据省高院《全省各级法院告诉工作暂行规定》，法院建立告诉立案审批制度，做到手续齐全，收集材料完整，立案庭立案后即可进入审判程序，缩短办案时间，保障告诉案件在法定期限内审结。1997年瓮编〔1997〕03号文件，县法院内设机构撤销告诉申诉庭，增设立案庭，依法办理应由县法院管辖各类案件的审查和立案工作，负责县法院案件流程管理，告诉申诉来信来访和非诉来信来访工作、解答咨询法律，监督指导基层法庭的立案工作。信访工作是县法院的窗口，对倾听群众意见、加强审判监督、为群众排难解忧、便利群众诉讼有重要作用。来信来访既有诉讼案件，又有非诉讼信访，依照“起诉与受理”的规定，保障当事人诉讼权利，接待群众来信来访。

1954年，县法院第一季度处理人民来信7件。党政领导对人民来信处理时针对不同来信的事实，作出适当答复。从来信数量看逐步减少，对人民来信处理做到有问必答，有交代，接受群众意见，做好来信工作。第二季度人民来信4件，从来信内容看，均与法院受理案件分不开，根据群众来信检举反映材料，做到一事一案，将案件审结后张贴布告，或多印判决，或去信分别答复来信人，让人民群众彻底了解，处理人民来信有落实、有答复。

1956年，接待人民来信来访298件，以兼职办理为主结合院长、审判员轮流接待，做到有访有答，满足来信来访人要求，接待人民来信来访276件人（次）。婚姻纠纷109件，生产纠纷9件，一般纠纷9件。来访催办案件9件，刑事45件，处理调解163件，移送审讯66件，解答10件，移送外地或机关16件，采纳意见1件，其他处理18件。

1957年，信访接待工作是在整改运动中根据干部实际情况，建立和恢复起来，接待人民群众来信来访197件，以催办案件和不服裁判占多数，处理上结合案件一并解决，对有关解答政策、法令经研究后，进行答复。加强群众对审判工作监督，密切法院与人民群众的联系。

1958年，处理简易纠纷55件，接待群众来访48人（次），受理群众来信95件。从来信来访情况分析，属于诉讼91件，占来信来访63.7%；催办案件6件，占4.1%；催办执行案件12件，占8.2%；对判决不服3件，占2%；解答法律讯问31件，占22%。根据不同情况，分别处理。转有关单位拟办10件，其余133件做到有问必答，有访有接，有交代及处理结果。

1961年，信访接待工作在政法党组领导下，1—5月份，为便利群众来信来访诉讼，由一名干部负责，对群众来信来访等问题作出处理，1959年1—11月，处理接待来信来访325件，简易纠纷42件。申诉27件（请求离婚及婚姻纠纷195件，债务纠纷11件，房屋纠纷3件，诈骗盗窃14件，妨害婚姻家庭24件，催办18件，申请执行6件）；属于其他问题54件（询问政策15件，检举干部违法乱纪9件，检举坏人坏事24件，反映审判作风1件）；在42件简易纠纷中，属于婚姻39件，家庭纠纷2件，房屋纠纷2件，抚养纠纷3件，打架纠纷2件。是年，处理来信来访460件，简易纠纷42件。法院处理355件，其他来信来访性质转公安机关处理10件，转检察院处理5件，转人民公社处理8件，转其他机关及厂矿处理40件，移送其他法院处理10件。

1962年，派专职干部具体负责，人民来信35件来访21人（次），有刑事案件判决不服1件，民事5件、催办案件7件，转告有关单位处理21件和结合下乡办案处理22件。

1963年，受理人民群众来信来访989件，来信962件，来访27人（次），处理简易纠纷29件。对989件来信来访作处理，贯彻多办少转原则，由接待室直接处理404件，转审判庭375件，转有关单位处理210件。分类处理控告干部违法乱纪81件，占8%；婚姻家庭286件，占30%；抚养2件，占0.3%；属于财产12件，占1%；催办执行刑事、民事案件411件，占41%；揭发检举、控告地、富、反、坏及刑事犯罪分子68件，占7%；不服刑事、民事判决提出申诉27件，占2.7%；其他102件，占10%。来信来访中，农民551人，工人101人，国家机关及社会团体工作人员66人，军人32人，城镇居民106人，在押劳改犯34人，“四类分子”11人，其他88人。

1964 年，接待人民来信来访 608 件，来信 570 件，占 93.75%；来访 38 人（次），占 6.25%；处理纠纷案件 18 件。从性质看，检举揭发地、富、反、坏有破坏活动 18 件，占 3%，控告各级干部违法乱纪 66 件，占 10.85%；婚姻家庭 158 件，占 26%；财产权益 44 件，占 7.23%；催办执行刑事、民事案件 151 件，占 25%；抚养 9 件，占 1.5%；讯问政策、法律、法令 5 件，占 0.83%；控告人命案件 15 件，占 2.63%；来信感谢表扬 4 件，占 0.66%。处理情况：接待室自办 299 件，占 49.2%；转交审判庭立案办理 140 件，占 23%；转给有关单位办理 169 件，占 27.8%。

1965 年，人民来信来访 654 件人（次）。来信 604 件，占 92.4%；来访 50 人（次），占 7.6%；来信中属检举职工违法乱纪 78 件，检举“四类分子”20 件，婚姻纠纷 156 件，刑事案件 27 件，民事案件 52 件，询问政策 3 件，非诉行政案件 28 件，催办执行 142 件，其他问题 98 件。来访中，属于检举职工违法乱纪 4 件，婚姻纠纷 19 件，简易刑事 5 件，讯问政策 1 件，非诉行政案件 5 件，催办执行 6 件，其他问题 10 件。自办 398 件，占 60.9%；转办 249 件，占 38.1%；作其他处理 7 件，占 1%。

1973 年，法院领导实行轮流接待制度，接待群众来信来访 714 件，属于婚姻方面 336 件，占总数 47%；刑事案件 61 件，占 8.5%；民事案件 171 件，占 23.95%；转有关部门处理 142 件，占 20%。

1974 年，接待人民来信来访 1182 件，属于婚姻家庭方面 747 件，占 64%；属于揭发、检举、控告 280 件，占 28.2%；属于刑事、民事案件申诉 100 件，占 8.4%；山林、水利方面 5 件，占 0.2%；其他方面 50 件，占 4.2%。是年，立案 226 件，占 19.1%；自办结案 471 件，占 40%；转有关部门处理 485 件（次），占 40.9%。

1975 年，专人办理和领导接待相结合。接待来信来访 404 件，申请离婚 81 件，申诉 63 件，控告 131 件，检举揭发 10 件，上诉 4 件，代讯 3 件，其他方面 112 件。在处理上自办 234 件，占 58%；转给有关单位办理 170 件，占 42%。

1976 年，来信来访 563 件，离婚 143 件，解除婚约 1 件，破坏军婚 22 件，重婚 8 件，抚养 4 件，揭发检举 81 件，申诉 44 件，打击报复 23 件，陷害 10 件，房屋纠纷 11 件，抢劫 1 件，虐待 5 件，破坏婚姻家庭 31 件，包办婚姻 4 件，财物纠纷 6 件，强奸 3 件，代办 20 件，询问政策 4 件，不执行政策 22 件，要求撤管 6 件，车祸 2 件，宅基地 1 件，谋杀 6 件，挑拨婚姻 2 件，其他 103 件。自办 403 件，占总数 72%；转给有关单位处理 160 件，占 28%；每件均有登记和处理意见。

1977 年，信访工作共收来信来访 686 件（次）。处理离婚 172 件，解除婚约 22 件，破坏他人婚姻家庭 88 件，申诉 5 件，要求落户 1 件，打击报复 15 件，上诉 4 件，车辆肇事 2 件，代办 7 件，重婚 6 件，检举 23 件，行凶打人 32 件，破坏军婚 39 件，盗窃 4 件，行凶打人及致死 34 件，陷害 21 件，侵占房产 27 件，奸污 39 件，不执行政策 18 件，流窜 2 件，其他 79 件。686 件中，自办 521 件，占 74.4%；转办 165 件，占 25.5%。

1978 年，接待处理人民来信来访工作坚持专人接待，领导定期接待，值班人员接待和保证 24 小时有人接待的“三坚持一保证”制度。是年，处理涉诉来信来访 953 人（次），非诉来信来访 348 人（次），其中：刑事申诉 63 件，婚姻方面 79 件，强奸 9 件，撤销管制

7件，申诉12件，房产纠纷3件，其他10件，来访共13人（次）。

1981年，信访接待工作，坚持专人办理和轮流值班制度。处理信访2084件，接待来访群众1642人（次）。根据信访内容分别处理，按来信事实给予答复及转交有关单位处理。

1982年，处理来信3263件，刑事方面1619件，民事方面1644件；接待来访2344人（次），其中刑事方面790人（次），民事方面1554人（次），通过信访接待，联系群众，揭露犯罪。信访中，控告违法犯罪案件961件，占信访数17.1%。

1983年，在处理来信来访工作中，执行全省信访工作会议，按照“事事有交代、每件有答复”的要求，处理来信2533件，其中刑事方面1034件（诉讼653件，非诉讼381件），民事方面1499件（诉讼813件，非诉讼686件）。接待来访2457人（次），其中刑事方面695人（次），民事方面1762人（次）。

1984年，处理来信1947件，其中刑事方面632件，民事方面1615件，接待来访2223人（次）。来访中，控告违法犯罪597件，占信访总数12.7%。

1987年，信访接待来信521件，刑事申诉63件，婚姻方面79件，政策法律咨询27件，行凶斗殴、杀人35件，强奸9件，撤管7件，申诉12件，房产3件，其他10件；来访13人（次），婚姻方面6人（次），刑事申诉5人（次），行凶打人、杀人2人（次），处理率100%。

1988年，贯彻最高人民法院告诉申诉审判庭工作职责范围，分别由接待室和刑二庭负责。在实际工作中，对来信来访登记，记录后转处、移送，对简易纠纷进行调解，力求在当事人第一次提出申诉时解决。处理来信2006件，刑事286件，民事1063件，经济纠纷33件，非诉讼588件，其他36件。接待来访1611人（次），刑事174人（次），民事959人（次），经济纠纷35人（次），非诉讼194人（次），其他249件人（次）。与1987年相比，来信上升5.6%，来访上升13.1%。

1989年，接待处理来信来访1119件人（次），非诉来信来访232人（次）。比上年增加176件，上升5.2%，审结各类再审案件43件。

1990年，处理涉诉来信来访信件1530件，涉及案件938件；接待来访1305人（次），与1989年相比，来信下降3.9%，来访上升16.6%；来信来访分类，刑事申诉269件，占9.5%；民事申诉63件，占2.2%；经济申诉30件，占0.5%；告诉2487件，占87.7%；非诉讼1317件，占46.5%。

1991年，信访工作，处理涉诉来信来访1244件，涉及案件来信779件，来访866人（次），涉及案件500件。与1990年相比，来信下降22.9%，来访下降50.6%。来信来访分类，刑事申诉58件，占7.4%；民事申诉27件，占3.5%。告诉689件，占55.3%，非诉讼来信423件，来访566人（次）。

1992年，信访工作处理，共处理来信来访1961件（次），来信处理1003件，来访处理958人（次）。涉及案件数536件。与1991年相比，来信下降13.2%，来访上升1.4%。来信来访分类：刑事申诉111件（次），占5.6%；民事申诉209件（次），占10.7%；经济申诉6件，占0.3%；告诉1635件，占83.4%；非诉来信550件，来访1894人（次）。其中解答咨询法律897件人（次），转处445件，其他处理1102件。

1993 年，处理来信来访 2467 件，来信 1125 件，来访 1342 人（次），涉及案件 366 件。与 1992 年相比，来信上升 12. 16%，来访上升 29. 64%。刑事申诉 86 件，占 3. 48%；民事申诉 387 件，占 15. 6%；经济纠纷申诉 187 件，占 7. 58%；行政申诉 4 件，占 0. 16%；告诉 1796 件，占来信来访总数 72. 8%。非诉来信 432 件，来访 1105 人（次）。解答法律询问 655 人（次），转处 545 件，其他处理 337 件。

1994 年，接待处理来信来访 1761 件人（次），其中来信 515 件，来访 1246 人（次）件。与 1993 年相比，来信下降 54. 22%，来访下降 7. 15%。来信来访分类：刑事申诉 101 件，占 5. 74%；民事申诉 302 件，占 17. 15%；经济纠纷申诉 142 件，占 8. 06%；行政申诉 2 件，占 0. 11%；告诉 667 件，占 37. 87%；非诉来信 255 件，来访 880 件（次）。解答法律咨询 289 件人（次），转处 642 件，其他处理 204 件。

1995 年，信访接待处理来信来访 977 人（次），来信 376 件，涉及案件数 102 件。与 1994 年相比，来信下降 326. 99%，来访下降 351. 76%。来信来访分类：刑事申诉 60 件，占 6. 14%；民事申诉 238 件，占 24. 36%；经济纠纷申诉 12 件，占 11. 46%；各类告诉 567 件，占 58. 03%。来信来访处理，立案处理 12 件，驳回 14 件，转处 567 件，指定管辖 21 件，说服息诉 151 件，其他处理 210 件。其中，处理非诉来信 95 件，来访 849 人次。解答法律询问 158 件（次），转处 578 件，其他处理 213 件。

1996 年，处理来信来访 497 件，非诉来信来访 508 人（次）与 1995 年相比，来信下降 335. 91%，来访下降 318. 19%。来信来访分类：刑事申诉 94 件，占 12. 63%；民事申诉 309 件，占 41. 53%；经济纠纷案件申诉 103 件，占 13. 84%；各类来信来访告诉 232 件，占 31. 8%。来信来访处理立案处理 3 件，驳回 2 件，转处理非诉来信 78 件，来访 508 人（次）。其中，解答咨询法律 107 件，转处 376 件，其他处理 103 件。

1997 年，处理来信来访 1430 件，处理来信 710 件，接待来访 720 人（次）。与 1996 年相比，来信上升 70%，来访上升 69%；来信来访处理刑事申诉 62 件，占 4%；民事申诉 608 件，占 43%；经济纠纷案件申诉 175 件，占 12%；各类来信来访告诉 585 件，占 41%。来信来访处理情况，立案处理 594 件，驳回 18 件，转处 357 件，指定管辖 296 件，其他处理 100 件。

1998 年，处理涉诉来信来访 600 件，非诉来信来访 504 人（次）。告诉立案 1180 件，裁定不予受理 20 件，核查上报 13 件，说服息诉 219 件，转处 693 件，其他 125 件。老上访户 11 人（次），集体上访 2 人（次），非诉来信 20 件，来访 504 人（次）。解答咨询法律 267 件，转处 316 件，其他处理 111 件。

1999 年，接待来访来信 1655 件，与 1998 年相比，来信来访数量下降 35. 35%，处理来信 1168 件，接待来访 487 人（次）。来信来访中属告诉的 1601 件，占 96. 73%，属申诉 54 件，占 3. 26%；告诉立案 1023 件，转处 399 件，说服息诉 97 件，其他处理 82 件，申诉立案 45 件，转处 4 件，说服息诉 1 件，其他 4 件。老户上访的 12 人（次），集体上访 1 件，非诉来信 71 件，来访 273 人（次）。解答咨询法律 80 件，转处 203 件，其他处理 60 件，处理率为 100%。

2000 年，来信来访 2556 件，处理涉诉来信 1343 人（次），非诉来信来访 612 人

（次）。其中告诉1955件，占76.49%；申诉257件，占10.05%。

2001年，接待处理来信453件，与去年同期相比下降62.65%；接待来访2009件，与去年同期相比上升49.59%；来信来访中申诉18件，占0.73%；其他40件，占1.62%；告诉立案1750件，说服息诉31件，转处290件，作其他处理333件。来访中，没有上访老户和集体上访。接待处理非诉来信60件，来访561人（次）。解答咨询法律268件，转处89件，其他处理264件。

2002年，树立司法为人民服务为宗旨，改进信访接待工作，强化服务意识，提高服务质量，耐心做说服息诉，严格立案审批程序，把好立案程序关，接待来信3516件，处理来信1132件，占接待数32.2%，接待来访2384人（次），按程序处理完毕，占100%。

2003年，增强立案庭意识，做好来信来访和申诉复查工作，处理人民来信来访和申诉复查中，由有审判经验丰富的老同志专人负责。处理来信来访415件，立案412件，说服息诉1件，转有关单位处理2件。

2004年，信访立案工作，坚持快速、及时立案，做好信访和申诉复查，专门制订登记规范，掌握相关案件动态，做到每件有回音，有落实。接待群众来访、咨询632人（次），其中转立案处理82件，转有关单位处理13件，作其他处理有28件，处理各类来信158件，按程序处理，占接待数100%。

2006年，信访接待处理，化解社会矛盾，协调群众来访，是法院审判工作第一窗口，历来信访问题涉诉涉法比重大。重视信访案件处理，对纠纷案件引发当事人上访，主动靠拢做协调工作，从源头上解决问题，控制上访率在1‰以下，对无理缠访当事人，做说服工作，耐心劝回，自觉撤诉。妥善处理信访难案、存案，与当地党委、政府及相关部门共同研究制定解决方案，及时化解案件纠纷。老坟嘴乡牛坡村秦军因被相邻蔡茂建房而损害其房屋地基，导致房屋出现安全隐患，双方为此争吵。法院受理该诉后，通过调查，诉情真实无误，永和人民法庭出庭巡回调判，判决由蔡茂拆除有安全隐患房屋，因建房引起隐患，由蔡赔偿秦的损失补偿费2.4万元。

2007年，解决群众“告状难”，落实司法救助制度，实施司法救助案件67件，减、免、缓诉讼费4万元。针对涉诉信访反映突出问题和可能出现群体性上访，向党委、人大汇报，与涉案各方面联系沟通。接待来访314人（次），处理解决来访信件97件，书面答复37件37人。

2008年，开展“院长大接访”工作，由院领导轮流，对来访群众进行接待，受理群众投诉和举报，对外公布举报电话，自觉接受群众监督。对可能引起上访涉法涉诉案件，做好调解和定纷止争工作，办理信访案件284件。

2009年，制定《法院规范信访工作管理办法》等制度，开展涉诉信访，解决人民群众最关心、最直接、最现实的利益。县法院领导参加9月23日书记院长大接访活动，在立案庭轮班接访，抽调2名经验丰富干警常驻县信访办开展工作，畅通诉讼渠道，做好法律解释，引导群众理性行使权利，化解上访人的对立情绪，对生活确有困难当事人给予适当经济救助。协调相关部门通过多种方式化解矛盾纠纷，办理信访案件19件，民事案件4件，占21%；执行6件，占32%；行政2件，占10.5%；其他7件，占36.84%；受理再审案件

25件，结案24件，结案率96%。信访人王松先反映涉诉交通事故人身损害赔偿一案，县委书记龙长春亲自对该案作出批示，并安排部署，法院与信访局、教育局、草塘镇政府共同调查处理。办理司法救助手续，发放司法救助款1.53万元，当事人当场表示不再上访。

2010年，开展涉诉信访积案专项治理，解决上访人合理诉求，已清理化解涉诉信访积案3件。审查具有重大不稳定因素案件，进行排查，关注婚姻家庭纠纷案件不稳定因素，做好矛盾化解和稳控工作。制定《瓮安县人民法院关于国家重大会议、节庆活动等敏感节点时期信访工作实施方案》。在上海世博会期间，为做好维稳工作，县法院领导实行挂牌接访制度，在立案大厅公布当日接访领导和庭室负责人姓名，方便涉法涉诉当事人来访接待和矛盾化解工作。重视信访，强化公正观、效率观、稳定观，开展信访接待。

2011年，开展涉诉信访案件评查剖析，立案庭共受理答复涉诉信访案件1件，信访室接待群众来访44件，立案大厅接访45人（次）。涉诉非进京信访案件2件（已息诉罢访1件，未息诉罢访1件）。配合评查组完成涉诉信访复查评查和剖析信访案件2件，报送各类信访报表24期，完成敏感节点时期信访维稳预警信息28期，信访调研文章2篇。立案庭共立案调解各类民商事案件67件，财产案件25件，涉案标的95.01万元。为方便群众诉讼，按照民诉法第181条第2款规定，告知申诉人向原审法院的上级法院申请再审。审查答复刑事、民商事、行政案件申诉复查案件2件（其中民事1件，刑事1件）。

2012年，落实最高人民法院信访案件终结制度，制定《涉诉信访案件终结办法》，按照程序对符合条件的信访案件经过审查后申报终结。收信访案件4件，其中3件息诉罢访。信访接待908件（信访接待室接待98件，大厅接待810件）。信访调研文章4篇，发送信访预警信息126期，拟草信访文件报告材料34件；化解稳控涉诉信访案件26件，黔南州中院交办17件，信访案件全部消化处理，县交办11件，自办8件；完成各种信访报表29期；编辑信访资料1册，司法救助18案，救助资金25.89万元。

2013年，开展涉诉信访工作，预防和减少涉诉信访案件。落实最高人民法院信访案件终结制度。接待信访案件1987件2372人（次），排查化解稳控重点人员15件17人（次），化解稳控矛盾纠纷2件3人。撰写涉法涉诉信访调研文章4篇，简报1期。

2014年，立案信访。审查受理各类案件3854件，移送上诉案件225件，接待信访当事人156件185人，报送各类预警信息168次、信访信息34期、涉法涉诉专报12期；排查稳控重点人员33件45人，完成省法院交办涉法涉诉信访案件12件；指导人民调解组织调解各类纠纷，有效防止矛盾升级和激化，针对办案发现的问题，向相关部门提出建立健全规章制度、堵塞管理漏洞等方面司法建议12条。“百日攻坚”7件12人。

第二节 审判监督

解放初期，县法院对已经发生法律效力的判决和裁定，主要通过诉讼当事人的申诉和上级法院对下级法院审判工作的检查指导来进行审判监督。1954年《中华人民共和国人民法院组织法》对审判监督制度作比较完整的规定。1979年颁布《中华人民共和国刑事诉讼法》，1982年3月《中华人民共和国民事诉讼法（试行）》，对审判监督程序列有专章。瓮安县法院对再审案件的提起，按照法律规定，对已经发生法律效力的判决和裁定，发现在认定事实或适用法律上确有错误，需要再审的，由院长提交审判委员会讨论决定；上级法院对下级法院已经发生法律效力的判决和裁定，发现确有错误的，由上级法院提审或指令下级法院再审；对上级检察院按照审判监督程序提起抗诉案件，予以立案再审。法院对再审案件，组成合议庭进行审理。原审是一审终结的，按照一审程序进行再审，对再审的判决和裁定，依法上诉和抗诉。原判是二审终结或上级法院提审的案件，依法二审程序进行再审。

1966—1976年，“文化大革命”期间，审判监督程序被破坏，审判监督无法正常开展。

1977—1982年，通过申诉复查冤假错案，按照审判监督程序对有关案件进行再审，应该平反及时平反，应该纠错及时纠错。依法审判县法院刑事、民事、行政再审案件和被黔南州中级人民法院发回重审的各类刑事、民事、经济纠纷案件，对县法院案件质量进行评查监督，办理其他相关审判监督工作事宜。

1982年，审判监督及案件复查工作，县法院抽调刑庭3人组成复查组，由一名副院长亲自抓。明确一名审判员任组长，具体分管复查工作。是年，受理刑事申诉261件（反革命案件39件，普通刑事案件222件），其中；“文化大革命”前判128件，“文化大革命”中至1979年再申诉85件，1980年后判48件。根据上级指示，先复查老申诉和再申诉案件，复查结案71件，占27.2%，平反12件，免刑5件，减刑11件，改变性质11件，维持原判32件，未结案190件，占申诉案件72.8%（反革命27件，普通刑事163件），其中“文化大革命”前105件，“文化大革命”中至1979年再申诉39件，1980年后46件。复查结案38件，占结案数53.5%。

1983年，审判监督案件，执行中办发〔1983〕9号文件和省办发〔1983〕21号文件，做好申诉复查工作。受理刑事申诉案件214件（旧存190件，新收24件），有“文化大革命”前31件，1966年至1978年32件，1979年以后14件。复查结果，维持原判66件，占审结数86%；改判11件，占14%。

1984年，审结申诉复查案件5件，反革命案件1件，普通刑事案件4件。改判免于刑事处分2人，无罪2人，其他处理1人。

1988年，受理刑事审判监督案件52件（含旧存32件），审结43件，结案率为82.7%。与1987年相比，收案下降65.4%，结案减少11件。已结案件中，维持原判40件，改判3件3人（免于刑事处分1人，宣告无罪2人）。已结案件中，“文化大革命”前8件，“文化大革命”中1件，1977—1979年1件，1980—1983年8月以来33件。

1989年，在党的十三大提出建立人民申诉制度，使宪法和法律规定公民权利和自由得到保障，依法制止滥用权和自由裁量权。改进告诉申诉工作，加强审判监督。力求在当事人第一次提出申诉时解决。处理公民、法人告诉申诉来信来访3590件（次），比上年增加176件（次），上升5.2%；审结各类再审复查案件43件，比上年减少11件，下降26%。

1990年，开展贯彻党的“实事求是，有错必纠”的政策，对“严打”以前刑事申诉案件和历史老案，按照贵州省委组织部有关规定开展复查处理，对“严打”以来刑事申诉案件，确有明显冤处和定性错误依法予以改判。发现确有错误民事案件9件，经济纠纷案件1件，依照审判监督程序裁定再审，通过审判监督程序纠正发生法律效力法律文书中错误，维护法律的尊严，保护公民、法人的合法权益。

1991年，从维护公民、法人的诉讼权利和合法权益，维护安定团结出发，改进告诉、申诉工作，解决群众“告状难”问题，把刑二庭、告申庭实行联合办公，明确具体任务。法院机关告诉案件由告申庭统收统立，实行审立分离。处理信访、来访工作，做到热情耐心，细致做好当事人思想工作。坚持“实事求是、有错必纠”原则，受理刑事申诉复查案件31件，审结14件，未结案17件。审结案件中，维持原判6件，改判3件，其他5件。县法院到看守所召开两次减刑会，通过减刑会，向罪犯交代宽严政策，教育罪犯遵守监规、认罪服法。监督评查案件发现原判有错误民事案件9件。

1992年，对“严打”以前的刑事申诉案件和历史老案，确有明显冤处和定性错误的依法予以改判。依照审判监督程序裁定再审，全年审查发现原判确有错误民事案件4件，经济纠纷案件2件，经再审结案。

1993年，依照审判监督程序进行纠正，共审查已生效判决68件，依法再审16件，民事再审11件，经济再审5件，通过再审后全部改判6件。县法院受理刑事申诉复查案件12件，审结12件，结案率100%。与1992年相比，收案下降65.71%，结案下降60%。已结案件中，维持原判6件6人，改判8件8人。改判人中，加重刑罚1人，减轻刑罚6人，宣告无罪1人，改判原因中，认定事实不清或证据不足1件，作其他处理7件。

1994年，对当事人申诉和申请，按照“实事求是，有错必纠”的原则认真处理，发现原判确有错误，按照审判监督程序予以再审，审查已生效判决和调解案件56件，依法再审刑事案件7件，民事案件再审5件，经济案件再审2件，通过再审后全部改判6件，部分改判1件。

1995年，按照审判监督程序再审工作，充实告诉申诉庭力量，决定从9月1日起，将刑二庭并入告诉申诉庭，使告申庭的审判力量由原来3人增加到5人，是年共办各类申诉复查案件26件，重审案件7件，再审案件10件。

1996年，开展告诉申诉工作为总体工作重要环节，参与社会治安综合治理，服务社会安定团结，促进告诉申诉工作服务于改革和发展。对87件申诉案件进行立案审查，对20件案件适用审判监督程序进行再审结案。根据瓮安公安局看守所提请，对留所服刑犯人4件4人办理减刑手续。

1997年3月15日，组建审判监督庭后，使审判“立案分离、审执分开、审监配套”审判监督制约机制已初步形成，是年，审结各类审判监督再审案件14件。

1998年，审判监督庭通过工作积累，在岗位责任制中，明确规定审判监督庭职责。审结已按审判监督程序决定再审案件10件，审结被黔南州中级人民法院发回重审民事、经济纠纷案件9件，复查通知答复刑事、民事、经济案件当事人申诉14件。

1999年，按审判监督程序决定再审案件6件，审结中院发回重审刑事、民事、经济纠纷案件11件，对各业务庭审结174件案件进行质量评查，查出存在适用法律不当问题案件5件，按法律程序予以纠正，对开展“审判质量年”活动起到督促作用。

2000年，开展审判监督案件评查，做到有错必查、有错必纠。审结决定再审和黔南州中院发回重审案件15件，对原判认定事实有误、适用法律不当、程序不合法等进行再审，依法作出判决。按照审判监督程序，抽查各业务庭、人民法庭正在审理各类案件600件，检查出在实体和程序方面存在问题案件8件。检查后，书面通报各业务庭给予纠正。通过有效监督，保证法律公正实施。

2001年，依法按审判监督程序决定再审案件4件，审结被中院发回重审案件12件。针对审判监督案件少的实际，把审判监督庭重心工作投入对各审判业务庭已审结案件质量评查上，共评查各审判业务庭已审结案件850件，与2000年相比，多评查案件500件，查出有质量问题案件15件，占已评查案件数1.76%。

2002年，按照审判监督程序，审结民商事纠纷再审案件7件，维持2件，改判5件，与2001年同期相比减少9件。启动再审程序纠正错误和不当裁判，案件检查抽样，检查各类案件950件，预防超期限结案和认定事实适用法律错误等发生，提高办案质量，保证高效司法和公正司法。

2003年，县法院审判监督工作，正确审理监督程序案件。结合民商事案件实际，将瓮安县电信局申请适用监督程序审结支付令案件，调整部署及人员搭配，共审结支付令案件669件，解决争议标的为30余万元，是年669件适用审判监督程序案件已全部结案。

2004年，为确保办案公正与质量，按照审判监督程序，对审结县法院决定再审案件7件，被黔南州中级人民法院发回重审案件6件，指令再审案件1件，对原判认定事实有误、适用法律不当、程序不合法等进行再审，并依法作出改判。对检查出有程序问题和其他问题案件及时通报，纠正。

2005年，黔南州中院发回重审和改判案件8件，申诉复查案件7件，启动再审程序立案1件。另外6件均以书面形式答复申诉人，审判监督庭除办理岗位责任制规定的案件，负责所有业务庭局审批案件和执行案件卷宗材料评查，共检查卷宗材料2027卷。

2006年，发挥审判监督职能，严格启动再审程序，严把法律关、事实关、程序关，正确运用好法律释明权，做到以理服人，法理相济，使申诉人息诉止争。对已发生法律效力的判决和裁定，发现确有错误，及时依法纠正，共办理申诉复查再审案件8件。

2007年，办理申诉复查再审案件9件，依法按照审判监督程序已结案。继承权纠纷案件1件，买卖合同纠纷案件3件，股东权益纠纷案件3件，人身权纠纷案件2件，指定再审8件，抗诉1件，结案率100%。

2008年，开展审判监督工作，健全审判工作内部监督机制，从源头上减少申诉和申请再审案件数量。正确认识有错必纠与维护司法既判力关系，严把申诉审查立案和提起再审，注重运用听证，协调和调解方式处理再审案件。是年，受理再审案件15件，结案14件，结案率为93.3%。

2009年，审判监督工作，按照审判监督程序，依法受理申请再审案件24件，结案24件，结案率100%。

2010年，贯彻最高人民法院关于加强基层法院审判质量管理工作的指导意见，健全审判工作内部监督机制，减少申诉和申请再审案件数量。审结再审案件15件。

2011 年，建立审判流程管理机制，成立以审限控制为中心的审判管理办公室，运用案件信息录入系统，对每个案件在立案、审理、执行等各个阶段实行节点控制。发挥审判监督职能，对已经发生法律效力的判决和裁定，发现确有错误，依法启动再审程序及时纠正。审结再审案件 4 件。

2012 年，开展以案件庭审观摩和裁判文书评查为主的“两评查”活动，提高案件质量，审结再审案件 3 件。是年，评查各类上诉案件和执行案件 152 件，刑事上诉案件 19 件，民商事件 130 件，行政案件 3 件，按法律程序移送二审法院州中院，送达外地法院委托送达诉讼文书 35 件。

2013 年，依照审判监督与审判管理，以建立审判流程管理为龙头，公开审判为原则，审判监督为中心，严格案件审判监督管理。建立审判工作案前防范、案中规范、案后全方位监督制约机制。建立卓有成效案件监督、违法审判追究，促进审判管理规范化。构建绩效综合评估体系，改进案件质量监督和管理。依法再审案件 2 件。土地承包经营权转让合同纠纷案件，瓮安县宏福煤业有限公司诉刘如碧土地承包经营权转让合同纠纷，经再审结案。为排除妨害纠纷，犹发修诉陈银学，第三人周仕碧，为排除妨害纠纷，经再审结案。

2014 年，发挥审判监督职能，严格启动再审程序，依法再审案件 1 件，属民间借贷纠纷案件，经再审结案。

表 8-1　　1978—2014 年瓮安县人民法院刑事、民事、经济、行政审判监督案件统计表

类别／年度	再审案件数		刑事审判监督		民事审判监督		经济审判监督		行政审判监督						
	旧存	新收	结案	旧存	新收	结案	旧存	新收	结案	旧存	新收	结案	旧存	新收	结案
1978	3	55	26	3	55	26	—	—	—	—	—	—	—	—	—
1979	32	885	479	32	885	479	—	—	—	—	—	—	—	—	—
1980	386	80	466	—	466	466	—	—	—	—	—	—	—	—	—
1981	—	290	104	—	290	104	—	—	—	—	—	—	—	—	—
1982	186	75	71	186	75	71	—	—	—	—	—	—	—	—	—
1983	190	24	67	190	24	67	—	—	—	—	—	—	—	—	—
1984	137	1	6	137	—	5	—	—	1	1	—	—	—	—	—
1985	132	7	9	132	7	9	—	—	—	—	—	—	—	—	—
1986	130	372	465	130	372	465	—	—	—	—	—	—	—	—	—
1987	37	49	45	37	49	45	—	—	—	—	—	—	—	—	—
1988	32	20	43	32	20	43	—	—	—	—	—	—	—	—	—
1989	9	59	55	9	56	52	—	—	3	3	—	—	—	—	—
1990	13	32	27	13	30	25	—	—	1	1	—	1	1	—	—
1991	18	18	14	18	18	14	—	—	—	—	—	—	—	—	—

续表

类别／年度	再审案件数			刑事审判监督			民事审判监督			经济审判监督			行政审判监督		
	旧存	新收	结案	旧存	新收	结案	旧存	新收	结案	旧存	新收	结案	旧存	新收	结案
1992	17	82	71	17	18	30	—	42	40	—	2	1	—	—	—
1993	8	20	28	5	7	12	2	9	11	1	4	5	—	—	—
1994	1	7	6	—	—	—	1	4	5	—	3	1	—	—	—
1995	2	13	13	—	2	2	—	7	6	2	4	5	—	—	—
1996	1	20	—	—	4	4	1	16	17	1	—	1	—	—	—
1997	—	32	19	—	2	2	—	5	3	—	25	14	—	—	—
1998	13	17	30	—	—	—	—	14	16	—	3	14	—	—	—
1999	—	6	6	—	1	1	—	5	5	11	—	—	—	—	—
2000	—	2	1	—	—	—	—	—	—	—	2	1	—	—	—
2001	1	15	15	—	—	—	1	11	11	—	3	3	—	1	1
2002	—	—	—	—	—	—	—	5	2	—	2	3	—	—	—
2003	—	—	—	—	—	—	—	—	—	—	—	—	—	—	—
2004	—	7	7	—	3	3	—	2	2	—	2	2	—	—	—
2005	—	8	8	—	3	3	—	4	4	—	1	1	—	—	—
2006	—	8	8	—	5	5	—	2	2	—	1	1	—	—	—
2007	—	8	8	—	3	3	—	5	5	—	—	—	—	—	—
2008	—	15	14	—	—	—	—	15	14	—	—	—	—	—	—
2009	—	24	24	—	—	—	—	24	24	—	—	—	—	—	—
2010	—	15	15	—	—	—	—	15	15	—	—	—	—	—	—
2011	—	4	4	—	1	1	—	3	3	—	—	—	—	—	—
2012	—	4	4	—	—	—	—	4	4	—	—	—	—	—	—
2013	—	2	2	—	—	—	—	2	2	—	—	—	—	—	—
2014	—	1	1	—	—	—	—	1	1	—	—	—	—	—	—

第三节　案件复查

1950年初，法制不健全，有些案件处理不当。1957年以后，政治运动频繁，“以言代法”严重。尤其是1966—1976年“文化大革命”中搞“群众专政”“群众办案”，产生不少冤假错案。1978年12月以后，根据中共十一届三中全会关于“平反假案、纠正错案、昭雪冤案”精神，坚持实事求是，有错必改的原则，开展复查冤假错案工作。经过复查，全县纠正历史各时期冤、假、错案445件450人，其中宣布无罪193件193人，免于刑事处分47件47人，减刑85件85人，作其他处理120件124人。1989年5月9日，设置告诉申诉庭，依法办理应由县法院管辖各类案件审查和立案工作，负责本级审判案件流程管理，负责告诉、申诉来信来访和非诉来信来访工作，解答法律咨询，监督、指导人民法庭立案工作，办理其他立案工作。

1953年，关于清积改错，县法院副院长徐明尧参加省第五届司法会议后，召开政法干部会议。有的同志对清积改错认识不足，司法工作今天判别人，明天判自己，审判工作总是提心吊胆，法院工作每天忙个不歇，还要随时作检查。县委、县政府统一领导，于7月份与公安局组成检查组，县法院院长袁恩波为组长，人民法庭副审判长为副组长，抽调审判员和公安局审讯股长1人为组员，以查错案为主结合清积案件为重点，查出错押56人，其中52人系刑满后未按期释放，有38人多押1天至30天，有14人多押1个月以上至6个月，原因系外调人犯距离甚远，与劳改部门联系不够，调查结果、联系困难。主要是负责该项工作的法院干部和劳改部门干部疏忽造成：错押4人中1人系妇女蔡树春，于1950年错押4日（已检查）。1人系杀人嫌疑犯曹贵昌，因死者系大雪冻死，本案属于诬告，错押1年，系区政府公安局某些干部刑讯逼供及法院不深入调查研究，旧司法作风造成（另文呈报贵定专署及省院备案）；另2人系杨泽清与杨应芳杀人案，因死者是自己游泳淹死，错押数月，原因系公安局某些干部不实事求是，不深入调查所造成。错判4件，1人系逃亡地主景应芳轻刑重判（县里判10年，专署批准1年），1人系曹丙清强奸未遂，1人系易素珍逼人致死（致死原因很多）轻刑重判（县院判8年，省院判3年），1案系何明武、冯碧仙轻刑重判，同案廖海荣该判未判。以上这些轻刑重判、该判不判系出于政策观点模糊造成。是年受理申诉复查52件，其中选民资格申诉46件，破坏选举2件，其他4件。在处理选民资格申诉案件中，依法判决，保障公民行使选举权和被选举权。剥夺反动分子和未经改变成分的地主分子政治权利。对于个别破坏选举的罪犯如彭于清等也给予适当制裁，保障普选工作开展。

1954年，清理积案63件，6个月以上未结案10件，1年以上未结案9件。是年新收民事案件432件，每月平均收案36件；审结民事刑事案件461件，每月平均结案38.5件；是年底尚未结案33件，其中结6个月以上3件，比1953年底未结案件少7件，审结历年以上5件，比上一年少4件。第一季度未结案68件，第二季度未结案58件，第三季度未结案39件，是年审结案件132件，未结案33件。

1955年1—5月，上诉刑事案19件，其中有3件未经上级法院审结，维持原判6件，占总数37.5%；改判8件，占总数50%；发还重审2件，占总数12.5%。复核刑事案件23件，有3件在贵定专区中级人民法院审核结案，中院下发20件中维持原判7件，占总数35%；应改判10件，占总数50%；发还重审3件，占总数15%。6—11月，处理刑事案件169件，送中院复核74件，占169件43.8%，县法院处理95件，占总数56.2%。复核74件中，复核退回51件，加刑5件，占9.8%；减刑17件，占33.3%。11月18日，复查如龚树成谋死红军1案，龚树成1953年扩军中说破坏话，1954年又将宋光斗树子砍去1根，在粮食工作中隐瞒产量，又借稻谷4百斤未还。县法院在认定事实中，认为谋杀红军战士是血债问题。呈请复核处死刑立即执行，经上级核复，密杀红军1人是20年前的事，解放后，罪恶不重，改判有期徒刑15年。

1956年7月，复查刑事案件408件，退回补充侦查9件，终止12件，移送外地行政处理6件，无罪3件，上诉法院处理教育释放41件，全年复查338件，有6件系省三长（公安局长、检察院检察长、法院院长）会议前，占全部案件53.66%。经过全面检查，1955年法院工作在肃反斗争中所处理的刑事案件77.7%合法，有少数案件错判。通过检查有错误、有缺点、有偏差的案件95件96人，占结案数23.5%；完全错判12件13人，占复查案件数12.84%；执行政策偏差32件，占33.68%；量刑过重16件，占16.8%；事实不清草率结案33件，占34.73%；认定性质不当2件，占2.1%。依照政策，宣告无罪8人，教育释放51人，免于刑事处分1人，改判减刑18人，交群众管理5人，改判案件性质2人，训诫处分4人，事实不清查实后维持原判5人，尚未结案2人。

1957年，根据中央和省委指示，开展对1955年镇反（镇压反革命案件）案件进行复查和处理申诉案件，解决模糊观点和糊涂思想。复查工作中审查案件90%合法，查出少数案件有适用政策、法律不当和事实不清草率结案的问题，经过查实对证后，按照法律规定审判程序，依法进行改判。在复查和处理申诉案件中，对中央和省委指示领会不全面，产生偏差，有个别不该放的也放了，如王发科反攻倒算案，原判徒刑12件，复查中改为教育释放。

1958年，贯彻贵州省高级法院和黔南州中级人民法院指示，政法党组，组织有预审员、检察员、审判员等人参加座谈会，对复查中，以往复查案件经验，县法院于12月24日组织3—5人工作组进行昼夜突击复查，将半年所处理产生法律效力的案件166件复查结案（是年12月27日后审结的案件未统计在内）。“重点抽查与普通查对相结合”抽查30件，占应查数41.66%；反革命34件，刑事38件；属于内部矛盾已作敌我处理1件，占34.48%；事实不清楚1件，占34.48%；畸轻3件，畸重1件，管制95件，不应管制1件，占已管制数10.5%；正确合法94件，占56.62%。

1959年，通过3次复查刑事案件156件，占总结案数172件90.6%。其中反革命57件，占36.5%；劳改加刑42件，占26.9%；盗窃18件，占11.6%；过失杀人1件，占0.7%；强奸7件，占4.4%；诈骗2件，占1.3%；责任事故1件，占0.7%；贪污4件，占2.5%；纵火3件，占1.9%；破坏粮食政策4件，占2.5%；杀人2件，占1.3%；伤害1件，占0.7%；破坏婚姻3件，占1.9%；其他11件，占7.1%。处刑方面：死刑1件，占复查总数1.1%；死缓2件（系劳改加刑案），占2.4%；10年以上有期徒刑2件，占2.4%；5年以上不满10年29件（有劳改加刑2件），占34.5%；共计为34件（5年以上刑期），占判处死刑及徒刑总数40.4%；1年以上不满5年50件（内有劳改加刑案23件），占59.6%。判处5年以上徒刑7件，占53.8%；全年判处不满5年6件（内有劳改加刑案4件），占46.2%。

1960年，在复查时，查被告人身份、犯罪手段、动机、目的，看证据是否充足可靠，看口供与证据检举是否一致，看预审、审判过程中是否深透，有无逼供案件。通过上述方法，复查结果符合党的政策，做到正确、合法、及时，稳、准、狠打击敌人。对准反革命分子，审结判决有罪35件中，反革命分子32件，占90.14%；经济犯罪5件，占14.5%。做到无冤、无错、无漏、无纵、无事实不清、无法律手续不完备、无1件未审则判案件。实现中级法院第一季度工作意见提出12个100指标。在民事审判上，就地处理案件，深入调查研究，事实清楚，调解率达100%。

1961年1—5月，复查审结139件反革命案件，对敌打远、准、狠、细，采取有宽有严，有紧有松的政策，分化瓦解敌人，使敌人向少、更弱方向变化。经黔南州中级法院复核14件案件中，发回重审和补充材料2件，占14.6%，上诉2件，维持原判10件。

1962年，申诉复查案件，对刑事案件普遍进行清理，固定干部对99件干部案件全部进行复查，对在审判工作中存在的问题，如政策界限不清，混淆敌我矛盾，量刑幅度不定，畸轻畸重，政治责任性不强，追求时间，法制观念薄弱等一一进行复查。申诉案件，结合处理刑事、民事案件时，下乡处理案件进行查对，从法院收到申诉复查案件中，亲人、家属提出申诉理由对事实不服，要求调查，有申诉处刑过重，要求从宽处理。犯人家属不服提出申诉占40%，未处理申诉案件9件，经研究由刑庭办理。破坏军婚案件6件，已处理4件，缓刑1件，判刑1年1件，判刑2年1件，训诫1件，上报黔南州中院2件。

1963年，申诉复查案件经过清理，有底数8件，申诉案件中反革命2件，盗窃2件，贪污1件，迷信活动破坏产生1件，破坏牲畜1件，贩卖烟毒行凶打人1件。判刑10年1件，判刑8年2件，判刑6年1件，判刑5年2件，判刑3年1件，管制1件。判刑时间：1957年2件，1961年3件，1962年3件。由被告提出申诉6件，被告家属提出申诉2件。转黔南州中级人民法院办理申诉案件6件，县法院办理申诉案件2件，是年提出申诉6件。清理王永高贪污申诉因牵涉县监委等有关部门，经报请县委决定由县监委等几个单位组织力量清理未结，其余案件均全部清理处理结案。申诉无正当理由批复驳回上诉5件，原判认定性质清楚，事实正确，在量刑幅度上畸重给予提前释放1件，判刑事实有出入给予改判1件。

1964年，复查死刑案件和申诉案件，贯彻贵州省高级法院、黔南州中级人民法院指示，县法院自1958年以来共判处死刑案件5件，图财和行凶杀人3件，反革命分子强奸和猥亵幼女1件，反革命分子在劳改中逃跑1件。1959年6月执行1件，1960年5月执行1件，1962年3月执行1件，1963年9—11月执行2件。复查5件死刑案件中，事实清楚，证据确凿，没有发现冤案和错案。是年收到申诉案11件，处理6件。根据被告人提出申请理由，经过复查和核实，被告人无理申诉驳回4件，审查不属瓮安县法院处理，移送贵定、福泉法院处理2件，未结申诉案件5件。与县监察、检察院共同查对处理1件。

1965年，受理刑事申诉案件13件，反革命案件3件，贪污3件，盗窃2件，逼死人命1件，破坏军婚1件，宰杀耕牛1件，奸淫幼女1件，婚姻斗殴致人死亡1件。不服原判认定事实10件，刑期重1件，解除管制1件。由被告提出申诉11件，家属提出2件。12月底，均作复查处理。1件由州中级法院调查处理，2件由县公安机关办理转出外，其余9件依靠群众，再次查对核实事实，作出无理申诉批复8件，撤回申诉1件。

1972年6月，县法院贯彻黔南州清理积案会议精神，对“文化大革命”时期处理97件刑事案件进行复查，定性属错判7件（已撤销原判2件，准备撤销原判，已报黔南州中级人民法院批准2件，正在清理3件）；量刑畸重8件（改判1件，准备改判2件，已报黔南州中级法院批准，其余5件按原判不变）。复查1970年初赴台时期3件冤假错案件，其中：冤案1件，已平反处理；错案2件，已教育释放。在处理申诉中，收刑事案件申诉25件，除5件已列入复查范围，调查处理，其余20件，有15件是属“文化大革命”以前处理的。本着先近后远作法，除2件转办外，13件暂放未定。“文化大革命”中5件，有3件已批复驳回，1件用口头教育说服放弃，1件经调查结案处理。

1973年3月，撤销军事管制，4月5日，恢复县法院，受理告诉、申诉复查案件714件（包括各基层法庭）。属于婚姻336件，占总数47%；控告性质171件，占24%；刑事、民事案件申诉61件，占8%；山林水利方面46件，占6%；财产权益方面6件，占0.7%；检举坏人坏事8件，占0.3%；其他91件，占14%。

1974年，申诉复查案件37件，“文化大革命”中14件，“文化大革命”前23件，已处理13件，待处理24件，采取先易后难，按党的方针政策和法律，依照法律程序结案。

1975年，县法院对刑事案件申诉进行研究，分类排队，抽出时间进行复查，受理申诉案件19件。旧存10件，新收9件，审理5件，结案驳回维持原判1件，待批复被告3件，上报黔南州中级法院复核1件，未审理14件。

1976年，执行“有反必肃，有错必纠”的政策，组织干警贯彻省高级法院、州中级法院处理刑事申诉案件工作会议纪要，落实党的政策，结合县法院实际，对申诉案件进行分类排队，院领导亲自参加，由办公室抽出两名干部，三人组成小组，对1975年处理18件和新收3件进行清理，截至年底除已结18件，占总数90%。处理结果：对申诉无理案件，给予驳回4件，占已结案数77.77%；犯罪事实部分变更1件，占5.55%；减轻刑罚1件，占5.55%；终止2件，占11.11%。

1977年，告诉申诉复查案件，受理申诉案件6件，上年结存3件，新收3件，审结申诉案件3件，占受理数50%。1件是劳改犯宋泽飞，以抗改罪加刑二年不服，经复查事实有出入，撤销原判，不予加刑。1件是传抄反动黑书犯陈森林无理申诉，在劳改期中又犯新罪，复查后驳回申诉，并加刑二年。对强奸犯陈发卫家属无理申诉，予以驳回。

1978年，来信申诉复查521件，刑事申诉63件，婚姻79件，政策法律27件，行凶打人、杀人35件，强奸9件，撤管7件，申诉12件，房产3件，其他10件。来访13人（次），婚姻方面6人（次），刑事申诉5人（次），行凶打人、杀人2人（次），已处理结案。8—9月份收到刑事申诉案件19件，审结3件，转送外县法院1件，驳回申诉1件，教育1件，16件经核查作结案处理。

1979年，法院执行中发〔1978〕78号文件，批转最高人民法院党组《关于抓紧复查纠正冤、假、错案，认真落实党的政策的请示报告》以及省、州对复查刑事案件的指示，组织干警学习中央和省、黔南州中级法院有关文件，纠正复查在“文化大革命”十年中制造和执行“极左路线”所造成的冤、假、错案件。法院配合有案单位，把复查纠正冤、假、错案当成重要案件处理。从1966—1976年共处理各类刑事案件466件，其中，反革命案件73件，普通刑事案件393件，全部复查结案。对73件反革命案件中，兼有三类案件（地主、富农，反革命分子，右派分子）内容9件，已平反8件，维持1件；属于恶意攻击

22件，平反9件，改判5件，维持原判8件；一般反革命45件，平反7件，免刑1件，改判4件，维持30件，平反24件，占33%；免刑和改判10件，占13.7%；维持原判39件，占53.3%；判刑393件进行复查，平反3件，占0.8%；免刑和改判13件，占3.2%；维持原判377件，占96%。

1981年，继续复查纠正冤假错案，落实党的政策。县法院贯彻中央十一届三中全会关于"平反假案、错案、昭雪冤案"精神，坚持实事求是，有错必纠原则，开展复查冤假错案工作对周朝相错案复查。周朝相，瓮安县雍阳区人，新中成立后前当雇工，新中国成立后积极参加土地改革等运动，1956年加入中国共产党，1960年任银盏管理区副主任，后在瓮安磷肥厂当工人。1966—1976年"文化大革命"中生产遭到严重破坏，周的家内缺粮，非常不满。老一辈革命家刘少奇、邓小平、陶铸、彭真等同志被打下去，他更是极为愤慨，遂于1967年9月分别油印传单19份，坚持反对林彪、江青、张春桥、康生等人利用"文化大革命"阴谋篡党夺权的反革命罪行，先后3次分别寄给党和国家领导人、"文化大革命"领导小组，以及上海、重庆、四川、湖南、黑龙江、昆明、贵阳、遵义、都匀、荔波等地革命委员会和军事领导机关。破案后，1968年4月3日周被逮捕，同年11月2日经黔南州公安军管会以"反革命传单"罪判处死刑，立即执行，当时年仅36岁，遗下80多岁老母和妻子儿女共9人，受到无辜株连。1980年黔南州中级人民法院对本案进行复查，认为周朝相在"文化大革命"中反对林彪、"江青反革命集团"的祸国殃民罪行，并为刘少奇、邓小平等鸣不平完全是正义行为，在传单上使用一些不适之词，显系认识问题，根本构不成犯罪，遂逐级上报至最高人民法院。1981年2月4日，最高人民法院批示，本案周朝相纯属冤杀，应予改判。黔南州中级法院于同年4月8日，依据审判监督程序，依法撤销原判，宣告周朝相无罪，平反昭雪，还与有关部门配合积极做好一切善后工作。中共瓮安县委于同年5月5日恢复周朝相的党籍，周的长子周俊代表全家写信向党和政府表示衷心的感谢。是年共收刑事申诉复查案件290件306人，已复查104件110人，占收案总数35.8%。复查工作重点：继续复查1977—1978年两年判处死刑案件7件7人，证据确凿维持原判。对1977—1978年两年判处刑事案件113件122人，其中上年已复查30件34人；1981年复查79件84人，复查109件118人，占96.4%。维持原判65件70人，改判14件14人，改判率占17.7%。复查"文化大革命"前和"文化大命革"期间被判刑的刑事案件22件23人，维持原判5件6人，改判16件16人，终止1件1人，改判率占73%。在复查案件中，复查"文化大革命"前因右派判刑案件6件6人给予改判。

1982年，县法院党组抽调刑庭3人组成复查组，由1名副院长亲自抓，明确1名审判员任组长具体管申诉复查工作。受理刑事申诉案件261件（反革命案件39件，普通刑事案件222件），其中；"文化大革命"前判128件，"文化大革命"中至1979年申诉案件85件，1980年后判48件。根据上级指示，先复查老申诉案件71件，占27.2%（"文化大革命"前23件，"文化大革命"中至1979年申诉46件），平反12件，免刑5件，减刑11件，改变性质11件，维持原判32件。未结案190件，占申诉72.8%（反革命案件27件，普通刑事案件163件），其中，"文化大革命"前105件，"文化大革命"中至1979年再申诉39件，1980年以后46件。县委召开各区和机关单位会议，统一部署，从10月1日至12

月底，复查结案 38 件，占结案数 53.5%。

1983 年，开展复查申诉工作。执行中办发〔1983〕9 号和省委〔1983〕21 号文件，县法院成立复查落实政策领导小组（简称复查组），由龙洪昌、陈国强、高小波、李明才组成，龙洪昌、陈国强任负责人。负责复查“文化大革命”期间因反对林彪、“江青反革命集团”为邓小平鸣不平被判刑案件，复查“反右”和“四清”时期被判刑的刑事申诉案件，负责联系县教育、商业、粮食、供销、税务、监狱等部门初步复查上述各类刑事案件和落实政策工作，6 月复查工作结束。是年，受理刑事申诉案件 214 件（旧存 190 件，新收 24 件），反革命案件 30 件，普通刑事案件 184 件，审结 77 件，有“文化大革命”前 31 件。1966—1978 年 32 件，1979 年 14 件。维持原判 66 件，占审结数 86%；改判 11 件，占 14%。

1984 年，申诉复查，贯彻中共中央总书记胡耀邦 5 月 30 日指示，本着统筹兼顾，因地制宜进行复查。审结申诉复查案件 5 件，反革命案 1 件，普通刑事案 4 件，改判免于刑事处分 2 件 2 人，无罪释放 2 人，其他处理 1 人。

1988 年，受理刑事审判复查案件 52 件（含旧存 32 件），审结 43 件，结案率为 82.7%。与 1987 年相比，收案下降 65.4%，结案减少 11 件。已结案中，维持原判 40 件，改判 3 件 3 人（免于刑事处分 1 人，宣告无罪 2 人）。已结案件中，“文化大革命”前 8 件，“文化大革命”中 1 件。1977—1979 年 1 件，1980—1983 年 7 月 31 件，1983 年 8 月 2 件。

1989 年，受理刑事申诉复查案件 65 件（含旧存 9 件），审结 52 件，结案率为 80%，未结 13 件。1988 年相比，收案上升 25%，结案上升 20.93%，未结案件上升 44.44%。已结案件中，维持原判 30 件，改判 18 件，作其他处理 4 件。

1990 年，县法院贯彻最高人民法院，省高级人民法院有关告诉申诉工作规定，建立告申机构，明确告诉申诉庭工作职责，调配适应告申工作审判干部，发挥“门诊部”“窗口”和“桥梁”作用。受理刑事申诉复查案件 43 件，审结 25 件，结案率为 58.1%，未结 18 件，已结案件中，维持原判 14 件，改判 2 件，撤诉 4 件，作其他处理 5 件。

1991 年，共受理刑事申诉复查案件 31 件，审结 14 件，未结案 17 件，维持原判 6 件，改判 3 件，其他 5 件。纠正发生法律效力的法律文书的错误，发现原判确有错误 9 件民事案件给予纠正，维护法律尊严，保护公民、法人合法权益。

1992 年，受理刑事申诉复查案件 35 件，审结 30 件，结案率为 85.7%，未结 5 件。与 1991 年相比，收案上升 12.9%，未结案减少 12 件。审结案件中，维持原判 6 件 6 人，改判 23 件 23 人，其他处理 1 件 1 人。改判案件中，加重刑罚 14 人，减轻刑罚 6 人，宣告无罪 2 人，其他处理 1 人。认定事实不清或证据不足 2 件，适用法律有错误 1 件，作其他处理 20 件。

1993 年，处理申诉复查案件、评查原判确有错误，依照审判监督程序进行纠正。共审查已生效法律判决 68 件，依法再审 16 件，民事案件再审 11 件，经济案件再审 5 件，再审后全部改判 6 件。受理刑事申诉复查案件 12 件，审结 12 件，结案率为 100%。与 1992 年相比，收案下降 65.71%，结案下降 60%。已结案件中，维持原判 6 件 6 人，改判 8 件 8 人。改判案件中，加重刑罚 1 人，减轻刑罚 6 人，宣告无罪 1 人。改判原因中，认定事实不清或证据不足1人，作其他处理7件。

1994年，依照程序予以复查再审，共审查已发生法律效力判决和调解案件56件，依法再审7件，民事案件再审5件，经济案件再审2件，通过再审后全部改判6件，部分改判1件。

1995年，县法院共办理各类申诉、复查案件26件，重审案件7件，再审案件10件，作其他处理和转有关单位9件，全部复查结案。

1996年，以开展复查申诉工作为重要环节，参与社会治安综合治理，服务社会安定，服务于改革和发展。办理县委、人大、政协和黔南州中级人民法院及有关部门索要案件结果，以及长期申诉、矛盾可能激化或已出现闹事苗头，影响社会稳定的案件，指派专人办理，限期审结。对87件案件进行立案审查，对20件案件适用审判监督程序进行再审。根据瓮安县公安局看守所提请，对留在服刑犯人4件4人办理减刑手续。

1997年3月15日，县法院增设立案庭、审判监督庭，建立“立案分离、审执分开、审监配套”的监督制约机制，复查案件，属立案庭负责，再审案件属审判监督庭负责，对已审结各类审判监督案件14件，再审结案。

1998年，县法院经过复查，对审结案件，按审判监督程序决定复查再审案件10件，审结被中院发回重审民事、经济纠纷案件9件，复查通知答复刑事、民事、经济案件当事人申诉14件，全部结案。

1999年，案件复查，主要是对各业务庭审结174件案件进行质量评查，查出存在问题案件5件，按法律程序予以纠正，对法院开展“审判质量年”活动起到督促作用。

2000年，针对复查及审判监督案件少，决定把立案复查和审判庭工作重心继续投入到对各审判业务庭，对已审结案件的评查，是年，评查各类案件350件，查出案件质量问题14件，占已查案件数0.04%，按法律程序纠正。

2001年，把复查和审判监督工作投入到各审判业务庭，审判监督庭共评查对各审判业务庭已审结案件850件，与2000年相比，多评查案件500件，查出有案件质量问题15件，占已评查案件数1.76%。

2003年，县法院申诉复查，立案庭由一名审判经验丰富的老同志具体负责案件复查。坚持依法办案，有错必纠的法律准则，贯彻最高人民法院相关复查案件司法解释，经复查认定确有错误，符合再审立案，由院长提请审判委员会讨论立案再审。不符合再审构成的案件，对申诉人进行耐心细致，说服息诉止争。是年，立案再审案件5件，审结率100%。

2004年，申诉复查案件，立案紧贴人民群众，快速、及时立案和申诉复查，规范登记，掌握相关案件动态，保证每件有回音，有落实。有错必查，审结再审案件7件，中院发回重审案件6件，指令再审案件1件，对原判认定事实有误，适用法律不当，审判程序不合法等进行再审，依法作出改判；对检查出有程序问题及时通报纠正。通过审判和案件复查，促进办案质量提高，再审、重审率在全州较低。

2005年，黔南州法院发回重审和改判案件8件，申诉复查案件7件，启动再审程序立案1件，另6件均以书面形式答复申诉人。县法院立案和审判监督工作除办理复查及再审案件，还负责检查法院所有庭局案件卷宗材料，共检查案件卷宗材料2027件。

2006年，案件复查与审判监督，严格启动再审程序，严把法律关、事实关、程序关，正确运用法律释明权，以理服人、法理相济，使申诉人息诉止争。对已经发生法律效力的判决和裁定，认定确有错误的，及时依法纠正。是年，共办理申诉复查案件8件，结案率为100%。

2007年，办理申诉复查案件9件，继承权纠纷案件1件，买卖合同纠纷案件3件，股东权益纠纷案件3件，人身权纠纷案件2件。指定再审案件8件，抗诉案件1件。

2008年，开展修改后的民事诉讼法执行，加强案件审查，健全审判工作内部监督机制，从源头上减少申诉和申请再审案件数量。正确认识有错必纠与维护司法既判力关系，严把申诉审查立案和提起再审关，注重运用听证、协调和调解方式处理再审案件，是年共受理复查再审案件15件，结案14件，结案率为90%。

2009年，是年共受理复查行政案件18件，审结18件，分别比上年同期上升38.46%。受理非诉执行案件8件。

2011年，立案复查答复刑事、民商事、行政案件申诉复查，严格三大诉讼法规。审查申诉复查案件2件（民事1件，刑事1件）。民事案件按照民诉法第181条第2款规定，告知申诉人向原审法院的上级法院申诉再审。刑事案件经审查不符合再审要件，依法驳回当事人申请。是年，立案庭贯彻最高人民法院《立案工作暂行规定》，对各类刑事、民商事、行政、执行等进行审查立案。刑事审查立案118件，民商事审查立案455件（商事64件，中级人民法院发回重审15件），行政立案11件，执行审查立案38件（恢复执行52件），按法院监督程序，本级法院决定再审2件，中级人民法院指令再审1件，特别程序审查立案1件。

2012年，县法院发挥立案职能，完善多元化、化解机制，提高立案工作效力，依法、准确、受理各类案件，审查登记立案2828件，刑事案件285件（自诉案件1件），民事案件1675件（法院机关813件、发回重审11件、法庭851件），商事案件151件（发回重审3件），执行案件622件（法院机关442件、法庭180件），行政案件7件，非诉执行28件，民事再审2件。司法确认58件（法院机关1件、法庭57件）。审查移送上诉案件和抗诉案件152件，刑事上诉案件19件，复查卷宗99宗，民商事130件，复查卷宗232宗，行政3件，复查卷宗7宗。按程序将上诉卷宗材料移送二审法院，立案庭送达上级法院及外地法院委托送达诉讼文书35件。

2013年，严格立案标准，依法受理各类案件，准确适用诉讼法，对符合立案条件，依法立案，维护当事人诉讼权；不符合立案条件，做好法律解释，引导当事人通过其他途径依法处理，化解矛盾纠纷。县法院审查登记立案1926件，刑事案件306件，民商事案件1072件，行政案件18件，执行案件463件，行政非诉执行案件67件，司法救助47件，司法确认3件。审查移送上诉案件191件，刑事23件，民商事164件，行政4件，送达上级法院及外地法院委托送达诉讼文书15件。

2014年，依法审查受理各类案件立案3854件，对符合法律程序依法立案，不符合立案程序作好法律解释。上诉案件按法律程序审查移送各类案件225件。是年，上诉刑事案件20件，民事案件166件，经济（商事）33件，行政案件6件。

第九章 行政管理

行政管理是审判工作的重要组成部分。县人民法院的行政工作范围主要是制度建设、人事管理、法制宣传、思想政治与廉政教育、干警教育、调解培训考核管理与廉政建设、司法警察等工作。法制宣传以审判活动宣传、调解宣传、广播电视报刊宣传，法制宣传周、日活动，讲授法律课，设立法制宣传栏等形式向社会开展法律教育。制度建设，是根据《中华人民共和国人民法院组织法》规定，制定法院的制度、规章，规范审判工作程序和纪律。法制宣传，依据《中华人民共和国人民法院组织法》规定，以审判活动教育公民忠于社会主义祖国，自觉遵守宪法法律。县法院自建立以来，围绕党在各个时期中心任务，结合审判工作实际，突出审判工作重点，开展法制宣传教育工作，发挥法制宣传在教育人民群众遵纪守法，震慑分化犯罪分子，预防和减少纠纷等方面起重要作用，保障党在各时期各项工作的开展。

县法院历届领导班子、以抓队伍建设为根本，以思想政治教育、审判业务培训、政治理论学习、人事制度管理、廉政建设、爱民活动等，提高干警队伍整体素质为重点，以严格公正为执法目标，以为人民服务作为工作根本宗旨，按照相关法律法规建立健全和完善各业务部门管理规章制度，密切警民关系和增强干警敬业精神。

第一节 制度建设

1976 年，“文化大革命”结束后，法制建设走上正轨，县法院各项审判工作、行政管理工作依靠制度进行管理，逐步提上历年工作议事日程，1979 年 7 月，实施陪审员制度。1983 年后，县法院开始建立健全各种制度，用制度进行行政管理。

1984 年，制定《瓮安县人民法院行政工作管理制度（试行）》，制定学习制度、人事管理制度、安全保卫制度、保密制度、档案管理制度、信访接待制度、警械武器管理制度、公文处理制度、会议制度、内务管理制度及车辆管理使用制度等。

1988 年，按《岗位责任》所定的指标任务，3—12 月各人民法庭和各业务庭办案完成 700 件，其中城关人民法庭完成 116 件，雍阳人民法庭完成 51 件，草塘人民法庭完成 87 件，中坪人民法庭完成 49 件，永和人民法庭完成 38 件，珠藏人民法庭完成 28 件，玉山人民法庭完成 25 件，天文人民法庭完成 31 件。

1989年，制定《瓮安县人民法院1989年岗位责任制》《院长、副院长、党组书记、党组副书记岗位责任制》《庭、室负责人岗位责任制》《各人民法庭岗位责任制》等制度。

1990年，制定《瓮安县人民法院1990年岗位责任制》，包括《院长、副院长、党组书记岗位职责》《庭、室负责人岗位责任制》《审判员、助理审判员、书记员岗位责任制》《办公室岗位责任制》《研究室岗位责任制》《政工、纪检、监检岗位责任制》，《刑一庭岗位责任制》，《刑二庭岗位责任制》，《民事审判庭岗位责任制》《经济审判庭岗位责任制》《行政庭岗位责任制》《执行庭岗位责任制》《告诉申诉庭岗位责任制》和《各基层人民法庭岗位责任制》等制度，推进各庭、室干警完成全年各项工作。

1991年，制定《瓮安县人民法院1991年岗位责任制》，修改和完善《岗位责任制》，根据《岗位责任制》落实各庭室办案任务、工作职责，检查落实、兑现评比，干警职责清楚，目标明确，推动各项工作开展。

1992年，制定《瓮安县人民法院1992年岗位责任制》，院党组将对岗位责任制所规定的各项任务落实情况进行分解到各庭、室及个人，作年终考核成绩。实行工资任务挂钩，职务补贴及行政人员年终节约奖相结合。

1993年，制定《瓮安县人民法院1993年度岗位责任制》，将各业务庭完成全年岗位责任情况予以公布，各庭通过阅表对比，明确庭室和个人办案人员完成工作任务。明确指导思想、任务及职责，办案质量及奖惩，全年按照责任制要求完成各项任务，是年，制定《瓮安县人民法院档案管理办法》，印发《关于做好法院行政文书工作、收集统一立卷归档工作》规定。

1994年，补充《岗位责任制》，兑现在1993年基础上采取年终核算的办法，以全年工资册各项总和，按个人完成任务的百分比享受，完不成任务的不再享受福利和其他补贴。完不成任务的业务庭及法庭不参加年终评先选优，从庭长到全庭人员不享受法院额外补贴。诉讼费的返还比例，城关人民庭按民庭标准执行。告申庭专门指派1人作接待，其余人员从事办案。行政机关申请执行案件，一律由行政庭办理。是年7月，制定《抓好档案管理，建立健全档案查阅制度》。

1995年，制定《瓮安县人民法院1995年岗位责任制》，责任制规定指导思想、职责、办案质量、办案指标、奖惩、其他，各庭、室及全院干警完成岗位责任制所规定的工作。

1996年，制定《瓮安县人民法院1996年度岗位责任制》发文各科、庭、室、队执行，分办案指标、经费、奖惩。实行工资与办案任务挂钩，职务补贴及行政人员年终节约奖相结合。

1998年6月，制定《瓮安县人民法院工作纪律制度》《瓮安县人民法院卫生制度》《瓮安县人民法院审判委员会议事规则》《瓮安县人民法院1998年度岗位责任制》等制度，开展各项审判工作。

1999年，制定《瓮安县人民法院1999年度岗位目标责任制》，明确目标要求、经费管理、奖惩等。继续实施《办公室岗位责任制实施细则》，明确办公室主任、副主任、文书收发人员、档案人员、打字员、驾驶人员、会计、出纳和实物保管员职责。在财务工作中，实现会计、出纳、实物保管三员分工，严格财务制度，做到收支合理、专款专用、账目清楚、账据相符。

2000 年，制定《审判委员会工作制度》《独任审判员工作制度》《合议庭工作制度》《瓮安县人民法院 2000 年度工作管理办法》，对案件管辖、职责及办案指标、经费管理奖惩等工作作明确规定。

2001 年，印发《关于法院干部参加法律专业学历教育书学费用报销的通知》，对凡未取得法律大专学历文凭的干部参加法律本科学习者，凭票据报销书学费用；已取得法律大专学历文凭的干部参加法律本科学习者，亮证凭票累计报销书学费用 1000 元；非法律大专学历参加法律本科学习者，亮证凭票累计报销书学费 2000 元，总共报销学费达 4 万元。

2002 年 3 月，制定《瓮安县人民法院关于开展竞争上岗和双向选择工作的实施方案》和《关于加强档案管理自查的办法》。档案管理设备有库房 3 间，面积 80 平方米；办公室 1 间，面积 18 平方米；阅卷室 1 间，面积 10 平方米，有双面档案柜 14 组 56 柜，单面档案柜 5 组 10 柜，有各类档案资料 13 万册。

2003 年 2 月，制定《2003 年各项审判工作内部管理实施意见》发至各庭、室、队负责人执行。对加强廉政建设、确保公正执法、明确工作职责、搞好协调配合、加大改革力度、规范审判职责、改革管理方式实行量化考核。制定《申请立案执行规定》，规定案件由立案庭转到执行局后，由申请人提供被执行人财产，执行局先调查后执行，做到件件有了解，件件有记录。无财产作登记处理，保证执行不至失效；有财产进行强制执行阶段，实施强制措施时做到先请示后执行，最大限度保障生效法律文书所确定给付内容兑现。

2004 年，制定《瓮安县人民法院办公室、研究室职责》，岗位职责 76 条，对办公室、研究室、财务室、打字员、微机室、档案室及其工作人员适用本岗位职责。制定《瓮安县人民法院后勤工作接待管理暂行规定》，对在接待中未在办公室登记申报开单，随意安排就餐，其就餐费谁安排谁支付，单位不予报销。另制定《下班签到签名制度》《请假和销假审批制度》《查岗制度》等。

2005 年，制定《瓮安县人民法院 2005 年各项审判工作内部管理的实施意见》，实施意见共 20 条。对廉政建设、工作纪律、职责分工、管理方式等作明确规定。在审判工作上，坚持公正执法、从严治院、从严治警、加大查处力度，严惩司法腐败、追究错案责任。

2006 年 2 月 10 日，制定《2006 年各项审判工作内部管理实施意见》，7 月，制定《汛期档案管理的自查办法》，将审判责任落实到各单位。民事审判庭审判案件 600 件，刑事审判庭审判案件 120 件，执行案件 400 件。草塘人民法庭审判案件 295 件，执行案件 35 件。永和人民法庭审判案件 35 件。中坪人民法庭审判案件 135 件，执行案件 15 件。玉山人民法庭审判案件 115 件，执行案件 15 件。珠藏人民法庭审判案件 170 件，执行案件 30 件。

2007 年，制定《党组议事规则》《岗位目标责任制》《考勤制度》《警用车辆管理制度》《信息采集制度》《法官庭审技能考评办法》《司法统计管理办法》等制度。3 月，制定《考勤管理实施办法》，印发《2007 年岗位目标管理及考试（试行）办法的通知》。

2008 年，制定《瓮安县人民法院“打黑除恶”工作实施方案》，协助县委、县政府处置“6·28”打、砸、抢、烧事件，防止事态扩大。瓮安“6·28”事件发生后，立即启动应急方案，成立县法院“6·28”事件处置领导小组、安全领导小组，信息上报领导小组、后勤保障领导小组、法制宣传领导小组、应急小分队，开展有序工作。从6月28日晚开始，24小时不间断值班。全体干警坚定政治立场，不信谣、不传谣、不到现场围观，以身作则做亲朋好友工作，管好自家人、看好自家门、办好自己的事。是年，制订《瓮安县人民法院“打黑除恶”工作宣传方案》，通过各种形式对内做好宣传动员工作，对外宣传省、州、县打黑除恶的决心和态度，形成打击的高压态势，指派审判人员提前介入涉黑恶犯罪调查工作，把握收集证据和程序的合法性。

2009年，制定《瓮安县人民法院关于坚持司法为民，方便群众诉讼的若干规定》，为人民群众解决诉讼难问题。

2010年，制定《瓮安县人民法院干警工作用语和禁忌用语规定》，对干警平常接听电话、接待当事人以及庭审、执行活动等方面文明用语和禁忌用语作详细规定。制定《瓮安县人民法院信访制度》《完善涉诉信访工作管理办法》《涉诉信访接待登记制度》《涉诉信访听证工作制度》《涉诉信访服务承诺制度》《领导干部接待来访群众工作实施方案》《涉诉信访工作应急预案》，判后释明指南，答疑办法，来访须知，国家重大会议、节庆活动暨敏感节点时期信访工作实施方案，“领导干部接待信访人登记表”，“涉诉信访案件转办审批表”，“涉诉信访案件登记总表”等相关制度和规定，明确信访工作机构、人员配置、制度构建、工作职责和信访处理程序，建立健全信访台账、信访听证、领导包案、分级接访和考核奖惩等内容。

2011年，制定《瓮安县人民法院法律文书差错处置办法》，法律文书制作水平不断提高。由于工作量增大，少数同志忽视法律文书制作，责任心不强，出现不应有差错，影响法律文书严肃性，在一定范围内造成不良影响。6月，制定《瓮安县人民法院诉讼文书立卷归档暂行规定》，规范法院诉讼文书立卷归档工作，提高诉讼文书立卷归档质量。7月，制定《瓮安县人民法院农村居民财产损害司法救助工作实施方案（试行）》，完善文书管理和诉讼立卷规范管理工作。

2012年，制定《案件难易分流制度》《执行案件风险评估制度》《执行申诉制度案件层级接访制度》《完善执行信息化管理和执行局监督案件制度》，通过制度定人员、定期限、定目标，使案件严格按照法定程序执行。

2013年，制定《组织人事、招录、晋级、任免等制度》《党组议事制度》《党支部学习制度》《党员教育培训制度》《党费收缴使用管理制度》《领导班子中心学习，党组民主生活会制度》《民主评议党员制度》《完善党建工作情况汇报，报告制度》《落实走访慰问制度》《建立领导干部联系退休干部制度》等。完善执行信访接待、执行办案、协调和监督等制度。是年，制定各种制度、细则、方案、规定等34个。11月，制定《瓮安县人民法院关于审理未成年人犯罪的规定》。

2014年，新建制度17个、修改原有制度12个、废止制度3个。举出执法办案经常出现20种不规范现象，全院干警对照检查，提高队伍素质。

第二节　人事管理

一、编制

1950—1961年，1950年1月，县人民政府设置司法科设正、副科长各1人。5月，建立县人民法院，设置正、副院长各1人，审判员共7人。1955年5月，县法院从县政府划出，实行独立审判活动。1956年，县法院设置办公室、增编人员1人。至1961年人员编制控制7人，实有人数3人（缺编4人）。各区人民法庭设置庭长、审判员和书记员1人，庭长均由各区委书记或区长兼任，开展基层民事案件和纠纷案件审判活动。

1967年4月，县人民法院并入县革委治安保卫领导小组。1968年4月，成立中国人民解放军瓮安县公安军事管制小组、瓮安县革命委员会人民保卫部，县人民法院审判活动由军事管制小组取代。

1973年3月撤销军事管制小组，4月5日恢复县法院，开始独立审判活动。人员编制设置院长1人、副院长1—2人。法院内设刑事审判庭庭长1人、民事审判庭庭长1人、副庭长各1人。1982年，瓮编〔1982〕8号文件县法院行政控编人数37人，设置院长1人、副院长1—2人，设置办公室、刑事庭、民事庭、财务室、各基层法庭。

1988年、1989年、1990年行政控制人数71人，1991年在原行政控编数增加4人，控编人数75人。

1983—2001年，在1991年行政控编人数75人基础上增编7人，1994年行政控编人数82人。1996年，根据贵州省机构编制委员会黔机编〔1996〕18号文件，在1994年控编人数82人基础上增编2人，1996年行政控编人数84人。2001年7月28日，贵州省机构编制委员会黔编办字〔2001〕40号文件，在1996年控编人数84人基础上，精简编制人数8人，2001年行政控编人数76人。

2002—2014年，2005年行政编制增加1人，2007年增加编制2人，2008年增编行政人员5人，2009年增加工勤人员3人，行政人员编制增加7人，合计10人。2011年增加行政人员编制1人，总编制人数95人，其中工勤人员3人。2012年总人数98人，行政编制90人，事业管理1人，工勤7人。2013年行政编制99人，事业编制20人，工勤编制15人。2014年未增加数，实有人数134人。

二、职数学历

1950—2007年，档案资料记载不翔实，未收录到干警职数和学历。2008年后，法院干警职数与学历有翔实记载。

职数　2008—2009年，县法院行政控编数68—70人。2008年，编制职数68人，其中副处级1人，正科级10人，副科级12人，科员26人，工作员13人，工勤人员1人，未定级司法警察5人。2009年，正科级比2008年减少2人，副科级增加2人，科员增加1人，司法警察增加1人，实际职数70人。

2010—2012年，职数控编77—91人。2010年，法院控编实际职数77人，比2009年增加7人，其中，正科级6人，副科级21，司法警察4人。2011年，编制职数91人，比2010年增加14人，其中科员增加9人，未定级司法警察增加5人。2012年，实际编制职数90人，其中副处级1人，正科级6人，副科级24人，科员32人，工作员18人，工勤人员7人，未定级司法警察2人。

2013—2014年，控编职数91人。2013年，正科级比2012年增加1人，科员增加1人。2014年，副处级1人，正科经6人，副科级22人，科员46人，工作员5人，工勤人员4人，司法警察7人。

学历　2008—2009年，在职数控编中，本科学历34，占总编人数50%；大专29人，占本科98.6%。2009年，大专学历比2008年减少1人。

2010年，本科学历44人（双学士学位1人），占总职数60%；大专学历比2009年减少1人，其他学历5人。

2010—2012年，县法院干警编制人数90—91人。2011年，硕士研究生1人，本科生59人（含双学士学位2人），占职数64.8%，大专生30人，占总人数33%；其他学历1人。2012年，硕士研究生1人，双学士学位2人，本科生61人，大专26人。

2013—2014年，实编人数91人。2013年，本科学历人数占总编职数72%，大专生24人，占总人数26%；大专以下1人。2014年，硕士研究生4人，占总职数4.39%；本科生62人（含双学士学位2人），点总职数68.14%；大专学历17人，占18.68%；其他学历8人，占总人数8.79%。

三、年龄结构

1950—2007年县法院未收录干警人数及年龄结构情况。

2008年干警（含工勤）68人，30岁以下（含30岁）8人，占11.94%；31—40岁25人，占35.82%；41—50岁20人，占29.85%；51岁以上15人，占22.39%。

2009年干警（含工勤），30岁以下（含30岁）11人，占15.9%；31—40岁23人，占33.3%；41—50岁21人，占30.4%；51岁以上14人，占20.3%。

2010年干警（含工勤），30岁以下（含30岁），占15.1%；31—40岁20人，占24.7%；41—50岁24人，占31.5%；51岁以上21人，占28.8%。

2011年干警（含工勤），30岁以下（含30岁）38人，占38.5%；31—40岁20人，占19.8%；41—50岁27人，占27.5%；51岁以上13人，占14.3%。

2012年干警（含工勤），30岁以下（含30岁）37人，占37.8%；31—40岁20人，占20%；41—50岁26人，占26.7%；51岁以上15人，占15.6%。

2013年干警（含工勤），30岁以下（含30岁）33人，占31.9%；31—40岁24人，占24.1%；41—50岁26人，占26.4%；51岁以上17人，占17.6%。

2014年干警（含工勤），30岁以下（含30岁）23人，占24.1%；31—40岁25人，占27.7%；41—50岁27人，占30.1%；51岁以上16人，占18.1%。

第三节 法制宣传

1950年5月，县法院建立后，围绕党在各个时期的中心任务，开展审判宣传活动。结合审判开展法制宣传教育工作，发挥法制宣传在教育人民群众遵纪守法，震慑分化犯罪分子、预防和减少纠纷等方面的重要作用。通过审判活动、新闻宣传活动，教育公民自觉遵守国家宪法和法律，预防和减少各种刑事犯罪，大力开展法制宣传。

1955年，法制宣教工作围绕县委和地方党委中心工作，进行法纪宣教，对有教育意义的各类典型案件进行宣传，并注意正确解决人民内部纠纷案件。对人民法院组织法所规定的各项民主制度和经济建设时期加强巩固革命成果的法制进行宣传，在群众会议上进行宣传，达到教育公民忠于祖国、自觉遵守法律之目的。

1956年，开展法制宣传工作，运用大字报、黑板报、县报的报道开展活动，法院领导作法律讲演3次，听众4000人。宣传大字报22栏，县级报刊登1次，投稿县级报1次。

1957年，县法院和法庭所在地以黑板报、大字报结合党委布置中心工作宣传国家政策法令，选择有教育意义的典型案件，拍摄照片，在肃反运动中拍制反革命照片2张，有关合作社贪污、盗窃照片2起，烟毒犯照片1起张贴后受到群众欢迎。运用县报和有线广播进行宣传，共投县报15件，刊登12件，有线广播8次，全县51个乡（镇）群众达10万人受教育。

1958年，针对反革命、不法地主分子和坏分子有意进行破坏社会主义事业，以及在国家机关中还有个别工作人员贪污腐化、乱搞男女关系、破坏法制等情况，在全县开展一系列法制宣传教育活动，受教育群众达15万人（次）。

1959年，结合中心工作，开展多样化法制宣传教育。携卷上山下乡，深入田间就地办案，审判宣传，作140次法律讲演，举行大型宣判大会。结合“大跃进”生产，逢场镇、交通点张贴宣传。组织街道、村（大队）宣传队，快板演唱70次法律宣传教育。大小字报3000张，标语号10000条，编唱山歌90首，印发布告5次、2200份。组织宣传队13个，有线广播5次，投县报稿5编，实物展览3次，图片展览3次，实况广播1次，就地审判、宣判324件，黑板报50块，成人受教育达80%。结合三员下乡（审判员、检察员、公安员），群众觉悟提高，避免犯罪。中坪公社党委在执行杀父犯陈吉昌时，在大会上作遵守法制、赡养父母是每个公民的职责专题报告。

1960年，与公安、检察院配合，结合政治运动和生产，全部审判活动工作，深入人心、形式多样。巡回审判、法律讲演、张贴布告、图片展示、大字报、黑板报、宣传栏、山歌快板，组织宣传队（组）编演小型戏剧等。在全县范围内开展法制宣传教育，出黑板报1170期，大小集会进行讲演宣传70次，大小字报2000张，受教育人数达30.4万人（次），占总人数95%。（含福泉县合并在内的总人口数32万）95%。

1961年，利用公开审判和劳动场所讲解，组织调解员和陪审员进行法律宣传，用典型判决、大字报、建议书、通报、通告、布告、报道等形式宣传各种法律政策、典型案例，结合公判启发自我教育，批判资本主义思想，提高群众觉悟，教育群众6万人（次）。

1962年1—5月，结合就地办案，进行专门法律宣传教育7次，组织宣传队5个巡回宣传法律演唱、戏剧等形式10次，黑板报宣传9块14次，受教育人数达12.4万人（次）占全县总人口65%。

1963年，县政府县长等领导作法制报告会4次，县法院院长作法制专题报告会7次，广播大会3次，有线广播12次，写大字报15张，黑板报8次，区委作法制报告会13次，公社书记报告会72次，宣传典型案件49件。在雍阳、珠藏、永和、中坪4个区、2个省级劳改厂矿（白水河、新华）举行公开宣判大会20次，图片展示11套。结合审理刑事、民事案件宣传教育104次，人民群众来信来访口头宣传857人（次），印发各种宣传资料3160份，召开各种不同形式座谈会2409次，组织宣传队5个96人。

1964年，分别在玉山、中坪、雍阳、珠藏等区及3个省级劳改厂矿（白水河、新华、北斗山）召开宣判大会9次，进行法制讲演9次。写大字报11张，图片展4套，巡回珠藏、玉山等区2次。结合审判开展口头宣传115次，开展法制教育365次，利用各种会议，讲解婚姻法，受教育人数达8万人（次）。经过各种宣传教育活动，群众受教育，敌人受震慑，收到检举、控告材料34份，向司法机关投案自首9人。

1965年，贯彻中央政策、毛泽东主席指示“依靠群众专政、依靠群众办事、矛盾不上交”的方针，选择各类有教育意义典型案件20件，在全县范围内举行13次公开处理。县长作法制报告1次，区委作法制讲演8次，县法院领导作法制讲演7次，审判员作法制讲演12次，组织群众座谈讨论会6次。建中公社党委在社教运动三级干部、贫下中农代表会议和春耕生产动员大会上，公开宣读处理干部柏善文打击报复案件判决书2次。展出图片5套，写大字报19张，发宣传资料80份，增设法制宣传栏3个，全县5个宣传栏。结合审判、接待、调解、口头宣传、讲解法制449次，受教育人数达9万人（次）。

1972年，除个人隐私案件和不予公开处理的案件外，大多数案件在群众中公开宣判，扩大教育面。选择有教育意义的典型案件在城关、草塘、中坪、玉山、珠藏、永和、白水河、新华等6个场镇和2个劳改厂矿召开宣判大会13次。1—12月，两次在城关召开公审和宣判大会，有1万人参加。7月和11月份先后2次配合白水河劳改厂矿召开宽严大会，对表现好的81名罪犯减刑或提前释放，对一贯坚持反动立场、继续进行犯罪活动的4名抗改罪犯加刑处理。

1973年，印发各种宣传资料2200份，举行有线广播宣传22次，有组织地在全县中、小学及大队、生产队进行法制宣传25次，在县、区、公社各种会议上进行婚姻法宣传81次，公开宣判会3次，办案口头宣传100次，受教育人数达10万人（次）。

1974年，组织宣传队192个。宣传员1575人，法制宣传2330次，文字宣传1677次，召开宣传大会1575次，用各种会议宣传4157次，办案及调解宣传501次，印发宣传资料650份，有线广播宣传191次，到学校作法制讲演183次，在7个区和3个劳改厂矿和3个公社召开宣判大会12次，受教育人数达12.44万人（次）。有犯罪行为投案自首33人，收到检举材料 889 份，经过法制教育，由坏转好 411 人，废除包办婚姻 1585 件，废除童养媳 3 件，恢复夫妻关系 120 件。

1975 年 6—12 月份，先后在 7 个区、2 个公社、3 个劳改厂矿召开宣传大会 18 次，公捕大会 8 次，举行批斗大会 10 次，宣判罪犯 74 人。县委在大会上发言有 6 人（次），区委发言有 16 人（次），公社党委发言有 4 人（次），县法院领导作法制教育宣讲 26 次。文字宣传 347 次，召开法制宣传 25 次，结合各种大小会议进行法制教育 770 次，办案宣传 108 次，印发宣传资料 138 份，举行有线广播宣传 22 次，到学校作法制演讲 36 次，受教育人数 20 万人（次）。收到检举控告材料 152 份，向司法机关投案自首 6 人，由坏变好 42 人。

1976 年，贯彻省高级法院、黔南州中级人民法院召开法制宣传教育会议后，组织全体干警和调解人员学习，发挥法庭和调解组织作用。到 5 个区、1 个公社、3 个省级劳改厂矿召开宣判大会 14 次，宣判罪犯 57 人，举行宣判大会实况有线广播 3 次，展出图片 2 次 56 幅，印发教材 150 份，贯彻《中华人民共和国婚姻法》放映幻灯片 3 套，到学校进行法制宣传教育 2000 次。各级调解组织利用调解纠纷和政治夜校及各种会议到中、小学进行法制宣传教育 3000 次。

1977 年，召开各种宣传大会 413 次，结合会议宣传 2308 次，结合处理案件宣传 522 次，印发宣传资料 1212 份，举行有线广播宣传 118 次，到学校作法制演讲 95 次，图片展览 4 次，幻灯片放映到 7 个区、20 个公社、3 个厂矿、部分大队、车间。举行公判游斗 21 次，罪犯 131 人，公捕 7 人，游斗 19 人，参加会议群众 19 万人（次）。作法制教育讲话有县委领导 3 人（次），区委领导 12 人（次），公社负责人 3 人（次），县法院领导 10 人（次），厂矿党委书记 3 人（次），群众代表 13 人（次）。

1978 年，宣传执行修改后新宪法颁布施行，以打击犯罪与预防、惩办教育相结合进行法制教育宣传。编写法制宣传教育资料，制作录音片 2 套，开展法制宣传教育。

1979 年，县法院与有关单位开展新宪法、刑法和刑事诉讼法为中心的法制宣传教育。进行公开宣判 5 次，参加旁听受教育群众达 2 万人（次），与县广播站进行法制宣讲 1 次，出法制宣传教育专栏 1 期。

1980 年 8 月，第五届全国人民代表大会第三次会议通过修改《中华人民共和国婚姻法》。县法院按县委统一安排集中学习，人民法庭的同志参加区委学习。学习 7 个法律草案的说明与刑法、刑诉法的意义和任务，向机关、学校、职工大会宣传刑法、刑诉法，组织学习，向报社、广播电台投寄有关法律稿件 16 件。

1981 年，宣传党的政策和国家法律，宣传修改后的《中华人民共和国婚姻法》，化解矛盾，解决简易纠纷 12 件。

1982 年，接待来信来访进行法制宣传教育，配合有关部门，利用有线广播、宣传车、宣传栏和法制演讲等形式宣传法律法规 196 次，重点宣传《中华人民共和国婚姻法》《中华人民共和国经济合同法》《中华人民共和国民事诉讼法（试行）》和有关政策、法令。草塘人民法庭写出婚姻法和民事诉讼法宣传提纲，交区广播站广播。天文人民法庭用宣传车宣传《中华人民共和国婚姻法》《中华人民共和国经济合同法》。9 月份，装备宣传车 2

辆，到区社宣传民事诉讼法 4 次。

1983 年，利用典型案件，在宣判大会上进行法制教育宣传，召开规模较大的宣判大会 3 次，参加公判大会旁听群众达 10 万人（次）。对赡养 1 案，蒲玉成诉蒲思伦、蒲思学、蒲思忠为赡养老人引起财产纠纷 1 案，在玉山区所在地（赶场天）公开宣传，旁听群众达 5000 人（次）。

1984 年，采取分地区进行公开宣判，对人民群众进行实际法制教育。召开公判大会 15 次，受教育群众 16.1 万人（次）。

1988 年，对拐卖妇女、儿童案件和盗窃案件，配合公安、检察机关和有关部门，集中力量，开展专项斗争，选择发案较多地区、乡镇召开公捕公判大会 5 次进行法制宣传。宣判案件 24 件 40 人，旁听群众 2.5 万人。

1990 年，配合公安、检察机关，召开宣判大会 4 次，宣判案件 27 件 35 人。向在押人员进行法制宣传教育，对 4 名服刑犯人减刑。审理珠藏供销社职工犹永烈贪污案时，犹永烈要求用自己一幢四立三间木房出卖给珠藏供销社抵赃款，要求从宽处理。办案人员与珠藏供销社负责人协商，该社领导召集全体职工，吸取犹永烈贪污犯罪被捕后卖房抵赃教训，受到法制宣传教育。

1991 年，宣传《中华人民共和国刑法》《中华人民共和国刑事诉讼法》的同时，打击刑事犯罪，县法院配合公安、检察机关在县城体育场及案件多发乡镇组织召开公捕、公判大会 4 次进行法制宣传，宣判案件 27 件 42 人，参加旁听群众 1.9 万人。

1992 年，宣传《中华人民共和国刑法》《中华人民共和国刑事诉讼法》，开展“严打”和专项斗争，以反盗窃、反暴力性犯罪为主要目标，严厉打击严重危害社会治安犯罪活动，惩处严重危害社会犯罪分子。配合公安、检察机关在雍阳镇和案件多发乡镇召开公捕公判大会 2 次，宣传法律，宣判案件 22 件 29 人，旁听群众 1.5 万人。

1993 年，在县城体育场及乡镇赶场天召开公捕公判大会 4 场（次），宣传刑法和刑事诉讼法，宣判案件 25 件 37 人，受教育群众达 4.5 万人。

1994 年，拟写各种宣传资料 7 份，工作简报 8 期，情况反映 1 期，各种宣传专题材料 11 篇。《人民法院报》《贵州日报》《黔南日报》《贵州审判》等报刊登载有关法院工作调研文章和新闻宣传稿件 35 篇。4 月 12 日发表在《黔南日报》人物通讯《心系万家、情洒人民——记全省法院系统“五优”先进个人宋泽学》被北京中国图片报社出版的《中华创业者》和中华国际名人出版社出版的《奋斗者的足迹》两部系列丛书收录。

1995 年，拟写各种资料 11 份，法院工作简报 6 期，情况反映 2 期，各种专题调研材料 16 篇。《人民法院报》《贵州日报》《黔南日报》《贵州审判》《黔南审判》等各种报刊刊登有关瓮安法院审判工作新闻稿件、审判业务调研文章 21 篇。9 月 25 日至 28 日，研究室郭廷才被评为全县宣传通讯骨干，荣获二等奖，县委颁发 300 元奖金及荣誉证书。

1997 年 5 月 12 日，在县城体育场召开公审大会，宣判刑事案件 3 件 8 人。将罪大恶极盗窃犯黄修平押赴刑场执行枪决。县法院根据县委统一部署开展“禁毒”专项斗争，6 月 26 日世界禁毒日，干警全部着装参加全县“禁毒”游行宣传活动。

1998年，在《新瓮安》报发表有关信息材料及新闻报道27篇，《黔南日报》发表13篇，《贵州日报》《人民日报》各1篇。

1999年，成立县法院新闻宣传中心，建立新闻发言人制度，挤出资金购买照相机、传真机作新闻宣传器材专用，筹备经费购买摄像机。向省、州、县各新闻单位和报刊电台、电视台撰写宣传法院工作新闻宣传报道25篇，采用21篇，编写法院工作简报12期，情况反映1期，各种宣传材料5篇。

2000年，干警向中央、省、州、县各新闻单位、报刊、电台、电视台撰写、摄影、摄像反映和宣传县法院审判工作建设宣传材料和新闻报道68篇，被报刊采用文字图片新闻22篇，被州电视台和县电视台采用录像新闻35条，被省、黔南州广播电视台和县广播站电视台采用11条。

2001年，向中央、省、州、县各新闻单位、报刊、电台、电视台撰写、摄影、摄像反映宣传法院审判工作和法院建设等宣传材料和新闻报道73篇，其中被报刊采用文字、图片新闻25篇（幅），被州电视台和县有线电视台采用电视录像新闻28条，被省、州和县广播电视台采用20条。

2002年，向上级法院报送司法统计表，完成宣传信息调研文章和有关工作情况，撰写各种资料10份，工作简报14期，法院信息8期，各种专题调研文章3篇，综合审判工作业务调研报告1份。

2003年，在县城和各乡镇赶场天发送宣传单，为群众提供法律咨询、解答。在法院创办法制专栏，鼓励干警撰写调研文章，对审判工作遇到疑难、复杂、新类型案件进行分析和研究。共创办法制宣传栏6期，撰写调研文章20份，编写法院信息19篇，工作简报17期。

2004年，在省级刊物上发表法制宣传文章10篇，在州级刊物上发表11篇。法院机关和各人民法庭创办法制宣传栏，宣传社会主义民主与法制。创办法制宣传栏7期，编写法院信息11期，工作简报17期，典型案例7期。

2005年，撰写调研文章30篇，县法院党组成员各写1篇。在省级以上刊物上发表文章3篇，州级以上刊物发表文章4篇，向中院报送工作简报76期，法院信息2期，典型案例2篇，优秀法律文书60份。

2006年，开展社会主义法制宣传，撰写调研文章27篇，州级刊物以上发表2篇。向中院报送工作简报24期，信息2期，典型案例2篇，优秀法律文书60份。

2007年，共撰写调研文章22篇，内容涉及审判业务、法院管理、队伍建设、普法教育宣传等方面。多篇文章在省、州级刊物上发表，并被人民法院网、法律博客、西部维权网等网站转载。行政庭郭廷才撰写《该案应由谁来提起诉讼》在《黔南日报》发表后，引起很多读者参与讨论，为该案正确处理提供理论支持。向中院报送工作简报43期，信息5期，典型案件4篇，按规定选送优秀法律文书20份。

2008年，瓮安“6·28”事件发生后，县法院成立“6·28”事件处置领导小组，安全领导小组，信息上报小组，后勤保障小组，法制宣传领导小组，应急小分队，干警坚守岗位，从6月28日晚开始24小时不间断值班。县法院党组撰写法律法规宣传提纲进行张贴宣传，抽调干警25名到金龙社区宣传法律法规，走访、座谈520次。制作悬挂宣传横标2幅，张贴标语20张，向社区群众发放征求意见表150份。

2009年，制定《关于坚持司法为民方便群众诉讼的若干规定》，选择在当地影响大、有普遍教育意义的赡养、伤害、相邻关系纠纷等案件进行法制宣传，利用群众院落、村委办公室、田间地头等场所就近审理。法官运用法律、道德、伦理、情理多元调解方式，做当事人疏导工作。案件履行，案件审理就是法制宣传，人民群众通过旁听庭审，结合自己认识和身边案例受到教育。

2010年，参加县委、县政府组织社会治安综合治理宣传、禁毒宣传，草塘镇综治宣传月、白沙乡社会治安综合治理、中坪镇社会治安综合治理等活动，服刑人员在瓮安四中作现身说法教育，在草塘小学开展禁毒法制教育宣传活动，为青少年普法教材编写提供一定案例资料。审判法庭选择赡养纠纷、邻里纠纷及民间借贷纠纷等具有教育意义的案件，通过巡回审判方式，把庭审变成法制教育课。

2011年，参加县委、县政府组织社会治安综合治理宣传、禁毒宣传、法律知识进校园宣传，公、检、法、司“四长大接访”宣传活动，各基层人民法庭开展法律宣传咨询活动。

2012年2月10日，成立宣传工作领导小组，党组书记、院长戴渊强任组长，党组成员、副院长张德舜任副组长。制定《瓮安县人民法院2012年宣传工作方案》，用群众“听得懂、看得明”的语言和事例，综合运用视频、图片、画册展板、简报等形式，宣传司法改革举措和成效。

2013年，全州基层法院在县院开通官方微博和互联网站。9月30日，第一次通过微博直播第一审判法庭公开审判原罗甸县副县长刘明辉受贿1案。成为全省首家微博直播庭审实况的基层法院，并与《法制生活报》《黔南日报》《民主与法制网》、瓮安电视台和新闻媒体合作，全年在各媒体刊发新闻稿件116条，在黔南电视台播放视频新闻30条。

2014年，宣传调研。推行审理典型案件，开展“万名代表听千案”“公众开放日”和业务技能培训等三项活动，开放活动4次，邀请人大代表、政协委员、社会公众旁听案件33件554人（次）。编写简报68期，微博直播庭审3件，刊发稿件72篇，电视新闻30条。干警在繁杂事务之余撰写调研文章，在《贵州法学》《黔南审判》等省州刊物上发表《基层法院审判管理》论文等5篇。12月4日，开展国家宪法日暨公众开放日集中宣传活动，邀请人大代表、政协委员、武警官兵、消防战士、人民陪审员、诉讼联络员、媒体记者、社区群众等50人，通过旁听庭审、参观法院、座谈交流、普法宣传等方式，零距离感受人民法院司法工作。11日，党组书记、院长祝夜明率班子成员参加活动，交流座谈，发放宪法宣传资料，赠送“法在身边”系列普法漫画书。介绍审判执行、队伍建设、司法为民、机制创新、“两庭”建设等工作开展情况，就基层法庭如何推进司法公开、提升审判质效、落实便民措施、应对司法改革征求意见和建议。

表 9-1　　1994—2014 年瓮安县人民法院法制宣传文稿统计

主题内容	刊登时间	州级刊物名称	刊登时间	省级刊物名称	刊登时间	国家级刊物名称
瓮安县法院“流动法庭”受欢迎——今年以来为企业清理三角俩 127.8 万元	1994.5.11	黔南日报	—	—	—	—
全州法院系统人才培训成绩显著——具有大专以上学历为 1984 年 2.7%上升到现在 45.25%	1994.5.18	黔南日报	—	—	—	—
强行与女中学生恋爱不成，龚高刚报复杀人被处决	1994.10.24	黔南日报	—	—	1994.11.17	人民日报
要严厉打击盗窃烤烟烟叶的犯罪行为	—	—	—	—	1994.7.28	人民日报
花盆坠落伤人，其主人应负民事责任	—	—	1994.8.29	贵州日报	—	—
心系万家，情洒人民——记全省法院系统“五优先进个人”宋泽学	1994.4.12	黔南日报	—	中华国际名人出版社	—	—
贵州省瓮安县律师事务所律师陈健伪造当事人签名和指印受处	1994.12.15	黔南日报	1994.11.4	人民法院报	—	—
小错不改闯大祸	1994.12	少年与法	—	—	—	—
瓮安县雍阳镇狠煞非法结婚歪风	—	—	1994.11.5	贵州人民广播电台	—	—
如何掌握“被执行人及其所扶着家属的生活必需费用和生活必需品”的标准	1994.12 期	贵州法院	—	—	—	—
瓮安县法院开展集中教育整顿效果良好	1994.10.29	法制生活报	—	—	—	—
变“慢四步”为快一步——瓮安法院民庭试行“一步到庭”效果好	1994.5.1	黔南日报	—	—	—	—
强化刑侦工作，稳定地方治安——瓮安县公安局今年以来侦破多起重、特大刑事案件	1994.6.17	黔南日报	—	—	—	—
多行不义必自毙——黄家富贪污公款被逮捕	1994.6.27	黔南日报	—	—	—	—
瓮安县法院降低民事诉讼到院率，加强民事调解，促进社会稳定	1994.8.11	黔南日报	—	—	—	—

续表

主题内容	刊登时间	州级刊物名称	刊登时间	省级刊物名称	刊登时间	国家级刊物名称
劳改脱逃诈骗犯杨友书被判重刑	1994.8.11	黔南日报	—	—	—	—
饶醒坑农被处分	1994.8.26	黔南日报	—	—	—	—
瓮安依法取缔26家小煤窑	1994.8.29	黔南日报	—	—	—	—
瓮安法院认真审理自然资源确权行政案件	1994.8.30	黔南日报	—	—	—	—
瓮安法院注重干部培训工作	1994.8.31	黔南日报	—	—	—	—
做贼心虚——三名案犯跳车逃跑，身先士卒，刘副县长带头追捕	1994.11.4	黔南日报	—	—	—	—
手段虽高，难逃“猴哥”慧眼，诈骗告吹反被公安抓住	1994.11.8	黔南日报	—	—	—	—
珠藏镇严厉整顿爆炸物品市场——处罚一些不法商贩，收缴大批爆炸物品	1994.11.18	黔南日报	—	—	—	—
瓮安县整顿内部作风——使办“关系案”和工作散漫得到有效抑制	1994.12.2	黔南日报	—	—	—	—
为了一百元倒赔两千元	1994.12.8	黔南日报	—	—	—	—
秦贵刚强奸少女被抓	1994.12.5	黔南日报	—	—	—	—
劳改犯杨光辉脱逃十余年终被抓获	1994.12.22	黔南日报	—	—	—	—
浅谈行政法院工作中行政协调的必要性	—	—	2004.2	人大论坛2004年第2期	—	—
该案法院应否立案受理	2004.7.2	黔南日报	—	—	—	—
作为执法部门败诉原因	2004.9.1	黔南日报	—	—	—	—
建议在行政诉讼中确立行政调解制度	2004.7.23	黔南日报	—	—	—	—
真正发挥许可法的作用	2004.8.23	黔南日报	—	—	—	—
试论主审法官责任制	—	—	2014.5	贵州法院	—	—
该案法院应否立案受理	—	—	2004.7	人大论坛	—	—
小错不改闯大祸	—	—	2004.1	少年与法	—	—

续表

主题内容	刊登时间	州级刊物名称	刊登时间	省级刊物名称	刊登时间	国家级刊物名称
该案法院不能直接受理——兼答骆振繁同志	2004. 7. 18	黔南日报	—	—	—	—
浅谈人身损害赔偿案件中混合过错责任的认定及其民事责任的承揽	2004. 1	黔南法院研究	—	—	—	—
官员应诉是法律应有之义	2004. 9. 17	黔南日报				
有感本地猫儿建不任鼠	—	—	2004. 4	当代贵州	—	—
浅议法院执行改革	2004. 4	黔南法院研究	—	—	—	—
浅谈作风诉讼中的“循环诉讼”问题	—	—	2011. 3	人大论坛	—	—
是还欠款，还是还欠款，一个“还”字瓮安引发官司	—	—	2011. 4. 26	贵州都市报	—	—
该案应由谁来提起诉讼	—	—	2011. 7	人大论坛	—	—
“判”之遐想	—	—	2011. 2	人大论坛	—	—
十年纠纷一朝化解，能动司法突显其效——贵州瓮安法院成功化解一群体性纠纷案件	—	—	—	—	2012. 12	被最高人民法院评为“全国法院践行能动司法理念优秀案例”
瓮安法院建立“一解二报三参与”的人大代表联络制	—	—	2012. 3	人大论坛	—	—
浅谈民事案件中“借条、欠条、收条”的区别	—	—	2012. 8	人大论坛	—	—
是否备案并不影响互换土地的合同效力	—	—	2012. 11	人大论坛	—	—
关于赴黔东南、遵义考察	2012. 3	黔南法院	—	—	—	被评为2012年度全州法院系统优秀调研文章三等奖
浅谈非诉	2012. 7	黔南法院	—	—	—	—

续表

主题内容	刊登时间	州级刊物名称	刊登时间	省级刊物名称	刊登时间	国家级刊物名称
加强法院干警的思想政治工作	2012. 11	黔南法院网	—	—	—	—
简析民间借贷案件中“借条”“欠条”和“收条”的区别	—	—	2014. 11	贵州法学杂志	—	—
建立听证制度，维护司法权威	—	—	—	—	2007. 2. 1	中国法院网
试论“五个严禁”与公正司法及法院工作重要性	—	—	—	—	2009. 2. 5	中国法院网
清淡在新形势下如何加强年轻法院干部思想政治工作	2014. 3	黔南法院网	—	—	—	—
人民法庭建设存在的问题及对策	2014. 3	—	—	—	—	—
浅谈立案信访文明窗口建设	2014. 3	—	—	—	—	—
浅议刑事附带民事诉讼调解	2014. 4	—	—	—	—	—
民事案件调解后申请执行的情况分析	2014. 3	—	—	—	—	—
如何加强法院廉政文化建设	2014. 3	—	—	—	—	—
关于案件审理及法官配备的调研报告	2014. 5	—	—	—	—	—
飞扬青年，我的中国梦	2014. 6	—	—	—	—	—

第四节　思想政治与廉政教育

1953年，县法院干部思想和政治建设的问题没有得到解决，司法改革前小手小脚，有个别同志在审案时，当事人无理乱吵，不采取批评，最后案件也没有解决，认为批评过多恐怕对群众态度不好。有个别同志工作不细心，责任心不强。

1955年，组织干部学习党在农业合作化方针、政策、道路的基本知识。开展学习省委《关于全党干部学习党的七届六中全会决议》文件、毛泽东主席《关于农业合作化问题》报告及中央有关农业合作化文件，改造思想，开展政治教育，加深对农业合作化的方针政策、道路和步骤的学习理解，扭转过去忙于业务，未开展政治学习教育局面。

1956年，开展自学为主，坚持每月2—3天业务学习制度。珠藏、中坪两个人民法庭较远，每月 2—3 天集中到玉山法庭学习，取得党委对县法院政治思想领导和监督。主动向中级人民法院汇报工作，取得上级法院了解和指示监督，执行党和国家政策法令。

1957 年，学习贵州省司法厅指示，开展选送干部轮训，抓干部政治思想和业务学习，加强党委领导，人民民主专政，反对旧法制观点，加强基层法庭干部领导，开展整治和法律教育工作。

1958 年，在党的社会主义建设总路线指导下，适应全国工农业全面大跃进新形势，人民公社巩固。集中主要力量，对一切反革命分子和各种刑事犯罪分子专政，根据斗争形势，按照党的政策进行改造，对县法院干部进行政治思想教育。通过党的整风运动和反右派斗争运动，在司法战线上清除“右派分子”，批判脱离党委领导和右倾保守思想。在指导思想上，明确政治挂帅，保卫司法机关无产阶级专政本质，执行党的无产阶级专政政策。

1959 年，县法院司法工作服从党委领导，执行党的政策、法令和党的群众路线。在政治业务工作上，注意把好思想关，教育干部提高社会主义和共产主义觉悟，对党的政策学习领会，严格检查，杜绝偏差。

1960 年，配合公安、检察部门，依靠人民群众，根据有关法规，坚持正确、合法、及时原则，结合生产，运用审判武器及时惩办破坏社会主义建设的反革命分子和刑事犯罪分子。在干警和群众中开展政策和法律法规教育，保卫党的各项中心工作正常开展，巩固人民民主专政，提高干警群众社会主义觉悟。

1961 年，开展干警要严格区分处理两类不同性质的矛盾，是三个不同性质的斗争和两类不同性质的矛盾相交织，严格区分和正确处理。实际工作中对一些不易划分矛盾性质的案件，深入实际调查研究，将被告人的出身、成分、历史以及犯罪动机和犯罪情节等查对清楚。明察时广泛听取群众意见，特别是贫、下中农的反映，法院人员加以分析研究，展开案情座谈讨论，审理反革命案件更加准确、细致。

1963 年，政治思想工作主要是检验干部言行，接受党的政策和法律教育。省政法会议后，出现新的政治面貌。省政法会议前，审判积压民事案件 100 件，会议后，开展政治思想教育，干警积极深入实地审结民事案件 82 件。学习中央八届十中全会文件及省政法会议精神，作风有转变，工作主动，接受任务愉快，说干就干。刑事判庭刘翔同志 1 人负责刑事审判，随收随结，保持刑事无积案，案件审结质量好。

1964 年，以阶级教育引导全体干警开展新旧对比，学习党的政策，开展比、学、赶、帮、争当先进。民事审判庭高小波长期携卷下乡，跋山涉水，深入田间与群众同劳动，同商量办理案，15 天内按质按量，就地审结 21 件民事案件。

1965 年，开展教育接待工作，不仅接触面广，纠纷内容复杂，人员来自四面八方，各个阶层，所求解决问题各种各样。经过学习“为人民服务”等有关政策和法律法规后，思想政治觉悟提高，树立为人民服务思想，接待人员热爱本职工作，关心群众疾苦。草塘 60 多岁小手工业者向国钰来信反映“草塘区粮管所营业员丁秀芳无故说把粮食卖超了，将购粮证扣去不发，全家无法生活，不能搞生产”。县法院将原信转去粮食局，前往当面联系，县粮食局重视，即派业务股干部就地查明情况，是营业员粗心大意所致，作现场解决。

1972年，把教育培养干警列为党的议事日程，坚持党管干警原则，从思想政治路线上管好，不以个人感情代替思想政治路线教育。管理严是真正关心爱护，方法要讲究；说服教育，不能硬性压服，以力服人不行。对待敌人可以这样，对待同志，绝不能用这个方法，服从管理是党锻炼干部的重要措施。用“三大纪律、八项注意”教育群众、教育干部、教育党员。严格要求自己，按照毛泽东主席提出的无产阶级革命事业接班人要求锻炼自己，改造自己。保持革命干警本色，把社会主义祖国建设得更繁荣。

1973年，组织建设及政治思想工作，按省委〔1973〕54号文件恢复法院工作的指示，4月5日正式宣布县法院恢复工作，在军管组时期审判组原有干警11人基础上，配备9名干部，同时恢复7个区人民法庭。接着抓公社、大队、生产队、街道调解委员会组织整顿建设。政治思想教育，坚持星期二、五半日制政治学习和星期一、三晚上时事政策、业务学习，通过学习“十大”文件和党的基本路线，干警正确对待群众和正确对待文化大革命，顾全大局，发挥干警及调解人员作用，完成党赋予的任务。

1974年，在县委领导下，配备干警19人。根据对敌斗争需要，报请县委调1名妇女干部及1名审判干部充实干警队伍。干警政治思想教育和业务学习，每周二、周五学习党的政策、法律法规和政治思想教育，每月1次集中干警（含基层人民法庭）学习1—2天，交流经验，提高干警政治思想和业务水平。

1975年，县法院开展干警每星期五全天学习马列主义和毛泽东主席关于理论问题重要指示，每周星期一、三晚上学习时事政策和业务，基层法庭参加区委学习，下乡办案中，参加当地党委学习，每月集中全体干警学习两天，每季度及半年组织干警进行一次党的基本路线教育，深入实际，抓好办案，学习理解党的基本路线。

1976年，学习马列著作和毛泽东主席著作为首位，抓路线教育。每星期不少于8小时政治学习，安排星期一、三晚上2个小时时事政治和业务学习。每月干警和人民法庭干部用1—2天进行学习，理论和实践相结合，组织全体干警参加各项政治运动学习。

1977年，发挥党支部核心堡垒作用，组织学习十一大政治报告，对全体党员和干警进行马克思主义和毛泽东思想教育，开展思想斗争，使党员和干警提高觉悟，增强党性，改造世界观，解决路线、干劲、作风和团结问题，统一认识，加强团结，增强战斗力，深入实际，深入群众。

1978年，集中法院和基层法庭干部，开展学习省、州法院指示，要求全体干警一致向党支部表决心，干警思想上明确任务，冒着严寒深入机关和农村、工地组织群众座谈。草塘法庭干警陈德华在回区途中，下车步行分送布告。中坪法庭干警郑仲爵扛送布告到七个公社。永和法庭干警罗光明在大雪纷纷中由区步行到法院。

1979-1980年，学习刑法、刑事诉讼法，解决思想上为谁学法、执法问题，党和人民赋予的任务，抱什么态度，思想路线不端正，就不会有自觉性，解决思想上的认识，宣传好刑法、刑诉法等法律。认识刑法、刑事诉讼法是搞好审判工作，保证办案质量的准则，打击敌人，保护人民，学习刑法、刑诉法是教育群众、发动群众起来同各种犯罪行为做斗争，教育和约束干警、国家机关工作人员模范执法守法。

1981年，开展队伍建设和思想政治教育，在县委统一部署下，县法院组织全体干警学习中共十一届三中全会确定的方针、路线、政策以及十一届六中全会《决议》，学习中央有关文件和国家制定的法律法令，及省、州法院业务指示。在思想和审判业务上有提高，多数干警思想稳定，努力钻研业务，完成党和国家赋予的审判任务。

1982年，干警队伍建设和思想建设，县法院是人民民主专政的重要工具，组织上纯洁、政治上坚定、业务上熟悉，完成党和人民交给的任务。组织开展干警学习各种法律和业务知识，执行党的六中全会《决议》和中共中央〔1982〕5号、17号文件，学习十二大文件和全国五届人大五次会议文件，坚定三中全会思想路线，纠正各种不正之风，增强组织纪律，提高政治素质、业务素质。

1983年，贯彻中央政法委员会对政法干警要求，开展“五讲四美三热爱”活动，调动干警积极性，涌现出许多好人好事。在严厉打击刑事犯罪活动中，参战干警不顾疲劳，通宵达旦，进行战斗；延长工作时间，带病坚持工作；拣重担挑，办理大、要、疑难案件；不辞辛苦，协助公安机关到边远山区抓捕人犯，在1983年度工作总结和评比中，评选出刑事审判庭和天文法庭为先进单位。

1988年，开展改进思想政治教育，干警思想政治素质，由院党组副书记分管，配备专职政工干事。对干警教育培训，提高文化和业务素质，教育干警执行《贵州省人民法院干警守则》，开展严肃执法活动，在思想政治教育中，把精神文明建设与审判业务相结合，司法工作不断推向法制化、规范化。

1989年，政治思想和廉政建设，为使法院干警政治理论水平提高，干警注重马列主义、毛泽东思想、基本理论学习。把政治学习作为主题内容，鞭策干警学习自觉性，联系实际，把“为人民服务”宗旨教育作为政治思想来抓，干警时刻牢记，增强公仆意识，树立为人民服务思想。

1990年，干警学习党的基本路线，把为人民服务宗旨教育，作为经常性教育。使干警正确认识形势，明确任务，树立科学的人生观，成为忠于党、忠于人民，作风好，为人廉洁正派的人民法官。

1991年，结合中共十三届七中全会和七届人大四次会议精神，对干警进行形势、理想、纪律教育和为人民服务宗旨教育，使干警成为忠于党、忠于人民、廉洁正派的好法官。掌握法律知识，提高政治素质，依法完成各项审判业务。

1992年，坚持从严治院和四项基本原则，围绕党的基本路线开展审判活动，严肃执法、为政清廉、政治和业务素质提高。思想政治教育，开展学习中共十三届八中全会，学习《中共中央关于进一步加强农业和农村工作的决定》。4月，召开法院干警学习邓小平南方重要讲话和中央4号文件。干警以“十四大”为指针，开展形势教育，围绕市场经济建设开展审判工作。

1993年，县法院党组把学习党的十四大作为思想政治教育的重要内容，学习邓小平关于建设有中国特色的社会主义市场经济理论，学习党的十四届三中全会《关于建立社会主义市场经济体制若干问题的决定》，增强干警执行党的路线自觉性，牢记人民法院宗旨，为人民服务，自觉抵制各种不正确思想的影响，经受各种不良倾向考验。

1994年，开展集中教育整顿。根据中央政法委员会6号会议纪要，省政法委员会5号会议纪要和全省法院会议精神及黔南州中级人民法院安排，从6月起进行机关作风整顿。11月16日召开党组会议，加强对党风廉政建设和集中教育整顿组织领导，明确指导思想，成立以院长王志军为组长，副院长肖成渭、办公室主任粟应奎为副组长，郭廷才、杨晓凤为成员的教育整顿领导小组。邀请县委宣传部、政法委、纪委等有关部门的老同志作报告，进行廉政教育和职业道德教育。在干警中开展批评与自我批评，进行自查自纠，对违法干警作出处理，对涌现出来的好人好事进行表彰。

1995年，县法院党组把贯彻党的十四届四中、五中全会作为政治思想教育核心工作开展，根据中共贵州省委《关于制定贵州省国民经济和社会发展“九五”计划和2010年远景目标的建议》文件，把党的十四届五中全会精神落实到审判工作中，为实现“九五”计划和2010年远景目标提供司法保障。

1996年，贯彻全省政法工作和第十七次全国法院工作会议，组织干警学习五中、六中全会精神，通过学习，明确人民法院今后工作的政治方向，增强干警执行党的路线的自觉性和坚定性。执法执纪监督检查，严肃查处各种违法违纪案件，解决以权谋私，以案谋私和长期不遵守工作纪律，擅离职守，无组织无纪律的行为。

1997年，适应形势发展需要，把贯彻党的十五大精神作为法院思想政治教育核心，组织干警收听收看十五大开幕盛况，学习江泽民十五大工作报告，把握十五大主题，明确十五大提出的纲领、任务和方针政策，联系实际，同各项审判业务结合起来，实现思想再解放，观念再更新，推动各项审判工作不断发展。

1998年，队伍建设和政治教育，着重对法院干警集中教育行风整顿评议，根据中央政法委、最高人民法院、省政法委、贵州省高级人民法院、黔南州中级人民法院及瓮安县委关于反腐败教育整顿有关文件精神，从3月起至6月止，历时4个月，分3个阶段进行。整顿期间县法院派督查组，分3个小组轮回15次到各部门和各人民法庭进行督查，教育整顿办和督查组采取走出去和请进来，召开座谈会15次，参加座谈人数150人（次）。通过教育整顿第二阶段深入揭、摆、查，对审判工作中所出现的问题和不足作出纠正，对少数干警在审判和执行工作中打白条重复收取诉讼费和乱收费等违纪违法问题，责令清退并给予通报批评。在审判工作中违反法定程序，弄虚作假给法院审判工作造成不良影响的个别干警，除给予通报批评外，予以退休。法院经县直机关考核和考查，有2名同志加入中国共产党，为党组织输入新鲜血液。

1999年，县法院开展政治教育队伍建设，依照省州法院统一部署，整顿法院干部队伍，开展争创“人民满意好法庭、争当人民满意好法官”活动，组织干警收看《法官潘火中》《魂系天平》《人民的好法官谭彦》和重庆綦江虹桥垮塌案审理及广东湛江特大走私案审判电视节目。学习邓小平理论政治教育，提高干警思想政治觉悟和解决实际问题能力，明确审判工作指导思想，解决“为谁服务、为谁办案、为谁执法”根本问题，干警强素质、保质量、求公正、树形象成为追求目标。11月27—30日，黔南州中院刑一庭庭长唐学举为组长的中院“双满意”活动检查组对瓮安法院开展“双满意”活动检查验收。检查验收通过走访、座谈会和评查案件等形式，对县法院开展“三项活动”，争创人民满意好法院，争当人民满意好法官活动实地考评，取得93分好成绩。涌现一批先进集体和个人，3名干警被评为全州法院系统“人民满意好法官”，受到黔南州中级人民法院表彰。

2000年，开展思想政治教育，坚持抓审判，抓队伍建设，把提高干警政治和业务素质作为一件大事；开展形势教育，干警牢固树立政治第一、大局第一、责任第一，激发干警全心全意为人民服务的自觉性，“思想提高，政治进步，作风转变，纪律增强”；结合县委提出的“三讲”教育，以“讲出团结、讲出干劲、讲出发展、讲出效率”为目标，对发现问题不遮掩，不护短，严肃查处违法违纪的人和事。

2001年，县法院在开展“三个代表”重要思想学习教育活动，干警就如何代表中国先进生产力发展要求，代表中国先进文化前进方向，代表中国最广大人民的根本利益等专题进行学习讨论，参加学习干警认真读原著，联系实际勤思考，围绕专题多讨论。抽调所有中层干部分期分批由院领导带队深入草塘、中坪、玉山、雍阳四个片区有关村组开展调查研究，与当地群众同吃同住，实地了解人民群众和村组干部的疾苦，倾听他们的呼声，摸清、搞准他们在想什么、干什么，希望组织和干部做些什么，深入村组，农户摸清情况，了解底数，为群众办实事、办好事。

2002年，县法院组织干警学习《最高人民法院关于加强法官队伍职业建设的若干意见》，努力建设一支高素质德才兼备的职业法官队伍。切实执行《中华人民共和国法官法》，提高法官思想政治业务素质，造就政治坚定、业务精通、纪律严明、作风优良、品格高尚的高素质法官队伍。实现法官职业化，培养法官职业道德，提高法官职业技能，树立法官职业形象。

2003年，结合司法大检查，坚定为当事人、为审判服务。开展大讨论，干警各自写出心得体会。通过省、州司法大检查，查出问题对照各庭室每周腾出时间集中学习有关文件，把职业道德建设作为队伍建设的一项重要内容加以落实。干警公正司法，提高司法效率，清正廉洁，遵守司法礼仪，加强自身修养，约束业外活动。

2004年，开展思想政治教育，选配好庭、室负责人，充实审判力量和加强基层法庭队伍建设为业务工作提供组织保证，把人民法庭队伍建设作为培养干部的摇篮。2000年以来，通过竞争上岗，机关和人民法庭交流人数达15人，法院机关交流到人民法庭工作5人。在交流中，担任庭长1人，副庭长2人，审判员1人，助审员1人。由人民法庭交流到机关工作10人。担任庭长1人，副庭长3人，审判员3人，书记员3人。根据最高法院、省法院关于严格进人标准、进人要求、文化考核和政治审查，符合条件新进14人安排到人民法庭工作。有5人由基层人民法庭调回机关工作。县法院重视队伍建设，把政法院校、大专院校毕业而政治思想好、法律意识强、业务精通、作风优良、纪律严明、有开拓创新精神的16名年轻干部选拔到领导岗位锻炼。抽调干部到中院、高院培训，每次人员5—6人。培养条件40周岁以下干警，具备法律专业本科教育学历，提高干警整体素质。

2005年，落实司法为民各项措施，以案件审理，公正执法、司法为民、廉洁自律为目标，履行法定职责，开展“规范司法行为，促进司法公正”专项教育。“贵州经济落后，但贵州审判不能落后”，合理安排，分析查摆，找准问题，建章立制，确保长效。在政治思想教育中，共撰写心得体会200篇，读书笔记140本，出学习园地3期，上报简报信息100期，集中学习和观看法律讲座10次，发放征求意见表1500份。

2006年，抓干警思想政治教育，开展社会主义法制理念教育，党风廉政活动，合理安排，分析查摆，找准问题，建章立制，确保长效。县法院在政治思想教育中，共撰写心得体会140篇，读书笔记90本，出学习园地5期，集中学习和观看法律讲座10次，发放征求意见表2000份。

2007年，有计划、有步骤开展形势和政治教育，法官宗旨教育，职业道德和勤政、廉政教育，开展不正当交易自查自纠工作。签订责任状，落实廉政建设责任制，接受人大常委会监督、政协民主监督和人民群众监督，听取社会各界意见和建议。撰写心得体会200篇，笔记60本，集中学习和观看法律讲座280次，发放征求意见表1000份。

2008年，抓司法能力建设，培养法官把握大局能力，把握化解社会矛盾能力，认识社情民意，把握法律精神能力。抓反腐倡廉建设，综合治理，惩防并举，注重预防，推进惩治和预防体系建设。加强干警教育，制度建设，队伍管理，违法违规案件查处，提高干警思想政治觉悟。

2009年，开展学习实践科学发展观活动和“人民法官为人民”主题活动，把社会主义法制理念政治教育和建设学习型法院结合起来，推动县法院各项工作科学发展，提高审判质量。

2010年，县法院开展“人民法官为人民”主题实践活动，围绕社会矛盾化解，解决好公正廉洁和司法作风建设突出问题，促使干警公正、廉洁、为民司法，确保司法公信力提高。开展“忠实践行宗旨，勤政廉政为民”教育活动，制订实施方案，采取切实措施，深入落实科学发展观活动整改方案提出的各项整改工作。

2011年，政治教育与队伍建设。“抓党建带队伍建设促审判”工作思路，队伍建设新理念，建设新机制，为民司法理念，组织开展社会主义法制理念教育，落实科学发展观，开展“人民法官为人民”“万名干部下基层”主题教育，运用正确司法理念指导执法办案，提高法院队伍为民司法能力和服务水平。开展庭审观摩、书记员业务培训、优秀法律文书评比、司法警察大练兵等岗位活动，为公正高效司法奠定坚实素质基础。采取集中开展警示教育，编印廉政手册，群发廉政短信，落实党风廉政建设责任制，建立廉政档案，聘请廉政监督员，配齐配强纪检监察干部，公布监督举报电话和邮箱等措施，加强思想政治教育。

2012年，开展政法干警“忠诚、为民、公正、廉洁”核心价值观教育，运用正确司法理念指导执法办案。开展办案零违纪、群众零上访、工作零失误、谋划零差错、领导零批评、安保零事故活动，强化干警责任意识。打造法院党建示范点，结合“认门入户联系”活动，开展“一帮一、一带十、一对一”活动，与社区共同对党员实行网络化管理。实行庭审观摩、业务培训、文书评查、岗位练兵。选派干警50人到最高法院和省法院培训，组织各类培训400人（次）。解决内设机构副科级、正科级待遇。1名干警晋升正科级，7名干警晋升副科级，法警队新增政委职位，选拔15名优秀干警充实中层干部队伍。

2013年，开展“政法干警核心价值观”“推进解放思想大讨论”活动，干警从思想上解决为谁掌权、为谁执法、为谁服务问题，不断增强干警大局意识、服务意识和责任意识。选拔政治素质好、思想作风正、业务水平高的15名年轻同志充实到中层领导岗位。干警轮岗锻炼，发挥老法官传、帮、带作用，提高干警综合素质和处理复杂矛盾纠纷能力，注重实践培养，对年轻法官基层实践经验欠缺问题，邀请村干部作基层经验和群众语言培训，学会用老百姓熟悉的语言宣传法律法规，化解矛盾纠纷，做好基层司法工作，以老百姓认可方式解决老百姓的问题。

2014年，队伍建设事关司法事业和审判执行工作前提和基础。按照上级法院要求，建设信念坚定、司法为民、敢于担当、清正廉洁法官队伍。加强领导班子自身建设，开展党的群众路线教育实践活动，针对查摆和梳理出的37个“四风”问题，逐一剖析、逐一整改。开展批评与自我批评，增进班子团结。加强基层基础建设，落实“一把手”党建“两个责任”，成立机关党委，专人专职从事党务工作。密切联系群众，组织干警结对帮扶困难群众、孤寡老人、留守儿童。打造法院文化，增强竞争实力，组织精品节目选拔比赛，为干警提供展示风采舞台；参加全州法院汇演，展现团结奋进精神面貌；开展“首先讲堂”活动，邀请名师名家作专题讲座；会同县总工会、团县委举办技能竞赛，增强干警凝聚力。思想作风建设，深入开展政法干警核心价值观主题教育实践活动，立足服务型、廉洁型法院建设，不折不扣落实最高人民法院“五个严禁”“十个不准”、政法机关执法办案“五严禁”等规定。切实开展“作风提升率”活动，以司法巡查、审务监督为载体，重点整治“慵懒慢浮拖”等人民群众反映强烈的问题，干警队伍出现良好风貌。司法能力建设，实现网上公文流转、文件审阅、文件签批，缩短办案办事周期，节省司法资源，在全省法院信息化考评中排名第三；按照正规化、专业化、职业化要求，培养高素质法官队伍；加大人员调整和轮岗锻炼力度，提高综合素质；培训法官和辅助人员45人（次），组织青年法官参加庭审观摩64人（次）；培训新任人民陪审员、诉讼联络员、人民调解员200人（次）；提请任命审判员10人，招录2名硕士研究生，1名速录员充实办案队伍。

第五节 干警教育 调解培训

1950年，瓮安县人民法院成立，每月用2—3天对干警及各级调解组织培训教育，组织学习马列主义、毛泽东著作，学习中央重要会议精神、中央有关文件和领导人重要讲话。学习全国、省、州政法委会议及省高级人民法院会议精神，使干警对政法中心工作和法院任务深入了解。开展教育培训学习法律、法规。

1958年，全县17个人民公社建立治安保卫委员会（将原武装部改治安保卫部）235个，治保股271个，1944人。治保小组1653个，8251人。厂矿建治保会180个，1176人，厂矿建立专职保卫干部8人，公社专职脱产干部51人。17个人民公社全部建立调解处理委员会，164人，调解小组150个，647人。厂矿建立调解委员会147个，649人，同时建立分会（小组）268个，1154人，经过2—3次整顿培训，在基层共调解不良行为民事案件1576件。在群众中树立了良好道德风尚。

1963年3月，县法院向县人委报告，以公社建立调解委员会，大队建立小组。全县7个区48个公社，227个生产大队，2103个生产队。3月底建立48个调解委员会，227个小组，民主选举48个调解委员会委员304人，主任委员48人，委员256人。8月，对各调解委员会主任委员进行训练，以公社为单位，组织调解委员会会议，学习条例草案。据玉山、中坪、草塘三个区20个调解委员会调查，全年调解各类民间纠纷1466件。

1964年，健全组织培训，教育干警认识调解工作的重要性，在实践中以活的事例教育干部，提高认识，干部自觉性增强，通过集中培训、交流经验等方式指导工作。县法院领导亲自深入木引、朵丁、岚关、中坪、建中、平定营等15个人民公社调解委员会重点检查培训和帮助工作，对32个公社调解委员会进行训练，帮助开展调解工作。

1965年，以区为单位，采取集中与个案办理相结合的方式，对各级调解人员进行业务培训，印发婚姻法资料80份，发至各调解委员，学习依靠人民群众专政，依靠群众办案，全县48个调解委员会，13个分会，228个小组，调解纠纷3373件，占县法院全年受理刑事、民事总数的19倍。各级组织重视，使纠纷在萌芽期调解结案。全年受理刑事、民事案件总数比1964年受理数下降23.17%，大量民间纠纷调解结案在第一线。有18个公社调解委员会做到没有纠纷案件上交，占48个调解委员会37.5%。

1966年，“文化大革命”运动开始，县法院干警投入运动。12月后，各基层调解委员会因被认为是搞“阶级调和”的修正主义而受到批判，调解组织陷入瘫痪，调解工作被迫停止。

1967年4月，法院并入县革委治安保卫领导小组。1968年4月成立中国人民解放军瓮安县公安机关军事管制小组、瓮安县革命委员会人民保卫部，全县各级调解组织被撤销。

1973年，根据省委〔1973〕54号文件各法庭恢复工作，6月，县法院对全县调解组织全面进行整顿，健全组织。7月中旬，整顿建立健全48个公社、227个大队、10个街道调解委员会。对2036个生产队，民主选举产生调解委员。经过整顿民主产生，党委决定全县共有调解人员3317人，以区为单位用3至5天时间，对调解委员会主任或副主任集中教育培训322人，其中：公社级48人，大队级264人，街道10人。

1974年，对全县、区、社、大队调解组织进行专业培训，结合办案下乡，解决纠纷403件，培训人员4515人（次），发挥基层调解组织作用。

1975年，对287个调解委员会，培训5505名调解人员，开展两次专业培训理论骨干459人（次），学习培训结合会议培训172次，3237人（次），结合办理民事案件培训45次，952人（次）。

1976年，开展对各级调解组织指导培训，调解委员会在组织建设、思想建设、业务建设上有一个新改进。县委统一安排，结合社、队进行基层组织整顿，对调解组织进行整顿培训，组织健全，人员落实，有调解人员 5756 名，比 1975 年增加 1161 名，生产队改建为调解小组 1411 个，占生产队应改建数 70%。在思想和业务建设上，组织全体调解人员参加各级党组织领导政治学习，县法院在培训基层各级调解组织理论骨干学习中，为调解组织培训理论骨干 4043 名，占整个调解人员 75%。

1977 年，发挥法庭、调解组织作用，开展人民法庭和各级调解组织学习。全年已整顿调解委员会和调解小组 1170 个，3043 人，专业培训 1 次，285 人。结合会议培训 446 次，6310 人（次）（区、公社、大队调解人员），结合办案培训 132 次，1589 人（次）。

1981 年，新时期政治思想战线上存在程度不同涣散软弱状态，个别干警精神不振，文化水平低，不安心司法工作，业务水平提高不快，针对这种情况，县法院按时请文化程度高的人员当老师，安排文化培训和业务知识学习，干警文化业务知识得到提高。

1982 年，干警参加县委组织政治经济学培训，培训考试 18 人中，成绩优秀 12 人，良好 5 人，中等 1 人。

1983 年，根据工作需要，县委组织部给法院充实 4 名审判干部。为加强审判队伍思想建设，县法院抽调 4 名法院干部到省、州学习业务知识，定期或不定期组织干警学习各种法律和业务，学习中央有关政法干警重要文件，坚持四项基本原则，增强组织纪律，干警学政治、学文化、学业务，政治和业务素质得到提高，实现组织纯洁、政治坚定、业务熟悉的目标。

1988 年，队伍建设及业务培训工作，有参加法律业大专学习学员 5 名，其中 1985 年级 3 名，1986 级、1988 年级各 1 名，是年被吸收参加法院专业证书培训 6 名。

1989 年，对干警教育培训，办案人员专业知识得到补充和更新，提高业务素质，适应形势需要，开展审判工作。

1990 年，法院支持 5 名法律专业证书学员和 1 名法律大专学员解决学习、生活困难，派出一名干部到贵阳市师专预科班离职学习 1 年。鼓励干警参加成人自学考试，聘请瓮安中学语文教师定期辅导文化知识。

1991 年，各庭室订购业务书刊，支持干警报考法律业大专业证书学习。3 月，在瓮安中学聘请五位教师到县法院为干警学习文化补课 1 个月。5 月，参加成人自学考试，有 6 人考入法律业大学习，有 2 人考入西南政法学院函授班学习，原参加法律业大专学习 5 人，考试全部合格。4 月《中华人民共和国民事诉讼法》公布实施，组织干警逐章逐条学习，将分管民事审判工作副院长张仕福对学习民诉法的讲话稿印发各庭、室。10 月，派出 20 名干部参加黔南州中级人民法院举办的《中华人民共和国民事诉讼法》学习培训。

1992 年，除为各庭室订购各种业务书刊外，还鼓励干警报考法律业大和专业证书学习。5 月，参加全省成人高考，有 7 人被录取法律业大、西南政法学院函授班等院校学习；原参加法律业大专学习 5 人，经考试全部合格圆满毕业。在民诉法实施后，组织干警逐章逐条学习，分管民事审判工作的副院长对学习民诉法作辅导讲话，派出 20 名干部参加黔南州中级人民法院举办的民诉法培训班学习。

1993 年，为使干警文化和业务水平得到提高，支持干警报考法律业大、西南政法学院函授班和业大专业证书班学习。在职学习91级和92级业大学历生9人，专业证书生3人，西南政法学院函授班4人，考取93级专业证书班8人，做到学习、工作两不误。经院党组研究报黔南法律业大分部同意，在县人民法院开办法律业大瓮安教学班，来自独山、黔南州12县市，及中级人民法院等93级专业证书学员在县法院教学班学习。

1994年，开展干警培训工作，干警文化和业务水平不断提高，给各庭、室干警订购各种业务书籍，支持干警报考法律业大专业证书学习，法院91级业大学历生和92级专业证书生9人，西南政法学院函授班4人，已圆满完成学历毕业，除在职学习93级专业证书生8人，又考取专业证书生3人，业余学历生1人。

1995年，开展对干警报考法律大专和专业证书班学习支持，有在职学习94级专业证书4人，业余学历生1人，法律业大又在县法院录取法律专业证书生6人，具有法律大专以上学历人数已达40人，占全院干警总数53.3%。10月30日，州中院对基层法院干部进行法律业大专业证书班培训，党组书记、院长王志军（93级专业证书毕业）参加培训，被评为全省法律业大优秀学员。

1996年10月，派出1名分管副院长和刑庭庭长到贵阳龙洞堡省政法学院参加省高级法院组织的全省法院刑事诉讼法培训班。黔南州中级人民法院对新刑诉法进行为期一周培训，由分管副院长余家治同志主持对刑诉法条文学习，要求刑事审判人员提高认识，转变观念，改变原有审判方式，通过培训和观摩开庭，法院干警在执行修改后的刑诉法有了认识和了解，为1997年1月1日刑诉法正式实施打下基础。

1997年，组织对修改后的刑法法律条款进行学习，结合《人民法院报》和《人民司法》等报纸杂志刊载最高人民法院、全国人大法工委等部门参加修改刑诉法专家教授撰写有关刑诉法修改的条文，干警对新的刑事诉讼法有了全面认识和理解。

1998年，已有38名干警获得中央政法管理干部学院、全国法院干部业余法律大学和西南政法学院颁发的法律大专学历文凭，有6名干警考取省委党校法律函授本科班学习，有法律大专以上文凭的法官占1992年20.27%，至1997年上升到71.62%。

1999年，业务培训活动，按照年初省州组织工作会议安排，结合县人民法院内设机构实际，考察推荐和选拔德才兼备年轻干部走上庭、室领导工作岗位。按照干部管理权限，会同县组织人事部门对担任庭长4人，副庭长5人，审判员9人进行考核。任命书记员4人，招收本科院校应届毕业生4人，组织干警进行全国法院首次法官等级评定，57名获法官职称干警中，被评为四级高级法官8人，一级法官15人，二级法官9人，三级法官12人，四级法官12人，五级法官1人。组织未获得助理审判员以上审判职称的5名干警参加全国法院审判员、助审员培训资格考试。

2000年7月21日，对68名干警进行集中培训，由分管民事、经济、行政审判工作副院长梁华德，分管刑事审判工作副院长邓太华分别对刑法、刑事诉讼法、行政法、民法、民事诉讼法进行讲解。对审理相关房地产、土地与林权纠纷，处理婚姻案件等有关法律进行培训。

2001年，按照最高人民法院制定《人民法院2001年至2005年干部教育培训规划》及修改后的法官法对干警的学历教育要求，对干警教育培训，在审判业务上，除抽调部分审判业务骨干参加省州法院举办的《合同法》《婚姻法》等专业业务知识培训外，采取以会代训和集中学习方式，对法院干警开展业务知识培训，由参加省、州法院学习回来的骨干再集中对法院干警进行业务知识培训，讲解有关业务知识，全年举办业务培训6次。

2002年，为提高干警业务素质，造就高素质法官队伍，对干警进行锤炼和培训。按照中级人民法院要求，选派4名年轻干警到深圳、珠海两地法院跟班学习锻炼，抽调4名干警到省法官培训中心学习。实现法官职业化，培养法官职业道德、提高法官职业技能、树立法官职业形象、加强法官职业保障、提高法官政治待遇和经济待遇。

2004年，学习最新司法解释及法律法规，贯彻最高人民法院有关婚姻法、司法解释及人身损害赔偿司法解释，行政许可法最新司法解释，干警及时准确地把握法律规定，提升干警业务能力水平。进行业务知识考试，45岁以下法官及工作人员参加考试，考试范围为常用法律法规和司法解释。人民法庭队伍建设，选配好庭、室负责人是关键，充实审判力量，加强基层法庭建设，把基层人民法庭作为培养干部的摇篮。通过竞争上岗，机关和人民法庭交流人数达15人，机关交流到人民法庭工作5人。担任庭长1人，副庭长2人，审判员1人，助审员1人。人民法庭交流到机关工作10人，担任庭长1人、副庭长4人、审判员3人、书记员3人。县法院根据最高人民法院、贵州省高级人民法院关于严格进人条件和标准，通过文化考核和政治审查，把符合条件新进14人安排到人民法庭工作，有5人由基层人民法庭调回院机关工作。

2007年，干警集中学习，写出读书笔记、心得体会，对干警进行《中华人民共和国物权法》《中华人民共和国公司法》《中华人民共和国合伙企业法》等培训。在人员少、案件多情况下，鼓励干警工作和学习并重，参加司法考试，安排合理工作，减轻工作压力，有充分学习、备考时间。出台应试奖励措施，对考试干警给予一定奖励，有5人取得合格证书。

2008年，全体干警基本上完成大学本科学历，部分干警为适应新时期审判工作业务，继续深造，获大学法律专业本科干警达48.7%。

2009年，开展司法能力建设，采取岗位培训、业务指导、参观考察等措施，干警把握大局能力、认识和化解社会矛盾能力、认识社情民意能力、法律精神能力显著提高。通过多形式教育培训，更新思想观念，提高认识，党组中心学习组扩大到各庭室负责人参加，6名新进人员到黔南州中级人民法院培训学习公务员基础知识，5名法官分别到省高级人民法院培训中心和州党校学习，3名干警通过国家司法考试。

2010年，注重业务技能培训，任前考核、业务指导、集中学习。对干警业务技能培训，通过理论教学、在职学习、到党委政府挂职等形式，法官司法能力提高；集中开展法律文书质量年评比活动，采取法律文书上网公开、当事人反馈意见、法律文书检查、优秀裁判文书评比、责任追究等措施进行培训。

2011年，通过开展庭审观摩、书记员业务培训、优秀法律文书评比、司法警察大练兵、岗位练兵活动，使司法干警业务能力提高。

2012年，选派干警50人到最高人民法院和贵州省高级人民法院培训，组织各类培训400人（次）；安排新任领导班子成员2名参加上级法院举办领导干部培训和全省基层人民法院副院长培训，选送21名干警参加国家法官学院举办的各类法律业务培训，10名干警参加全省法院举办的法律培训；对通过国家司法考试合格干警6名给予奖励。办理各类任免手续106人（次），其中人大任免34人，任命股级干部5人、助审员18人，新进人员审批6人，转正定级22人，科员21人。

2013年，发挥老法官传、帮、带作用，对年轻法官基层实践经验欠缺问题，邀请村干部作基层经验、群众语言培训，提高年轻法官基层工作能力，学会用老百姓熟悉的语言宣传法律法规，化解矛盾纠纷，做好基层司法工作，以老百姓认可方式来解决老百姓的问题。干警参加各类培训360人（次），支付学习培训费用40万元；有12名未获得法律职业资格的干警参加国家司法考试，其中9人合格，合格率75%。有12人获得法官资格任命。

2014年，开展庭审观摩、业务培训、文书评查等，法官业务知识结构得到更新，按照正规化、专业化、职业化要求，培养高素质法官队伍；加大人员调整和轮岗锻炼力度，提高综合素质；培养法官和司法辅助人员45人，组织青年法官参加庭审观摩64人（次），培训新任人民陪审员、诉讼联络员、人民调解员234人（次），提请任命审判员10人，招录2名硕士研究生、1名速录员充实办案队伍。全年干警参加各类培训，业务水平和办案技能得到提升。思想政治合格的法官队伍逐步建立。

第六节　考核管理与廉政建设

1952年9月13日，根据政务院批转司法部《关于彻底改造和整顿各级人民法院的报告》，10月30日至11月25日，县法院干部参加贵阳专区中级人民法院开展反对旧思想、旧观念、旧司法作风司法改革运动。20世纪50—80年代经过思想整顿和组织整顿，全体干警思想觉悟提高，业务水平精良，严格执法，文明执法，涌现一批先进集体和先进个人。表彰好人好事、树立先进典型、加强思想政治和职业道德教育，按照中共中央纪律检查委员会、中央政法委员会、最高人民法院和贵州省高级人民法院关于干警作风建设规定，“从严治院，从严治警”。根据《关于国家行政机关工作人员纪律处分的若干规定（试行）》和《关于法官、检察官、人民警察、司法行政机关办案人员违法办案及错案追究监督办法》，瓮安县法院对单位的违法违纪干警进行严肃查处。

1981年，县法院适应新时期发展需要，每月集中干部学习，找出存在的问题，拟定解决措施，提高办案效率。召开总结会议，对工作进行考核和奖惩。总结全年工作时，进行评比，评选出先进集体4个，刑事审判庭、天文、玉山、珠藏人民法庭，评出17名先进个人。

1982年，开展贯彻中发〔1982〕38号文件，将全国政法工作会议对政法干警提出的六项要求印发给干警（充实和加强、经过整顿、发展和训练、思想建设、业务建设、作风建设)，逐项学习讨论，按照六项要求，评选出先进单位2个，先进工作者12名。

1983年，按照中央政法委员会对政法干警要求开展工作，调动干警积极性，在严厉打击刑事犯罪中，涌现出好人好事，参战同志加班加点，带病工作；拣重担挑，办理大、要、疑难案件；不辞苦，协助公安机关到边远山区抓捕人犯；1人承担几人工作，哪里需要到哪里。年度工作总结评比，评选出刑事审判庭和天文人民法庭为先进单位，评选出先进工作者25名。

1984年，根据县委部署，统一思想、开展审判业务、严厉打击刑事犯罪活动，惩处犯罪分子，调整审判力量。依法任命审判职称，达到人人能办案，个个能记录；改变吃大锅饭办案形式，进行办案考核，分工又合作，依法办案，不违反诉讼程序。刑事审判工作，以《中华人民共和国刑法》《中华人民共和国刑事诉讼法》和全国人大常委会有关决定，作定罪量刑法律依据。做到执法审判制度必严，审理程序合法。刑庭1个月审理刑事案件60件，5月底45件，6月底减少为10件。依法区分罪与非罪界限，对已构成犯罪的，坚决依法惩处，决不放纵；对未构成犯罪的，坚决不判，决不冤枉无辜，维护法律尊严，加强社会主义法制建设。

1988年，考核与奖惩工作，协助党委抓好法院干部管理，配合有关部门做好法院增编工作。按照人事管理权限，提任副院长1人，副庭长2人，助理审判员9人，书记员3人；根据县委〔1988〕19号文件，按照“任人唯贤，量才录用”的原则，6月29—30日，院党组根据民主推荐和考核聘用各庭、室负责人；各庭、室负责人按照本庭、室的编制，应聘人员自愿，结合本部门工作聘用工作人员。

1989年，考核及廉政建设列入重要议事日程，院党组一班人坚持正人先正己，率先垂范，严格规章制度，自觉接受监督。在政工、纪检监督基础上，经县委组织部批准，配备专职监察员。8月26日，召开各庭、室干警参加廉政工作会议，干警拒腐蚀、树正气。有11名干部拒贿、拒收人民币4200元，实物折款120元。刑一庭庭长余家治同志在办理1件拐卖人口案时，被告父母托人对余说，只要给他儿子判个缓刑，愿拿2000元钱感谢。余家治同志严肃批评说情人，依法办理该案。社会上不正之风对干警影响和侵蚀，违法违纪行为时有发生，全年共收到违法违纪线索10件10人，已查清9件9人，处理结果：移送检察院处理1人，警告处分1人，免去副庭长职务1人，责令写检查2人，情节轻微、免予处分1人，检举失实、澄清是非3人。

1990年，有21名干警拒贿，拒收人民币300元，拒收各种实物折款670元。在改革开放新形势下，少数干警在某些消极因素诱惑下，违法违纪行为时有发生。根据干警反映事实和线索，成立清理本单位财产、财务查账组。1980—1988年3月，账务清结，查出有问题职工1名（经县审计局对查出问题进行审计鉴定后，已依法移送人民检察院审理）。接到举报干警违纪线索12件15人，处理结果：给予警告处分1人，按照法律程序报请县人大免去副庭长1人，责令写检查、进行批评教育2人，违纪情节轻微、决定免予处分2人，属于检举失实、澄清是非3人，属诬告陷害1人。在查处干警违法违纪问题上，坚持严肃态度和实事求是，分别给予纪律处分，决不护短，通过扶正祛邪，激浊扬清，严肃纪律。

1991年，收到举报干警违纪线索案件10件10人，书记员1人、助审员2人、审判员7人。立案查处9件9人，违反财经纪律1人，玩忽职守造成犯人逃跑1人，执行任务中酗酒1人，不假外出1件1人，违犯审判纪律4件4人，违背纪律4件4人；已查清9件9人中，查明控告事实不实息诉2件2人，批评教育1件1人，给予行政处分2件2人，作后调查期待处理4件4人，全部作出处理。

1992年，贯彻州中院关于廉政建设的要求，组织法院干警学习中纪委〔1990〕1、2号文件和全国法院纪检、监察工作会议精神，向各庭、室印发《最高人民法院监察室关于人民法院工作人员纪律处分的若干规定（试行）通知》。领导深入各庭了解工作，把干警廉洁和秉公执法作为考核内容。政工、纪检、监察人员深入各庭、室了解干警执法执纪工作，对举报干警违纪信件做到认真查处，从严治院。县法院对举报干警违纪线索立案查处9件9人，已查清9件9人中，因检举事实查明不实，说服控告人息诉2件2人，对有轻微违纪干部进行批评教育1件1人，给予行政处分2件2人。

1993年，协助党委、人大抓好干部管理，执行党的干部政策，严格德、能、勤、绩四个标准考核。提拔政治坚定、业务精通优秀中青年干部进入领导班子。经瓮安县第十二届人民代表大会选举产生新的院长以后，县组织部批准，任命副院长2人，主任1人，副庭长1人，审判委员会委员3人，党组成员4人，平职调动副庭长4人，审判员1人。按照《中华人民共和国人民法院组织法》规定，任命执行员5人，助理审判员4人，接收退伍安置1人。从严治院，从严治警，以反腐败为重点，执法执纪监督检查，查处违法违纪案件，对以权谋私和以案谋私腐败行为坚决查处。是年，县法院报经有关部门批准，开除违法乱纪人员1人，给予党纪、政纪处分1人。

1994年，提任庭长3人，副庭长1人，法警队副队长1人，平职调动副庭长以上干部4人，审判员6人。按照《中华人民共和国人民法院组织法》规定，任命书记员5人，法警2人。

1995年，开展党风廉政建设，以反腐败为重点，加强执法执纪监督检查，查处各种违法违纪案件，对以权谋私、以案谋私和长期不遵守工作纪律，擅离职守，无组织无纪律行为，一旦出现坚决查处。根据《中华人民共和国法官法》《人民法院奖惩条例》有关规定，给予行政降工资一级处分1人，给予批评教育、停发半月工资和各项补贴1人，对举报以权谋私、以案谋私违法违纪人员1人。增强全体干警清正廉洁，秉公执法，自觉遵守审判工作纪律。工作中涌现一批先进集体和个人，其中出席省政法系统先进个人1名，出席省法院系统先进集体1个，先进个人1名。被评为全州法院系统先进集体1个，先进个人3名，被评为县法院先进集体4个，先进个人10名。

1996年，贯彻省州组织工作会议精神，开展法院内部机构改革，加强后备干部队伍建设，经考察考核选拔一批德才兼备年轻干部走上庭、室领导岗位，增强中层机构和审判力量。

1997年，根据省、州法院组织机构要求，结合县法院内设机构改革实际，开展考察考核推荐选拔德才兼备年轻干部走上庭、室领导岗位，提任庭长2人，副庭长4人，办公室副主任 1 人，研究室副主任 1 人，纪检组长 1 人，任命书记员 4 人。

1998 年，开展爱岗敬业考核，涌现出一批先进集体和个人。先后有 4 人被评为省法院系统先进个人，一个法庭被评为先进集体，受到省高级法院表彰。有 9 人和两个法庭被评为全州法院系统先进集体和先进个人。在 1994—1997 年度干部考核中，共有 32 人（次）获优秀，有 1 人连续 3 年获得优秀，晋升一级工资。

1999 年，党风和廉政建设方面，发现有问题，不遮掩、不护短，严肃查处违法违纪人和事，在法院大门口宣传栏处设立“瓮安县人民法院执法监督台”，对查出违法违纪人员一律在“违法违纪曝光栏”给予公开曝光。对查出违反计划生育隐瞒超生和长期挪用案件款及诉讼费 2 名干警，分别给予开除党籍、撤销职务、行政降工资一级处分，对收费打白条 1 名干警也进行公开曝光。

2001 年，开展学习党的十五届六中全会和《中共中央关于加强和改进党的作风建设的决定》及瓮党办发〔2001〕12 号文件《中共瓮安县委办公室关于在全县党政机关开展作风教育整顿的实施方案》，要求法院党员领导干部严格按照实施方案对照检查，找准针对自身存在问题进行整改。对法院干警监督管理，规范“工作圈”，约束“生活圈”，净化“社交圈”，成立干警“八小时以外监督管理领导小组”，使每个干警工作上有透明度，生活上有约束性，社交上有辨别力，增强法院干警素质。

2002 年，开展民主推荐，组织考核，选拔 3 名业务精通、政治过硬、作风优良、司法公正骨干力量充实到领导岗位，通过竞争上岗使 24 名干警走上中层领导干部岗位。

2003 年 8 月 15 日，制定《2003 年度共性目标和业务目标考核》，考核分政治思想、队伍建设、纪检监察、机关党组织建设及工青妇、办公室、调查研究室、行政装备、刑事审判、民事审判、立案、行政审判、执行、法警大队等工作。把党风廉政建设列入党组议事日程，层层签订责任状，定期检查，作为年终考核干部依据，提高领导干部廉洁自律和干警公正司法自觉性。

2006 年，制定《2006 年各项法院工作内部管理实施意见》，病、事假必须书面请假，由院长或分管副院长批准。病假连续超过 10 天不得享受年终奖，事假每天扣奖金 20 元（年终结算），旷工一天扣全月奖金，连续旷工 5 天以上给予警告处分，扣发年终奖金。请假期满无正当理由逾期不归连续超过 15 天，或者一年内累计超过 30 天予以辞退。县委、县政府等部门组织各种活动无故不参加者，每次扣奖金 20 元；迟到、早退每次扣 5 元以查岗为准;，参加各种活动要求着装而不着装和庭审不着装，每次扣 20 元；上班迟到或早退，每次扣 5 元。

2007 年，对参加司法考试干警，予以特别关照，合理安排工作岗位，减轻工作压力，让其有充足的学习、备考时间。对考试通过的干警给予一定物质奖励，全年有 5 人通过司法考试，取得合格成绩。

2009 年，开展对干警考核与奖励，坚持以审判工作为中心，把各项考核工作渗透到业务中。把规范服务和完成审判工作任务作为考核内容，完善奖励和激励制度，确保各项审判工作完成。

2010年，对干警采取任前考核、业务指导、集中学习方式，对干警业务技能进行培训。通过理论教学、在线学习、到党委政府挂职等，使法官司法能力得到提高。集中开展法律文书质量评比活动，采取法律文书上网公开、听取当事人反馈意见。法律文书检查、优秀裁判文书评比、责任追究等措施，提高干警业务素质。通过交流司法考试心得、学习方法和注意事项，制定《瓮安县人民法院干警工作用语和禁忌用语规定》。

2011年，开展干警考核、奖励、培训、选拔、晋级、任免实施工作。安排13名干警参加国家法官学院举办各类业务培训，10名干警参加全省法院举办各类业务学习培训，对通过国家司法考试合格3名人员给予相应奖励。

2012年，安排新任领导班子成员2名参加上级法院举办领导干部法律培训和全省基层人民法院副院长培训，选送21名干警参加国家法官学院举办业务法律培训，10名干警参加全省法院举办业务培训，对通过国家司法考试合格6名人员给予相应奖励。办理任免手续106人（次），人大任免34人，股级干部任命5人，任助审员18人，新进人员审批6人，转正定级22人，任科员21人。

2013年，制定《考核与奖惩和责任制》，明确专人负责，强化责任制建立健全和落实。实行“一岗双责”，上报考核具体事务工作。负责审务信息平台日常维护和考核资料及时上传，法院各类组织人事、招录、晋级、任免等年度考核常规工作。完成法院89名公务员年报统计，98人工资年报统计，98人年度考核统计，评先选优工作，全国公务员管理信息系统法院89名公务员信息完善录入。办理退休人员1人，调进3人，调出2人，招录公务员2名的各项手续，办理各类任免手续27人（次），其中人大任免9人，任助理审判员15人，新进人员审批2人，任科员1人。

2014年，开展党风廉政建设。廉政教育，强化廉洁从政理念，落实各项廉政规定；集体观看廉政纪录3次，征集廉政语录120条，发送廉政短信600条；开展“早预防、早发现、早处理”专项活动，在管人、管案、管车重点环节，排查风险节点，制定防控措施，对1名拖延办案中层干部作出警告并免职纪律处分。推行流程管理、节点控制和质效考核，重点解决审判质量不高、审判效率低下问题。全年评查各类案件卷宗2600件，退回整改200件，按月发出审管通报12期。组织庭审观摩50次，10名新任法官向宪法宣誓，制作庭审视频11件，召开审委会19次，讨论案件37件。

第七节　司法警察

司法警察负责承担警卫法庭、提押人犯、送达法律文书、协助执行死刑等工作，配合有关审判庭和执行庭做好执行事项，负责机关保卫、司法警察教育，司法警察工作相关的其他工作事宜。

1978年，恢复司法警察制度，由办公室统一调遣，在册司法警察2名。1983年，配备法警6名，执法能力增强。

1991—1992 年，《中华人民共和国民事诉讼法》《中华人民共和国警察警衔条例》颁布实施，授予司法警察司法拘留权，结束以前由法院向公安机关报案、由公安机关调查取证、再实施治安拘留的局面，排除司法妨碍，维护司法威严，司法警察队伍迈上革命化、现代化、正规化建设轨道。

1994 年，设置法警队，正股级机构，定编 10 人，领导职数按一正一副配备。1999 年，法警队更名为法院司法警察大队，正股级机构，定编 10 人。2001 年，瓮安县法院《关于瓮安县法院机构改革方案》将原设置法警大队升格为副科级规格，定编 12 人，领导职数按二正二副（大队长、政委，副大队长、副政委）设置。干警平均年龄 38 岁，有大专学历以上 12 人。

1996 年，司法警察队伍建设，组织全体干警学习《中华人民共和国人民警察法》和《中华人民共和国法官法》。通过学习，使干警掌握法律知识，运用法律武器保护公民法人合法权益。全年法警队共提押人犯 601 人（次），协助各庭、室执行公务 39 人（次）。保管及借出公用枪支由主管枪支副院长审批，借出枪支公用收回公用枪支由枪支管理人员造册登记。

1997 年，县法院法警队除担负全院保卫工作外，提押刑事犯罪人犯 215 人（次），送达各种法律文书 430 件（次），未发生过犯人行凶或逃脱事故。协助执行庭、行政庭办理强制执行案件 115 件。在执行保密法、枪支管理法和上级法院关于枪支管理规定工作中，做到经常对照检查。

1998 年，法警队提押人犯 482 人（次），送达法律文书 487 件（次），协助执行 57 人（次），出动车辆 283 台（次）。全队干警在工作中未发生人犯脱逃、枪支被盗丢失、泄密现象，保障审判工作开展。

1999 年，县法院司法警察大队开展提押人犯 192 人（次），送达起诉书 97 件（次），送达法律文书 221 件（次），协助执行 15（次）。参加全州法院组织对死刑犯执行任务 4 次，出动警力 16 人（次），出动车辆 5 台（次）。

2000 年，贯彻《中华人民共和国监狱法》和《人民法院司法警察暂行条例》有关规定，全年法警大队提押人犯 391 人（次），协助执行庭执行案件 118 件人（次），参加各项执行活动出动干警 18 人（次），出动车辆 5 台（次），送达法律文书 320 份。

2001 年，法警大队担负法院安全保卫工作，出警参加由黔南州中级人民法院组织执行死刑任务 4 次，提押各类人犯 214 人（次），站庭、值庭 149 人（次），协助执行庭强制执行各类案件 67 件，出动警力 218 人（次），组织检查枪械 4 次。

2003 年，强素质、建一流警队。司法警察大队提押人犯 196 人（次），送达法律文书 449 人（次），协助执行 12 次，参加黔南州中级人民法院组织执行死刑 6 人（次），配合上级警务部门在都匀、三都、罗甸、瓮安对死刑犯执行枪决任务。全年加强枪支管理，司法警察枪支一律收归集体保管，除执行公务借用，任务完毕归还。加强管理，纪律严明，在执行公务活动中，无 1 人违反公安部《五条禁令》和贵州省高级人民法院六条禁止规定。

2004 年，司法警察大队在完成机关安全保卫、值班值庭、维持审判秩序、协助执行的同时，全年提押刑事人犯210人（次），工作中未发生警械丢失、犯人逃脱、法律文书丢失、违规使用警车肇事等事件。

2005年，建一流司法警察队伍。全年提押人犯164人（次），送达法律文书276件（次），协助执行12次，参加州中院组织执行死刑4次。干警完成本职工作，配合黔南州中级人民法院警务部门在贵定、三都、都匀、瓮安开展对死刑犯执行任务。在执行公务活动中，未发生人犯脱逃、行凶、枪支被盗及涉枪事故。

2008年，司法警察政治教育和日常训练，抽调干警参加全省法警集训，提高司法警察政治素质和业务水平，强化技能训练。整顿作风、强化纪律，法警大队完成“6·28”事件所涉首批刑事案件值庭、安全保卫、值班、维持法院秩序、协助执行等任务，完成上级法院指派任务。2月，被州中院评为“抗凝冻、保民生、促稳定”先进集体，3名干警被评为先进个人。

2009年，司法警察大队圆满完成审判“6·28”事件所涉及刑事案件的值庭、安全保卫等任务，协助执行并完成上级法院指派的各项任务。

2010年，法院拨出专项经费为司法警察大队配备专用警车、安检门，提升司法警察能力。办案安全防范工作专项督查领导小组，对办案安全隐患等问题进行专项治理，防止涉案人员非正常死亡事故发生。法院大楼和各人民法庭办公区与审判区分别设立同步录音录像。采购防刺背心、电警棍、催泪瓦斯等非杀伤性防御设备，各人民法庭配备手持式检测器提高安全保障能力，由1名法警和2名协警负责安全保卫工作。确保审判执行活动依法有序进行，保障干警人身安全，干警安全防范意识提高。

2011年，开展司法警察岗位大练兵活动，履行岗位职责能力，提高司法警察综合素质和实战能力。是年，获全省法院司法警察岗位大练兵先进集体称号。

2012年，开展庭审观摩、书记员业务培训、优秀法律文书评比、司法警察大练兵岗位训练活动，干警钻研业务、提高司法能力，为公正高效司法奠定坚实素质基础。是年，法警大队被省高级法院评为“全省法院司法警察岗位大练兵先进集体”，法警大队队长陆定平被评为“全省法院司法警察岗位大练兵先进个人”。

2013年，干警学习、训练和警务工作两不误，提押人犯462人（次）；刑、民事案件值庭586次，送达法律文书2359件（次）；对旁听和来访人员安全检查20196人（次）；拘留强制执行20人（次），出警1897次。完成苟福兴等22名被告涉嫌开设赌场罪和费锡伐等18名被告涉嫌聚众斗殴罪及刘成松等29名被告寻衅滋事审判安全保卫工作。是年，派出6名法警到福泉市法院协助开庭审理当地具有较大影响黑社会性质犯罪警务工作，协助黔南州中级人民法院分别到龙里县法院、独山县法院及三都县法院的一、二审庭审安保工作。

2014年，司法警察大队，提押人犯269人（次），刑、民案件值庭590次，送达法律文书3266次；对旁听和来访人员安全检查24560人（次），拘留强制执行20次，出警1897人（次）。严格安检措施，防止当事人及旁听人员携带危险品及违禁物品进入审判区，共收缴管制刀具60把。县法院组织法警、协勤，进行为期5天“反恐防爆处突”专项训练。

表 9-2　　　　**瓮安县人民法院司法警察大队授衔等级名录**

授衔单位	姓名	籍贯	性别	族别	文化程度	任职时间	授衔等级	备注
贵州省高级人民法院	罗胜林	贵州瓮安	男	汉	大专	1995. 9	一级警司	
	吴　刚	贵州瓮安	男	汉	大专	2001. 6		
	王达举	贵州瓮安	男	汉	大专	2003. 9		
	彭德安	贵州瓮安	男	汉	大专	2003. 9		
	陆定平	贵州瓮安	男	汉	大专	2004. 5		
	李吉洪	贵州瓮安	男	汉	大专	2004. 9		
	左晓芳	湖南湘阴	女	布依	大学	2008. 9		
	胡　松	贵州瓮安	女	汉	本科	2011. 9		
	吴　刚	贵州瓮安	男	汉	大专	1998. 6	二级警司	
	王达举	贵州瓮安	男	汉	大专	2000. 9		
	彭德安	贵州瓮安	男	汉	大专	2000. 9		
	陆定平	贵州瓮安	男	汉	大专	2001. 5		
	李吉洪	贵州瓮安	男	汉	大专	2001. 9		
	左晓芳	湖南湘阴	女	布依	大学	2001. 9		政　委
	胡　松	贵州瓮安	女	汉	本科	2008. 9		副大队长
	沈小伟	贵州瓮安	女	苗	本科	2012. 12		
	顾典友	贵州瓮安	男	汉	本科	2015. 4		
	吴　刚	贵州瓮安	男	汉	大专	1995. 6	三级警司	
	彭德安	贵州瓮安	男	汉	大专	1997. 9		副政委
	陆定平	贵州瓮安	男	汉	大专	1998. 5		大队长
	李吉洪	贵州瓮安	男	汉	大专	1998. 9		
	顾典友	贵州瓮安	男	汉	本科	2012. 4		
	黎君军	贵州瓮安	男	汉	本科	2014. 1		
贵州省高级人民法院	蔡先文	贵州瓮安	男	汉	初中	2006. 7	一级警督	
	罗胜林	贵州瓮安	男	汉	初中	2006. 7	二级警督	
	蔡先文	贵州瓮安	男	汉	初中	1996. 7		副大队长
	陆定平	贵州瓮安	男	汉	大专	2012. 5		

续表

授衔单位	姓名	籍贯	性别	族别	文化程度	任职时间	授衔等级	备注
贵州省高级人民法院	蔡先文	贵州瓮安	男	汉	初中	1992. 12	三级警督	
	吴　刚	贵州瓮安	男	汉	大专	2005. 6		
	罗胜林	贵州瓮安	男	汉	初中	2005. 9		
	张　玲	贵州瓮安	女	汉	大专	2006. 10		
	王达举	贵州瓮安	男	汉	大专	2007. 9		
	彭德安	贵州瓮安	男	汉	大专	2007. 9		
	陆定平	贵州瓮安	男	汉	大专	2008. 5		
	左晓芳	湖南湘阴	女	布依	大学	2012. 7		

第十章　后勤管理

法院后勤工作是一项综合性的工作，涉及法院行政事务管理和后勤保障。长期以来，县法院后勤管理以“服务审判执行、促进审判执行”为出发点，以“运转有序、协调有力、督办有效、服务到位”为工作目标，充分发挥“前哨”和“后院”作用。县法院的历届领导班子十分重视后勤管理工作，建立健全各项规章制度，加强保障经费投入，推动后勤管理工作规范化、科学化进程。

第一节　文书处理

县法院诉讼文书由司法文书和诉讼当事人诉讼书状两部分构成，运转和处理遵循法律、司法解释和有关规定，做到依法办理，按照国家对专业文书和专业档案规范要求进行管理。1957 年“反右派”斗争后，司法文书趋于简单化。1966 年后，“文化大革命”期间，诉讼文书管理工作混乱。粉碎“江青反革命集团”后，特别是《中华人民共和国刑事诉讼法》和《中华人民共和国民事诉讼法》颁布实施后，法院逐步规范各类诉讼文书，质量明显提高。法院行政文书是人民法院按照其公文特定体式，经过一定处理程序制定成书面文字材料，是人民法院进行业务指导、行使审判权和处理与审判工作有关的公务活动而制作和使用的文件。法院公文处理具有权威性、制作合法性和处理时效性特点。县法院基本沿用党委、政府机关制定公文处理办法，并在当地党政部门领导下开展工作。1992 年 1 月 1 日最高人民法院制定《人民法院公文处理暂行规定》在全国法院施行后，县法院公文处理工作逐步实现规范化、制度化。

一、诉讼文书

新中国成立初期，县法院在“镇反”“三反”“五反”等运动中，裁判文书格式、内容较简单。1950 年，县法院诉讼文书参照司法部印发的《诉讼文书规范模式》制作。1951 年后，诉讼文书格式及其内容要素参照司法部印发的《诉讼文书格式》制作，采取从右至左的竖排书写顺序。裁判文书由首部（含案件字号、原告及被告基本情况、案由、案件来源）、主文（判决结果）、事实、理由（定案证据与判决原因）和尾部（含判决机关、时间、印章及院长、审判员、书记员署名）构成，正文部分由主文、事实和理由构成。1954

年后，正文部分由事实、理由和判处结果构成。1956年后，诉讼文书书写顺序改为从左至右横排方式。20世纪50年代特别是60年代前期，主要分为裁判文书类（格式相对固定，有刑事和民事判决书、裁定书、民事调解书）、报告批复类（有审理报告、呈请报告、批复、函）、笔录类（首页为固定格式，采取填充式方法书写，有评议记录、审判庭笔）、表格类（为固定格式，有呈送案件表、评案表、刑事案件呈请复核表、核定罪刑表、加减刑呈请复核表）、书票证类（为填充式固定格式，有案件移送书、调卷通知书、送卷通知书、还卷通知书、审判委员会决议通知书、复核案件文书、传票、提票回证、押票回证、送达回证、训令稿、电话或面谈公务记录单）。

1952年中央人民政府司法部制发统一适用《诉讼用纸格式》，法院参照使用统一诉讼文书格式。立卷诉讼文书537卷。

1953年，立案诉讼案件和结案诉讼文书整理立卷215卷。

1954—1956年，立案诉讼案件和结案诉讼文书整理立卷1128卷，其中1956年诉讼文书立案结案诉讼文书整理立卷432卷。

1957—1960年，立案诉讼案件和结案诉讼文书整理立卷516卷。其中1958年，诉讼文书立案结案诉讼文书整理立卷213卷。

1961年，最高人民法院下发《关于改进法院文书质量问题的通知》，指出各地法院审判文书中存在的问题，重申改进要求。省高级人民法院对如何提高诉讼文书质量和卷宗质量，改进诉讼文书运转，提出具体要求和措施。瓮安县人民法院加强这方面工作，把诉讼文书处理与审判员、书记员、档案管理人员工作职责紧密结合，建立相应规章制度，使办案程序趋于规范。

1966—1976年"文化大革命"期间，公检法机关被"砸烂"，法院诉讼文书几乎破坏无余，所有判决、报告、批复等司法文书，首先都要写上"最高指示"，格式简化，不讲案件由来和审判经过等程序，认定事实表述抽象化和概念化，不提及证据，理由公式化，形式逻辑推理方法无限"上纲"。发展到后来根本不制发裁判文书。有的刑事案件（包括死刑案件）整个审判程序没有制发裁判文书，下达批复，案件就算终结。1973年，县法院恢复后，以法院名义下达判决书，只简单叙述事实、理由，即作出判决。报复核案件，也只是以省、州法院名义下达批复，不制作裁判文书。"文化大革命"结束后，逐步恢复50—60年代使用的诉讼文书，质量有所好转，裁判文书正文部分载明证据名称，对判决理由及上诉理由作简单叙述和驳斥，审判员、书记员在判决书上署名。

1980年1月1日《中华人民共和国刑法》和《中华人民共和国刑事诉讼法》正式施行，国家司法部为配合"两法"实施，制定8类64种《诉讼文书样式》，县法院参照使用。1982年3月，《中华人民共和国民事诉讼法（试行）》颁布施行后，最高人民法院制定70种《民事诉讼文书样式》供各级法院试用。根据省、州法院统一制发各类诉讼表格、笔录、票证、书状、通知、决定、命令及卷宗、档案样式，实行统一使用。诉讼文书质量有提高，适应法院审判活动需要，保证法院审判任务顺利完成。20世纪80年代，诉讼文书格式和内容要素相对固定、统一，大部分为填充式司法文书，其种类为裁判文书2类（有刑事、民事判决书、裁定书、民事调解书）、报告批复2类（常用有请示报告、综合报告、审核报告、结案报告、申请延长办案期限报告和批复、司法建议书、内部函等）、书函2类（常用有出庭通知书、协助执行通知书、退回补充侦查决定书、逮捕决定书、案件移送函、送卷函、调卷函、委托调查函、委托宣判函等）、笔录9类（常用有调查笔录、询问证人笔录、审讯笔录、开庭审理笔录、合议庭评议笔录、审判委员会讨论案件笔录、宣判笔录、验明正身笔录、执行死刑笔录）、票证3类（常用有传票、提押票、换押票和送达回证、赃款赃物处理清单）、命令3类（有支付令、搜查令、死刑执行令）、表格类（有立案审批表等）、卷宗档案表8类（有各类案件卷宗封面、卷宗目录、证物袋等）。

1992年6月，最高人民法院制定《法院诉讼文书样式（试行）》。1993年1月1日，最高法院正式施行《法院诉讼文书样式》，规范使用诉讼文书，对裁判文书的标题，案件编号、诉讼主体姓名或名称及身份情况、案件事由、事实经过、结尾进行了规范。明确诉讼主体用说明文，认定事实和证明用记叙文，证据分析和处理理由用说明文进行规范。对各类案件审理报告、请示、批复书写格式按《法院诉讼文书样式》，根据具体案件情况灵活书写。首部先是标题，由制作机关名称、案件性质和文书种类3个要素组成。其次是案件编号。再次是诉讼主体姓名或名称，以及身份情况。最后是案件由来和审理经过，是由案件由来与案由、法院组织与审判方式、诉讼双方当事人和其他诉讼参与人出庭参加诉讼情况三个要素组成，主要是诉讼程序方面合法性。正文是由双方当事人陈述事实、证据和理由，法院审判认定事实与证据，判处理由，判处结果四个要素组成，是诉讼实体问题主要部分。尾部是由交代抗诉、上诉权利、时间和上诉法院名称，或交代是否终结裁判文书，合议庭成员或者独任审判员署名，判决确定日期、印章三个要素组成。具备上述内容要求，方能成为一份规范标准的裁判文书。

20世纪90年代，诉讼文书种类趋于完备、规范，常用有：刑事、民事（含经济纠纷）判决书、裁定书、刑事附带民事判决书、裁定书、民事调解书，各类审理报告、综合报告、请示报告、延长审理期限报告，各类批复、函。填充式诉讼文书有退回补充侦查决定书、逮捕决定书、取保候审（含撤销）决定书、中止审理决定书、支付令、查封（扣押）命令、笔录、送达起诉书副本笔录、宣判笔录、验明正身笔录、执行死刑笔录、执行笔录、送达回证、传票、提押票、鉴定委托书、移送执行书、委托宣判函、调卷、送卷、退卷函、案件移送函、报告核准死刑案件函、查询个人及单位存款函、执行通知书、出庭通知书、释放通知书、告知审判庭组成人员通知书、参加诉讼通知书、公告、布告、发还财物清单、立案审批表等；行政审判和执行工作由于开展时间不长，独立形成司法文书比较少；行政审判司法文书常用有行政判决书、裁定书、罚款决定书、复议决定书、应诉通知书；执行案件司法文书常用有受理通知书、限期执行通知书、协助执行通知书等；《法院诉讼文书样式》对当事人诉讼书状体例格式和内容要素作规范性规定，县法院在诉讼中对诉讼当事人制作诉讼文书，要求格式要符合规范标准，诉讼请求要明确、具体，事实要真实并提出证据，要写明理由，尽量提出法律依据。当事人诉讼状主要有自诉状、申诉状、申请书、法定代表人身份证明、授权委托书、保证书、具保书等。

2011年，县法院制定《诉讼文书立卷归档暂行规定》，规范诉讼文书立卷归档，按诉讼档案特点，明确各类案件正副卷材料收集、排序、立卷、编目等程序。

2014 年 1 月 1 日，《最高人民法院关于人民法院在互联网公布裁判文书的规定》正式实施，贵州省高院同步制定了《全省法院关于裁判文书上网公布的暂行实施办法》，县法院严格遵照执行，裁判文书应上网率达 100%。

2014 年 2 月，黔南中院指定县法院作为民商事裁判文书简化改革试点法院，县法院党组高度重视，成立改革领导小组，制定了《瓮安县人民法院民商事裁判文书简化改革的若干规定》等相关制度，在民商事裁判文书繁简分流、繁案精写、简案简写等方面作了有益探索和实践，当年民商事裁判文书简化率达 60%，提高了民商事案件审判质量和效率，总结的成功经验，黔南中院给予了高度肯定。

2014 年，诉讼文书档案清理统计，现存诉讼文书 65038 卷 83534 册。

二、行政文书

1949 年新中国成立后，县法院公文处理基本沿用党委、政府机关制定的公文处理办法，并结合党政机关公文处理办法及历年法院公文处理工作实践，制定试行办法，在 1954 年制定工作制度基础上作修改、调整，增加文书格式、写作要求、行文规则及鉴定销毁等内容，主要以省高院《文书处理试行办法》为模式，制定公文处理方面工作制度，如验文制度、登记制度、传阅制度、立卷归档制度、文印制度、保密制度等。

20 世纪 50 年代，县法院公文格式从右至左竖排书写顺序，公文由首部、正文、尾部 3 部分组成，首部分包括行文机关、事由、发文字号、主送机关，抄送机关、附件名称、撰稿单位、撰稿人、签发人、编写人与时间、校对人与时间、用印人与时间等项目。正文是公文主体部分，具体叙述内容，公文种类有：通知、通报、批复、指示、函等。密级公文采取盖印标识方法。1956 年，国务院下发通知，对公文排列顺序改为从左到右横排书写、编印。1957 年，县法院沿用新公文格式。第一部分首页为公文标题，标题右下方为发文字号，另起一行顶格，标明主送机关。第二部分为正文。第三部分在正文后标明成文时间，在时间上加盖印章，印章由过去长形改为圆形。根据需要在末尾标明公文附件和抄送机关及时间。

60 年代，与 50 年后期基本相符，所不同的部分，公文由公文标题、行文机关、公文内容 3 个要素组成。1962 年，行文开始党、政分开，给县委报告，以县法院党支部名义行文。给县政府报告以县法院名义行文，首页左上角有固定密级标识，发文字号构成要素，由年度、行文部门代字和序号组成。这个时期行文种类增加，有报告、意见、会议纪要等，减少指示。1964 年，县档案局将法院档案列为“四不清”进行清理。过去在档案工作上存在问题主要是：自 1958—1962 年，几年中无人管理，各种制度不健全。先后搬过 4 次家，未及时整理归档，是造成档案混乱的原因。

70 年代，县法院公文使用“文件”版头“瓮安县人民法院文件”，其他部分基本未变。1971—1976 年期间，公文格式出现混乱，相当部分公文无版头、无标题、无发文字号、无印章。发文字号组成要素排列顺序变为法庭代字、年度和顺序号。

80 年代，公文使用另一种红色版头，即“瓮安县人民法院文件”，版头中部为发文字号，红横杠下中部为公文标题，以下部分不变。

90年代，行政文书处理步入规范化、制度化轨道。1992年1月1日，最高人民法院关于《人民法院公文处理暂行规定》和《贵州省高级人民法院贯彻执行〈人民法院公文处理暂行规定〉实施办法》施行后，县法院不断加强公文处理，统一公文处理内容标准、形式标准和程序标准，建立规章制度，公文处理由过去各自为政逐步统一在一个标准上，提高公文质量。1996年4月1日，最高人民法院颁布实施《人民法院公文处理办法》，较为规范地明确了法院公文的种类、格式、行文规则、公文办理和管理。2013年1月1日，最高人民法院参照《党政机关公文处理工作条例》，结合人民法院工作实际颁布实施《人民法院公文处理办法》，进一步推进了人民法院公文处理工作的科学化、制度化、规范化，提高了公文处理的质量和效率。明确法院公文种类有：决议、决定、命令（令）、公告、通告、意见、通知、通报、报告、请示、批复、议案、函、纪要等十四种；公文形式有：《中共瓮安县人民法院党组》《瓮安县人民法院文件》《瓮安县人民法院》《最高人民法院办公厅（室）文件》《最高人民法院办公厅（室）》《瓮安县人民法院会议纪要》；格式一般由份号、密级和保密期限、紧急程度、发文机关标志、发文字号、签发人、标题、主送机关、正文、附件说明、发文机关署名、成文日期、印章、附注、附件、抄送机关、印发机关和印发日期、页码等组成；公文收文办理主要程序为签收、登记、初审、拟办（批办）、承办、传阅、催办、答复；发文办理主要程序为复核、登记、校对、印制、核发。县法院公文处理工作基本实现规范化、制度化管理。

2004年，县法院制定《办公室、研究室岗位职责》，对档案管理人员岗位职责进行规定，并开展各种检查工作，编研材料，完成一年一度行政文书档案和诉讼文书档案立卷归档任务。2010年，制定文书档案及裁判文书实施方案，各业务庭按照“一案一书”要求，在每季度最后一个月15日前把审（执）结案件发生法律效力裁判文书报审监庭汇总，进行考评归档。

2014年，行政文书档案清理统计，存行政文书5218卷5308册。

第二节 档案管理

一、档案分类

县法院档案分为诉讼档案、行政文书档案、专门档案三类。诉讼档案包括刑事诉讼档案、民事诉讼档案、行政诉讼档案和执行档案。行政文书档案采用组织机构分类法，排列顺序为党组、各审判业务庭、政工科、机关党组织、纪检监察、办公室、审管办、研究室、技术室、法警队等。专门档案有财务档案、人事档案、基本建设（“两庭建设”）档案、声像档案等。

档案保管期限分为永久、长期、短期三种：永久类（凡属需要长久保存查考利用档案划为永久保管）、长期类（凡属在相当长时期内需要保存查考利用档案划为长期保管，保管期限为60年）、短期类（凡属在相对较短时期内需要保存查考利用的档案划为短期保管，保管期限为30年)。2006年9月19日，国家档案局8号令第6条规定，机关文书档案的归档保管期限定为永久、定期两种。定期一般分为30年、10年。

二、档案立卷

在立卷上，诉讼档案按1案1号方法立卷，行政文书档案按年代、组织机构、问题进行立卷，专门档案按各自要求和规定立卷。

三、档案管理制度

为了有效收集、整理、保护和利用档案，县法院建立健全了档案管理制度。

（一）归档制度

诉讼卷宗归档，由承办人或所在审判庭案件审结发生法律效力后，按规定逐案将卷内材料统一编号，写好目录，装订后交档案管理人员，经验收合格，接收登记；不合格，管理人员退回承办人整改。对上年度审结各种案件，在下一年第一季度内全部装订归档。对行政文书归档，规定来往公文处理后，有专人管理，半年清理一次，年终时按照当地档案管理机关文书立卷统一规定，分类进行装订，在下一年第一季度内全部归档。

（二）调卷制度

建立调卷登记簿和调卷单，调卷时在登记簿上登记，填写调卷单位，归还时注明。对外单位借阅档案，须持有关介绍信；在法院内查阅，须借出，经法院领导批准，注明归还时期，档案工作人员要按时催还；借阅卷宗退还时，应检查卷内材料。

（三）管理制度

建立健全安全、保密制度。档案管理人员定期对档案室进行清洁扫除“四防”（防鼠、防虫、防霉、防火）安全检查，法院领导每年定期和不定期检查档案管理工作，发现问题，采取措施纠正；非管理人员，未经批准不得擅自进入档案库房。

（四）档案培训

要求管理人员认真钻研档案业务，适时参与档案工作培训，提高素质和管理水平。

（五）档案清理

1958年12月3日，福泉县并入瓮安县后，县法院无专人管理档案，档案长期积存，未装订归档。1961年8月13日，福泉县恢复。至1962年，县法院先后4次搬迁，致档案未能及时整理和归档。1963年4—5月，组织全体干警清理档案，进行整理、编号和装订，并与每年收结案件核对登记，分类归档，共清理1950年后档案2112卷宗。档案保管没有发生潮湿、霉烂、鼠咬、虫蛀等情况。刑事档案有42个卷宗下落不明，采取信函、电话等与有关部门联系，到福泉县找回5个，尚欠37个卷宗流散在肃反、审干办公室（肃清反革命办公室、审查干部办公室）及公安。“文化大革命”期间，县法院被砸烂，法院档案管理受到极大破坏，规章制度被取消，档案受到冲击，档案无人管理，案卷归档处于停顿状态。1966年“文化大革命”后，县法院档案管理停止。1973年县法院恢复后，配备1人兼职管理档案，恢复档案管理工作。组织力量对卷宗材料进行清理，逐步健全档案保管制度。

1982年2月，按省高院与省档案局联合下发的《关于加强人民法院档案工作建设的几点意见》，县法院健全档案工作机构，配备档案兼职干部，设立档案库房。1985年，县法院组织力量，对存在的“文化大革命”前历史档案进行整理、抢救和鉴定，对确无保存价值的档案造册登记后销毁。对保存到期的1950—1978年法院档案移交县档案局。1989年，清理1950—1980年民事档案3321卷，1950—1988年刑事档案4924卷。

1990年，办理档案查阅64件（次），信息传递41件（次）。1991年10月，贯彻最高人民法院召开第二次全国法院档案工作会议，总结1983年以来县人民法院档案工作，抓档案管理规范化、标准化建设。1992年，办理档案查阅73件（次）。1993年12月，县法院成立档案管理鉴定领导小组，由院长王志军任组长，王德仙任副组长，制定《瓮安县人民法院档案管理办法》，印发《关于做好法院行政文书工作，收集统一立卷归档工作》。办理查阅档案56次。聘请5名县档案局专业人员对县法院所有存放档案进行清理和装订。是年，对建立县法院后各种诉讼文书档案、行政文书档案、基建档案进行收集整理、立卷归档、达标验收。黔南州中级人民法院档案达标检查组会同县档案局对法院档案达标工作进行检查，按照贵州省机关档案室升级达标标准进行逐一考核，县人民法院获得88.5分好成绩，达到国家档案管理标准二级。1994年7月，制定《抓好档案管理、建立健全档案查阅制度》。1995年，整理档案卷宗材料1899份，办理档案借阅47件（次）。1996年，整理档案卷宗材料2120卷2801册，办理档案借阅59次。1997年，整理档案卷宗材料694卷984册，办理档案借阅215人（次）。1998年，对建立县法院后各种诉讼文书档案、行政文书档案、基建档案、财务档案进行清理收集整理，立卷归档。完成2285卷2771册各种文书档案编号、登记、立卷归档工作。1999年，整理档案卷宗材料1931卷2624册，办理档案借阅34次，贯彻执行《中华人民共和国保密法》和上级法院有关规定，未出现过文件丢失、被盗和泄密。2000年，整理档案卷宗372卷730册，办理档案借阅253人（次），印刷各种样式诉讼文书用纸共16种法律文书送院办公室审查盖章备用。

2001年1月，县法院成立档案安全领导小组，将档案安全工作纳入议事日程，制定《岗位目标管理责任制》，开展档案保密销毁和鉴定工作，成立制定档案保密领导小组和档案销毁、鉴定领导小组，整理卷宗材料3339卷4981册，办理档案借阅719人（次）。2002年，县法院扩建档案库房3间，面积80平方米；办公室1间，面积18平方米；阅卷室1间，面积10平方米。有双面档案柜14组56柜，单面档案柜5组10柜。2010年，县法院制定《瓮安县人民法院案卷归档实施细则》规范了法律文书检查，优秀裁判书评比，责任追究等措施，加强档案管理工作。

2013年，县人民法院贯彻《中华人民共和国档案法》和第二次全国法院档案工作会议精神，根据省高院要求，切实抓档案达标升级工作。加强指导、督促和检查，促进法院档案管理全面发展。是年起县法院实行档案数字化，所有结案卷宗于次月15日前移送审管办检查，专人扫描，纸质卷宗和电子档案同时移交档案室归档。

2014年，卷宗材料由案件承办人扫描，结案纸质卷宗和电子档案移送审办检查，验收合格后由审管办移交档案室归档。是年，对库藏档案进行全面清理统计，现藏档案70256卷88842册。

表 10-1　　1950—2014 年瓮安县人民法院档案统计表

类别＼项目		合计		永久		长期		短期	
		卷	册	卷	册	卷	册	卷	册
刑事案卷		10407	18981	2706	4823	7655	14158	—	—
民事案卷		45727	55252	—	—	3126	5025	42601	50227
行政案卷		365	720	—	—	—	—	365	720
执行案卷		8539	8581	—	—	—	—	8539	8581
诉讼文书档案合计		65038	83534	2706	4823	10781	19183	51505	8581
行政文书	院档案室	4745	4835	1694	1717	2278	2301	773	817
	县档案馆	473	473	365	365	108	108	—	—
行政文书档案合计		5218	5308	2059	2082	2386	2409	773	817
档案总计		70256	88842	4765	6905	13167	21592	52278	60345

表 10-2

1950—2014 年瓮安县人民法院档案统计表（一）

类别 年份	合计		刑事诉讼档案						民事诉讼档案								行政诉讼档案								备注
			合计		永久		长期		合计		长期		短期				合计		永久		长期		短期		
	卷数	册数	卷数	册数	卷数	册数	卷数	册数	卷数	册数	卷数	册数	卷数	册数	经济 卷	经济 册	卷数	册数	卷数	册数	卷数	册数	卷数	册数	
1950	101	186	84	161	84	161	—	—	17	25	17	25	—	—	—	—	—	—	—	—	—	—	—	—	
1951	771	1193	698	1047	698	1047	—	—	73	146	73	146	—	—	—	—	—	—	—	—	—	—	—	—	
1952	490	891	303	611	303	611	—	—	187	280	187	280	—	—	—	—	—	—	—	—	—	—	—	—	
1953	326	504	298	448	298	448	—	—	28	56	28	56	—	—	—	—	—	—	—	—	—	—	—	—	
1954	546	934	218	442	218	442	—	—	328	492	328	492	—	—	—	—	—	—	—	—	—	—	—	—	
1955	392	784	256	512	256	512	—	—	136	272	136	272	—	—	—	—	—	—	—	—	—	—	—	—	
1956	290	435	153	230	153	230	—	—	137	205	137	205	—	—	—	—	—	—	—	—	—	—	—	—	
1957	443	768	205	410	205	410	—	—	238	358	238	358	—	—	—	—	—	—	—	—	—	—	—	—	
1958	251	578	174	348	174	348	—	—	77	230	77	230	—	—	—	—	—	—	—	—	—	—	—	—	
1959	217	526	92	276	92	276	—	—	125	250	125	250	—	—	—	—	—	—	—	—	—	—	—	—	
1960	295	478	225	338	225	338	—	—	70	140	70	140	—	—	—	—	—	—	—	—	—	—	—	—	
1961	325	560	149	298	—	—	149	298	176	264	176	264	—	—	—	—	—	—	—	—	—	—	—	—	
1962	274	550	75	152	—	—	75	152	199	398	199	398	—	—	—	—	—	—	—	—	—	—	—	—	
1963	254	444	101	216	—	—	101	216	153	228	153	228	—	—	—	—	—	—	—	—	—	—	—	—	
1964	186	347	53	79	—	—	53	79	133	268	133	268	—	—	—	—	—	—	—	—	—	—	—	—	
1965	186	278	75	112	—	—	75	112	111	166	111	166	—	—	—	—	—	—	—	—	—	—	—	—	
1966	101	188	29	44	—	—	29	44	72	144	72	144	—	—	—	—	—	—	—	—	—	—	—	—	

续表

类别 / 年份	合计		刑事诉讼档案						民事诉讼档案								行政诉讼档案								备注
			合计		永久		长期		合计		长期		短期				合计		永久		长期		短期		
															经济										
	卷数	册数	卷数	册数	卷数	册数	卷数	册数	卷数	册数	卷数	册数	卷数	册数	卷	册	卷数	册数	卷数	册数	卷数	册数	卷数	册数	
1967	116	230	44	88	—	—	44	88	72	142	72	142	—	—	—	—	—	—	—	—	—	—	—	—	
1968	78	128	19	40	—	—	19	40	59	88	59	88	—	—	—	—	—	—	—	—	—	—	—	—	
1969	97	152	46	92	—	—	46	92	51	60	51	60	—	—	—	—	—	—	—	—	—	—	—	—	
小计	5739	10156	3297	5852	2706	4823	545	1029	2442	4212	2442	4212	—	—	—	—	—	—	—	—	—	—	—	—	
1970	125	177	92	138	—	—	92	138	33	39	33	39	—	—	—	—	—	—	—	—	—	—	—	—	
1971	97	154	48	96	—	—	48	96	49	58	49	58	—	—	—	—	—	—	—	—	—	—	—	—	
1972	94	134	28	56	—	—	28	56	66	78	66	78	—	—	—	—	—	—	—	—	—	—	—	—	
1973	131	170	47	70	—	—	47	70	84	100	84	100	—	—	—	—	—	—	—	—	—	—	—	—	
1974	120	152	28	42	—	—	28	42	92	110	92	110	—	—	—	—	—	—	—	—	—	—	—	—	
1975	119	158	52	78	—	—	52	78	67	80	67	80	—	—	—	—	—	—	—	—	—	—	—	—	
1976	94	121	30	45	—	—	30	45	64	76	64	76	—	—	—	—	—	—	—	—	—	—	—	—	
1977	180	242	98	144	—	—	96	144	82	98	82	98	—	—	—	—	—	—	—	—	—	—	—	—	
1978	128	196	55	110	—	—	55	110	73	86	73	86	—	—	—	—	—	—	—	—	—	—	—	—	
1979	118	176	44	88	—	—	44	88	74	88	74	88	—	—	—	—	—	—	—	—	—	—	—	—	
1980	366	490	171	256	—	—	171	256	195	234	—	—	195	234	—	—	—	—	—	—	—	—	—	—	
1981	232	288	59	88	—	—	59	99	173	200	—	—	173	200	—	—	—	—	—	—	—	—	—	—	

续表

类别 年份	合计		刑事诉讼档案						民事诉讼档案										行政诉讼档案								备注
			合计		永久		长期		合计		长期		短期						合计		永久		长期		短期		
															经济												
	卷数	册数	卷数	册数	卷数	册数	卷数	册数	卷数	册数	卷数	册数	卷数	册数	卷	册	卷数	册数	卷数	册数	卷数	册数	卷数	册数	卷数	册数	
1982	271	388	80	160	—	—	80	160	191	228	—	—	191	228	3	4	—	—	—	—	—	—	—	—			成立经济审判庭
1983	378	494	139	208	—	—	139	208	239	286	—	—	239	286	7	8	—	—	—	—	—	—	—	—			
1984	367	486	157	236	—	—	157	236	210	250	—	—	210	250	14	16	—	—	—	—	—	—	—	—			
1985	378	486	113	168	—	—	113	168	265	318	—	—	265	318	30	36	—	—	—	—	—	—	—	—			
1986	341	502	117	234	—	—	117	234	224	268	—	—	224	268	26	30	—	—	—	—	—	—	—	—			
1987	468	606	148	222	—	—	148	222	320	384	—	—	320	384	15	18	—	—	—	—	—	—	—	—			
1988	1221	1500	121	180	—	—	121	180	1100	1320	—	—	1100	1320	496	595	—	—	—	—	—	—	—	—			
1989	1028	1233	151	181	—	—	151	181	877	1052	—	—	877	1052	189	226	—	—	—	—	—	—	—	—			
小计	6256	8153	1778	2800	—	—	1778	2800	4478	5353	684	813	3794	4540	780	933	—	—	—	—	—	—	—	—			
1990	907	1138	169	254	—	—	169	254	738	884	—	—	738	884	78	94	—	—	—	—	—	—	—	—			
1991	919	1156	179	268	—	—	179	268	740	888	—	—	740	888	88	106	—	—	—	—	—	—	—	—			
1992	971	1196	101	152	—	—	101	152	870	1044	—	—	870	1044	121	145	—	—	—	—	—	—	—	—			
1993	1361	1666	117	176	—	—	117	176	1244	1490	—	—	1244	1490	122	146	—	—	—	—	—	—	—	—			
1994	1409	1718	95	142	—	—	95	142	1314	1576	—	—	1314	1576	128	154	—	—	—	—	—	—	—	—			
1995	1637	2056	115	230	—	—	115	230	1522	1826	—	—	1522	1826	230	276	—	—	—	—	—	—	—	—			

续表

类别/年份	合计		刑事诉讼档案						民事诉讼档案								行政诉讼档案								备注
			合计		永久		长期		合计		长期		短期				合计		永久		长期		短期		
															经济										
	卷数	册数	卷数	册数	卷数	册数	卷数	册数	卷数	册数	卷数	册数	卷数	册数	卷	册	卷数	册数	卷数	册数	卷数	册数	卷数	册数	
1996	2186	2734	142	284	—	—	142	284	2044	2450	—	—	2044	2450	316	378	—	—	—	—	—	—	—	—	
1997	1377	1672	67	102	—	—	67	102	1310	1570	—	—	1310	1570	160	192	—	—	—	—	—	—	—	—	
1998	1731	2186	143	286	—	—	143	286	1588	1900	—	—	1588	1900	137	164	—	—	—	—	—	—	—	—	
1999	1723	2097	98	147	—	—	98	147	1625	1950	—	—	1625	1950	160	192	—	—	—	—	—	—	—	—	撤销经济审判庭
2000	1293	1638	81	162	—	—	81	162	1184	1420	—	—	1184	1420	130	156	28	56	—	—	—	—	28	56	
2001	1788	2284	143	286	—	—	143	286	1611	1930	—	—	1611	1930	—	—	34	68	—	—	—	—	34	68	
2002	1628	2012	158	238	—	—	158	238	1448	1730	—	—	1448	1730	—	—	22	44	—	—	—	—	22	44	
2003	2229	2802	155	310	—	—	155	310	2068	2480	—	—	2068	2480	—	—	6	12	—	—	—	—	6	12	
2004	1803	2282	133	266	—	—	133	266	1653	1982	—	—	1653	1982	—	—	17	34	—	—	—	—	17	34	
2005	1795	2354	236	472	—	—	236	472	1545	1854	—	—	1545	1854	—	—	14	28	—	—	—	—	14	28	
2006	1493	1842	140	210	—	—	140	210	1341	1608	—	—	1341	1608	—	—	12	24	—	—	—	—	12	24	
2007	1342	1540	214	320	—	—	214	320	1118	1285	—	—	1118	1285	—	—	10	20	—	—	—	—	10	20	
2008	2633	2273	258	309	—	—	258	309	1762	1938	—	—	1762	1938	—	—	13	26	—	—	—	—	13	26	
2009	2501	2844	252	300	—	—	252	300	2227	2500	—	—	2227	2500	—	—	22	44	—	—	—	—	22	44	
小计	32126	39490	2996	4829	—	—	2996	4829	28952	34305	—	—	28952	34305	1670	2003	178	356	—	—	—	—	178	356	
2010	2751	4614	1020	2550	—	—	1020	2550	1704	2010	—	—	1704	2010	—	—	27	54	—	—	—	—	27	54	

续表

类别/年份	合计		刑事诉讼档案						民事诉讼档案								行政诉讼档案								备注
			合计		永久		长期		合计		长期		短期				合计		永久		长期		短期		
	卷数	册数	卷数	册数	卷数	册数	卷数	册数	卷数	册数	卷数	册数	卷数	册数	经济 卷	经济 册	卷数	册数	卷数	册数	卷数	册数	卷数	册数	
2011	1773	2452	303	750	—	—	303	750	1456	1674	—	—	1456	1674	—	—	17	28	—	—	—	—	14	28	
2012	2275	3084	343	857	—	—	343	857	1925	2213	—	—	1925	2213	—	—	7	14	—	—	—	—	7	14	
2013	2462	3162	330	658	—	—	330	658	2070	2380	—	—	2070	2380	—	—	62	124	—	—	—	—	62	124	
2014	3117	3934	340	685	—	—	340	685	2700	3105	—	—	2700	3105	—	—	77	144	—	—	—	—	77	144	
小计	12318	17246	2336	5500	—	—	2336	5500	9855	11382	—	—	9855	11382	—	—	187	364	—	—	—	—	187	364	
总计	56499	75045	10407	18981	2706	4823	7655	14158	45727	55252	3126	5025	42601	50227	—	—	365	720	—	—	—	—	365	720	

表 10-3 1950—2014 年瓮安县人民法院档案统计表（二）

类别/年份	合计		执行诉讼档案						行政文书档案								行政文书档案中移交县档案馆								备注
			合计		永久		长期		合计		长期		短期				合计		永久		长期		短期		
	卷数	册数	卷数	册数	卷数	册数	卷数	册数	卷数	册数	卷数	册数	卷数	册数	经济 卷	经济 册	卷数	册数	卷数	册数	卷数	册数	卷数	册数	
1950	13	13	—	—	—	—	—	—	13	13	13	13	—	—	—	—	13	13	13	13	—	—	—	—	
1951	27	27	—	—	—	—	—	—	27	27	27	27	—	—	—	—	27	27	27	27	—	—	—	—	
1952	8	8	—	—	—	—	—	—	8	8	8	8	—	—	—	—	8	8	8	8	—	—	—	—	
1953	20	20	—	—	—	—	—	—	20	20	20	20	—	—	—	—	20	20	20	20	—	—	—	—	
1954	21	21	—	—	—	—	—	—	21	21	21	21	—	—	—	—	21	21	22	22	—	—	—	—	
1955	24	24	—	—	—	—	—	—	24	24	24	24	—	—	—	—	24	24	24	24	—	—	—	—	

续表

类别 / 年份	合计		执行诉讼档案						行政文书档案								行政文书档案中移交县档案馆								备注
			合计		永久		长期		合计		长期		短期				合计		永久		长期		短期		
	卷数	册数	卷数	册数	卷数	册数	卷数	册数	卷数	册数	卷数	册数	卷数	册数	经济		卷数	册数	卷数	册数	卷数	册数	卷数	册数	
															卷	册									
1956	25	25	—	—	—	—	—	—	25	25	25	25	—	—	—	—	25	25	25	25	—	—	—	—	
1957	25	25	—	—	—	—	—	—	25	25	25	25	—	—	—	—	25	25	25	25	—	—	—	—	
1958	62	62	—	—	—	—	—	—	62	62	58	58	4	4	—	—	58	58	58	58	—	—	—	—	
1959	36	36	—	—	—	—	—	—	36	36	26	26	10	10	—	—	27	27	26	26	1	1	—	—	
1960	35	35	—	—	—	—	—	—	35	35	31	31	4	4	—	—	31	31	31	31	—	—	—	—	
1961	3	3	—	—	—	—	—	—	3	3	1	1	2	2	—	—	3	3	1	1	—	—	—	—	
1962	17	17	—	—	—	—	—	—	17	17	2	2	15	15	—	—	3	3	1	1	2	2	—	—	
1963	16	16	—	—	—	—	—	—	16	16	1	1	15	15	—	—	3	3	2	2	1	1	—	—	
1964	14	14	—	—	—	—	—	—	14	14	11	11	3	3	—	—	1	1	1	1	—	—	—	—	
1965	—	—	—	—	—	—	—	—	—	—	—	—	—	—	—	—	2	2	1	1	1	1	—	—	
1966	12	12	—	—	—	—	—	—	12	12	10	10	2	2	—	—	—	—	—	—	—	—	—	—	
1967	12	12	—	—	—	—	—	—	12	12	2	2	10	10	—	—	1	1	1	1	—	—	—	—	
1968	—	—	—	—	—	—	—	—	—	—	—	—	—	—	—	—	—	—	—	—	—	—	—	—	
小计	370	370	—	—	—	—	—	—	370	370	305	305	65	65	—	—	292	292	287	287	7	7	—	—	
1969	5	7	—	—	—	—	—	—	5	7	—	—	5	7	—	—	1	1	—	—	1	1	—	—	
1970	—	—	—	—	—	—	—	—	—	—	—	—	—	—	—	—	—	—	—	—	—	—	—	—	
1971	—	—	—	—	—	—	—	—	—	—	—	—	—	—	—	—	—	—	—	—	—	—	—	—	
1972	8	8	—	—	—	—	—	—	8	8	8	8	—	—	—	—	1	1	1	1	—	—	—	—	

续表

类别 年份	合计		执行诉讼档案						行政文书档案								行政文书档案中移交县档案馆								备注
			合计		永久		长期		合计		长期		短期				合计		永久		长期		短期		
															经济										
	卷数	册数	卷数	册数	卷数	册数	卷数	册数	卷数	册数	卷数	册数	卷数	册数	卷	册	卷数	册数	卷数	册数	卷数	册数	卷数	册数	
1973	3	3	—	—	—	—	—	—	3	3	1	1	2	2	—	—	3	3	1	1	2	2	—	—	
1974	44	44	—	—	—	—	—	—	44	44	23	23	21	21	—	—	4	4	2	2	2	2	—	—	
1975	38	38	—	—	—	—	—	—	38	38	19	19	19	19	—	—	4	4	2	2	2	2	—	—	
1976	19	19	—	—	—	—	—	—	19	19	9	9	10	10	—	—	1	1	1	1	—	—			
1977	99	99	—	—	—	—	—	—	99	99	51	51	48	48	—	—	3	3	2	2	1	1	—	—	
1978	56	56	—	—	—	—	—	—	56	56	18	18	38	38	—	—	3	3	1	1	2	2	—	—	
1979	57	57	—	—	—	—	—	—	57	57	30	30	27	27	—	—	1	1	1	1	—	—	—	—	
1980	27	27	—	—	—	—	—	—	27	27	5	5	22	22	—	—	2	2	1	1	1	1	—	—	
1981	15	15	—	—	—	—	—	—	15	15	3	3	12	12	—	—	3	3	2	2	1	1	—	—	
1982	63	63	—	—	—	—	—	—	63	63	30	30	33	33	—	—	1	1	1	1	—	—	—	—	
1983	33	33	—	—	—	—	—	—	33	33	10	10	23	23	—	—	2	2	1	1	1	1	—	—	
1984	29	29	—	—	—	—	—	—	29	29	9	9	20	20	—	—	2	2	1	1	1	1	—	—	建立执行庭
1985	27	27	—	—	—	—	—	—	27	27	27	27	—	—	—	—	1	1	1	1	—	—	—	—	建立行政庭
1986	23	23	—	—	—	—	—	—	23	23	1	1	22	22	—	—	—	—	—	—	—	—	—	—	
1987	59	59	14	14	12	12	2	2	45	45	6	6	39	39	—	—	3	3	—	—	3	3	—	—	

续表

类别/年份	合计		执行诉讼档案						行政文书档案								行政文书档案中移交县档案馆								备注
	卷数	册数	合计		永久		长期		合计		长期		短期				合计		永久		长期		短期		
			卷数	册数	卷数	册数	卷数	册数	卷数	册数	卷数	册数	卷数	册数	经济		卷数	册数	卷数	册数	卷数	册数	卷数	册数	
															卷	册									
小计	605	605	14	14	12	14	2	2	591	591	250	250	341	341	—	—	35	35	18	18	17	17	—	—	
1988	106	106	35	35	33	33	2	2	71	71	51	51	20	20	—	—	3	3	2	2	1	1	—	—	
1989	184	184	35	35	32	32	3	3	149	149	120	120	29	29	—	—	6	6	4	4	2	2	—	—	
1990	155	155	63	63	61	61	2	2	92	92	36	36	56	56	—	—	5	5	3	3	2	2	—	—	
1991	288	289	172	173	171	171	1	2	116	116	44	44	72	72	—	—	11	11	4	4	7	7	—	—	
1992	246	246	135	135	131	131	4	4	111	111	82	82	29	29	—	—	9	9	6	6	3	3	—	—	
1993	384	386	142	143	137	137	5	6	242	243	119	119	122	122	1	2	15	15	6	6	9	9	—	—	
1994	260	262	130	132	128	128	2	4	130	130	22	22	108	108	—	—	9	9	4	4	5	5	—	—	
1995	384	385	225	226	218	218	7	8	159	159	93	93	66	66	—	—	11	11	7	7	4	4	—	—	
1996	508	510	222	224	215	215	7	9	286	286	103	103	183	183	—	—	17	17	5	5	12	12	—	—	
1997	358	360	202	204	194	194	8	10	156	156	63	63	93	93	—	—	14	14	7	7	7	7	—	—	
1998	437	441	305	307	300	300	5	7	132	134	22	22	102	102	8	10	29	29	6	6	23	23	—	—	
1999	654	660	428	431	419	419	9	12	226	229	61	61	144	144	21	24	17	17	6	6	11	11	—	—	
2000	351	358	315	316	314	314	1	2	36	42	6	8	14	16	16	18	—	—	—	—	—	—	—	—	由法院自行保存
2001	627	631	595	597	591	591	4	6	32	34	9	10	7	8	16	16	—	—	—	—	—	—	—	—	
2002	489	496	459	460	456	456	3	4	30	36	19	20	—	—	11	16	—	—	—	—	—	—	—	—	

续表

类别 年份	合计		执行诉讼档案						行政文书档案								行政文书档案中移交县档案馆								备注
			合计		永久		长期		合计		长期		短期				合计		永久		长期		短期		
															经济										
	卷数	册数	卷数	册数	卷数	册数	卷数	册数	卷数	册数	卷数	册数	卷数	册数	卷	册	卷数	册数	卷数	册数	卷数	册数	卷数	册数	
2003	380	408	362	364	358	358	4	6	18	22	6	8	—	—	12	14	—	—	—	—	—	—	—	—	
2004	332	386	317	318	314	314	3	4	15	20	3	5	2	3	10	12	—	—	—	—	—	—	—	—	
2005	354	338	333	335	331	331	2	4	21	28	6	8	5	8	10	12	—	—	—	—	—	—	—	—	
2006	346	363	323	324	322	322	1	2	23	24	2	2	12	12	9	10	—	—	—	—	—	—	—	—	
小计	6843	6904	4798	4822	4725	4725	73	97	2045	2082	867	877	1064	1071	114	134	146	146	60	60	86	86	—	—	
2007	793	799	472	473	469	469	3	4	321	326	172	175	113	115	36	36	—	—	—	—	—	—	—	—	
2008	792	798	603	603	601	601	2	2	189	195	48	50	98	100	43	45	—	—	—	—	—	—	—	—	
2009	851	860	571	572	566	566	5	6	280	288	107	108	93	95	80	85	—	—	—	—	—	—	—	—	
2010	630	640	326	330	318	320	8	10	304	310	59	60	119	120	126	130	—	—	—	—	—	—	—	—	
2011	652	664	352	354	349	350	3	4	300	310	62	65	109	110	129	135	—	—	—	—	—	—	—	—	
2012	674	686	377	384	375	380	2	4	297	302	63	65	112	112	122	125	—	—	—	—	—	—	—	—	
2013	531	543	266	368	263	265	3	3	265	275	65	65	153	160	47	50	—	—	—	—	—	—	—	—	
2014	1016	1020	760	761	756	756	4	5	256	259	61	62	119	120	76	77	—	—	—	—	—	—	—	—	
小计	5939	6010	3727	3745	3697	3707	30	38	2212	2265	637	650	916	932	659	683	—	—	—	—	—	—	—	—	
合计	13757	13889	8539	8581	8434	8446	105	137	5218	5308	2059	2082	2386	2409	773	817	473	365	365	108	108	—	—	—	

第三节 基础设施 物资装备 财务管理

一、基础设施建设

（一）县法院办公用房

1951年，县法院设在县政府一楼，办公用房紧张，司法设施简陋，没有审判用房，没有接待室用房，审判案件时在办公室进行。

1955年县法院办公用房搬迁至县政府东侧，砖木结构二层，面积304.5平方米。1983年，县政府拨款122984元在雍阳镇西北路新建政法大楼1幢，由法院、检察院、司法局、政法委共同使用。

1985年法院搬入政法大楼办公，使用办公用房面积2108.69平方米，占地面积667.23平方米，空地面积456.33平方米。1990年7月，在原办公用房西侧新建成审判法庭，建筑面积1138.58平方米，总投资258 551万元，其中省财政拨款5万元，州财政拨款5万元，县财政拨款14万元。1998年，法院筹集资金10万元，对法院机关办公用房全部装修，增设办公设备和档案设施。

2008年4月9日，县法院新审判综合大楼奠基仪式在雍阳镇文峰南路举行（瓮水新庄社区文峰南路36号），投资263.08万元，建筑县审判法庭4426平方米，投资调增271.96万元，占地面积5000平方米。2010年3月5日，综合大楼竣工投入使用。大楼为欧式风格建筑，由办公区、审判区、立案厅、生活区四部分构成。是年，完成院机关与人民法庭四级联网、外网建设、监控系统和科技法庭建设。

2012年，按照县委、县政府规划，县法院审判大楼整体迁建，可研报告和初设方案获省发改委批示同意，总面积14180平方米，总投资6000余万元，建筑规模10层，欧式建筑风格。2014年初，县法院为克服建设资金拨付困难，多渠道筹集资金，党组成员及部分干警以私人财产抵押贷款300万元，垫资投入建设，是年6月19日审判法庭综合大楼主体工程竣工。

（二）基层人民法庭办公用房

1989年9月中坪法庭投资5万元，购买中坪税务所面积216平方米办公房作为法庭办公用房，改造后设有档案室、接待室、办公室、审判庭。1991年6月，永和法庭投资8.79万元建筑面积373.52平方米办公用房，配备办公设施和干警住房。10月珠藏法庭投资5.6万元，购买杜友陵面积270平方米私人住宅，改造作为法庭办公用房，设有审判庭、办公室，配备办公设施。1992年9月，玉山法庭投资11.4985元建筑面积489.93平方米办公用房，配备办公设施、干警住房。1996年8月，草塘法庭投资24.1569万元建筑面积504平方米办公用房，配备办公设施、干警住房。1997年，天文法庭投资14.4959万元建筑面积372平方米办公用房，配备办公设施和干警住房。至此中坪、永和、珠藏、玉山、草塘、天文人民法庭办公用房先后建成投入使用，总建筑面积2225.45平方米，总投资40万元，其中省财政拨款9万元，州财政拨款8万元，县财政拨款23万元。1998年，县法院投资8万元对珠藏、草塘、永和、玉山4个法庭进行维修装饰，基层人民法庭的办公环境和条件得到改善。

2007年3月，选址建设中坪法庭办公楼，2008年4月完工投入使用，总占地面积3200平方米，批准建筑面积500平方米，实际建筑面积725平方米，总投资124.4万元，其中中央预算内投资30万元，县级财政拨款94.4万元。2009年6月，选址建设珠藏法庭办公楼，2010年4月完工投入使用，总占地面积2780平方米，批准建设面积500平方米，实际建设面积768平方米，总投资152.2万元，其中中央预算内投资34万元，县级财政拨款118.2万元。2011年1月，选址建设玉山法庭办公楼，2012年11月完工投入使用，总占地面积1800平方米，批准建设面积500平方米，实际建设面积817.45平方米，总投资245万元，其中中央预算内投资33万元，县级财政拨款212万元。2011年4月，选址建设永和法庭办公楼，2013年1月完工投入使用，总占地面积5600平方米，批准建设面积500平方米，实际建设868.45平方米（含安检室、值班室），总投资318万元（含附属工程），其中中央预算内投资33万元，县级财政拨款285万元。2011年7月，选址建设草塘法庭办公楼，2012年5月，经省高院批复草塘法庭更名为猴场法庭，2012年9月建设完工投入使用，占地面积3640平方米，批准建设面积730平方米，实际建设面积1510平方米（含安检室、值班室），总投资491.8万元（含附属工程），其中中央预算内投资48万元，县级财政拨款443.8万元。五个人民法庭均设置安检区、审判区、调解区、干警办公区、职工宿舍及生活区、健身区、绿化区，办公室、卧室安装空调，卫生间安装热水器、浴霸，大、小审判庭装饰背景墙，标准化配备办公桌椅、审判桌椅、防暴安检器材，猴场法庭、永和法庭还设有安检室。猴场法庭建设被誉为全省人民法庭建设的典范。

二、物资装备

根据最高人法院、省高级法院、州中级法院明传电报通知要求，加强法院物资装备建设。

（一）交通工具装备

1992年8月，县法院筹资6万元购置小型特种野马牌轿车1辆。1993年5月，自筹资金6.8万元装备桑塔纳轿车1辆。1994年9月，自筹资金11.8万元，购置小型特种野马轿车1辆、松辽牌车1辆，自筹资金9.8万元购置山鹿牌囚车2辆。1996年5月，自筹资金15.5万元，购置轿车型小客车1辆。1998年1月，自筹资金7.95万元，购置北京吉普小客车1辆。1999年5月，筹集资金9.38万元，购置松江牌双环囚车1辆。2000年3月，由中央政法委拨款给省高院匹配给县法院桑塔纳型轿车1辆，自筹资金5万元，合计投资12.16万元。2001年10月，自筹资金6.7万元，购置昌河牌微型小客车2辆。2002年1月，中央政法委、省高院匹配给县法院小型越野客车2辆，合计拨款9.96万元，分配给草塘法庭、永和法庭使用。2003年12月，中央政法委、省高院匹配给县法院北京牌吉普型小型越野客车1辆，分配给中坪法庭使用。是年中央政法委、省高院拨款4.54万元，县法院自筹资金0.5354万元购置北京吉普型越野客车1辆。2004年3月，自筹资金19.6万元，购置北京现代索纳塔轿车1辆。2005年3月，由中央政法专款、省高院匹配给县法院车款3.81万元，装备长安小型普通型囚车1辆，分配给玉山法庭使用。8月，中央政法委、省高院拨款补助14.95万元，购置猎豹小型普通客车1辆。2006年3月，中央政法专款、省高院匹配补助给县法院资金9.38万元，购置普通桑塔纳轿车1辆。2007年5月，中央政法专款、省高院匹配补助资金11.5万元，自筹资金0.78万元，装备标致307轿车1辆。

2008—2014年，按照上级法院配齐配强办案装备的要求，县法院加大了警用车辆的购置经费投入。人民法庭用车从长安面包车更换成东风商务车，又更换成北京现代越野车，解决了到矿山、边远村寨交通不便的地方办案的困难；院机关先后配备了12座和15座中客车，作为干警上下班的交通车。2011年，按照省交警总队和省高院的统一部署，县法院警用车辆牌号由全省法院统一的“贵OA×××警”更改为全州法院统一的“JA×××警”。至2014年底，全院配有公务用车34辆，其中执法执勤用车28辆，一般公务用车6辆，大大提高了办案效率。

（二）办公用品装备

20世纪80年代，县法院自筹资金装备打字机1台（院办公室使用）、办公电话10台，省高院匹配复印机1台、手机1台、呼机2台。1998年7月，自筹资金4.4万元，购置格力空调机2台，分别安装在审委会会议室、四楼审判庭；8月，购置海鸥牌照相机1台，研究室使用；9月，装备摄像机1台，执行局使用。1999年5月，自筹资金1.29万元购置复印机1台，复印室使用；10月，购置传真机1台，研究室使用。2001年5月，中央政法专款，省高院匹配补助资金6999元，购置联想电脑1台，院办公室使用；10月，自筹资金购置数码照相机1台，研究室使用；12月，自筹资金5000元装备音响1个，五楼会议室使用。2002年5月，中央政法专款，省高院匹配拨款8380元，装备联想电脑1台，购置打印机1台，分配给草塘法庭使用；9月，自筹资金6999元，装备联想电脑1台，分配给玉山法庭使用；12月，中央政法专款匹配，省高院拨款9.22万元，购置联想电脑7台、打印机7台，分配给永和法庭、珠藏法庭、执行局、刑庭、政工科及2个副院长室使用。2003年4月，中央专款补助资金1580元，装备打字机1台，分配给法院办公室使用。5月4日，县法院自筹资金6.32万元，装备电脑7台、打印机8台，分配给玉山法庭、院办公室、民一庭、民二庭、财务室、研究室、行政庭、总控室、档案室使用。5月28日，自筹资金3.77万元，购置交换机1台、路由器1个、扫描仪1个、刻录机1台、打印机1台，分配给总控室使用，购置摄录像一体机1台、打印机1台，分配给研究室使用。2004年1月，中央政法专款，省高院匹配资金6800元，购置联想电脑1台，分配给档案室使用。2月，中央专款补助，省法院匹配拨款5000元，装备松下电器传真机2台，分配给研究室、政工科使用。2005年8月10日，中央专款，省高院匹配补助资金10.47万元，购置打印机7台，分配给研究室、政工科、打字室、草塘法庭、珠藏法庭、中坪法庭使用。9月，中央、省专款补助资金2.39万元，购置京瓷美达数码复印机1台，院办公室使用；装备联想电脑2台，副院长室使用。2006年，中央专款、省高院匹配拨款资金10.42万元，购置方正笔记本电脑6台，分配给院长室、副院长室、执行局使用，购置三洋牌多媒体投影机1台，夏普数码复印机、黑白激光打印机12台，浪潮型PC服务器1个，二层智能中心交换机1台，三层核心智能中心交换机1台，光纤模块4块，碎纸机2台，分配给院机关、基层法庭使用。5月，中央专款、省院匹配补助资金1.798万元，装备文祥电脑2台；6月，购置兄弟传真机4台，分别装备到法院机关及基层法庭使用。相机1台，副院长室使用。2007年4月，自筹资金8080元，购置摄像机1台，研究室使用；购置数码照相机1台，副院长室使用。

2008—2014年，县法院投入资金400余万元，采购办公设备，至2014年，保障了全院含聘用人员共117人每人1台电脑、打印机，每个部门均有手提电脑、传真机、照相机、摄像机、执法记录仪等。还配备了法律文书纠错系统、自助查询系统、科技法庭、安检设备等。

（三）办公物资装备

20世纪50—60年代，购置木床27张，木沙发6把，木文柜1个，木质双面档案柜10个，独立柜11个，单面木质文柜40个，分布在法院机关各庭室及基层法庭使用。80年代前后，分别购置审判桌41张，审判椅88把，办公桌116张，办公椅205把，分布在法院机关各庭室及基层法庭使用。90年代，购置皮沙发49个，装备审判庭国徽13枚，热水器37个，电炉15个。2008—2010年，添置办公物品总投资177万元，其中购置办公桌椅投资76万元，安装空调投资41万元。保障了2010年3月搬进瓮水新庄社区文峰南路36号新办公楼的正常办公。

三、财务管理

1950—1952年，实行供给制和工资制相结合，供给制发放小部分工资，供给服装、粮食、日用品物资，按职级发给工资。留用人员实行工资制，其待遇比供给制高，经费来源于财政拨款。

1953—1979年，实行行政经费管理一是地方财政拨款，二是国家司法部拨款。1959年司法部撤销，司法业务费改由地方财政批拨。

1984年8月，最高法院审判委员会通过《民事诉讼收费规定（试行）》，当事人诉讼时预交诉讼费用。

1988年，根据最高法院《人民法院诉讼收费办法》及财政部《关于加强诉讼费管理暂行规定》和《人民法院诉讼费用暂行管理办法》，县法院依法收取诉讼费用，并纳入财政部门核定预算，全部用于业务经费开支，由立案庭审查确定费用数额，交费凭收据入账，使用全国统一式样凭据，不打白条，判决时将收取诉讼费用金额写入判决主文入卷存档。

1990年以后，陆续制定《财务管理制度》《经费及物资管理规定》《招待费用标准暂行规定》《诉讼费收支管理制度》《人民陪审员工作经费的规定》《车辆油料、维修管理办法》等制度。《诉讼费交纳办法》（国务院令481号）实施后，从2007年起，中央财政设立中央补助人民法院办案专款办公室，对地方人民法院办案经费给予一定补助，县法院经费得以保障。根据中共中央转发《中央政法委员会关于深化司法体制和工作机制改革若干问题的意见》的通知（中发〔2008〕19号）和中共中央办公厅、国务院办公厅《关于加强政法经费保障工作的意见》（厅字〔2009〕32号）精神，完善“明确责任、收支脱钩、全额保障”政法经费保障体制，财政部印发《政法经费分类保障办法（试行）》（财行〔2009〕209号）文件明确中央财政和省级财政分别设立中央政法转移支付资金和省级转移支付资金，重点用于县级政法机关办案（业务）经费和业务装备经费，实行专项管理。

财务工作实行会计、出纳分工，收支分列、专款专用、账据相符、账目日清月结，定期公布，每年对法院财产、财务进行清理登记入档。

第四节　信息化建设

县法院积极推进信息化建设与应用工作，加大资金投入，配齐配强设备，强化应用意识，为审判和执行工作提供体系服务，科技强院。

2006年，开展信息化网络建设，执行案件实行信息化管理。

2007年，按照省、州法院信息化建设远景规划，借鉴其他法院成功经验，制定五年发展规划，在新建审判大楼及人民法庭时，将信息化建设与房屋主体建设同设计、同投入、同施工，实现数字化法院。

2010年，县法院建设了门户网站，开辟了法院概况、新闻中心、诉讼指南、审务公开、队伍建设、两庭建设、法院文化、院长信箱、裁判文书、民意沟通、法官风采等板块，图文并茂，内容翔实。并制定了《网络管理办法》《门户网站管理办法》《信息专管员制度》等规章制度，规范网站及其他信息化建设与应用的正常运行。

2011年，采购安装了科技法院、电子签章系统等，县法院信息化水平进一步提升。

2012年4月13日，全省首例多地远程审判案件以兴义市法院作为主会场，瓮安县法院、西秀区法院、清镇市法院作为分会场进行公开审理。该案系雇员受害赔偿纠纷，涉及当事人12人，分散居住在遥远的4个基层法院辖区，分会场利用科技法庭远程视频，配合主会场庭审，视频上合议庭成员通过远程审判系统依次进行庭审程序，图像清晰，声音响亮，历时近3个小时远程审判顺利完成。

县法院采取“走出去学”“请进来教”的方式，加强信息化理论与实践的提升。2013年4月，县法院分管信息化建设与应用的领导与技术室、办公室等部门8人到重庆市江津区法院、荣昌县法院考察学习先进的信息化建设与应用。2014年7月，县法院分管信息化建设与应用的领导与技术室、办公室等部门5人到海南省临高县法院考察学习先进的信息化建设与应用。还多次聘请全国知名的信息技术专家和公司业务员来院讲课和现场演示操作技巧，提升了信息化建设的理念和运用的能力。

至2014年，县法院已达到四级联网、视频会议、电子签章、门户网站、远程审判、网上公文流转、案件信息公开、案件流程管理、文件审阅、文书签批等为一体的数字化法院，信息化设施与应用走在了全省法院前列。是年，全省法院系统信息化建设与应用考核中，瓮安县法院获第三名殊荣。

人　物

一、人物传略

吴近仁（1920—1997），男，汉族，河南省南乐县佛善村人。高小文化，1937 年 10 月参军，11 月加入共产党，在华北抗日第 4 支队任宣传委员、班长、排长。1938 年起，先后任东进纵队第 7 支队连指导员，黄河支队副司令员兼参谋长，冀鲁豫支队营教导员，英勇抗日。

1949 年 5 月，奉命随军南下解放江西，任都昌县武装委员会主任。8 月随军西进贵州，12 月率队接管瓮安县，先后任县长、县委书记。接管县城后，得悉国民党瓮安县长李繁苍于 11 月中旬率其政府、武装人员逃离县城在老家珠藏盘踞，立即派得力干部携带县人民政府公函前往珠藏，成功说服其缴械投诚，避免一场激战；发现市场上盐荒突出，群众苦不堪言，亲自到省政府汇报申请，建立瓮安县盐务分销处，陆续调拨食盐 87.15 吨，武装押运到县定量平价供应，很快平抑以盐荒为代表的物价飞涨，结束了人民群众缺盐淡食的历史。在接管、建政中，十分重视统一战线工作，着力团结、教育各族各界进步人士，充分发挥他们的积极作用。在人民政府经费最困难的时候，不少进步人士捐款捐物给予支援；在土匪活动最猖獗的时候，一些进步人士通过各种渠道了解匪情及时向政府汇报，对迅速剿灭土匪，稳定社会秩序创造条件。

在 1950 年 4 月土匪叛乱中，为保卫新生的人民政权，与县委副书记郭平一道，沉着指挥干部战士，机动灵活地抗击，打退敌人多次进攻。在面对本地和周边县数千叛军土匪合流向县城进围时，他们审时度势，果断决策，率县委、县政府人员撤离县城，绕道向平越县城转移，有效地保存实力。转移途中与匪遭遇，其妻张健明（时任瓮安县第一区区委书记）及幼子失散，他未顾及，坚持率队奋勇突围。

在部队合围、进剿、驻剿叛军土匪期间，身先士卒，亲自率领地方武装和民兵全力配合。一次夜袭中，生擒大匪首、原国民党瓮安县党部书记长陈达常。在押解进城途经银盏岩脚桥时，陈匪跳桥逃跑，押解战士尚未反应过来，他已纵身下桥将陈匪抓获。

1950 年 1 月，瓮安县建立剿匪指挥部，吴近仁县长任指挥长。5 月，建立县人民法院兼任审判长。审判土匪案件 385 件、地主恶霸案件 294 件，抗拒改造、杀人、抢劫案件 125

件、反革命案件498件。

1954年8月调离瓮安，先后任中共贵定地委宣传部部长，省民族语言指导委员会党组书记、副主任，省政协副秘书长。其间，收到瓮安一些干部在政治运动中蒙受不白之冤的反映信，他极力向有关部门提出证实材料，使其问题得到妥善解决。

1961年7月，再次调任中共瓮安县委书记。时值国民经济严重困难时期，到任当务之急是发展农业生产，解决群众吃饭问题。同时，为"整风整社"运动中被错捕的大批基层干部平反。在处理各种案件中，为防止冤假错案发生，他告诫各级干部：对案件中人的处理，必须慎之又慎，万万不可草率行事，给党和政府带来不良影响。一次，解放军某部有个干部回余庆探亲，路过瓮安遇害，因其随身带有手枪，案件十分严重。部队来人配合公安机关破案，在草塘一户居民家中查到被害人的一些物品，便认定这户居民是凶手。案件报到县委，他看后立即召集办案人员开会，强调定案必须有充分证据，一定要查清手枪下落才能定案。后办案人员扩大侦破范围，经过缜密调查取证，查到手枪，抓获真凶，避免了一起冤案发生。

组织干部群众发展生产、积极自救，与农民打成一片，一道下田上坡劳动，一道拿着锄头、推着鸡公车搞农田基本建设。在他的领导和带动下，全县干部、群众奋力拼搏，国民经济很快恢复，全县人民很快度过"粮食关"。

在担任领导职务多年时间里，清正廉洁，奉公守法，不搞特殊化，事事以党和人民的利益为重，处处严格要求自己。在任贵州农学院党委书记期间，省里拨款为他建新舍，他婉言谢绝，坚持仍住旧舍，要求组织把款用于修建学院职工、学生宿舍上。组织上两次给他晋升工资，他却让给别人，甚至把妻子（学院纪委副书记）晋升高级干部调资指标让给别人。其独子、儿媳仍在都匀当工人，组织上提出将其子媳调到贵阳工作，便于照顾他们生活，他不准许，他重病4次赴上海进行手术，也从不麻烦组织。

1985年1月，离职休养。但他离而不休，先后撰写《南乐第一党支部——佛善村党支部》《卫河民兵》《回顾瓮安的解放》《瓮安解放初期统战工作的回顾》等党史回忆资料载入史籍。晚年参与审阅《瓮安的解放》《瓮安革命烈士》《中共瓮安县历史大事记》等瓮安县党史资料丛书。在身患重病的情况下，还坚持与瓮安县党史领导小组负责人赴安顺、兴义等地核对史实，为瓮安县立准、立好党史资料做出了贡献。1997年1月13日，因病医治无效逝世，享年77岁。

刘平衡（1901—1961），又名暴（曝）字怀德，湖南邵阳建家坝人。10岁入塾，后求学于湘潭、长沙等地。24岁中学毕业，回乡以教书为业。民国15年，邵阳地区成立农民协会，弃教从事农民运动，开展反亩指斗争。秋后，因工作出色被县农（1964年）会委派为太一、太二两区农运特派员，先后在干草坪、野鸡坪、毛栗铺等地组织召开群众大会，发动农民开展反封建斗争，清算土豪劣绅的罪行。民国16年（1927年）5月，本命组织两区农民自卫队增援浏阳农民功打长沙。途中自卫队叛变，遂易名逃离邵阳，辗转流亡，先后在国民党政军警界任政训员、科员、庶务等职。

1929年，平衡到贵州企业公司任经济专员兼技师。1931年，辞去企业公司工作，携带烤烟（时称美烟）种一斤来到瓮安，与人合伙在县城北效五里街租地10亩，雇工10余人，试种烤烟。从播种、育苗、移栽到烘烤等各个环节无不来自掌握。当年收干烟叶两千多斤，效益颇佳。32年（1942年），办起花竹美烟农场，生产规模逐渐扩大。接着，带动雍阳、中坪、草塘、珠藏等地，先后办起规模不等的烤烟农场。1949年11月14日，国民党瓮安县长李繁苍慑于人民解放军威力，率部逃离县城。城内一时处于《真空》状态，人心惶惶，秩序混乱。平衡遂与王贤忠等迅速组织维持会，说服城内国民党溃散官兵和地方武装力量，合建维持会自卫队，请出原国民党退伍军官罗宗华统一指挥，维护社会治安。之后，积极准备迎接解放。

解放后，平衡参加县人民政府接管旧政权工作，后出任司法科长、县法院院长、县政府秘书。在法院任职期间，亲自处理案件数百件，极少偏差。动员家属变卖金银期间，亲自处理案件数百件，极少偏差。动员家属变卖金银首饰带头购买爱国公债，主动把出租的田土交给县农场，深得人民信任，被选为县各族各界人民代表大会代表和大会秘书长。1954年12月，调任贵定专署铜堡农场副场长。随着肃反运动和右派斗争的开展，被错划为右派分子，受到撤销职务、留用察看的处分。1961年病故，终年60岁。1980年，中共贵定县委作决定，撤销原处分决定，为其恢复政治名誉，按原工资级别给予抚恤。

袁恩波（1900—1979），男，汉族，瓮安县城袁家湾人（现瓮水街道办事处袁家湾安置区），中学肄业。因屡见乡亲们求医不堪其苦，立志学医，救死扶伤。刻苦钻研《内经》《脉经》《本草纲目》等医典、药典，边学边用，历时6年。又得中医前辈指点，广采各家中医之长，不断总结经验，医术日益提高。见长于湿热、暑热、胃热、伤寒、儿科杂症。用药平稳，两服后病除。恩波医德高尚，精心诊治，从不马虎。穷人求医，不收诊费，赠药治疗，深得群众赞誉。

新中国成立后，主动将祖遗田产交给政府，分给群众，得到政府表扬。1951年9月，任县法院副院长。被选为县专区（州）人大代表和省州政协委员。历任县爱国卫生运动委员会副主任、法院院长、卫生科科长、副县长、县政协副主席、州政协常务委员、省政协委员等职。

1960年，撰写《庚子歌》，描述瓮安人民在60年一轮甲子的长河中的巨大变化，揭示前个庚子（1900年）战祸连年，“难忘庚子岁月凶”；后个庚子（1960年）尽管遭受严重自然灾害，对比之下“今年庚子又何苦”，充分表达其爱憎分明的思想感情。70年代，病魔缠身，仍潜心研究医学，坚持到县医院上班，为群众治病。1979年逝世，享年79岁。

罗祥安（1930.07—2013.09），男，仡佬族，瓮安县永和镇红梅村人。1950年4月参加工作，1950年9月至1951年12月，任瓮安县土改队工作员；1952年1月至12月，任永和区青年干事（同年9月加入中国共产党）；1953年1月至12月，任永和区副区长；1954年1月至1955年3月，任永和区区长；1955年4月至1958年12月任瓮安县人民法院院长；1959年1月至1961年12月，任福泉合并为瓮安县道平区区委书记；1962年1月至1972年12月，任瓮安县草塘区区委书记；1973年1月至1979

年9月，任瓮安县计委党组书记、副主任；1979年10月至1984年8月，任瓮安县人民法院党组书记、院长；1984年9月至1986年12月，任瓮安县人民法院调研员；1987年1月至1992年3月，任瓮安县人民法院党组副书记。1990年3月，明确为副县级调研员。

7岁丧母，11岁丧父，幸有兄长以微薄收入供其读两年私塾。瓮安解放之初，党和政府急需有文化的本地青年，遂得进入当地政府机关工作。自此，都始终怀着一颗对党和人民的感恩之心，珍惜每一次燃烧自我、发光发热的机会，从无怨言、从不懈怠。

虽然只能识文断字，深知自己文化水平不高，必须不断“充电”，才能跟上时代步伐。其有生之年，不管是工作还是生活中，时时刻刻保持学习。虚心请教、不耻下问。退休后，依然每天坚持看报、读书，关心时事政治、民生发展，真正做到“活到老、学到老”。

爱才、惜才、护才，是祥安走上领导岗位后，一种担当和责任。特别是在“文化大革命”期间，他冒着风险将被划为右派受监管的广州人罗利翔（后任广东省人民医院内科主任医师）这个医科大学毕业生视为“宝贝”，提任新川医院主任；关心发配至草塘中学的“右派”知识分子的生活起居问题，尽力减少他们遭受的“创伤”。历次运动均约束下属，能不批斗的尽量不批斗，尽量不影响他们的本职工作，理由是：“我们都要生病，我们的娃娃都要上学。”高考恢复的最初几年，草塘的高校录取率与瓮安中学不相上下，形成草塘尊重知识、尊重人才的浓厚氛围。

艰苦朴素，平易近人。在工作中，严肃认真，雷厉风行，从不马虎。在他的思维中，不担当、不负责就是不称职、不合格。所以，他的下属都很怕他，但也很服他，更敬重拥护他。由于自身来自农村，是土生土长的农民，他对农民有着特殊的感情，总是说“我就是农民的儿子”。1962—1972年，在任草塘区委书记期间，经常深入公社、大队、生产队与农民同吃同住、同抽叶子烟，草塘区几千农民他能叫出许多人的名字，闲下还经常唠家常，与农民同吃同住同劳动，农民亲切地叫他“罗烟杆”。调离草塘后，许多农民舍不得他，甚至将他的一心为公，平易近人与焦裕禄同比。

祥安在任草塘区委书记期间，正值周恩来总理倡导全国精简机构，从事业单位动员职工落户至生产队当农民，虽制定一些强制政策，但响应者少，干群矛盾有激化。对此，他主动将在草塘供销社工作的妻子下放到生产队当农民，带头执行转减人员的政策，有力地推动草塘区精简机构工作的顺利进行。

20世纪70年代，国家对生猪实行统购统销政策。他有六个子女需抚养，家庭经济负担极重，妻子将自己饲养的两头猪，暗地里卖了一头补贴家用。祥安知道后马上督促妻子到其管辖下的食品站承认错误，补交税款。

80年代初期，法院修宿舍完工后，包工头出于感激，私下拿出500元塞到罗祥安手里作为喝茶费，他当即拒绝，并变了脸色，包工头无奈收回，并不解地问此事，纯粹出于感激，为何不收？他回答说：“收了您的钱我一辈子睡觉不踏实。”他在私利面前，清正廉洁，时常教育子女：“莫做亏心事，半夜不怕鬼敲门。”

祥安过了很多人过不了的公私关，一生廉洁，两袖清风，没有为儿女们积存金钱，传承的是“望子成龙，廉洁奉公”。难怪当地老百姓叫他“罗青天”。

祥安在1959年至1961年任道坪区委书记期间，正逢“大跃进”运动，浮夸风盛行。

瓮安与福泉合并后被首批派出任职是有较高升职可能性，但出于农民的直觉，多报粮食产量虽有利于职务升迁，但需多缴粮，万一天公不作美，怎么应对！所以，不但没虚报，反而将部分预备粮未报。在历次县委会上祥安都受了批评，但因如此造福了一方百姓。“大饥荒”爆发后，该区没有出现饿死人的现象。1992 年 3 月退休，2013 年 9 月逝世，享年 84 岁。

刘盛禹（1930.07—2007.09），男，汉族，中专学历，贵州省福泉市牛场镇人，1949 年 12 月参加工作，任福泉简师附小教员；1952 年 3 月，任福泉县牛场区公所财政助理员；1958 年 4 月，任福泉县牛场区委第一副书记；1960 年 12 月，任瓮安县人民法院院长；1964 年 9 月，任福泉县陆坪区委书记；1978 年 9 月，任福泉县革委会副主任；1982 年 9 月，任中共福泉县委副书记；1985 年 5 月，任中共福泉县委顾问；1991 年 3 月，经黔南州委常委研究明确为正县级。2007 年 9 月因病逝世，享年 77 岁。

张昇江（1920—2001），男，汉族，甘肃庆阳人。1938 年 3 月参加革命工作，同年参加八路军，为 385 旅战士。1941 年 9 月，加入中国共产党，先后任冀鲁豫军区第八军分区警卫连副班长、第十一军分区教导队班长、晋冀鲁豫军区第一纵队二旅排长、副连长。随着战争不断推进，中国人民打败日本侵略者，部队整编之后，任中国人民解放军二野补训团副连长、连长。1950 年 1 月，随部队西进贵州，曾任清镇县警卫营副政委、中共贵定县三区区委书记、县委组织部副部长、贵定县人民法院院长、中共贵州省委监察委员会监察员等职。1953 年 4 月至 1954 年 10 月在贵州省委党校学习；1957 年 7 月调瓮安工作，曾先后任中共瓮安县监委副书记、中共瓮安县委组织部部长；1962 年 10 月至 1963 年 9 月任瓮安县人民法院代理院长；1963 年 9 月—1979 年 10 月任瓮安县人民法院院长、瓮安县政协副主席等职。1986 年 2 月离休，享受副地级待遇。2001 年 11 月 5 日因病逝世，享年 81 岁。

罗开发（1947.11—1999.05），男，汉族，贵州省瓮安县雍阳镇人，大专学历。1967 年 12 月至 1971 年 3 月，在解放军 0278 部队服役，任战士、班长；1971 年 3 月至 1975 年 11 月，在贵州日报社编辑部工作，任校对员；1975 年 3 月，任瓮安县人民法院助理审判员，12 月，任瓮安县人民法院刑事审判庭副庭长；1984 年 2 月，任瓮安县法院代理院长；1984 年 12 月至 1987 年 9 月，任瓮安县人民法院党组书记、院长。1987 年 12 月至 1993 年 4 月，任中共瓮安县委政法委副书记；1993 年 4 月，任瓮安县人民检察院党组书记、检察长。1999 年 5 月逝世，终年 52 岁。

二、人物简介

陈国强，男，汉族，1951 年 7 月生，瓮安县玉山镇小开洲村中朝村民组人。1970 年 6 月参加都匀长虹机器厂国防施工；1971 年 11 月参加瓮安县公安机关军事管制小组，瓮安县人民保卫部审判组工作；1973 年 4 月，撤销军事管制小组，法院独立审判，在县人民法院刑事审判庭工作；1978 年，任刑事审判庭助理审判员；1980 年，在政法选区被选为第八届县人民代表大会代表，8 月，任刑事审判庭审判员；9 月，任县人民法院复查落实政策领导小组组长；1982 年 5 月，加入中国共产党；1984 年 2 月，任县法院党支部书记、党组成员、副院长；1985 年 9 月至 1987 年 6 月，考入中央政法管理干部学院学习；1987 年 9 月至 1993 年 3 月，任县人民法院党组书记、院长。(1988 年被选为县委第 6 届委员会委员，1992 年在珠藏选区被选为县第十届人民代表大会代表)；1993 年 3 月，调任黔南州中级人民法院党组成员、副院长。

张仕福，男，汉族，1958 年 10 月生，瓮安猴场镇（原草塘）人。1978 年 10 月参加工作。1980 年 5 月，加入中国共产党，中央党校在职研究生学历。1978 年 10 月至 1987 年 11 月，任瓮安草塘区太坪公社干部、松坪公社秘书、草塘区委委员、区公所秘书、区团委书记、草塘镇党委副书记、镇长（其间：1981 年 4 月至 1982 年 12 月在贵州省瓮安县委党校学习、1985 年 9 月至 1987 年 10 月在贵州省委党校党政管理专业学习<大专>)；1987 年 11 月至 1995 年 3 月，先后任天文区副区长、区武装部部长，玉山区委副书记、区长，雍阳区委书记；1992 年 6 月，任县法院党组副书记、副院长；1993 年 3 月，任县法院党组书记、代理院长，4 月，调任中共瓮安县委常委、常务副县长。

王志军，男，汉族，1948 年 12 月 15 日生，贵州省瓮安县人，大专。1955—1967 年分别在草塘小学、草塘中学、瓮安高中读书；1968—1970 年上山下乡当知青，1971 年 11 月加入中国共产党；1971—1992 年分别在草塘区、天文区任团委书记，副区长兼武装部长、区长、区委书记等职；1993—1998 年任瓮安县人民法院党组书记、院长（其间攻读审判专业)；1998 年 4 月，调任瓮安县政协副主席，其间任瓮安县政协常务副主席。

庹文书，男，汉族，1953 年 3 月生，大专学业，贵州省瓮安县人。1971 年 11 月参加工作，1972 年 8 月加入中国共产党；任瓮安县雍阳区银盏公社秘书；1977 年 3 月，任瓮安县雍阳区茅坡公社团委书记；1980 年 6 月，任瓮安县雍阳区团委书记；1982 年 9 月，任瓮安县雍阳区城关公社党委书记；1983 年 7 月，任瓮安县雍阳区平定营公社党委书记；1984 年 6 月，在瓮安县委组织部工作，7—9 月，任瓮安县雍阳镇党委

副书记；1984年9月至1986年8月，在贵州省广播电视大学行政管理班学习；1986年9月至1996年7月，任瓮安县雍阳镇党委副书记、镇长；1996年8月，县派驻贵州省农贸大厦任副董事长；1996年7月至1998年4月，任瓮安县司法局局长；1998年4月至2007年10月，任贵州省瓮安县人民法院党组书记、院长。2007年12月17日，调黔南州中级人民法院工作。

戴渊强，男，布依族，1965年3月生，贵州省都匀市人，大学本科。1983年9月至1986年7月，在贵州省黔南民族师范专科学校政史系政教专业学习；1986年7月，毕业待分配；1986年8月至1991年7月，在都匀市113厂子弟中学任教；1991年7—9月，调都匀市物资回收公司工作；1991年9月至1994年2月，调黔南州中级人民法院刑二庭任书记员（1989年9月至1992年7月，在贵州省教育学院汉语言文学专业学习，函授本科）；1994年2月至1996年6月，调黔南州中级人民法院刑二庭助审员（1994年7月至1997年7月，在全国法院干部业余法律大学法律专科班学习，函授大专）；1997年5月，加入中国共产党；1996年6月至2002年2月，任黔南州中级人民法院刑二庭审判员、副主任科员；2002年2月至2004年8月，任黔南州中级人民法院刑二庭副庭长；2004年8至2006年10月，任黔南州中级人民法院刑二庭庭长（其间：2005年5月至2006年5月挂职任都匀市人民法院党组成员、副院长）；2006年10月至2007年1月，任瓮安县人民法院党组书记、副院长、代理院长；2007年1月至2013年5月，任瓮安县人民法院党组书记、院长；2013年5月，调任黔南州中级人民法院党组成员、纪检组长。

祝夜明，男，布依族，1970年8月生，贵州省独山县人，大学本科，理学学士。1991年8月至2005年5月，历任独山县人民法院刑事审判庭书记员、助理审判员、审判员、副庭长、庭长、审判委员会委员，（其间1992年3月至1994年1月，在独山县水岩乡挂职任乡长助理）；1996年12月，加入中国共产党；2005年5月，任独山县人民法院党组成员、副院长；2008年5月，明确为正科级，是年7月至2010年1月，抽调黔南州中级人民法院瓮安“6·28”事件专案审判组任组长，是年10月，任黔南州中级人民法院助理审判员，2011年2月，任审判员、刑事审判第一庭庭长。2013年5月，任瓮安县人民法院党组书记、代理院长。2014年3月，瓮安县第十六届人民代表大会第三次会议，当选瓮安县人民法院院长。

1996年10月，被中共黔南州委政法委评为“严打斗争”先进个人；2003年5月，被黔南州委宣传部表彰委“文明公民”；2004年12月，被贵州省高级人民法院等14家单位评为“青年维权”先进个人；2008年6月，荣获贵州省高级人民法“优秀法律文书”二等奖；2009年2月，黔南州中级人民法院授予个人三等功称号，是年3月，被贵州省高级人民法院表彰，并荣获二等功和瓮安“6·28”案件审判组个人三等功；2012年11月，被贵州省高级人民法院授予个人二等功称号。

高小波，男，汉族，初中文化，1922 年生于四川省达县。家境贫寒，无钱经商，长期失业，1948 年来瓮安县投奔兄长高必元，经人介绍，1950 年 1 月，在瓮安县司法科工作，任调解员。5 月，瓮安县人民法院成立，担任审判员，除处理一般刑事、民事案件外，主要任务是为剿匪、反霸、镇压反革命及土改工作服务。审判员职务一直任至 1979 年调黔南州中级人民法院工作。60 年代，高小波担任多案审判员、审判长，审判案件达数千案。在国家受自然灾害困难时期，高小波参加调查中坪茶店食堂一名主任人命案件，驻队工作组公诉被告有 5 条人命案。在批斗会上受害人上前打被告耳光。在庭审中，被告陈述：5 条人命中有 4 条是因上面发给食堂口粮不足，社员长期吃不饱、消瘦、浮肿、生病无药医治，导致死亡，还有 1 人没有死，就是在批斗时打我耳光那个人。高小波听后，认真分析案情，通过走访调查取证，查出被告受屈，纯属公诉人张冠李戴，黑白颠倒，事实不真，罪名不成立。通过反复复查，县人民法院将被告作无罪释放。1968 年，高小波担任审判长审理刘志其（女）、冷先杰贪污公款一案，两被告在瓮安县烟叶站任出纳、会计期间，涉嫌有男女关系，相互勾结、利用，破坏财经监督制约制度，利用职权之便，弄虚作假，合谋贪污公款万余元，成为瓮安县当时一大经济案件。县人民法院委任高小波担任审判长，审判被告时互相包庇、推卸责任、抗拒交代，一度成为审判难案。为彻底弄清案情，深入调查，组织强有力的查账组，对被告账务逐据查对分析，做到疑问有交待、细节有记录、认定有据、否定有理。有证有据摆在被告面前，两被告低头不语。法院依法判处二犯有期徒刑各 15 年，上诉到黔南州中级人民法院，二审维持原判。

1971 年，高小波出差到边远珠藏区峰岩办案，没有交通工具，一直都是走路办案。

1980 年，高小波调黔南州中级人民法院刑事审判二庭工作。刑事庭主要工作是认真贯彻执行党的十一届三中全会精神，平反冤假错案。高小波审理复查冤假错案第一案就是瓮安县周朝相反革命案件，复查时认真仔细推敲反革命传单内容，其内容却反映对“文化大革命”的正确认识，表现行为确是正义的，没有反革命动机，不存在有个人野心，仅有偏激情绪言词，不构成反革命罪。判决时受“极左”路线干扰，颠倒是非，混淆黑白，错判死刑，立即执行，属于错杀冤案，应昭雪平反，宣告无罪。1985 年 5 月，在黔南州中级人民法院刑事审判二庭退休。

三、先进个人

表-1　　（1986—2014）瓮安县人民法院获县级以上（含县级）表彰的先进个人

姓名	获奖时间	获奖名称	颁奖部门
宋泽学	1986 年 1 月	1985 年两庭建设先进工作者	瓮安县委、瓮安县人民政府
李德华	2004 年 6 月	优秀纪检监察干部	瓮安县委
何崇尧	2008 年 4 月	抗凝冻先进个人	瓮安县委、瓮安县人民政府
李家烈	2009 年 3 月	“优秀”科级领导干部	瓮安县委
田　军	2009 年 3 月	“优秀”科级领导干部	瓮安县委
张德舜	2009 年 3 月	“优秀”科级领导干部	瓮安县委
何崇尧	2009 年 3 月	政法工作先进个人	瓮安县委、瓮安县人民政府
曹明学	2009 年 4 月	禁毒工作先进个人	瓮安县委
赵　琪	2009 年 7 月	优秀共产党员	瓮安县委
龙治平	2009 年 7 月	万名干部读书知识竞赛二等奖	瓮安县委
李家烈	2010 年 3 月	优秀副科级干部	瓮安县委、瓮安县人民政府
田　军	2010 年 3 月	优秀副科级干部	瓮安县委、瓮安县人民政府
张德舜	2010 年 3 月	优秀副科级干部	瓮安县委、瓮安县人民政府
何崇尧	2011 年 3 月	政法工作先进个人	瓮安县委、瓮安县人民政府
贺光群	2011 年 3 月	政法工作先进个人	瓮安县委、瓮安县人民政府
易言平	2011 年 3 月	政法工作先进个人	瓮安县委、瓮安县人民政府
沈小伟	2011 年 3 月	瓮安县抗凝冻救灾工作先进个人	瓮安县委、瓮安县人民政府
李　明	2011 年 6 月	优秀共产党员	瓮安县委
帅金方	2011 年 12 月	“全省加强和创新社会管理做好新形势下群众工作经验交流现场会”组织筹备服务工作先进个人	瓮安县委、瓮安县人民政府
敖洪康	2012 年 2 月	政法、信访工作先进个人	瓮安县委、瓮安县人民政府
段仕礼	2012 年 2 月	政法、信访工作先进个人	瓮安县委、瓮安县人民政府
何崇尧	2012 年 2 月	政法、信访工作先进个人	瓮安县委、瓮安县人民政府
唐正奎	2012 年 2 月	政法、信访工作先进个人	瓮安县委、瓮安县人民政府
张　艳	2012 年 2 月	政法、信访工作先进个人	瓮安县委、瓮安县人民政府

续表

姓名	获奖时间	获奖名称	颁奖部门
兰　亦	2012 年 6 月	优秀共产党员	瓮安县委
赵　琪	2013 年 1 月	政法、信访工作先进个人	瓮安县委、瓮安县人民政府
唐正奎	2013 年 1 月	政法、信访工作先进个人	瓮安县委、瓮安县人民政府
贺光群	2013 年 1 月	政法、信访工作先进个人	瓮安县委、瓮安县人民政府
易言平	2013 年 1 月	政法、信访工作先进个人	瓮安县委、瓮安县人民政府
曾祥军	2013 年 1 月	政法、信访工作先进个人	瓮安县委、瓮安县人民政府
尚　月	2013 年 1 月	政法、信访工作先进个人	瓮安县委、瓮安县人民政府
田维龙	2013 年 1 月	政法、信访工作先进个人	瓮安县委、瓮安县人民政府
龙治平	2013 年 2 月	维稳信访工作先进个人	瓮安县委、瓮安县人民政府
李德华	2013 年 7 月	优秀党务工作者	瓮安县委
刘大洪	1986 年	全州法院先进工作者	黔南州中级人民法院
李忠文	1987 年 1 月	1986 年打击经济犯罪成绩优异	黔南州中级人民法院
陈国强	1990 年 2 月	全州法院先进工作者	黔南州中级人民法院
宋　勇	1990 年 2 月	全州法院先进工作者	黔南州中级人民法院
孙治贤	1990 年 2 月	全州法院先进工作者	黔南州中级人民法院
王德仙	1991 年 2 月	全州法院先进工作者	黔南州中级人民法院
李家烈	1991 年 2 月	全州法院先进工作者	黔南州中级人民法院
粟应奎	1995 年	全州法院先进工作者	黔南州中级人民法院
郭庭才	1995 年 2 月	全州法院系统优秀统计员	黔南州中级人民法院
陈洪高	1996 年	全州法院先进工作者	黔南州中级人民法院
金秉福	1996 年 2 月	黔南州法院系统先进工作者	黔南州中级人民法院
周　文	1998 年 3 月	先进个人	黔南州中级人民法院
李家烈	1998 年 3 月	先进个人	黔南州中级人民法院
付文忠	1999 年	人民满意的好法官	黔南州中级人民法院
唐正奎	1999 年	人民满意的好法官	黔南州中级人民法院
金秉福	2000 年 1 月	1999 年度被评为人民满意的好法官	黔南州中级人民法院
李　明	2004 年 3 月	先进个人	黔南州中级人民法院
郭庭才	2005 年 2 月	黔南州第七届宣传人大制度好新闻二等奖	黔南州人大、黔南州新闻工作者协会
龙治平	2007 年 7 月	社会主义法制理念知识竞赛优秀答题手	黔南州委政法委

续表

姓名	获奖时间	获奖名称	颁奖部门
何崇尧	2007年7月	社会主义法制理念知识竞赛优秀答题手	黔南州委政法委
粟应奎	2007年12月	全州优秀法律工作者	黔南州中级人民法院
王资刚	2008年1月	2007年度全州优秀工作者	黔南州中级人民法院
段仕礼	2008年1月	记个人三等功	黔南州中级人民法院
张德舜	2008年3月	抗凝冻个人三等功	黔南州中级人民法院
曾　涛	2008年3月	抗凝冻个人三等功	黔南州中级人民法院
陆定平	2008年3月	抗凝冻先进个人	黔南州中级人民法院
李吉洪	2008年3月	抗凝冻先进个人	黔南州中级人民法院
易言平	2008年3月	抗凝冻先进个人	黔南州中级人民法院
唐正奎	2008年12月	（2008）瓮民初字第752号 三等奖	黔南州中级人民法院
敖洪康	2009年3月	优秀工作者	黔南州中级人民法院
龙治平	2009年3月	个人三等功	黔南州中级人民法院
曹明学	2009年3月	个人三等功	黔南州中级人民法院
丁昌贵	2010年3月	全州优秀法官	黔南州中级人民法院
邓安静	2010年3月	个人三等功	黔南州中级人民法院
张德舜	2010年3月	个人三等功	黔南州中级人民法院
田　军	2010年3月	个人三等功	黔南州中级人民法院
李吉洪	2010年3月	个人三等功	黔南州中级人民法院
王达举	2010年3月	个人三等功	黔南州中级人民法院
兰　亦	2010年3月	个人三等功	黔南州中级人民法院
聂明燕	2010年4月	科学发展观宣传工作“先进工作者”	黔南州委深入学习实际科学发展观活动领导小组
易言平	2011年3月	全州先进工作者	黔南州中级人民法院
邓安静	2011年3月	全州法院办案能手	黔南州中级人民法院
唐正奎	2011年3月	全州法院调解能手	黔南州中级人民法院
薛召贵	2011年3月	个人三等功	黔南州中级人民法院
敖洪康	2011年3月	个人三等功	黔南州中级人民法院
顾典友	2012年3月	个人三等功	黔南州中级人民法院
陆定平	2012年3月	全省法院司法警察岗位大练兵活动先进个人	黔南州中级人民法院
易言平	2012年11月	廉政文化摄影展一等奖	黔南州中级人民法院

续表

姓名	获奖时间	获奖名称	颁奖部门
易言平	2012 年 11 月	黔南州法院廉政文化摄影展、一等奖、优秀奖	黔南州中级人民法院
曹代陶	2013 年 3 月	全州优秀法官	黔南州中级人民法院
沈小伟	2013 年 3 月	全州先进工作者	黔南州中级人民法院
王兴菊	2013 年 3 月	全州法院书记员业务技能竞赛先进个人	黔南州中级人民法院
何崇尧	2013 年 3 月	全州优秀司法裁判文书先进个人	黔南州中级人民法院
陆定平	2013 年 6 月	个人三等功	黔南州中级人民法院
张明明	2014 年 2 月	全州法院优秀法官	黔南州中级人民法院
何崇尧	2014 年 2 月	全州法院先进个人	黔南州中级人民法院
付文忠	2014 年 2 月	全州法院优秀法律文书二等奖	黔南州中级人民法院
金长虹	2014 年 2 月	全州法院优秀法律文书三等奖	黔南州中级人民法院
龙治平	2014 年 2 月	全州法院优秀法律文书三等奖	黔南州中级人民法院
田筱锋	2014 年 2 月	全州法院优秀法律文书三等奖	黔南州中级人民法院
蔡先文	2002 年 7 月	人民满意的司法警察	黔南州中级人民法院
龙治平	2014 年 12 月	全州先进个人	黔南州中级人民法院
曾祥军	2014 年 12 月	个人三等功	黔南州中级人民法院
张明明	2014 年 12 月	个人三等功	黔南州中级人民法院
杨桥生	2014 年 12 月	全州先进个人	黔南州中级人民法院
蔡先文	1989 年	先进工作者	贵州省高级人民法院
蔡先文	1990 年 2 月	先进工作者	贵州省高级人民法院
蔡先文	1991 年 4 月	在 1990 年度“严打”斗争中，被评为先进工作者	贵州省委、贵州省人民政府
王德仙	1992 年	先进工作者	省高院、省人事厅
宋　勇	1992 年 2 月	全省五好法官	贵州省高级人民法院
宋泽学	1994 年 3 月	全省“五优先进工作者”	省高级人民法院、省人事厅
金秉福	1996 年 1 月	被评为贵州省政法系统先进工作者	贵州省政法委、省公安厅
王德仙	2000 年	人民满意的好法官	贵州省高级人民法院
李　明	2005 年 1 月	优秀工作者	贵州省高级人民法院
郭庭才	2006 年 11 月	2005 年度全省法院优秀裁判文书三等奖	贵州省高级人民法院
蔡先文	2006 年 11 月	优秀工作者	贵州省高级人民法院
王运祥	2007 年 12 月	全省优秀法官	贵州省高级人民法院

续表

姓名	获奖时间	获奖名称	颁奖部门
张德舜	2008 年 4 月	抗凝冻先进个人	贵州省高级人民法院
曾　涛	2008 年 4 月	抗凝冻先进个人	贵州省高级人民法院
陆定平	2008 年 4 月	记个人三等功	贵州省高级人民法院
付文忠	2009 年 2 月	个人二等功	贵州省高级人民法院
祝夜明	2009 年 12 月	瓮安“6·28”审理组个人三等功	贵州省高级人民法院
朱定勇	2010 年 1 月	个人三等功	贵州省高级人民法院
兰　亦	2010 年 11 月	2008—2009 年度全省打黑除恶工作先进个人	贵州省打黑除恶领导小组
陆定平	2011 年 2 月	全省法院先进工作者	贵州省高级人民法院
邓安静	2011 年 2 月	全省法院办案能手	贵州省高级人民法院
丁昌贵	2011 年 2 月	全省法院调解能手	贵州省高级人民法院
周华彬	2012 年 2 月	全省法院办案能手	贵州省高级人民法院
段仕礼	2013 年 3 月	全省法院办案业务标兵（执行法官）	贵州省高级人民法院
杨桥生	2013 年 12 月	全省法院办案能手	贵州省高级人民法院
邓安静	2008 年 11 月	第二十届全国法院学术论文优秀奖	中国法学会

附　录

一、先进集体

表-1　　　　(1986—2014) 瓮安县人民法院获县级以上 (含县级) 表彰的先进集体

获奖单位	获奖时间	获奖名称	颁奖部门
瓮安县人民法院	2006 年 12 月	2006 年度人口和计划生育综合工作先进单位	瓮安县委、瓮安县人民政府
瓮安县人民法院	2007 年 7 月	机关作风教育整顿先进单位	瓮安县委、瓮安县人民政府
瓮安县人民法院	2008 年 2 月	2007 年度文明单位	瓮安县委、瓮安县人民政府
瓮安县人民法院	2008 年 3 月	2007 年度党风廉政建设先进集体	瓮安县委、瓮安县人民政府
瓮安县人民法院	2008 年 4 月	2008 年度信访先进单位	瓮安县委、瓮安县人民政府
瓮安县人民法院	2009 年 3 月	瓮安县信访工作先进集体	瓮安县委、瓮安县人民政府
瓮安县人民法院	2009 年 4 月	落实县人大常委会审议意见二等奖	瓮安县人大常委会
瓮安县人民法院党支部	2009 年 7 月	“五好”基层党组织	瓮安县委
瓮安县人民法院	2009 年 12 月	“红色瓮安，金色家园”读书活动百题问答奖	瓮安县委、瓮安县人民政府
瓮安县人民法院	2011 年 4 月	瓮安县 2010 年度争取项目资金一等奖	瓮安县委、瓮安县人民政府
瓮安县人民法院党支部	2011 年 6 月	先进基层党组织	瓮安县委
瓮安县人民法院	2011 年 12 月	计生先进单位	瓮安县委
瓮安县人民法院	2012 年 1 月	2011 年度人口和计划生育综合工作先进单位	瓮安县委、瓮安县人民政府
瓮安县人民法院	2013 年 8 月	办理县人大常委会 2012 年度审议意见二等奖	瓮安县人大常委会

续表

获奖单位	获奖时间	获奖名称	颁奖部门
瓮安县人民法院	2013 年 12 月	人口和计划生育工作先进奖	瓮安县委
瓮安县人民法院	2014 年 6 月	瓮安县 2013 年度固定资产投资工作先进单位	瓮安县委办
瓮安县人民法院	2014 年 6 月	瓮安县 2013 年度小城镇建设工作先进集体	瓮安县委办
瓮安县人民法院	2014 年 12 月	被评为瓮安县 2014 年度目标管理考核三等奖	瓮安县委、瓮安县人民政府
瓮安县人民法院	2014 年 12 月	被评为瓮安县计划生育综合治理目标先进奖	瓮安县委、瓮安县人民政府
瓮安县人民法院	1986 年	全州司法统计先进单位	黔南州中级人民法院
瓮安县人民法院刑事宣判一庭	1990 年 2 月	全州法院先进集体	黔南州中级人民法院
瓮安县人民法院城关人民法庭	1990 年 2 月	全州法庭先进集体	黔南州中级人民法院
瓮安县人民法院中坪人民法庭	1990 年 2 月	全州法庭先进集体	黔南州中级人民法院
瓮安县人民法院行政法院庭	1996 年 2 月	全州法庭先进集体	黔南州中级人民法院
瓮安县人民法院	1998 年 2 月	全省法院系统优秀集体	黔南州中级人民法院
瓮安县人民法院行政法院庭	1998 年 2 月	全州法院系统先进单位、集体二等功	黔南州中级人民法院
瓮安县人民法院行政庭	1998 年 3 月	记集体三等功	黔南州中级人民法院
瓮安县人民法庭行政法院庭	1999 年	全州法院先进集体	黔南州中级人民法院
瓮安县人民法院	2001 年 2 月	全州法院系统目标管理三等奖	黔南州中级人民法院
瓮安县人民法院	2001 年 12 月	全州法院系统目标管理特等奖	黔南州中级人民法院
瓮安县人民法院	2002 年 9 月	全州法院系统宣传工作先进单位	黔南州中级人民法院
瓮安县人民法院	2003 年 1 月	全州法院系统目标管理特等奖	黔南州中级人民法院
瓮安县人民法院	2003 年 9 月	黔南州法院系统宣传工作先进单位	黔南州中级人民法院
瓮安县人民法院立案庭	2004 年 3 月	先进集体	黔南州中级人民法院
瓮安县人民法院	2004 年 3 月	黔南州法院系统 2003 年度先进集体	黔南州中级人民法院
瓮安县人民法院	2004 年 2 月	全省法院调查研究工作先进集体	黔南州中级人民法院
瓮安县人民法院	2007 年 3 月	2006 年度全州法院系统优秀法院	黔南州中级人民法院

续表

获奖单位	获奖时间	获奖名称	颁奖部门
瓮安县人民法院刑事法院庭	2007 年 12 月	集体三等功	黔南州中级人民法院
瓮安县人民法院	2008 年 1 月	2007 年度全州优秀法院	黔南州中级人民法院
瓮安县人民法院	2008 年 1 月	2007 年度目标管理工作一等奖	黔南州中级人民法院
瓮安县人民法院草塘人民法庭	2008 年 1 月	2007 年全州优秀法庭	黔南州中级人民法院
瓮安县人民法院执行工作局	2008 年 1 月	记集体三等功	黔南州中级人民法院
瓮安县人民法院	2008 年 3 月	抗凝冻集体三等功	黔南州中级人民法院
瓮安县人民法院草塘人民法庭	2008 年 3 月	抗凝冻集体三等功	黔南州中级人民法院
瓮安县人民法院法警大队	2008 年 3 月	抗凝冻先进集体	黔南州中级人民法院
瓮安县人民法院草塘人民法庭	2008 年 4 月	抗凝冻先进集体	黔南州委、州政府
瓮安县人民法院	2009 年 3 月	全州优秀人民法院	黔南州中级人民法院
瓮安县人民法院草塘人民法庭	2009 年 3 月	全州优秀法庭	黔南州中级人民法院
瓮安县人民法院民一庭	2009 年 3 月	集体三等功	黔南州中级人民法院
瓮安县人民法院刑事法院庭	2009 年 3 月	集体三等功	黔南州中级人民法院
瓮安县人民法院	2010 年 3 月	全州优秀法院	黔南州中级人民法院
瓮安县人民法院草塘人民法庭	2010 年 3 月	全州优秀法庭	黔南州中级人民法院
瓮安县人民法院玉山人民法庭	2010 年 3 月	集体三等功	黔南州中级人民法院
瓮安县人民法院	2011 年 1 月	绩效考核一等奖	黔南州中级人民法院
瓮安县法院草塘人民法庭	2011 年 3 月	全州优秀法庭	黔南州中级人民法院
瓮安县人民法院党支部	2011 年 7 月	黔南州“五好”基层党组织	黔南州委党的建设工作领导小组
瓮安县人民法院	2012 年 3 月	2011 年度目标绩效考核优秀法院	黔南州中级人民法院
瓮安县人民法院	2013 年 3 月	全州优秀法院	黔南州中级人民法院
瓮安县人民法院执政庭	2014 年 2 月	全州法院先进集体	黔南州中级人民法院
瓮安县人民法院办公室	2014 年 2 月	全州法院先进集体	黔南州中级人民法院
瓮安县人民法院猴场人民法庭	2014 年 12 月	全州优秀人民法庭	黔南州中级人民法院

续表

获奖单位	获奖时间	获奖名称	颁奖部门
瓮安县人民法院玉山人民法庭	2014 年 12 月	全州优秀人民法庭	黔南州中级人民法院
瓮安县人民法院永和人民法庭	2014 年 12 月	全州优秀人民法庭	黔南州中级人民法院
瓮安县人民法院中坪人民法庭	2014 年 12 月	全州优秀人民法庭	黔南州中级人民法院
瓮安县人民法院玉山人民法庭	2014 年 12 月	全州先进集体	黔南州中级人民法院
瓮安县人民法院行政法院庭	1998 年 2 月	优秀集体	贵州省高级人民法院
瓮安县人民法院行政庭	1998 年 3 月	记集体三等功	黔南州中级人民法院
瓮安县人民法庭行政法院庭	1999 年	全州法院先进集体	黔南州中级人民法院
瓮安县人民法院	2001 年 2 月	全州法院系统目标管理三等奖	黔南州中级人民法院
瓮安县人民法院	2001 年 12 月	全州法院系统目标管理特等奖	黔南州中级人民法院
瓮安县人民法院	2002 年 9 月	全州法院系统宣传工作先进单位	黔南州中级人民法院
瓮安县人民法院	2003 年 1 月	全州法院系统目标管理特等奖	黔南州中级人民法院
瓮安县人民法院	2003 年 9 月	黔南州法院系统宣传工作先进单位	黔南州中级人民法院
瓮安县人民法院立案庭	2004 年 3 月	先进集体	黔南州中级人民法院
瓮安县人民法院	2004 年 3 月	黔南州法院系统 2003 年度先进集体	黔南州中级人民法院
瓮安县人民法院	2004 年 2 月	全省法院调查研究工作先进集体	黔南州中级人民法院
瓮安县人民法院	2007 年 3 月	2006 年度全州法院系统优秀法院	黔南州中级人民法院
瓮安县人民法院刑事审判庭	2007 年 12 月	集体三等功	黔南州中级人民法院
瓮安县人民法院	2008 年 1 月	2007 年度全州优秀法院	黔南州中级人民法院
瓮安县人民法院	2008 年 1 月	2007 年度目标管理工作一等奖	黔南州中级人民法院
瓮安县人民法院草塘人民法庭	2008 年 1 月	2007 年全州优秀法庭	黔南州中级人民法院
瓮安县人民法院执行工作局	2008 年 1 月	记集体三等功	黔南州中级人民法院
瓮安县人民法院	2008 年 3 月	抗凝冻集体三等功	黔南州中级人民法院
瓮安县人民法院草塘人民法庭	2008 年 3 月	抗凝冻集体三等功	黔南州中级人民法院

续表

获奖单位	获奖时间	获奖名称	颁奖部门
瓮安县人民法院法警大队	2008 年 3 月	抗凝冻先进集体	黔南州中级人民法院
瓮安县人民法院草塘人民法庭	2008 年 4 月	抗凝冻先进集体	黔南州委、州政府
瓮安县人民法院	2009 年 3 月	全州优秀人民法院	黔南州中级人民法院
瓮安县人民法院草塘人民法庭	2009 年 3 月	全州优秀法庭	黔南州中级人民法院
瓮安县人民法院民一庭	2009 年 3 月	集体三等功	黔南州中级人民法院
瓮安县人民法院刑事法院庭	2009 年 3 月	集体三等功	黔南州中级人民法院
瓮安县人民法院	2010 年 3 月	全州优秀法院	黔南州中级人民法院
瓮安县人民法院草塘人民法庭	2010 年 3 月	全州优秀法庭	黔南州中级人民法院
瓮安县人民法院玉山人民法庭	2010 年 3 月	集体三等功	黔南州中级人民法院
瓮安县人民法院	2011 年 1 月	绩效考核一等奖	黔南州中级人民法院
瓮安县法院草塘人民法庭	2011 年 3 月	全州优秀法庭	黔南州中级人民法院
瓮安县人民法院党支部	2011 年 7 月	黔南州“五好”基层党组织	黔南州委党的建设工作领导小组
瓮安县人民法院	2012 年 3 月	2011 年度目标绩效考核优秀法院	黔南州中级人民法院
瓮安县人民法院	2013 年 3 月	全州优秀法院	黔南州中级人民法院
瓮安县人民法院执政庭	2014 年 2 月	全州法院先进集体	黔南州中级人民法院
瓮安县人民法院办公室	2014 年 2 月	全州法院先进集体	黔南州中级人民法院
瓮安县人民法院猴场人民法庭	2014 年 12 月	全州优秀人民法庭	黔南州中级人民法院
瓮安县人民法院玉山人民法庭	2014 年 12 月	全州优秀人民法庭	黔南州中级人民法院
瓮安县人民法院永和人民法庭	2014 年 12 月	全州优秀人民法庭	黔南州中级人民法院
瓮安县人民法院中坪人民法庭	2014 年 12 月	全州优秀人民法庭	黔南州中级人民法院
瓮安县人民法院玉山人民法庭	2014 年 12 月	全州先进集体	黔南州中级人民法院
瓮安县人民法院行政审判庭	1998 年 2 月	优秀集体	贵州省高级人民法院
瓮安县人民法院	2005 年 9 月	全省法院宣传发行工作先进单位	贵州省高级人民法院

续表

获奖单位	获奖时间	获奖名称	颁奖部门
瓮安县人民法院草塘人民法庭	2008 年 4 月	抗凝冻先进集体	贵州省高级人民法院
瓮安县人民法院	2009 年 2 月	全省优秀法院	贵州省高级人民法院
瓮安县人民法院	2011 年 2 月	全省优秀法院	贵州省高级人民法院
瓮安县人民法院立案庭	2011 年 2 月	全省法院立案信访文明窗口	贵州省高级人民法院
瓮安县人民法院法警大队	2012 年 3 月	全省法院司法警察岗位大练兵活动先进集体	贵州省高级人民法院
瓮安县人民法院法警大队	2013 年 2 月	全省法院司法警察执法规范化活动先进单位	贵州省高级人民法院
瓮安县人民法院猴场人法庭	2013 年 3 月	全州优秀人民法庭	贵州省高级人民法院
瓮安县人民法院刑事法院庭	2013 年 3 月	全州法院先进集体	贵州省高级人民法院
瓮安县人民法院	2013 年 12 月	无执行积案先进法院嘉奖	贵州省高级人民法院
瓮安县人民法院执行局	2013 年 12 月	无执行积案先进法院集体三等功	贵州省高级人民法院
瓮安县人民法院猴场人民法庭	2014 年 3 月	全国法院人民法庭工作先进集体	最高人民法院
瓮安县人民法院	2012 年 11 月	全国法院践行能动司法理念优秀案例	最高人民法院
瓮安县人民法院	2013 年 1 月	无执行积案先进法院	最高人民法院

二、文献选载

瓮安县人民法院各时期院、庭印章样式

方　型（1950—1958）

(1958-1967)

(1967-1968)

(1968-1973)

(1980-2014)

圆型（繁体、毛泽东思想、军管、简化）

刑事审判庭

民事审判庭

珠藏人民法庭

2015 年猴场人民法庭
更名为第一人民法庭

法徽

法槌

20世纪50年代法律文书样式

甕安縣人民法庭判決 [illegible]

上訴人：袁刘氏、女、四十九歲、住南关乡一

被上訴人：岑乡農民協會，

右當事人間因 [illegible] 成份纠纷案件，本庭

調查研究 [illegible]

主文

袁刘氏之 [illegible] 為地主成份。

事實及理由

袁刘氏不服岑乡農民協會劃為地主成份，

上訴本庭，經派員調查研究結果：

一、塔碑坡脚田常年產量六千八百四十斤，

屯上田常年產量一千一百二十斤，以安東村田常

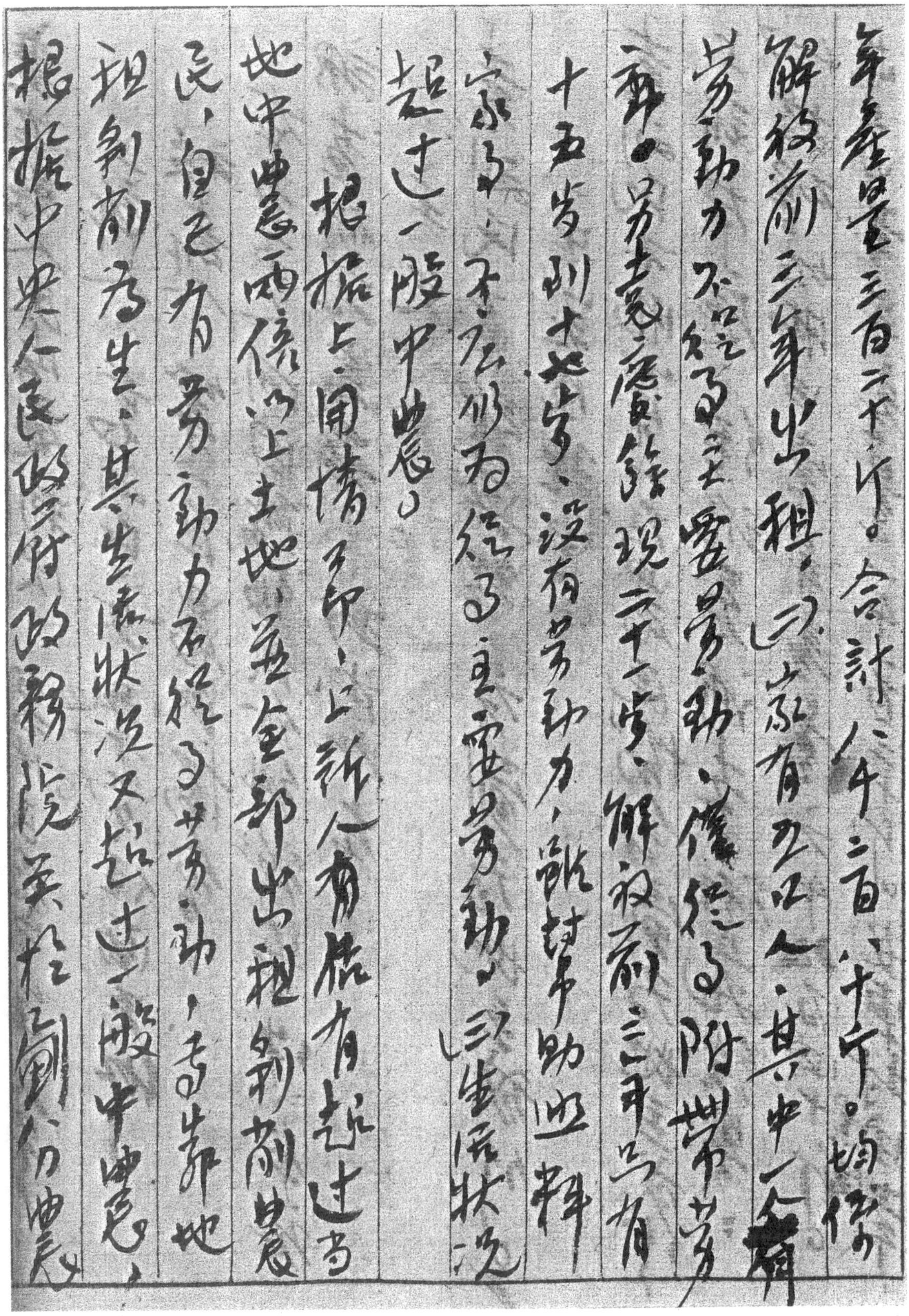

年产量三百二十斤。合计八千二百八十斤。均系解放前三年出租，以一家有五口人，其中一个有劳动力，不能经常主要劳动，仅经常附带劳动。另毫废能，现二十一岁，解放前三年只有十五岁到十七岁，没有劳动力，能帮助照料家务，不应列为经常主要劳动，以生活状况超过一般中农。

根据上开情形，上诉人虽有超过当地中农两倍以上土地，并全部出租剥削中农民，自己有劳动力不经常劳动，专靠地租剥削为生，其生活状况又超过一般中农，根据中央人民政府政务院关于划分农

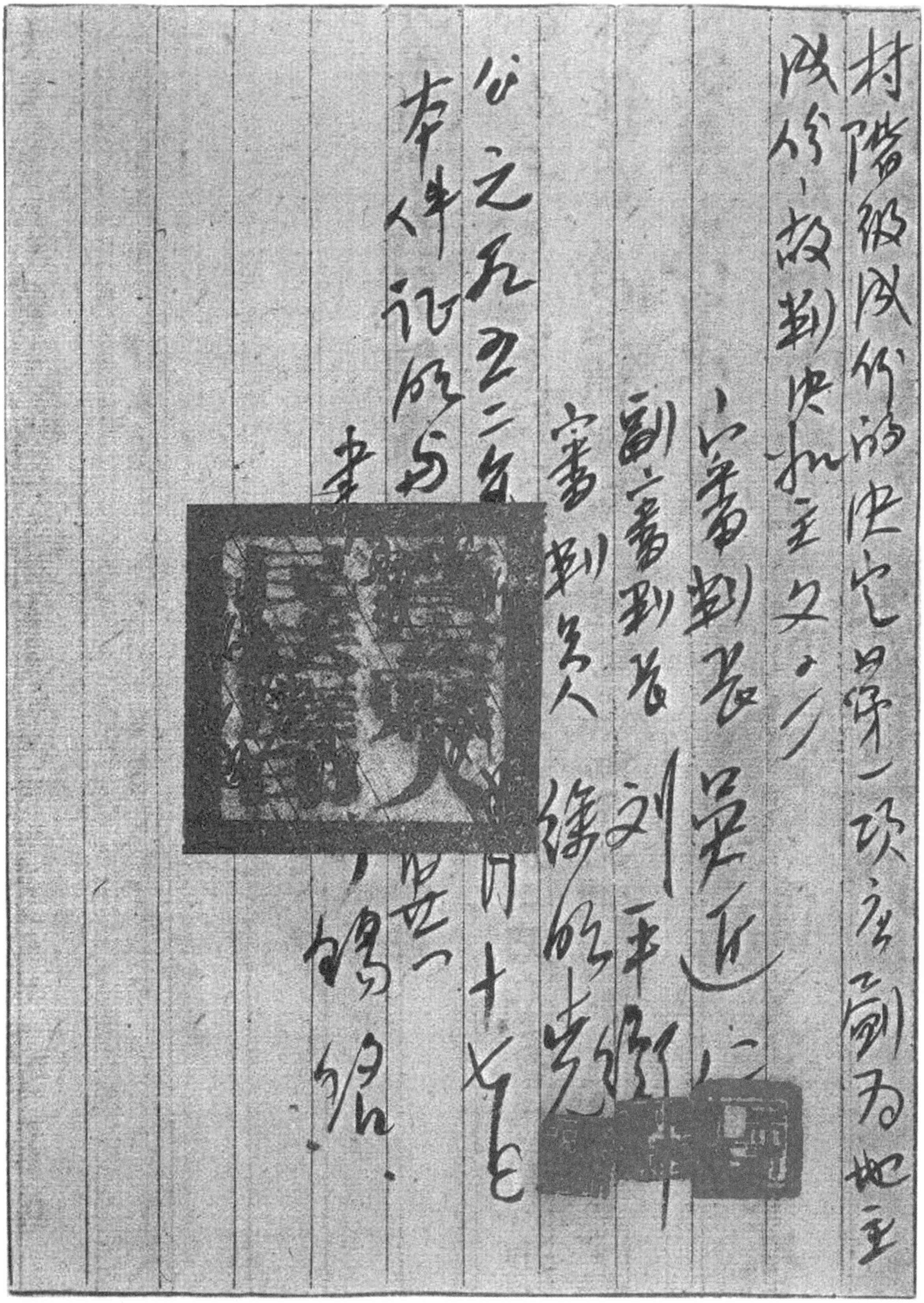
村阶级成份的决定（暂行）一项，应划为地主
成份，故判决如主文。
正审判长 吴道[illegible]
副审判长 刘平[illegible]
审判员 [illegible]
公元一九五二年[illegible]月十七日
本件证明与原本无异
书记员 [illegible]

20 世纪 60 年代法律文书样式

最高指示

为了维护社会秩序和广大人民的利益，对于那些盗窃犯、诈骗犯、杀人放火犯、流氓犯集团和各种严重破坏社会秩序的坏分子，也必须实行专政。

毛泽东思想瓮安县政法革命委员会刑事判决书
一九六六年度刑庭字第 13 号

被告人：成海清（又名成雪儒）男，年 39 岁，汉族，不识字，流氓出生，贵州省桐梓县人，捕前在贵州省地方国营瓮安煤矿夹山车间就业职工，有前科。

案由：强奸猥亵幼女

本案业经审理完结，现查明：

被告成海清解放前未成年时就有流氓行为，解放后 1953 年强奸妇女未遂，经斗争后划为流氓。同年在桐梓县代家沟修河工程队时，又因强奸幼女，经桐梓县人民法院判处徒刑。1954 年刑满释放留厂就业，于 1955 年 10 月复因猥亵幼女，经遵义地区中级人民法院判处徒刑 3 年，1958 年 10 月刑满释放留厂就业后，仍无悔改，1963 年与妇女发生两性关系，1964 年猥亵和强奸幼女时被发觉，给予大会揭发斗争，于 1965 年 2 月由务川汞矿调来瓮安煤矿夹山车间后，被告成海清犯罪活动更为嚣张。自 1965 年 5 月至 1966 年 4 月期间，采取拿钱买糖、买实物、摘野果等手段进行欺骗引诱幼女，先后在坡上、室内、室外等地方强奸猥亵幼女李某某（7 岁）、陈某某（8 岁）数次，强奸幼女李某某（8 岁），又强奸少女冯某某两次未遂。被告成海清犯罪活动备查后，引起群众愤恨，一致要求政府从严惩处。

以上犯罪事实，经调查审理属实，证据确凿，被告成海清解放后强奸妇女和幼女，先后两次判处徒刑，期满释放安置就业后，仍不痛改前非，一犯再犯继续进行犯罪活动，情节、手段、后果严重。本院为了严肃国家法律，保护幼女的身心健康和成长，维护社会秩序，对此，一贯强奸、猥亵幼女的犯罪分子，依法从严判决如下：

判处被告成海清无期徒刑（刑期自 1966 年 4 月 23 日起算）

如不服本判决，应于收到本判决书次日起，5 日内向本院提出上诉状，上诉至贵州省黔南自治州中级人民法院革命委员会。

毛泽东思想瓮安县政法革命委员会

一九六七年六月十五日

一九六七年六月十五日

20世纪70年代法律文书样式

毛主席语录

我们的责任，是向人民负责。

中国人民解放军 贵州省瓮安县公安机关军事管制小组

民事调解书

（72）瓮公军管民字第019号

原告人：蔡大书，男，现年30岁，中农出身，学生成分，汉族，初中文化，瓮安县新华公社人，现在黔南州物资局工作。

被告人：易家桂，女，现年26岁，贫民出身，学生成份，汉族，高小文化，都匀市人，住都匀内燃机厂，现在新华公社农业。

案由：离婚

蔡大书与易家桂于1963年双方自由恋爱结婚。婚后一段时间感情一般，先后生了2个小孩。因双方在对朋友的交往上，不大注意影响，一致互相猜疑，互不信任，曾经有关单位多次劝说帮助，使之达到夫妻和好，但双方各执己见，始终说服无效。近年来，双方独自生活，互不照顾，已经完全失去了夫妻意义。这次蔡大书为了摆脱在婚姻家庭上的苦恼，向我组申诉与易家桂离婚，在调解中，易家桂同意与蔡大书离婚，达成协议如下：

一、蔡大书与易家桂离婚，双方已达成协议，准予离婚；

二、双方离婚后，所生的大女孩蔡明兰（现5岁）由蔡大书负责抚养，次女孩易海燕（现1岁半）由易家桂负责抚养；

三、易家桂现用的木床1架、三抽桌1张，仍归易家桂所有；易家桂现住蔡大书的房子和家具柜子1层，仍暂时住用，易家桂另行改嫁时归还蔡大书；

四、蔡大书补助易家桂生活费200元已当面付清。

一九七二年十一月二十八日

瓮安县人民法院刑事判决书

（73）瓮法刑字第 17 号

被告：田元尚，男，现年 44 岁，汉族，中农成份，初中文化，四川省简阳县人，原住草塘区草塘公社凉水井大队老仓生产队务农，现在押。

案由：贩卖食盐

被告田元尚解放前曾参加“天道”（一贯道）为道徒，并担任过伪户籍干事。1955 年 11 月，因污蔑谩骂干部和破坏互助合作运动，被判管制 1 年。1956 年撤销管制后，1957 年由四川省简阳县迁来瓮安县居住；同年 7—8 月，写信回简阳县平息公社与其弟勾结，在四川买莲花白种子 2 斤，寄给被告黑市出售 7 两，得人民币 49 元。除李某某、杨某某拿去的以外，被告将剩下的莲花白种子育成秧苗出卖，得人民币 2 元。1961 年农历 11—12 月，被告之父（田良柱）回四川简阳平息公社，在田某某家买得大烟 5 两，拿回草塘交给被告分别以每两 120 元、160 元出卖给草塘熊某某、王某某，共得人民币 480 元。1963 年 3—4 月，被告到四川简阳平息公社通过其弟又在田某某家买得大烟一大碗，拿回珠藏区瓮水司刘某某家后称得 22 两 8 钱。被告将大烟卖给刘某某，共计人民币 5700 元。1963 年农历 10 月，被告通过其弟由吴某某介绍，先后两次在曹某某处共买得大烟 10 两，拿回草塘后分别出卖给刘某某、高某某、桂某某。被告田元尚共计贩卖烟毒 37 两 8 钱，还先后贩卖大洋 100 块，假银子 9 个。

1957—1963 年，被告田元尚在大量贩卖毒烟等违法犯罪活动，本应从严惩办。但被告在 1963 年以后近 10 年内能改邪归正。按照“过去从宽，现在从严”的精神，特依法从宽判决如下：

对被告田元尚免予刑事处分，予以释放。

瓮安县人民法院

一九七三年十一月二十八日

1980—2000 年法律文书样式

瓮安县人民法院
民事判决书

（81）民字第 52 号

原告人：丁晓鹏，男，37 岁，汉族，瓮安县人，游手无业，现住瓮安县城关办事处南街 114 号。

原告代诉人：苟福生，男，系瓮安县供销社职工。

被告人：瓮安县社队企业管理局，代表人，卢光凡，系该局局长。

被告代理人：瓮安县法律顾问处文渊博。

关系人：瓮安县城关公社中心大队，代表人，罗光华，男，该大队党支部支书。

上列当事人间因宅基地纠纷 1 案，本院判决如下。

主 文：

1. 1981 年 2 月，丁晓鹏强占瓮安县社队企业管理局的宅基地修建房屋是错误的，必须在本判决书发生法律效力后 20 内将其所修房屋全部撤出。宅基地所有权属瓮安县社队企业管理局所有；

2. 丁晓鹏在其房后新盖的一步水侵占了集体的土地，应于本判决书发生法律效力后 20 日内撤除归还中心大队使用。

事 由：

原告人丁晓鹏陈述：1959 年我父亲买的刘炳清草房 1 间，房价 75 元。当时买得刘的房子因破烂不能住人，主要是买地基，以便日后进行修建。后来，瓮安中学的负责人曾经答复我说：你家的地基以风吹倒的那棵梓木树为界，靠你家房屋这边属你家所有，靠树那边属瓮安中学的空地。从此以后我们各自管业。1978 年 10 月，由于我家人口增多住房困难，准备在此地基上修建房屋，当时瓮安县社队企业管理局确说这块地基是属于他们的，双方遂引起争执。经公社、大队、街道办事处、瓮安中学等组织进行调解，在弄清事实的情况下，瓮安县社队企业管理局就催促我领了下基脚准备修建房屋的损失费 471 元，但我一直不服。1981 年 2 月，我再次在此地基上修建房屋，他们又进行阻挠。瓮安县社队企业管理局无故侵占我买的房屋基地，要求法院给予解决。被告人辩称道：1977 年 10 月，瓮安中学需要在我局所买南街袁家木房两间（价格 2100 百元）处开设校门，该校划一片空地并包括此地基与我局调换。1978 年 10 月，丁晓鹏无故侵占我局这块公地修房，当时经过城关公社、中心大队、城关街道办事处、瓮安中学等组织参加调解处理，处理结果是：由我局付给丁晓鹏基石费和购置建房材料费计 471 元。其建房的基石、购置材料和平整的宅基地全部归于我局。1981 年 2 月，丁晓鹏又强行在此地基上修建房屋，经多方劝阻，丁仍强行修建，要求人民法院依法裁决。关系人罗光华陈述：丁晓鹏不仅侵占瓮安县社队企业管理局的公地强行建房，并侵占了我们大队加工房的地扩建房屋一步水，大队加工房原由丁晓鹏房后的一条路无法正常通行，要求法院处理。

理　由：

本案经审理查明：丁晓鹏强行在这块地基上修房，解放后就属瓮安中学管理，1977年，瓮安中学开设新校门需占用瓮安县社队企业管理局的房屋宅基地，该校将所属靠丁晓鹏房屋南侧的公地与瓮安县社队企业管理局调换成立后，双方按调换后各自行管业。1978年10月，丁晓鹏擅自在此公地上强行修建房屋，该局给予阻挠。经城关公社、城关街道办事处、瓮安中学以及中心大队等组织进行协调，最后达成协议由瓮安县社队企业管理局付给丁晓鹏修房基石和备料材料用费计人民币471元，丁归还公地。1981年2月，丁又强行在此地基上再次修建房屋，并声称对该宅基地拥有所有权等为理由向我院提出诉讼，经查证核实，丁实属无理侵占，对丁反复教育，指出非法侵占公地是违法行为，但丁仍强行修建，拒绝承认错误撤出其所修房屋，退还公地。本院对丁反复进行劝教，丁不但不听劝阻，反而继续强行修建，坚持对该宅基地拥有所有权。经反复查证，丁不但侵占了公地，并侵吞了城关公社中心大队的集体土地扩建房屋，蛮不讲理拒不归还。为此，依法公开审理，通过摆事实讲道理，在事实面前丁最后承认侵占公地和集体土地建房的错误，并写出“悔过书”1份，承认侵占公地建房的错误，要求本院调解处理，愿将在公地上所修房折价500元出卖给瓮安县社队企业管理局，希法院给县社队企业管理局做工作，如该局不同意500元的价款，愿按法院提出的300—400元内进行调解解决。复经本院反复进行调解，在调解中瓮安县社队企业管理局只愿付给丁晓鹏强行建房费人民币350元，丁坚持500元调解无效。为此，本院根据党的政策和国家有关法律、法令规定判决如主文。

如不服本判决，将接到判决书送达的第2日起10日内，向本院提出诉状，上诉于黔南布依族苗族自治州中级人民法院。

瓮安县人民法院民事审判庭
审　判　长　　兰乐纳
人民陪审员　　刘远吉
人民陪审员　　左志华
一九八一年十月二十四日
书　记　员　　李大勤

贵州省瓮安县人民法院民事判决书

（1997）瓮民初珠字第 60 号

原告文家才，男，1958 年 2 月出生，汉族，瓮安县人，个体户，住本县珠藏镇街上。

被告简美碧，女，1956 年 8 月出生，汉族，瓮安县人，农民，住本县珠藏镇街上。

原告文家才诉被告简美碧离婚 1 案，本院受理后，依法组成合议庭，公开开庭进行缺席审理。原告文家才到庭参加诉讼，被告简美碧经本院公告传唤到期后未到庭应诉，本案现已审理终结。

原告诉称：我于 1977 年 10 月与被告登记结婚。婚后夫妻感情很不好。但已生育子女文永梅（女，17 岁），文永权（男，15 岁）。近几年来，被告背离家庭，不愿维持夫妻关系，不愿抚育子女。于 1994 年 4 月以外出打工为名，至今未归家，现已下落不明，夫妻关系已自行破裂，请求法院依法判决我与被告离婚。被告经本院公告传唤未到庭应诉，亦未提出答辩。

经审理查明：原、被告于 1975 年经人介绍谈婚，1977 年 10 月登记结婚，婚后夫妻关系一般，已生育子女文永梅（女，17 岁），文永权（男，15 岁）。后因被告外出打工，至今下落不明，被告外出已达 3 年之久，夫妻感情确已破裂。经审理，原告坚持要求与被告离婚。

本院确认上述事实，有原告陈述，经开庭审查，可以采信。

本院认为：被告外出打工，未与原告通信，时间已达 3 年之久，夫妻感情已自然破裂，故原告提出离婚有理，应予支持。为此，根据《中华人民共和国婚姻法》第 25、第 29、第 31、第 32 条之规定，判决如下：

一、准允文家才与简美碧离婚。

二、文家才自愿抚养子女文永梅、文永权。

三、财产：三立两间木房 1 栋、碗柜 1 间、铁炉子 1 个、猪圈 1 间、灶房 1 间、电视机 1 台、抽屉 1 间、柜子 1 层、平柜 1 间归文家才所有。

四、债务人民币 3000 元由文家才清偿。案件受理费人民币 50 元，其他诉讼费 10 元，由文家才承担。

如不服本判决，可在接到本判决书之日起 15 日内，向本院提出诉状 2 份，并预交上诉费人民币 50 元，上诉至黔南布依族苗族自治州中级人民法院。

瓮安县人民法院民事审判庭
审 判 长　　卢光然
人民陪审员　　张文安
人民陪审员　　王国胜
一九九七年九月二十三日
书 记 员　　邓安静

2001—2014年法律文书样式

贵州省瓮安县人民法院民事判决书

（2014）瓮民初字第1654号

原告张光辉，男，汉族，1987年6月4日生，瓮安县人，现住贵州省瓮安县雍阳镇新庄社区田家庄组。公民身份号码：522725198706041636。

委托代理人饶承佳，瓮安县法律援助中心法律工作者（特别授权）。

被告贾莉，女，汉族，1984年12月1日生，汉族，住瓮安县瓮水办事处兴隆西街1单元11号。

委托代理人陈海福，瓮安县法律援助中心法律工作者（特别授权）。

委托代理人罗清，系贾莉丈夫（特别授权）。

被告中国太平洋财产保险股份有限公司黔南中心支公司。机构代码21628196—4。

负责人兰红兵，总经理。

委托代理人王跃民，贵州契正律师事务所律师（一般代理）。

原告张光辉诉被告贾莉、被告中国太平洋财产保险股份有限公司黔南中心支公司交通事故损害赔偿纠纷1案，2014年8月25日受理后，由审判员任立依法适用简易程序，进行审理。原告及委托代理人饶承佳、被告贾莉的委托代理人陈海福、罗清和被告中国太平洋财产保险股份有限公司黔南中心支公司的委托代理人王跃民均到庭参加诉讼。本案现已审理终结。

原告诉称：2013年8月9日，被告贾莉与原告发生交通事故使原告受伤致残，请求赔偿经济损失153242元。由于贾莉的车辆在被告中国太平洋财产保险股份有限公司黔南中心支公司投了各项保险，所以请求法院依法支持原告诉讼请求。

被告辩称：交费200元过高，且天数应按104天计算；营养、护理期限应为实际住院天数88天，精神抚慰金10000元过高，愿承担2000元。

经审理查明：2013年2月，原告张光辉系个体工商户在瓮安县城租房从事理发服务。2014年3月3日0时0分许，被告贾莉驾驶已在被告中国太平洋财产保险股份有限公司黔南中心支公司交纳了强制保险费和商业责任保险费（保险责任限额50万元）的贵J9090号轿车在瓮安县城狮子桥头路段转弯时碰撞原告张光辉驾驶的贵JCZ258号2轮摩托车，造成2车均损坏，原告张光辉受伤的交通事故，经瓮安县公安局交警大队认定：贾莉承担该起事故的全部责任，张光辉无责任。事故发生后，原告于当时住院治疗，并与2014年6月4日到贵州警官职业学院司法鉴定中心鉴定，支付检查费、住宿费、交通费，鉴定费共计3133元。其伤残等级鉴定为10级，后续医疗费用为10720—12900元之间，误工期限为300日，营养、护理期限为120日；原告在住院期间，被告中国太平洋财产保险股份有限公司黔南中心支公司已支付人民币 64645 元给贾莉，贾莉将该款交到医院作原告的医疗费，同时贾莉还给付原告伙食补助费 7000 元。庭审中 2 被告对原告育有 1 女及残疾赔偿金、后续治疗费，营养及伙食补助标准每天 30 元无异议。

上述事实有原、被告的陈述、原告提交的交通事故责任认定书、疾病证明及病历、司法鉴定意见书、鉴定费发票、车票、子女出生证明、租房合同、个体工商户营业执照及被告提交的保险单、原告的收条在卷，并经开庭质证和审查，来源合法真实，事实清楚，足以认定。

本院认为：被告贾莉驾驶车辆未依法行驶，碰撞原告张光辉的直行车辆，使原告张光辉受伤致残，侵犯了原告的身体健康权，依法应承担赔偿责任，原告请求被告赔偿抚养费 101277 元（131702 元/年×1 5 年×10%÷2 人）、残疾赔偿金 41334. 14 元（20667. 07 元/年×20 年×10%）、鉴定费用 3131 元，后续治疗费 12900 元、伙食补助费 2640 元（30 元/天×88 天）、护理费 9360 元（78 元/天×120 天）、营养费 3600 元（30 元×120 天），应予支持。2 被告提出原告的误工时间和营养及护理时间应按 104 天、88 天计，忽略了原告后续治疗需要时间，故其理由不充分，不予采纳；原告提出误工费按每天 200 元计算无事实依据，不予采信，应按居民服务业每年 28758 元（28758 元/年÷365 天×300 天）计算为 236367 元予以支持，提出精神抚慰金 10000 元，结合原告的伤残情况，本院确定为 2000 元，故 2 被告提出原告误工费和精神抚慰金过高的意见本院予以支持。上述数项中原告已收到被告贾莉的 7000 元，应予扣除。综上被告贾莉赔偿原告的各项费用为 101878 元，该款未超过贵J9090 号车的交强险和商业责任险赔偿限额，应由被告中国太平洋财产保险股份有限公司黔南中心支公司直接在责任限额内赔偿原告。依照《中华人民共和国民法通则》第 98 条“公民享有生命健康权”和第 119 条“侵害公民身体造成伤害的，应当赔偿医疗费、应误工减少的收入、残废者生活补助费等费用”和《中华人民共和国侵权责任法》第 16 条“侵害他人造成人身损害的. 应当赔偿医疗费、护理费、交通费等为治疗和康复支出的合理费用，以及因误工减少的收入，造成残疾的，还应当赔偿残疾生活辅助费和残疾赔偿金，造成死亡的，还应当赔偿丧葬费和死亡赔偿金”。第 22 条“侵害他人人身权益，造成他人严重精神损害的，被侵权人，可以请求精神损失赔偿。”及最高人民法院《关于审理道路交通事故损害赔偿案件适用法律若干问题的解释》第 16 条规定，判决如下：

一、被告中国太平洋财产保险股份有限公司黔南中心支公司在本判决发生法律效力后 5 日内赔偿原告张光辉人民币 101878 元；

二、驳回原告张光辉的其余诉讼请求。

如果义务人未按本判决确定的时间履行给付金钱义务，应当依照《中华人民共和国民事诉讼法》第 253 条规定，加倍支付迟延履行期间的债务利息。

案件受理费减半收取人民币 1578 元，由被告中国太平洋财产保险股份有限公司黔南中心支公司承担。如不服本判决，可在本判决书送达后 15 日内，向本院递交上诉状，并按对方当事人的人数提出副本，还应在上诉期满后 7 日内通过本院向贵州省黔南布依族苗族自治州中级人民法院预交上诉费按不服金额计算，上诉至贵州省黔南布依族苗族自治州中级人民法院。逾期本判决则发生法律效力。

若义务人在本判决确定的期限内未履行给付义务，权利人可在履行期届满后二年内向本院申请执行。

审判员　任　立
二〇一四年十月十六日
书记员　游　雯

瓮安县人民法院
2014 年度岗位目标管理及考评办法

第一章　总则

第一条　为了加强岗位目标管理，严格考核考评制度，节省工作经费支出，充分调动和发挥全院干警的工作积极性、主动性和创造性，努力提高工作的落实力和执行力，确保目标任务的全面完成，根据上级有关规定，结合法院实际，制定本岗位目标管理及考评办法。

第二条　本办法由总则、共性目标、业务目标、经费管理、奖励惩罚标准、附则六部分组成，共性目标 40 分，业务目标 60 分，合计 100 分。

第三条　共性目标和业务目标分解落实到各庭室进行量化考核，实行奖惩挂钩和责任追究制度。

第二章　共性目标

第四条　团结协作，认真贯彻执行党的路线、方针、政策和法律法规，自觉接受党委领导、政府支持、人大监督、政协民主监督和上级法院的指导，严格执行各项规章制度和工作部署，工作开展有创新及亮点，积极参加政治理论学习和各种教育活动学习，记 7 分，每月至少组织干警政治学习 1 次，少 1 次扣 0.5 分，学习记录不足 500 字的每次扣 0.5 分，学习记录不规范的每次扣 0.5 分；学习教育活动不按要求报送材料的每次扣 1 分；工作开展有创新及亮点并有印证材料的酌情加分；各庭室工作成绩显著，荣获州、省、国家级先进集体、先进个人或记功的分别加 0.5 分、1 分、2 分。

第五条　加强业务知识的培训力度，每月至少组织干警业务学习 1 次，记 6 分，少 1 次扣 0.5 分，学习记录不足 500 字的每次扣 0.5 分，学习记录不规范的每次扣 0.5 分。

第六条　各庭室每月至少召开一次庭务会议，讨论研究业务和有关工作事项，记 5 分，少1次扣0.5分。

第七条　年初工作有计划，半年、年终工作有总结，工作任务分解落实到人，记5分，每少一样扣1分。

第八条　各庭室按要求完成调研文章、典型案例、简报、信息、图片，按规定报送参评法律文书，记6分，未按要求完成任务的，每少1篇扣0.5分。撰写的调研材料（图片）被州、省、国家级刊物采用的每篇分别加0.5分、1分、2分。

第九条　遵守工作纪律，严格执行上下班签到、去向登记等考勤制度。无迟到、早退、脱岗、旷工行为，按要求参加会议和其他集体活动，记6分。违反前述规定的，对责任人所在庭室分别扣分：迟到、早退、脱岗每人次0.1分，无故不参加每人次0.2分，旷工每人每半天0.5分；考勤弄虚作假按旷工论处。考勤缺旷较多的，年度的公务员考核由全院干警民主评议等次。

第十条　“整脏治乱”实行责任包保，责任区域无果皮、纸屑、烟头等垃圾，垃圾桶靠墙摆放整齐，室内物品摆放有序，窗明几净，记5分，县整治办检查责任区曝光一次扣相应庭室1分，罚款由相应庭室承担。

第三章　业务目标

第十一条　政工科工作目标

（一）深入开展干警的政治思想教育、职业道德规范、学习培训、队伍建设、党建、计生、退干、工青妇、关工委、人民陪审员、教育培训、精神文明、普法、思想宣传、统战、平安创建、展板设计、目标考核和各项集体活动；

（二）抓好助理审判员、审判员、法官等级、法警警衔的考核、申报、晋级和调资工作；

（三）完成年度机构编制、人员招录、人事档案、评先选优工作；

（四）根据党组的决定，做好干部考察和人事任免工作；

（五）公文差错率为0；

（六）本院官方微博、内网及办公自动化系统登录关注率均为100%；

（七）完成院领导交办的其他工作；

（八）完成上列各项工作目标记60分，每少一项扣1分。

第十二条　纪检监察工作目标

（一）抓好党风廉政建设和反腐倡廉工作，调查处理干警违纪违规事件，并向党组提出处理建议；承办干警及当事人的控告与申诉；

（二）签订党风廉政建设和反腐倡廉责任状和承诺书；

（三）完成县纪检监察部门要求办理的有关工作事项；

（四）每周对干警缺勤情况统计和通报，每月汇总后作出处理决定；

（五）对车辆的归库情况和违规用车情况进行督查、统计和通报，每周公示一次；

（六）对全院各部门履行职责、作风纪律、执行规章制度等情况检查、巡查、督查、暗访并形成机制，及时通报，每月至少开展一次；

（七）抓好工会工作；

（八）公文差错率为0；

（九）法院官方微博、内网及办公自动化系统登录关注率均为100%；

（十）完成院领导交办的其他工作；

（十一）完成上列各项工作目标记60分，每少一项扣1分。

第十三条办公室工作目标

（一）按院领导指示协调政务和事务性工作；

（二）办理法院组织的各种会议事项；起草综合性文件、请示、报告；办理文件的送阅、批转；

（三）抓好物质装备、档案管理、财务管理、食堂管理、印章管理、机要保密、信息技术、视频上传、舆情监控、网络阅评、院长信箱、“两庭”建设、办公现代化、整脏治乱、绿化美化、小康建设、车辆协调、油料管理、公务接待等后勤保障工作；

（四）公文差错率为0；

（五）法院官方微博、内网及办公自动化系统登录关注率均为100%；

（六）完成院领导交办的其他工作；

（七）完成上列各项工作目标记60分，每少一项扣1分。

第十四条　研究室工作目标

（一）履行调研、宣传工作职责，督促各庭室完成调研、宣传工作任务；对各庭室上报的文稿、资料作好登记，建立台账；及时向院领导的决策提供有关数据和资料；

（二）履行文秘职责，作好法院组织的各种会议记录，收集资料为领导的讲话、报告等准备素材，按时完成每年的人大工作报告、半年、年终工作总结等撰写工作；

（三）积极与人大、政协联络，按院领导的指示协调处理人大代表和政协委员的议案和提案；

（四）完成法院开展各项工作的信息报送和反馈工作，按要求向相关部门报送重大活动事项；协助完成院志撰写工作；

（五）审查复核工作简报，交拟写简报部门的分管领导签发；抓好新闻宣传、网站审核、微博管理、图片收集等工作；督促内外网内容及时更新；

（六）协调各部门开展“法院开放日”活动4次以上；

（七）公文差错率为0；

（八）法院官方微博、内网及办公自动化系统登录关注率均为100%；

（九）对各部门调研、内外网及微博登录关注率目标进行考核；

（十）完成院领导交办的其他工作；

（十一）完成上列各项工作目标记60分，每少一项扣1分。

第十五条　审判管理办公室工作目标

（一）抓好案件流程管理、审判绩效管理、审判人员业务绩效档案管理；按要求提供审判动态的准确数据；

（二）每月及时督促业务庭案件送检，认真对送检案件进行评查，对案件审（执）限进行跟踪管理，案件评查率为100%，每月通报一次评查情况；

（三）督促业务庭裁判文书按要求上传外网和对庭审视频公开进行审查；

（四）负责对外委托工作；负责案件装订，抓好电子卷宗的制作、归档等流程管理；

（五）司法统计报表差错率为0，及时通报各业务庭司法统计中存在的问题；

（六）办理审判委员会会务事项，认真总结审判工作经验；

（七）每年庭审观摩案件在公开开庭审理案件数的5%以上；

（八）完成二审案件的登记工作；逐案审查发回重审、改判案件，并将审查情况报分管领导和反馈给相关业务庭；

（九）在评查案件时，认真审核裁判文书，按中院要求上报优秀法律文书；

（十）每季度报送简报信息1篇到研究室；法院官方微博、内网及办公自动化系统登录关注率均为100%；

（十一）督促业务庭案件录入率、法律文书网上签批率、法律文书上载率均为100%；

（十二）探索民事裁判文书制作简化改革，指导并考核业务庭简易化的判决书比例超过60%；

（十三）公文差错率为0；

（十四）完成院领导交办的其他工作；

（十五）完成上列各项工作目标记60分，每少一项扣1分。

第十六条　司法警察大队工作目标

（一）协助院机关业务庭送达法律文书；按照院办公室要求，到外单位领取或者发送文件资料；

（二）提押人犯、值庭和协助上级法院对死刑犯的执行；

（三）管理法院枪支弹药、警用器械；

（四）强化安保措施，每日3次以上定时巡查办公区域，消除安全隐患，杜绝非工作长明灯、长流水现象，并作好巡查台账；

（五）严格执行当事人不得随意进入办公区域制度，督促业务庭室在大厅接待当事人；

（六）经院领导批准，全力协助各业务部门可能采取的强制措施；

（七）做好驾驶员集中派遣工作；

（八）按要求完成法院消防工作目标；

（九）根据领导安排，负责刑事罚金的执行；

（十）收发报刊、杂志、信件、邮件，做到收发无误、准确及时；管理好二楼大厅的报刊上架工作；

（十一）法院官方微博、外网、内网及办公自动化系统登录关注率均为100%；

（十二）积极参与社会治安综合治理和县里统一行动；完成院领导交办的其他工作；

（十三）完成上列各项工作目标记60分，丢失枪支弹药和人犯脱逃为“一票否决”，人犯在提押看押过程中自伤自残、警用器械肇事、工作出现其他重大差错，每发生一起扣2分；未完成工作任务每少一项扣1分。

第十七条　立案庭工作目标

（一）严格按照立案程序办理各类案件的审查立案、法律文书上载工作，正确率100%，所涉证据材料须向当事人出具收据；

（二）除人民法庭管辖范围以外，其余民行案件由民一庭、民二庭、行政庭、审监庭负责办理，原则上按一人一案分案；但行政案件分配给行政庭，自诉案件分刑庭，交通事故案件分民一庭，商事和涉军案件分民二庭，再审案件分审监庭；其他民事案件按序按人轮流分给民一庭、民二庭、行政庭、审监庭，做到人均办案大体平衡；

（三）按时限完成上诉案件的登记移送工作；发回重审案件原则上分配到原承办庭办理；指定再审和法院决定再审的案件，作出立案裁定送达后五日内移交审监庭办理；

（四）负责上诉案件的审查和移送，处理来信来访和涉法涉诉上访工作；办好“立案信访窗口”，认真开展“窗口”司法便民、利民活动；来信来访必须做到件件有登记，事事有答复，并建立详细台账；每季度向研究室报送不少于1500字的信访分析材料和向院领导报告来信来访、立案、结案和收费情况；

（五）做好“12368”法律服务电话的接听和分流工作；

（六）抓好速裁庭工作，快立、快审、快结，做到便捷、高效，结案率100%，当庭裁判率100%，每月月底前将所结案件交审管办评查后归档；立案后7日内不能结案的，及时移送业务庭审理；

（七）信访投诉率1%以下；

（八）法定审限内结案率100%；

（九）司法赔偿率为0；

（十）裁判文书差错率为0；

（十一）按时填报司法统计报表，差错率为0；

（十二）收取诉讼费、申请费，做到应收尽收；

（十三）审查当事人缓减免诉讼费用的申请，报请分管领导或院长审批后作出司法救助决定书；

（十四）每月报送简报信息1篇到研究室；

（十五）按时完成领导签批的调研文章；

（十六）案件录入率、法律文书上载率、本院官方微博、内网及办公自动化系统登录关注率均为100%；

（十七）完成院领导交办的其他工作；

（十八）完成上列各项工作目标记60分，每少一项扣1分。

第十八条　刑事审判庭工作目标

（一）负责审理刑事公诉案件、法院机关辖区内刑事自诉案件；按要求完成少年法庭、帮教、禁毒、禁传销、反邪教等工作目标；配合相关部门搞好社区矫正工作；刑事案件的罚金和赃款赃物做到应收尽收；

（二）年终结案率99.7%以上；

（三）公开宣判率100%；

（四）当庭裁判率10%以上；

（五）服判息诉率91%以上；

（六）结案均衡度0.7以上；

（七）简易程序适用率75%以上；

（八）法定审限内结案率100%；

（九）案件陪审率40%以上；

（十）批准延长审限率5%以下；

（十一）二审发回重审率3%以下（审委会讨论的案件除外）；

（十二）二审改判率3%以下（审委会讨论的案件除外）；

（十三）司法赔偿率为0；

（十四）裁判文书差错率为0；

（十五）司法建议发出数1份以上，转化率70%以上；

（十六）按时填报司法统计报表，差错率为0；

（十七）裁判文书上外网每月不少于10件；

（十八）庭审视频公开2件以上；

（十九）案件录入率、法律文书上载率、本院官方微博、内网及办公自动化系统登录关注率均为100%；

（二十）每月月底前将所结案件交到审管办评查后归档；

（二十一）信访投诉率1%以下；

（二十二）案件回访10件以上；

（二十三）每月报送简报信息1篇到研究室；

（二十四）每季度报送典型案例1篇到研究室；

（二十五）9月底前报送视频新闻2篇到研究室；

（二十六）按时完成领导签批的调研文章；

（二十七）完成院领导交办的其他工作；

（二十八）完成上列各项工作目标记60分，每少一项扣1分。

第十九条　民事审判一庭、民事审判二庭、行政审判庭、审判监督庭工作目标

（一）民一庭负责审理立案庭移送的交通事故案件、其他民事案件及对人民法庭进行业务指导，民二庭负责审理由立案庭移送的商事案件、涉军案件及其他民事案件，行政庭负责审理由立案庭移送的行政案件、非诉执行案件、其他民事案件及按要求完成依法行政工作目标，审监庭负责审理由立案庭移送的再审案件及其他民事案件；

（二）办理案件的诉前保全、诉讼保全、证据保全和先予执行；收取公告费、鉴定费、证人出庭费及其他诉讼中的费用；

（三）年终结案率99.7%以上；

（四）公开宣判率100%；

（五）当庭裁判率70%以上；

（六）案件调解率50%以上、撤诉率21%以上（行政案件调解率和撤诉率之和30%以上）；

（七）服判息诉率91%以上；
（八）结案均衡度0.7以上；
（九）简易程序适用率75%以上；
（十）法定审限内结案率100%；
（十一）案件陪审率40%以上；
（十二）批准延长审限率5%以下；
（十三）二审发回重审率不超过3%（审委会讨论的案件除外）；
（十四）二审改判率不超过3%（审委会讨论的案件除外）；
（十五）探索民事裁判文书制作简化改革，简易化的判决书比例60%以上；
（十六）裁判文书差错率为0；
（十七）司法建议发出数1份以上，转化率70%以上；
（十八）按时填报司法统计报表，差错率为0；
（十九）裁判文书上外网每月不少于1件，庭审视频公开每年不少于1件；
（二十）案件录入率、法律文书上载率、本院官方微博、内网及办公自动化系统登录关注率均为100%；
（二十一）每月月底前将所结案件交审管办评查后归档；
（二十二）信访投诉率1%以下；
（二十三）案件回访10件以上；
（二十四）每月报送简报信息1篇到研究室；
（二十五）每季度报送典型案例1篇到研究室；
（二十六）9月底前报送视频新闻2篇到研究室；
（二十七）按时完成领导签批的调研文章；
（二十八）完成院领导交办的其他工作；
（二十九）司法赔偿率为0；
（三十）完成上列各项工作目标记60分，每少一项扣1分。
第二十条　执行工作局工作目标
（一）负责执行由立案庭移送的各类执行案件，上级法院交办和外地法院委托执行的案件；
（二）对人民法庭执行工作进行业务指导；
（三）抓好无执行积案法院的创建；
（四）年终结案率99.7%以上；
（五）实际执行率70%以上；
（六）执行标的到位率75%以上；
（七）恢复执行率30%以下；
（八）结案均衡度0.7以上；
（九）法定执限内结案率100%；
（十）批准延长执限率5%以下；

（十一）司法赔偿率为0；

（十二）裁判文书差错率为0；

（十三）裁判文书上外网每月不少于1件，执行视频公开每年不少于1件；

（十四）司法建议发出数1份以上，转化率70%以上；

（十五）按时填报司法统计报表，差错率为0；

（十六）案件录入率、法律文书上载率、本院官方微博、内网及办公自动化系统登录关注率均为100%；

（十七）每月月底前将所结案件交审管办评查后归档；

（十八）信访投诉率1%以下；

（十九）案件回访10件以上；

（二十）每月报送简报信息1篇到研究室；

（二十一）每季度报送典型案例1篇到研究室；

（二十二）9月底前报送视频新闻2篇到研究室；

（二十三）按时完成领导签批的调研文章；

（二十四）完成院领导交办的其他工作；

（二十五）完成上列各项工作目标记60分，每少一项扣1分。

第二十一条　人民法庭工作目标

（一）审理本辖区内的各类民事案件、刑事自诉案件、瓮安县农村商业银行县城区各部门借款案件；

（二）执行本庭审理的案件（执行省外案件须按程序报执行局、省高院审批）；

（三）辖区内影响较大、疑难、新类型、涉及乡镇及领导和群体案件等，需调整由院机关业务庭审理的，须经分管副院长、分管立案副院长和院长审批；

（四）负责审查当事人缓减免诉讼费用的申请，报请院长或分管院长审批后作出司法救助决定书，司法救助案件2件以上；

（五）完成诉前保全、诉讼保全、证据保全、先予执行工作；

（六）负责本辖区基层调解组织、人民调解员、人民陪审员和便民诉讼联络员的业务指导和培训，每年培训不少于2次，通过庭审观摩、个案指导等形式指导不少于总人数的50%；

（七）各项规章制度健全，安全、值班、考勤、卫生、车辆、警械、印章、文档、卷宗、款物等制度上墙；

（八）认真落实司法为民、便民、利民举措，抓好文明窗口建设。便民制度上墙，立案信访场所应设置休息座椅、笔墨纸张、导诉台、报刊架、饮水设施、便民雨伞、评价器、意见箱，畅通民意诉求渠道，公开干警联系电话、去向和投诉电话；

（九）提供法治宣传栏不少于4期的图片资料，对辖区内学校上法治课不少于4次的记录、讲稿或音像等材料，对辖区内机关、厂矿、企业、社区、农场、林场等法治讲座不少于1次的记录、讲稿或音像等材料，向辖区群众发放法制宣传单、宣传册或宣传图片不少于1次的原始资料或音像资料等材料；

（十）每村设立1个以上便民诉讼联系点或法庭工作联络室，聘请诉讼联络员，制作诉讼指南、诉讼须知、便民诉讼联系卡等由诉讼联络员向到访群众发放，在辖区内产生1个以上无讼村寨；

（十一）建立案件风险评估机制和裁判效果评估机制，要有制度和学习记录，3件以上案件卷宗材料有体现；

（十二）涉及群体、矛盾易激化的案件，及时向领导汇报和有关部门联系，定纷止争。要有1个以上案件卷宗材料或汇报、联系记录等材料体现；

（十三）向所在地乡镇党委、人大汇报工作2次以上，与政府沟通1次以上，提供法律咨询或建议1次以上，邀请人大代表、政协委员及社会各界人士代表旁听典型性或涉及民生的案件1次以上，召开座谈会听取对法庭工作的意见和建议1次以上；

（十四）搞好来信来访工作，件件有登记台账；

（十五）推行小额速裁程序，案件2件以上；

（十六）积极开展诉前调解工作，诉前调解案件10件以上；

（十七）积极参与社区矫正与帮教管理工作；

（十八）年终结案率99.7%以上；

（十九）公开宣判率100%；

（二十）当庭裁判率70%以上；

（二十一）调撤率68%以上；

（二十二）服判息诉率91%以上；

（二十三）恢复执行率20%以下；

（二十四）结案均衡度0.7以上；

（二十五）简易程序适用率75%以上；

（二十六）法定审限内结案率100%；

（二十七）案件陪审率按普通程序审理案件的40%以上；

（二十八）巡回审判率15%以上；

（二十九）批准延长审限率5%以下；

（三十）二审发回重审率不超过3%（审委会讨论的案件除外）；

（三十一）二审改判率不超过3%（审委会讨论的案件除外）；

（三十二）探索民事裁判文书制作简化改革，简易化的判决书比例60%以上；

（三十三）裁判文书差错率为0；

（三十四）司法建议发出数1份以上，转化率70%以上；

（三十五）按时填报司法统计报表，差错率为0；

（三十六）裁判文书上外网每月不少于1件，庭审视频公开每年不少于1件；

（三十七）规范庭审的案件2个以上视频资料；

（三十八）案件录入率、法律文书上载率、本院官方微博、内网及办公自动化系统登录关注率均为100%；

（三十九）每月月底前将所结案件交审管办评查后归档；

（四十）案件申诉率2%以下；

（四十一）信访投诉率1%以下；

（四十二）每月报送简报信息1篇到研究室；

（四十三）每季度报送典型案例1篇到研究室；

（四十四）9月底前报送视频新闻2篇到研究室；

（四十五）按时完成领导签批的调研文章；

（四十六）完成院领导交办的其他工作；

（四十七）司法赔偿率为0；

（四十八）完成上列各项工作目标记60分，每少一项扣1分。

第二十二条 民商事案件的诉前保全、先予执行，须报请分管副院长或院长审批后方可裁定执行；民商事裁定书、调解书由审判长或庭长（副庭长）签发；适用简易程序审结案件的民商事判决书由庭长（副庭长）签发；适用普通程序审结案件的民商事判决书由庭长（副庭长）审阅后，报请分管副院长签发；其余一般性法律文书由庭长（副庭长）签发。刑事案件判处十年以上有期徒刑、缓刑、三年以下有期徒刑、管制、拘役、单惩罚金、改变定性的刑事判决书由分管副院长签发；撤销缓刑收监执行、三年以上十年以下有期徒刑由庭长签发；监外执行、免予刑事外罚、无罪判决的案件须经审判委员会讨论决定。行政案件的判决书由分管副院长签发；裁定书、调解书由庭长签发；重大疑难案件必须报请审判委员会讨论决定。执行案件裁定书由局长（副局长）签发；查询、冻结、划拨等强制措施必须由院长签发，院长外出时由分管领导签发；逮捕、拘留决定书由院长签发。在新规定出台之前按前述规定执行。各部门撰写的简报由研究室审查复核，分管领导签发，按标准制作，技术室上传内外网站。

第二十三条 凡属上级法院和外地法院委托送、宣判、调查等有关事项由对口业务庭轮流办理或院领导指定办理，并将有关材料寄回委托法院，拒绝办理每件扣1分。

第二十四条 坚持院领导办案制度，充分发挥院领导办案的指导示范作用，院长年度办案不少于1件，其他党组成员不少于3件。

第四章 经费管理

第二十五条 诉讼费用和其他各项经费统一由院财务室管理，立案庭收取的诉讼费用按月与财务室结算，人民法庭收取的诉讼费用按季度与财务室结算。

第二十六条 本院经费管理坚持在财政、审计部门的监督下，实行统一领导、分类管理、逐级负责的管理体制，管好、用好中央补助办案专款和县财政拨付办公办案经费，厉行节俭，反对浪费。各部门要高度重视经费管理，以高度的责任感和主人翁姿态协助管理使用好本院各项经费，确保法院工作高效、有序运转。

第二十七条 各项经费支出坚持由分管领导把关、分管财务领导审批的原则。经费支出必须使用合法的原始凭证，务求真实、准确、完整、规范，手续齐备。支出项目分别按中央补助人民法院办案专款管理办法和县财政预算内拨款支出范围内列支，严禁超范围列支。

第二十八条　日常办公经费支出管理

（一）日常办公费包括水费、电费、电话费、卫生费、纸张费、墨粉费、煤炭费、网络费（除光纤费）、宣传费、邮寄费、会务费，水电设施维修费，电脑、打印机、复印机、传真机、照相机、摄像机等办公设备维修费等。人民法庭全年日常办公费在以下范围核定：猴场法庭、珠藏法庭各18000元，永和法庭、玉山法庭、中坪法庭各13000元，每月凭发票审核报销，累计限额；院机关及雍阳法庭日常办公费由办公室统一支付。

（二）廉政食堂费用。院机关继续开办法官廉政食堂，法庭干警每人每月交费50元，需要就餐的机关干警交100元；人民法庭自行开办食堂，每月补助炊事员费1600元（含单位应缴纳的保险费和个人应缴纳的保险费；如本人已自行参保，不需单位为其办理社会保险，提供参保依据后，单位每月补助炊事员费1500元），干警生活费每人每月550元。

（三）接待费。人民法庭接待本院干警及县内其他单位人员原则上安排在本庭食堂，接待县外法院及其他单位人员需在外安排的须按程序报批，全年接待费用在以下范围核定，超过范围外的部分由法庭自行负担。不超过40元/人次，猴场法庭4000元，珠藏法庭3000元，永和法庭、玉山法庭、中坪法庭2000元，每月凭发票审核报销，累计限额；上级法院来院指导及联系工作由办公室统一安排接待，原则上安排在本院食堂；其他法院来办理相关业务由对口业务庭、队接待，费用自行列支；确需由办公室统一安排接待的，说明原因提前报分管领导和分管财务领导审批后，原则上安排在本院食堂；因特殊原因需在外接待原则上不超过40元/人次。

（四）培训费。人民法庭全年培训人民陪审员、人民调解员和便民诉讼联络员的相关费用实行核定报告制，有培训事宜应及时向分管领导报告，培训所产生的相关费用在以下范围内核定：猴场法庭、珠藏法庭各1800元，永和法庭、玉山法庭、中坪法庭、雍阳法庭各1500元，每月凭发票审核报销，累计限额；院机关的培训费用由办公室统一支付。

第二十九条　办案费用支出管理

（一）办案支出费用。各业务庭在办案中所产生的费用包括差旅、住宿、就餐、车辆维修保养装饰、燃油、7月10日洗车合同期限届满后的洗车等，在包干经费限额内凭票审核报销，就餐费不能超过办案经费的10%。

1. 人民法庭审结归档的诉讼案件（含撤诉、驳回）和执行案件（含终结本次执行程序、执行和解）300元/件，兑现完毕的执行案件350元/件；恢复执行案件200元/件（一年内多次恢复的只核算一次经费）；保全和先予执行另加100元/件；支付令案件50元/件；司法确认案件50元/件；其他特别程序案件50元/件；省外案件穷尽邮寄、委托、电子邮件等便捷方式均不能送达后，确需实地办案的，写出报告经院党组会讨论批准后适当补助交通费用，食宿和差旅等费用自行列支。玉山法庭案件数超过近三年平均数的50%部分和其他法庭案件数超过近三年平均数的10%部分的办案经费由党组另行研究决定。

2. 院机关业务庭审结归档的民商事、行政诉讼案件（含撤诉、驳回）220元/件；中院指定管辖案件500元/件；保全和先予执行另加100元/件；支付令案件50元/件；司法确认案件50元/件；其他特别程序案件50元/件；非诉行政审查案件67件以内100元/件，超过部分的办案经费由党组另行研究决定；省外案件穷尽邮寄、委托、电子邮件等便捷方式均不能送达后，确需实地办案的，写出报告经院党组会讨论批准后适当补助交通费用，食宿和差旅等费用自行列支。

3. 院机关业务庭审结归档的刑事诉讼案件（含撤回起诉）200元/件；中院指定管辖案件500元/件；保全和先予执行另加100元/件；省外案件穷尽邮寄、委托、电子邮件等便捷方式均不能送达后，确需实地办案的，写出报告经院党组会讨论批准后适当补助交通费用，食宿和差旅等费用自行列支。

4. 执行局执结归档的案件（含终结本次执行程序、执行和解和委托执行）400元/件，执行兑现完毕的案件500元/件；恢复执行案件200元/件（一年内多次恢复的只核算一次经费）；中院指定管辖案件500元/件；外地法院专项委托案件100元/件；保全和先予执行另加100元/件；省外案件穷尽邮寄、委托、电子邮件等便捷方式均不能送达后，确需实地办案的，写出报告经院党组会讨论批准后适当补助交通费用，食宿和差旅等费用自行列支。

5. 院机关立案庭审结归档的速裁案件不含涉及车辆费用30元/件；支付令案件30元/件；司法确认案件30元/件；其他特别程序的案件30元/件。

6. 法警队按原要求履行安保和送达刑事法律文书等工作，另送达院机关民商事诉讼案件县内法律文书，业务庭应派承办人1人以上参与，含差旅食宿不含涉及车辆费用50元/件（在职干警不参与审判辅助部门考核）。

7. 人民陪审员每陪审一个案件补助经费100元，造册附裁判文书或庭审笔录按程序审核后每月结算一次。

8. 未按规定时限缴纳诉讼费用而撤诉的案件，不予补助办案经费。

9. 受委托调查、宣判、送达的案件由立案庭分配给对应业务庭会同法警大队办理，均不另报销费用。

10. 二审维持以及被评定为优秀卷宗的案件，办案经费另加50元（其中优秀卷宗的评定不超过各业务庭案件数的10%）。

11. 驾驶员集中派遣办公室派出的驾驶员出差县城区域以外，安全行车的按0.15元/公里计算公杂费。

12. 全院在职干警人头经费按1万元预算。审判辅助部门因公出差按规定据实报销，辅助办案按全院业务部门办案经费的平均数的65%凭票审核报销，聘用人员按30%凭票审核报销。

（二）办案支出费用的审核报销。各业务庭审结的案卷按规定时间送审管办评查合格归档后，由政工科、监察室、研究室、办公室提供相关考核材料到审管办汇总，纪检部门监督，持相关票据按财务管理制度审核报销。

第三十条　省外办案借支费用管理

（一）出差省外期间乘坐交通工具及报销交通费、住宿费、伙食费、公杂费等费用严格按《瓮安县县级国家机关和事业单位差旅费管理办法》（瓮财〔2010〕11号文件）执行。

（二）出差外省人员可先向院财务室借支交通费用，出差四川、重庆、湖南、广西、云南等相邻省份的每人可借支1000至2000元，出差河南、陕西、山西、湖北、安徽、江西等较远省份的每人可借支2000元至3000元，出差沿海省份及东北三省、新疆、西藏、内蒙古等省份的每人可借支3000元至4000元。具体数额由分管领导和分管财务领导根据案件的实际情况和节约原则确定。

第五章　奖励和惩罚标准

第三十一条　奖励标准

（一）年终岗位目标考评以庭室为单位从高分到低分设一、二、三等奖，奖励标准由党组另行研究决定。各庭室根据干警的工作量、业绩等因素对干警个人给予奖励。

（二）荣获县、州、省、国家级的先进集体、先进个人和记功的，本院不再重复奖励。

（三）鼓励干警参加各种形式的学习，以证书为准，非法律专科修完法律本科的、法律专科修完法律本科的、修完法律硕士以上学历、学位的、通过国家司法考试的等均给予一定奖励，奖励标准按瓮法政〔2010〕19号文件和瓮法政〔2013〕21号文件执行。

（四）鼓励干警积极撰写调研、信息和宣传材料，积极宣传执法等各项工作，按照《瓮安县人民法院调研信息宣传稿件奖惩办法》执行。

（五）鼓励干警公休，确因工作需要未能休假的，按相关规定执行。

（六）各业务庭的法定审限内结案率、人民陪审率、当庭裁判率等指标按省州法院执法办案19项指标考核，以排名居中为基数，往前一名依次递加0.1分，往后依次递扣0.1分。以此作为年终考评的重要内容，名次靠前的重奖。

第三十二条　惩罚标准

（一）经费支出必须实事求是，各部门对报销票据的真实性承担责任，如弄虚作假，一经查实，惩罚责任人500元，取消责任人和所在庭室当年评先选优资格，并追究个人责任。

出现案件当事人出资办案或者“吃、拿、卡、要”情形的，惩罚责任人2000元、所在庭室3000元，取消责任人和所在庭室当年评先选优资格，并严肃追究个人责任。

（二）凡属院里研究决定统一调节的案件或院长指定审理的案件，各庭须无条件服从。拒绝收案的，每件惩罚1000元；情节严重的，取消该庭当年的评先选优资格，并对庭室负责人作调离岗位或组织处理。

（三）擅自跨辖区受理案的不予补助办案经费，应该受理而故意推诿的加倍惩罚。

（四）审管办应认真做好“两评查”工作，凡上级法院在抽查我院案件时查出个案有2处以上重大、明显错误和问题的，惩罚100元，对应业务庭同等惩罚；本院组织的抽查，查出个案有2处以上重大、明显错误和问题，惩罚50元，对应业务庭同等惩罚。

（五）法综系统、质效系统、节点管理系统等填报数据不完全、不准确的，每处惩罚50元。

（六）无故迟到、早退、脱岗，给予每次惩罚20元，并对所在庭室每人次扣0.1分；未按要求参加会议和其他活动，每次惩罚50元，每人次扣0.2分；旷工每人每半天惩罚100元，扣0.5分；考勤弄虚作假按旷工论处。

因前述行为被本院内部通报批评的，每次惩罚500元；被外单位通报批评的，每次惩罚1000元，取消所在庭室及责任人年终评先选优资格。迟到、早退、脱岗每月累计超过6次，或者旷工累计超过2天，以及被点名通报批评的，取消当月除工资外的一切福利待遇。

（七）规定指标反向一个百分点，惩罚部门200元，此项最高惩罚不超过1000元。

（八）应当依法公开审理而未公开，或者不应公开审理而公开，以及案件未公开宣判的，每件惩罚500元。

（九）发回重审内部函指出程序问题的案件，每件惩罚承办部门1000元；因实体发回重审的，每件惩罚500元（经审委会讨论决定的案件除外）。

（十）经审委会认定为错案，或者办案有弄虚作假行为的，每件惩罚2000元，并按错案责任追究制严肃处理；造成国家赔偿，由直接责任人承担5%以上的赔偿责任。

（十一）超法定审（执）限结案每件惩罚500元，含实际审限未超、但法院综合管理等系统显示超期的情形。

（十二）立案审查超过规定审查时限的，每件惩罚200元。

（十三）不按规定私自、擅自对外委托鉴定、评估、审计和拍卖的，每件惩罚直接责任人500元。

（十四）未按规定时限将已结案件报送审管办评查归档，每迟报一件惩罚500元；未按规定时限移送上诉案件，每件惩罚500元。

（十五）审管办应在次月10日前，通报上月案件评查情况，逾期罚200元。对审管办的评查通报有争议的，向分管院长提出。

（十六）未按时完成信息调研宣传任务的，首次惩罚500元，第二次惩罚1000元，第三次以后每次惩罚2000元。

（十七）违反车辆管理规定的按照《瓮安县人民法院关于加强警用车辆管理的补充规定》（瓮法发〔2013〕11号文件）惩罚。

（十八）未按院领导指示和上级部门的要求及时报送相关材料，每次惩罚责任部门200元。无故不参加集体活动的，每人次惩罚责任部门200元。

（十九）因违法违纪受党纪、政纪处分的人员，一年内取消各种奖励资格。

（二十）年度结案均衡度不到目标要求的惩罚1000元。

（二十一）裁判文书出现错、漏、别字，每处差错惩罚业务庭室20元；出现明显错误和问题的，每处惩罚50元。

（二十二）司法建议达不到目标要求的惩罚1000元。

（二十三）新闻报道、视频宣传达不到目标要求的惩罚1000元。

（二十四）对工作责任心不强，违反《人民法院工作人员处分条例》，工作中造成重大失误和经济损失，经纪检监察部门查实的对直接责任人待岗学习三个月，只发基本工资。

（二十五）对一年内接受同一类惩罚2次以上，且经多次批评教育仍不改正的，视为不适宜从事政法工作，自行联系单位调离法院队伍。

第六章　附　则

第三十三条　本岗位目标管理及考评办法适用于法院各部门，全院干警必须模范自觉遵守和严格遵照执行。

第三十四条　法院针对专项工作所作的各项规定与本办法不抵触的亦应遵照执行。

第三十五条　本岗位目标管理及考评办法由院党组抽派人员组成考评小组进行考评。

第三十六条　本岗位目标管理及考评办法由院党组负责解释，未尽事宜逐步修改补充完善。

第三十七条　本岗位目标管理及考评办法溯及于二〇一四年一月一日起施行。

瓮安县人民法院工作报告

（2016 年 3 月 4 日在瓮安县第十六届人民代表大会第五次会议上）

瓮安县人民法院院长　祝夜明

各位代表：

现在，我代表县人民法院向大会报告工作，请予审议，并请列席会议的同志提出宝贵意见。

2015 年工作回顾

一年来，法院在县委坚强领导，在县人大常委会有力监督，在县政府、县政协和社会各界大力支持，在上级法院监督指导下，全面学习贯彻党的十八大和十八届三中、四中、五中全会及习近平总书记系列重要讲话精神，忠实履行宪法和法律赋予的神圣职责，紧紧围绕全县工作大局，坚持“司法为民、公正司法”工作主线，以执法办案为第一要务，全力推动法院工作快速稳步发展，为全县经济社会发展做出了积极贡献。

一、发挥审判职能，维护社会公平正义

全年受理各类案件 5490 件，同比上升 42.45%，占全州基层法院案件总数 29052 件的 18.89%，排名全州第一；审结 4627 件，同比上升 39.28%，占全州基层法院 26664 件的 17.35%，排名全州第一。由息诉服判、执行到位、当庭裁判等 19 项数据构成，用以衡量案件质量和效率的综合指标，排名全州第二，获得“全州优秀法院”表彰。

（一）刑事审判

新收 280 件，旧存 42 件，审结 292 件 397 人。依法严惩朱小敏故意杀人、秦大立抢劫等严重危害人民生命财产安全的犯罪，判处五年以上有期徒刑 19 人，促进了平安瓮安建设。审结胡国才受贿、王飞贪污等职务犯罪案 4 件 4 人，判处十年以上有期徒刑 2 人，促进了反腐败斗争深入开展。坚持宽严相济刑事司法政策，积极维护县域经济秩序和社会安定，对未成年犯罪、过失犯罪，以及一些因民间纠纷、生活琐事所引发的轻微刑事案件以宽缓为主，判处非监禁刑 139 人，占 35.01%，促进了和谐社会构建。探索建立轻微刑事案件快速审理机制，全面启动“轻刑快审”，有 96 件案件控制在 12 个工作日内审结，基本实现当庭宣判并及时送达判决书，息诉服判率 94.14%。

（二）民商审判

新收 3446 件，旧存 301 件，审结 3350 件。坚持调判结合，注重案结事了，强化质量管理，追求公正高效。依法处理婚姻家庭、抚养赡养等案件，加强对妇女、儿童、老人特别是留守人员合法权益的保护。妥善审理人身损害、劳动争议等案件，加强对进城务工人员人身权、财产权的保护。慎重审理民间借贷、买卖合同等案件，维护市场稳定和交易安全。稳妥推进人民法庭优化设置改革，保留的猴场、玉山、中坪、珠藏等 4 个人民法庭均已更名挂牌完毕。将已撤销的永和法庭作为巡回审判点派员常驻受案、审案，方便群众诉讼，全年各人民法庭共审结案件 1174 件。探索的民商事裁判文书简化改革取得明显成效，将于 2016 年在全州法院推广。

（三）行政审判

新收行政诉讼 23 件、审查非诉执行 47 件，旧存 1 件，审结 71 件。依法支持行政机关履行社会管理职能，执结贵州麒龙置业有限公司和瓮安商贸有限责任公司申请先予执行 5 起强制征收土地案。县住建局申请执行陈仲珍等房屋拆迁行政裁决案，是全县首次采用“裁执分离”模式，审查并准予执行的房屋拆迁案件。按照上级法院统一部署，自 2015 年 5 月 1 日起，原由我院受理的行政案件交由都匀市法院集中管辖。行政审判庭积极转变职能，除审理 2000 元以下、当场处罚的行政案件和审查非诉执行案件外，转为审理民商事案件。

（四）执行工作

新收 1162 件，旧存 188 件，执结 893 件。加大强制执行力度，公布失信被执行人名单 182 人，在新区广场和县电视台曝光“老赖”42 人；司法拘留 120 人，占全省拘留、罚款总数 925 人的 12.97%；办结全省首例拒不执行判决、裁定罪的刑事自诉案，追究 1 人刑事责任。狠抓实体结案，减少程序空转，执行完毕 409 件，执行到位金额 11105.34 万元，到位率 51.01%。司法救助金额 79.92 万元。全面实施网络拍卖，建立执行听证制度，注重执行程序公开透明，保障当事人的参与权和监督权。

二、夯实基层基础，加强法院队伍建设

（一）加强党风廉政建设

认真落实党风廉政建设“两个责任”，增强干警廉政意识，筑牢拒腐防变思想防线。开展党风廉政建设专项教育活动，对班子成员、中层干部约谈 3 轮 90 人次。集体观看廉政纪录片 4 次，院机关各楼层滚动播放《作风建设永远在路上》教育片。在管人、管案、管车的重点环节，排查风险节点，制定防控措施，落实防控要求。针对违纪苗头，诫勉谈话 4 人次；对违反工作纪律的 2 名党员干部，作出全院通报批评、取消县级绩效考核奖励的处理。

（二）加强班子自身建设

扎实开展“三严三实”专题教育，不断巩固群众路线教育实践活动成果。坚持党组中心组理论学习制度，规范党组议事决策程序。班子成员带头办案，建立院领导交叉评查案件机制。43 名党员到社区党组织报到，进一步完善联系群众工作机制。在班子民主生活会上坦诚开展批评与自我批评，增进班子团结，提高凝聚力和战斗力。

（三）加强思想作风建设

集中学习《中国共产党廉洁自律准则》和《中国共产党纪律处分条例》，要求全院干警严以修身，加强党性修养，坚定政治信念；严以律己，严守党的政治纪律和政治规矩，自觉做政治上的“明白人”；严以用权，真抓实干，严谨行使审判权执行权。对存在特权思想、违反警灯警报器使用规定的2名干警，作出全院通报批评的处理。以司法巡查、审务督查为载体，重点整治“慵懒慢拖”等人民群众反映强烈的问题，干警队伍呈现出良好的精神风貌。

（四）加强干部队伍建设

按照正规化、专业化、职业化要求，培养高素质法官队伍。加大人员调整和轮岗交流力度，选派1名年轻干警到广州市花都区法院挂职锻炼。8名优秀干警提拔到中层岗位，班子后备力量得到充实。提请人大常委会任命审判委员会委员2人、人民陪审员17人。引进硕士研究生3人，招录“政法干警”硕士研究生4人，招录通过司法考试的公务员3人。完成64人的法官等级和行政职级套改工作。1名干警获得最高人民法院表彰，1名获得省高院表彰。

（五）加强司法能力建设

一是加大业务培训力度，先后派遣18批54名干警到中山大学、复旦大学等高校“充电”，提高司法能力；邀请西南政法大学、贵州师范大学等学界专家到院举行专题讲座，为全院干警“补钙”，提升办案水平。二是加大调查研究力度，积极申报调研课题，选派理论功底深、调研能力强的干警充实调研队伍，分别中标省、州法院重点调研课题各一个，参加最高人民法院和中国法学会学术征文4次，公开发表调研文章11篇。三是加大信息建设力度，建成执行查控、远程接访、网上申诉信访等系统，4个人民法庭已经建成3个科技法庭；重视软件运用，采取有力措施全面推行办公自动化和无纸化办公，考勤签到、公文流转、文书签批、电子卷宗、在线学习和工作日志全部在网上实施，连续两年在全省法院信息化建设与应用考核中获得第三名、第二名的好成绩。四是加大审判管理力度，按照“数据真实、管理规范、监督有力、促进工作”的要求，绝对禁止虚假报结、虚增到位标的、数据“注水”等作假行为；根据审判流程管理系统提供的适时数据，依靠节点管控系统，结合上级法院各项质效考核指标，有针对性地开展工作，审判质量和效率得以大幅提升。

三、强化司法为民，实现审判职能延伸

（一）坚持便民诉讼

坚持司法为民宗旨，深入推进诉讼服务中心的标准化、规范化建设。认真落实立案登记制改革的要求，做到有案必立，有效杜绝“推案、拖案、不收案”现象。在立案大厅安装银联刷卡机，方便诉讼费用缴纳；启用网上立案系统，率先在全州法院通过网络诉讼服务平台审查立案；率先在全省法院开通的诉讼服务电话，并线接入“12368”人工语音平台，为当事人提供诉讼引导、法官联络等服务；安装大屏幕多功能查询终端，方便群众查询办案进度、法律咨询、纪检投诉。构建以院机关为中心，辐射全县的人民法庭、诉讼联络室、法官工作站、巡回审判点“庭室站点1+4”便民诉讼网络，培训人民陪审员、诉讼联络员、人民调解员300余人次。在未设人民法庭乡镇的群众工作中心设立诉讼材料受理窗口，保障群众诉求渠道畅通。为当事人办理“减缓免”诉讼费120.79万元，确保困难群众和弱势群体打得起官司。

（二）维护社会稳定

自觉把法院工作融入县委工作大局，延伸审判职能，会同政法委、信访局妥善处理各类突发性事件、群体性纠纷；针对案件审理中发现的维稳隐患，如涉众型的黔创公司非法融资涉嫌犯罪案，及时向县委请示报告；接待涉诉涉访当事人387件541人次，报送各类预警信息87次、信访信息14期、涉法涉诉专报12期；排查稳控重点人员6件12人次，完成省法院交办的涉法涉诉信访案件2件；审查再审申请21件，决定再审4件。指导人民调解组织调解各类纠纷，有效防止矛盾升级和激化；积极参与社会治理，针对办案发现的问题，向相关部门提出建立健全规章制度、堵塞管理漏洞等方面的司法建议12条，目前已有9个单位书面回复采纳并加以落实。

（三）加强法制宣传

开展“庭审进校园”活动3次、“送法进校园”活动8次，选派15名业务庭长担任中小学法制副校长，为在校学生上好法制课。开展国家宪法日宣传活动，营造全民尊法守法氛围。开展“公众开放日”活动4次，增加法院透明度和亲民感。以巡回审判、以案说法、携案回访等方式加强法制宣传，引导群众学法用法，增强法制意识。在多彩贵州网开辟专栏的同时，还通过报刊电视、微博微信等媒体宣传法院工作和法治思想，全年微博直播庭审3次，刊发文字稿件100余篇，电视新闻报道34次。

（四）主动接受监督

加快审判流程、裁判文书、执行信息“三大公开平台”建设，接受县人大常委会关于司法公开的专项审议。开展“万名代表听千案”“人大代表法庭行”活动34次，受邀代表、委员195人次，主动接受权力机关监督和政协民主监督；召开新闻发布会2次、案情通报会6次、在中国裁判文书网发布生效法律文书1821份，公开接受社会监督和当事人监督；出台《关于进一步支持律师工作的会议纪要》，邀请检察机关及律师事务所参与案件质量评查，诚恳接受法律职业共同体的法律监督和业务监督。

各位代表，县人民法院工作取得的成绩和进步，是县委坚强领导、县人大常委会监督帮助、县人民政府和县政协以及社会各界大力支持的结果。在此，我代表县人民法院，向关心、支持法院工作的人大代表、政协委员和社会各界人士，致以崇高的敬意和衷心的感谢！

在看到成绩的同时，我们也清醒地认识到，法院工作还存在不少问题和困难，主要表现在：一是执法办案任务繁重，案件数量持续上升，“案多人少”矛盾日益突出，法官压力越来越大；二是队伍结构及人才培养需要进一步优化，审判组织架构需要“扁平化”改革，办案激励机制需要创新，办案责任制需要落实；三是审判管理、政务管理的精细化、规范化水平有待进一步提升；四是个别干警服务意识淡薄，执行力、落实力不强，人民群众对法院工作满意度不高；五是信息化建设与省法院“逢审必录”的工作要求尚有一定差距，新建审判法庭项目后续建设资金缺口较大等等。面对这些问题和困难，我们将切实采取措施，积极争取支持，努力予以解决。

2016 年工作思路

2016 年既是全面建成小康社会决胜阶段的开局之年，同时也是全面深化司法体制改革的攻坚之年。我院将紧紧围绕“四个全面”战略布局，着力在“加强执法办案、探索司法改革、推进信息建设”三个方面开展工作。扎实推进过硬队伍建设，坚持严格司法、公正司法，切实提高司法公信力，全力助推社会主义法治建设和依法治县进程，为实施“十三五”规划创造公平正义的法治环境。

一是加强理论学习，改进司法作风。扎实开展“廉洁司法”集中教育活动，进一步规范与当事人、律师、特殊关系人和中介组织的接触交往，牢固树立司法为民宗旨意识，严格规范司法行为，切实改进司法作风，努力提升人民群众对法院工作的满意度。

二是坚持执法办案，促进司法公正。坚持执法办案第一要务，力争全年结案突破 5000 件。加强刑事审判工作，推进“轻刑快审”，确保社会稳定、人民安居乐业；公正审理民商事案件，追求“案结事了人和”；继续加大对抗拒执行的制裁力度，最大限度、最快速度实现当事人胜诉权益。

三是推进司法公开，提升司法公信。以“三大公开平台”建设为抓手，推动法院信息化工作纵深发展。充分利用信息技术，促进法院工作“开放、透明、便民”。实施“逢审必录”，全面推行办案信息同步录入、办案全程上网，逐步实现审判执行信息的全程公开，确保审判权执行权在阳光下运行。

四是探索司法改革，加强自身建设。建立案件繁简分流机制，人民法庭只审理简易案件。改革审判组织架构，试行法官和辅助人员组成的“1+N”办案团队模式，实行“扁平化”管理。探索办案激励和落实错案责任追究机制，开出审判人员的“权、责、利”清单。以零容忍的态度惩治司法腐败，建设一支为民务实清廉的法院队伍。

各位代表，2016 年我们已经在路上，新的征程已经开启，新的形势催人奋进。新的一年，县人民法院将认真面对新变化新要求，以干事创业的责任感、昂扬向上的精气神，以夙夜在公的作风、聚沙成塔的决心、驰而不息的毅力，全力做好各项工作，为全县科学发展，率先实现全面小康，作出新的更大的贡献！

附：《瓮安县人民法院工作报告》名词解释

1. 宽严相济：是我国的一项重要刑事司法政策，要求做到该严则严、当宽则宽、宽严适度，使执法办案活动既有利于震慑犯罪，又有利于促进社会和谐。

2. 非监禁刑：包括缓刑、管制、单处罚金等。适用非监禁刑体现了刑罚轻缓化、刑罚人道主义，促使被告人回归社会的刑罚理念。

3. 轻刑快审：是指对一些构成犯罪，但情节轻微、被告人又主动认罪的案件，压缩程序减少羁押时间，通过公、检、法三机关合力实现快审快结案。

4. 人民法庭优化设置改革：作为深化司法体制改革“关键的关键”，是根据上级法院关于优化人民法庭设置改革实施方案工作要求，把人民法庭的建设从粗放型管理向精细化治理转变，从规模化的非理性扩张到内涵式的科学发展转变，综合考虑管辖范围、行政区划、案件数量、地域面积、人口数量、交通条件、经济社会发展状况、司法资源的有效配置等因素，建立起以人民法庭为中心、巡回审判点为主干、便民诉讼服务点为支撑、司法联络员为纽带，辐射到村寨的便民诉讼网络，从而实现法庭优化设置与便利群众诉讼的无缝对接，为人民群众提供更加高效便捷的服务。

5. 民商事裁判文书简化改革：系司法体制改革的组成部分，按照上级法院关于一审民商事裁判文书简化改革实施方案，针对案件适用简易程序，事实清楚、责任明确、争议不大等情形的一审民商事案件的裁判文书进行，实现繁案精写、简案简写，以提高司法效率。

6. 裁执分离：是指作出裁决的机关与执行裁决的机关应当分离，即不能由同一机关既行使裁决权又行使执行权，从而体现权力的监督与制约，防止权力滥用侵害相对人合法权益，主要体现在房屋征收补偿决定的强制执行等方面。

7. 立案登记制：是一种案件受理制度，根据《最高人民法院关于全面深化人民法院改革的意见》提出的要求，改革案件受理制度，变立案审查制为立案登记制，对人民法院依法应该受理的案件，做到有案必立、有诉必理，保障当事人诉权。

8. “12368”：是最高人民法院确定的全国法院系统通用的司法信息公益服务号码。

9. 司法建议：通常指人民法院在审判工作中，以预防纠纷和犯罪的发生为目的，针对案件中有关单位和管理部门在制度上和工作上存在的问题，提出健全规章制度、完善科学管理的建议。

10. 司法公信力：是指司法机关依法行使司法权的客观表现，是裁判过程和裁判结果得到民众充分信赖、尊重与认同的高度反映。

11. 三大公开平台：是为贯彻中央关于进一步深化司法体制改革的总体部署，推进阳光司法，由最高人民法院提出的建立完善审判流程公开、裁判文书公开、执行信息公开三大公开平台。审判流程公开，方便当事人查询案件进展情况，增加审判工作透明度。裁判文书公开，确保法律的正确统一适用，增进公众对裁判文书的理解，维护司法裁判的权威，加强对司法裁判的社会监督，促进公正司法。执行信息公开，让公众和当事人及时了解人民法院为实现当事人胜诉权益所采取的执行措施，争取群众对法院执行工作的理解。

三、典型事迹

重拳出击黑恶势力　保障一方群众平安

——瓮安法院处理“6·28”系列案件获先进集体纪实

瓮安是革命老区，有着悠久的历史文化传统，人民淳朴善良，然而在2008年6月28日，因一起非正常死亡事件引发了震惊世界的“6·28”事件。事件发生后，中央、省、州领导高度重视，省公安、检察、法院决定从各地州县抽人成立专案组进驻瓮安开展打黑除恶专项斗争行动，一场轰轰烈烈、史无前例、改变瓮安历史的打黑除恶专项行动正式拉开序幕……

瓮安法院在各级党委和上级法院的领导、监督、指导下，以“三个至上”思想为指导，坚持“严打”方针不动摇，全面贯彻宽严相济的刑事政策，以对党和审判事业高度负责的精神，举全院之力，克服诸多困难，历经一年多的艰辛努力，到2009年12月份止，圆满完成了备受社会各界高度关注的“6·28”打砸抢烧案件和五个涉黑帮派案件的审理和宣判。其中：共处理“打砸抢烧”案件40件60余人，五个帮派案件5件300余人，仅“玉山帮”就涉案人员高达160余人。

通过对处理这批案件，取得了良好的法律效果、社会效果和政治效果，据省统计部门调查，瓮安社会治安的满意度由“6·28”事件发生以前全省倒数第3位迅速上升到全省正数第4位。得到了上级和地方党委的高度评价，保障了一方群众的平安。

一、高度重视、精心部署

瓮安“6·28”系列案件涉嫌罪名多，被告人多，互有牵连，犯罪事实错综复杂。县法院党组始终把“6·28”系列案件的审判工作作为全院工作的头等大事来抓，由院长负总责，主管领导具体抓，将庭前准备、安全保卫、法庭布置、后勤保障、新闻宣传等工作分解到院内具体部门、具体岗位、具体人员，相互协调，形成强有力的工作合力，保证了审判工作的有序进行。

县法院原有的开庭场所条件不足，在经费十分紧张的情况下投入资金10余万元对年久失修的大审判法庭进行粉刷装修，更换了电路、审判台、旁听座椅等设施，对羁押室进行了改造，购买了全套安全检查设备、全套音响和摄录像设备，为庭审提供了优良的物质保证，开庭前全部落实完毕。充分利用法院廉政食堂的优势，为全体执行任务的武警官兵、公安干警和黔南各县市抽来的法警提供食物和饮水，与县医院联系为庭审配备了2名专职医生负责现场救治，为现场指挥需要制作了旁听人员证件、车辆通行证和执勤证件，并制定了详细的庭审预案。

该批案件被告人多、辩护人多，旁听家属、群众多，同时鉴于涉黑案件本身的特殊性，要顺利完成这些案件的审判，安全保卫工作不能出现丝毫的闪失和差错，为确保庭审安全、有序。院党组研究决定成立案件安全保卫组，由县法院经验丰富、在刑事和执行工作领域工作20余年的党组成员、执行局长孙治贤担任安保组长。安保组多次开会协商被告人庭审前提押、庭审中看押、庭审后送押及发生意外情况如何应对等安全保卫和后勤保障的具体事宜，制订了周密的《庭审保障方案》，该方案不仅包括了具体的押解路线、开庭过程，还涉及可能发生的意外事件的应对办法。由于涉案人员较多，大部分嫌疑人员被分别关押于全省5个地、州、市22个看守所。在审理这些案件前，要提前奔赴各地将被告人提押到瓮安，庭审结束后，又要及时将被告人押送回原看守所，执行提押任务的干警经常一天行程几百公里，完成一次执勤任务后，连饭都来不及吃是家常便饭，又匆忙赶到下一个看守所……

每个案件在庭审前三天县法院就发出庭审公告，常常是早上七点钟就有群众守候在庭审现场周围等待入场旁听。在现场，所有旁听人员凭借有效的身份证明，进行登记后，经过严格的安全门检查，将打火机、刀具等危险物品保存后，经手探安检、凭《旁听证》进入法庭。所有被告人在看守所内统一检查，确保未藏匿危险物品，押解经过的路口由交警进行临时交通管制，确保按预定方案及时押解到庭候审。羁押室内严禁被告人讲话，避免串供。

考虑到开庭时间较长，被告人的饮食由看守所提供，确保不出现意外。该批案件的审理，在县委的领导和上级政法部门的支持下，共调动各种警力1500余人次负责安全保卫、押解等任务。

二、提前介入、庭审有序

县法院在该批案件审理过程中，紧紧依靠党委的领导，确保审判工作的顺利进行。在审判组织上精心安排，从黔南各县抽调8人成立瓮安县人民法院“6·28”专案组和专家组，提前介入涉黑涉恶犯罪的调查工作，及早掌握案情，主动与公安、检察机关研究、解决好定罪证据和量刑证据问题。尤其是依法收集、固定对定罪量刑起决定性作用的证据，坚决确保即使犯罪分子拒不认罪或者翻供，也能以其他铁证严惩犯罪分子。坚持庭前合议和审查制度。在案件起诉到法院后，合议庭成员认真对案件事实和证据进行审查，及时交换意见，对案件存在的问题及时与有关机关沟通，协商解决，把问题解决在庭审之前。同时，合议庭还认真拟写庭审提纲，确保案件审理工作的顺利进行。由于“玉山帮”全案共有100多人，在审理时无论是在审判法庭、警力配备等方面都存在着很大困难。因此，县法院在经过认真讨论后，与检察机关沟通，将“玉山帮”分层次用5个起诉书作同一案件起诉，同案不同号，庭审时分别审理，使诸多困难迎刃而解。

案件审理前专案组多次与公诉机关召开协调会，就庭审中可能出现的问题进行全面沟通，确定了以起诉指控的相互关联罪行事实的发生、发展的顺序进行事实调查和举证、质证的庭审思路。合议庭在开庭审理前，到看守所会见被告人，查明其身份情况，告知其合议庭组成人员及庭审中享有的诉讼权利，庭审时就省略相关环节，大大节约了庭审时间，大部分庭审均能在一天至一天半的时间内完成。由于案件跨越时间长，被告供述的书证很多，为提高审判效率，经审判长、公诉人、被告及其律师多方协商，在庭审举证中，实行类举和分别举证并行的方法。对被告人及辩护人均没有意见的证据，实行按类分组举证，节约庭审时间；对被告人及辩护人争议较大的证据，实行一证一举一质，充分保护被告人的合法权益。

该批案件的审理，无论是开庭时间之长、还是参与人员之多，场面之大都创县法院建院以来之最。这一切无论是对指挥人员还是参战人员的精力、毅力还是耐力都是一次严峻的考验。庭审中，县法院案件审理综合协调组成员始终亲临现场指导，抓住每一个环节，不放过每一个细节，使整个庭审按计划有序进行。作为合议庭审判长的祝夜明同志凭借多年的刑事审判经验充分发挥审判长居中组织、调控指挥的作用，准确掌握庭审节奏，始终将控辩双方的讯问、发问、举证、质证、辩论掌控在有序范围内。并就案件中涉及定罪量刑的关键环节适时补充发问。同时总揽法庭，协调控辩审三方关系，时刻观察诉讼各方的情绪变化，消除对立心理，防止过激言行的出现，展示了良好的驾驭庭审能力。为了及时发现问题，完善不足，合议庭利用每天午餐和庭审结束后的时间对庭审情况进行小结，作到拾遗补阙，使庭审不走过场，真正起到查明事实，听取诉求，释明法律，为准确适用法律打基础的作用。在庭审中合议庭注重保障控辩双方的法定诉讼权利，在机会均等的前提下，尤其注重保证被告人的辩解、辩护和最后陈述的权利，对于被告人，审判长都让其坐着接受审判，并提供矿泉水备用。如在“玉山帮”案件审理过程中，被告人皮某某患脑溢血后遗症，由于庭审时间长，审判长对其给予了适当的照顾，并由医务人员全程护理，在旁听席上的被告人家属也深受感动。安全保卫组的干警负责维持旁听席秩序，按指定区域安排旁听人员就座，随时掌握旁听人员动向，关注被告人家属情绪行为变化，及时制止违反法庭纪律行为，用语文明，制止行为适当。由于被告人多，每次庭审进行到两个小时后，就出现了被告人上厕所的高峰，凡是要求上厕所的被告法警都示意其举手，经审判长许可后，由两名法警押解前去。并且，一次只能一个被告人去，不能两个人同去，不给其任何串供的机会。而法警们自己则尽量的不喝水或少喝水，能忍则忍，决不擅自离岗“方便”。由于案件敏感，为保证案件审理公正性及排除干扰，法院对旁听者进行了特殊的约束：庭审不允许旁听者中途退场，如果退场将不允许再次进入。

宣传报道组全程跟踪录像，调试音响设备，为庭审提供了有力的技术保障，留下了宝贵的审判资料。参战各组始终坚守岗位，各司其职，互相配合，整个庭审活动井然有序，未出现任何纰漏。

三、宽严相济、依法判决

县法院深刻领会贯彻“党的事业至上、人民利益至上，宪法法律至上”的指导思想，在裁判时坚定不移地贯彻“严打”方针，对于黑恶势力犯罪的组织者、领导者和骨干分子，依法严厉打击，决不手软；该数罪并罚的坚决依法实行数罪并罚，该重判的坚决重判；严格执行“两个基本”（即基本事实清楚、基本证据确凿充分）刑事方针，不纠缠细枝末节，确保涉黑、涉恶案件的及时有效打击；加大财产刑适用力度，依法没收、追缴黑恶犯罪势力违法所得的一切财产，彻底摧毁其再次犯罪的资本。严格执行刑法、刑事诉讼法和司法解释的有关规定，实事求是地认定黑社会性质组织，准确定罪和量刑。案件构成什么罪，就按照什么罪定性，构成几个罪，就认定几个罪，充分体现国家法律的严肃性。同时把坚持党的刑事政策与执行国家法律有机结合起来，牢固树立证据意识、质量意识，力争把每起案件都办成铁案，经得起历史检验。坚持贯彻“宽严相济”的刑事司法政策，该严的一定从严，真正体现依法从重的精神；该宽的也要依法从宽，切实发挥刑事政策威力，最大限度地分化瓦解犯罪分子，对于有自首、立功、从犯等法定从轻、减轻处罚情节的，依法从轻、减轻处罚，尽量减少社会对立面。如在“刘军帮”一案中有两被告人被免予刑事处罚，在“邹昭喜帮”一案中有三被告人被判处缓刑，三被告人被免予刑事处罚，在“冷老二帮”案件中有一人被免予刑事处罚。

庭审之后，院领导和合议庭一起就案件审理过程中存在的问题及处理意见利用休息日，先后多次向省打黑办、省法院进行汇报，得到了上级机关领导的充分肯定。在经过院审判委员会讨论作出判决决定后，主审人与合议庭其他同志一起加班加点抓紧时间制作裁判文书并及时予以宣判。

四、落实帮教、治病救人

“6·28”事件涉及许多未成年人犯罪。为此，县法院在未成年人案件的审理及帮教方面做了大量的工作。如何帮助他们吸取教训，从心理上走出阴影，实现重新回归社会的后续帮教工作，也是法院审理工作的一个重要部分。

为了更好地审理未成年人案件，县法院专门成立了少年审判庭，制定了《瓮安县人民法院未成年人案件审理操作规程》，进一步规范未成年人案件的审理。在庭审前主动与被告人、法定代理人、所在学校、居住社村干部等见面交流，全面掌握涉案未成年人的个体情况、家庭情况、性格特点、思想状况、成长环境、社会交往以及平时表现，查找其犯罪根源，找准教育、感化的切入点，为进行有针对性的开庭教育、审理做好准备。庭审中使用对话式的审判模式、寓教于审进行庭审，营造一种良好的环境和氛围，最大限度的消除涉案未成年人的恐惧心理和抵触情绪，拉近了他们与法官的心理距离，使他们更容易接受审判和教育。引导法定代理人、辩护人等从不同角度、侧面，向未成年被告人指出其行为给社会、家庭、被害人及其本人造成的危害。同时，挖掘其潜在的闪光点，激发其自信心，引导其认罪悔罪。在量刑时结合其犯罪动机、悔罪表现、平时表现等情况，充分体现从轻或减轻原则，并对未成年人进行服法教育，帮助其痛改前非。如被告人陈某某通过庭上、庭下法官进行耐心细致的说服教育，使其认识到自己的严重错误，根据该案的具体情况，对其适用缓刑，被告人陈某某重新回到了学校继续读书，后通过回访了解到陈某某学习和表现较过去都有了不少的提高，并最终考入高等院校，获得了新生。

宣判后建立了未成年人帮教档案，对每一名未成年罪犯的基本情况、犯罪事实、审判情况、帮教措施、悔改表现进行详细记载。一是与未成年当事人见面。通过与当事人见面，摸清基本情况、本人性格特点、犯罪动机、犯罪后思想态度等，做好前期工作，使其认罪悔过。二是与未成年当事人家长或监护人见面，了解未成年当事人的家庭背景、生活环境、习性品行、日常交往等，掌握其犯罪的外在诱因。三是同未成年当事人所在单位或学校的领导和老师见面，摸清日常表现、异常行为、普遍看法等，找准教育挽救的切入点。如在对涉案未成年人王钦的帮教过程中，戴渊强院长积极帮助他联系就读学校，平时不定期的来到学校和家里了解他学习和生活的情况，同王钦的父母探讨子女的教育问题。有一次戴院长在珠藏处理完一起矛盾纠纷后回到县城，接到王钦的帮教老师的电话，说王钦思想上出现波动，不安心学习。他不顾疲惫来到学校找到王钦交心，原来王钦认为很多同学知道他的过去，看不起他，所以不想读书了，戴渊强院长又为他联系了新的学校就读，避免了王钦流入社会。

瓮安县委、政府高度重视对涉案未成年人的帮教工作，根据省、州、县有关部门的指示，瓮安法院根据中央（2008）19 号文件和司法体制改革的有关文件精神，承担了《瓮安县未成年人违法及轻罪犯罪记录消灭制度实施办法（试行）》的初稿起草工作，戴渊强院长亲自加班多次反复修改，为《瓮安县“6・28”事件涉案未成年人违法轻罪记录消除试行办法》的最终出台做出了突出的贡献。

“6・28”事件已悄然过去1年多，给我们留下了很多值得吸取的深刻教训，痛定思痛。瓮安法院将以一种崭新的工作面貌，在新一届县委班子的领导下，切实担负起历史赋予的神圣使命。忘记意味着背叛，肯定饱含着鼓舞。瓮安法院将在今后的工作中为一方的社会稳定和群众平安提供更加有力的司法保障，以更加饱满的斗志和热情，取得更加辉煌的成绩，绝不辜负党和人民的重托。

凝心聚力谋发展 锐意进取铸辉煌

——2014 年瓮安法院被省高院评为优秀人民法院纪实

院党组一班人带领全院干警始终坚持服务大局、为民司法、公正司法，忠实履行宪法和法律赋予的职责，深入贯彻落实科学发展观，认真践行党的群众路线，弘扬社会主义法治理念，以“公信立院、人才兴院、科技强院”为工作目标，紧紧围绕社会矛盾化解、公正廉洁司法、社会综合治理等工作，为县域经济社会跨越式发展提供有力司法保障。2008—2014 年，获“全州优秀人民法院”称号 5 次，获“全省优秀人民法院”称号 2 次，2011 年立案庭获“全省法院系统立案信访文明窗口”称号，2012 年执行局被省高院荣记集体三等功，2013 年该院获“全州文明单位”称号，2014 年猴场法庭获“全国法院人民法庭工作先进集体”称号，“原瓮安县城关建筑社、瓮安县第二建筑公司房屋买卖合同纠纷案”被最高人民法院评为“全国法院践行能动司法理念”优秀案例，全院各部门及干警先后荣获州县两级党委、政府表彰 100 余（项）人（次），目标考核 2011、2012、2013 年连续三年位居县直部门前列。

一、创造一流法院业绩，服务科学发展大局

忠实履行司法职责，全力维护公平正义。狠抓执法办案第一要务，全力推动法院、执行工作稳健发展，服务社会发展大局。自 2011 年以来，共受理各类案件 10505 件，结案 10421 件，结案率达 99.2%；受理执行案件 2329 件，执结率 93.6%，申请执行标的 3.58 亿元，执行到位标的 2.72 亿元。各类案件受理数位居全州法院榜首，一审服判息诉率上升，发回改判率下降，信访案件数明显减少，群众对法院工作满意度连续两年位居全省前列，其中 2012 年全省第三；连续三年无错案、无超审限、无违纪、无群体性上访案件。

（一）公正司法，维护当事人合法权益

坚持“宽严相济”的刑事司法政策，依法惩治刑事犯罪，严厉打击黑恶势力，维护社会和谐稳定。坚持“调解优先、调判结合、能调则调、当判则判”原则，进一步加强诉讼调解，依法调处民商事纠纷，促进社会经济有序发展。坚持法治思维，依法化解行政争议，助推政府依法行政。充分发挥行政审判的司法审查功能，自觉贯彻能动司法理念，审慎处理土地征用、房屋拆迁等敏感行政案件。坚持依法强制执行，努力破解执行难题，确保生效裁判履行，加强与有关部门的协作配合，充分发挥联席会议制度和多部门联动威慑机制的作用。切实依法办案，公正裁判，确保程序公正，捍卫社会公平正义。

（二）高效审判，让效率成为看得见的公正

为提高审判效率，实行简繁分类、逐级分流，简单案件快审快结、复杂案件精审精判，合理配置司法资源，节约司法成本。

1. 成立民事案件速裁庭。主要审理事实清楚、诉讼标的额较小、权利义务明确、争议不大、对诉讼证据没有异议的案件。近三年来速裁庭速裁案件 471 件，平均审理期限不足 3 天。

2. 提升庭审质效，高效审理案件，当庭裁判率达 51.26%。

3. 建立快速反应机制，加大执行力度。对160余名被执行人采取拘留等强制措施；与公安机关建立“网上布控”机制，通过各种技术手段查找被执行人；实行信用惩戒，向社会集中曝光失信被执行人“黑名单”60余人。

（三）司法为民，完善司法服务体系建设。强化司法服务意识，提升服务质量，推进“文明窗口”规范化建设。

1. 建立便民为民服务中心和诉讼服务中心7个，推行一站式服务，发放《便民诉讼指南》《诉讼风险告知书》等资料1700余份，接待来访群众5900余人次，办理来访事项2509件次，收转办材料2520份。

2. 全面建立并推行司法联络员制度、便民诉讼联络员制度。通过面向社会公开聘请司法联络员和便民诉讼联络员92人，构建以人民法院为中心，巡回法庭、便民诉讼联络员“三位一体”、辐射整个辖区的便民诉讼网络。

3. 率先开通诉讼服务热线（0854）8622500，健全诉讼服务工作机制。方便群众及时查询案件办理进度，还提供法律咨询，受理投诉意见等服务，自诉服务热线开通以来，接听电话600余次，其中诉讼咨询、案件查询、联系法官等事项占95%。

4. 成立流动法庭，进行巡回审判调解277次，办理案件400余件。

5. 结合办案实际过程中遇到的各种情况，针对有关单位和部门在制度设计、资金管理等方面出现的问题发出司法建议12份。

6. 开展法制宣传，送法进园区企业。妥善处理突发性案件、群体性纠纷45起；全年法官走访社区、村组117次，提供法律咨询800余人（次）；进校园上法制课38次，开展法制宣传教育25场，走访园区企业30次、进行法制宣传6次，接受法律咨询500次；培训、协调和指导人民调解工作370余人（次），指导人民调解组织调解各类纠纷案件400余件，发放法制宣传资料4000余份，审执结涉园区案件15件，涉案标的4129.3万元。

（四）司法公开，着力提升司法公信。为深化司法公开，扩大司法宣传，引导社会舆论，采取的主要措施有：

1. 实现生效裁判文书上网，裁判文书上网率达90%。

2. 运用新媒体搭建宣传平台，拓展司法宣传渠道。2013年，先后开通瓮安县人民法院官方微博和互联网门户网站。并通过微博直播了原罗甸县人民政府副县长刘明辉受贿案，成为全省首家微博直播庭审实况的基层法院。还积极与《法制生活报》《黔南日报》、瓮安电视台、人民网、中国网、民主与法制网、中国报道网等新闻媒体合作，在各类媒体累计刊发新闻稿件160余条，播放视频新闻近40条。

3. 统筹开展“万名代表听千案”活动，邀请各级人大代表、政协委员和群众代表780余人（次）旁听庭审活动，自觉接受监督，加大法院工作透明度。

4. 设立法院“公众开放日”，开展活动4次，增进社会公众对人民法院和法院工作的了解。

二、加强司法队伍建设，树立公正廉洁形象

（一）规范管理，增强司法能力

院党组结合法院工作实际，坚持队伍专业化、知识化方针，按照德才兼备的原则，坚持思想政治和业务能力并重，开展竞争上岗，加强中层班子建设，形成“能者上、庸者让”的良好风气，中层正职全部解决副科级实职待遇。建立健全各项工作机制，加强对队伍的管理，突出法官主体地位，遵循人才培养发展规律，科学谋划教育培训工作。引入竞争激励机制，调动干警积极性，创新教育培训模式，营造干部队伍建设风清气正，建设一流干部队伍。1. 邀请老支书、老村长为法庭青年干警讲授农村工作技巧和调解方法，让基层法官的语言更接地气。2. 在党建挂帮的建中镇果水村挂牌青年干警教育实践基地，轮流选派年轻干警到该基地进行锻炼。3. 大力支持干警参加司法考试和积极鼓励提升学历教育，重视对青年干警的培养。对参加司法考试和学历提升教育的从政策上倾斜、时间上保障、经济上激励，目前全院青年干警仅有 3 人未通过司法考试，10 余人正在接受在职硕士教育。

（二）加强党风廉政教育，强化清正廉洁意识

坚持“公正廉洁，司法为民”的工作方针，严格落实党风廉政建设责任制和“一岗双责”，健全完善廉政制度，严明审判执行工作纪律，加强思想教育，提高廉洁意识。通过建立干警廉政档案、层层签订党风廉政责任书、建设廉政文化长廊，开展早预防、早发现、早处理“三早”、干警家属“廉政寄语”等反腐倡廉活动 9 次，组织干警参观警示教育基地 400 余人（次）、集体观看警示教育片 4 部、聘请廉政监督员 14 人监督廉洁司法工作，使干警能够时刻保持清醒头脑，防微杜渐、警钟长鸣。将“规范执法、提升公信”专项整治作为群众路线活动的自选动作，归纳列举了 20 种不规范的司法行为供全院干警对照检查，杜绝执法办案人员滥用职权、徇私枉法，侵犯当事人的合法权益等行为发生，树立人民法院中立、公正、高效的良好司法形象。

三、深化司法体制试点改革，推动法院工作科学发展

（一）创新工作机制，完善审判管理

1. 建立诉调对接机制。启动庭前调解，对事实清楚、纷争不大的民商事案件，在移送业务庭审理之前先行调解，快速结案，减轻诉累。

2. 在社会治理方面，坚持“教育、感化、挽救”方针，尽最大努力教育未成年被告人，创造性地开创未成年人犯罪“轻罪消除”和“档案封存”工作机制，开展帮教工作；在审理黑社会性质组织犯罪案件中组织有关部门召开“庭前会议”，积累了许多经验做法，通过科学总结，形成了“瓮安经验”受到有关部门肯定并全面推广。

3. 率先启动电子卷宗，全部实现档案管理电子化。

4. 探索科学合理、规范有序的审判权力运行机制，扩大并有效监督审判案件法官的裁判权和文书签批权。

5. 建立公正、高效的案件管理机制，改进考核方式，推行流程管理、节点控制和绩效考核，切实提高案件质效。

6. 会同政法委、检察院、财政局、公安局、民政局等有关部门建立刑事被害人、困难申请执行人司法救助制度，对刑事被害人和困难申请人进行司法救助 11 人次 35.5 万元。

7. 全面加强法院信息化建设，2013 年信息化建设考核名列全省第三。

（二）顺应司法体制改革要求，加快提升司法管理水平

按照党的十八大和十八届三中全会精神，稳妥落实各项司法改革举措。

1. 作为全州法院试点单位，率先启动民商事案件庭审程序和法律文书制作简易化改革，促进类型化民事案件的办案程序标准化和庭审规范化，大幅减轻一线法官的劳动强度。

2. 利用网络技术全方位提升管理水平，加大办公自动化应用力度，全面实现网上公文流转、文件审阅、文书签批。

3. 在上级法院的统一部署和指导下，强化审管分离、调判分离，优化职权配置，大胆探索调判分离的案件流转模式，实行民事案件调解与审理适度分离机制。

展望未来，瓮安法院将迈着时代的脚步，忠实践行忠诚、为民、公正、廉洁的政法干警核心价值观，进一步诠释“开放创新、团结奋进、自信有为、敢为人先、追求卓越”的贵州法院精神，全体干警将以更加饱满的热情和昂扬的斗志，努力拼搏，与时俱进，朝着创建学习型、服务型、创新型、塑信型、赶超型法院的目标奋勇前进，谱写法院建设和服务和谐社会的新篇章。

创建“高效为民、勤政、廉洁”的法庭

——2014年猴场人民法庭被最高法院评为全国优秀人民法庭纪实

猴场人民法庭，2002年被省高院授予“全省优秀人民法庭”称号；2007年，黔南州中级人民法院授予“全州优秀人民法庭”称号。2008年，抗凝冻、保民生、促稳定工作中，成绩突出，被省高院评为“全省法院抗凝救灾保民生”先进集体，被黔南州政府评为“抗凝救灾先进集体”，被州中院授予“集体三等功”和全州“优秀人民法庭”；2009年，被瓮安县政府评为“综治维稳工作先进集体”，被州中院评为全州“优秀人民法庭”；2008—2013年，连续5年被瓮安县人民法院评为先进集体。

一、打造“公正、高效型”基层人民法庭

从2011年起，三年共受理、执结各类案件1284件，民事案件平均结案率98%，调解结案占84.5%，案件平均审理周期仅为30天，依法公开审判率100%，上诉率5%；除依法不得适用简易程序审理的案件外，基本上适用简易程序审理，巡回就地审结案件占40%。把实现“息诉服判、案结事了”作为审判工作的追求目标，充分运用司法智慧和政治智慧，为农村社会经济发展提高有力的司法保障和优质的法律服务。以实现审判公正为工作目标，督促干警严格按照审判流程高质高效调解办案，强调不论遇到多大干扰和阻力，始终保持法律的“天平”永不倾斜。

（一）快立案，优接待，为开展调解工作奠定良好基础

为做到亲民、便民、利民，在快速立案的同时，坚持对来庭当事人做到“一张笑脸相迎、一把椅子让座、一盆清水洗尘、一杯茶水解渴、一本公民诉讼指南、一个备用药箱救急”。在接待中严格遵守《法官文明用语忌语》的规定，用热忱的态度，创造以人为本的良好环境。五年来，干警坚持驻庭工作制，坚持节假日值班制，是名副其实的“假日法庭”，有效方便了当事人。同时，坚决杜绝有事不办，有问不答及其“冷、横、硬、推”

等不良现象发生。

（二）快送达、找时机，做好庭前调解

庭前调解对于缓和当事人矛盾，迅速解决纠纷具有十分重要的意义。即使调解达不成协议，也可为以后调解打下基础。历年重视庭前调解，对一些争议不大的案件，迅速送达受理、应诉通知书。开展调解工作，取得了明显成效。在受理一起离婚案件时，开庭前，主审法官发现原告来起诉，离婚并不是她的目的，原、被告双方夫妻感情并未完全破裂，只是一时因家务事发生矛盾，原告为警告被告才负气到庭起诉。把准双方纠纷产生的原因后，干警将被告通知到庭，耐心做双方的工作，以各自在生活中的错误进行严厉批评，先后三次上门到当事人家中做调解，最终使双方重归于好，挽救了一个家庭的破碎。

（三）明事实，析责任，做好当庭调解

庭审中，法官们注意将调解的思想贯穿法庭调查、举证、质证、法庭辩论等每一个环节。让当事人充分认识自己的权利、义务和责任，明确调解解决纠纷的益处，同时，抓住家庭中出现的各种调解机会，促成当事人达成调解协议。如：原告张英与被告余平离婚纠纷1案，庭审时主审法官考虑到被告从2000年开始患有偏执型精神分裂症，多次治疗未能痊愈。为维护被告的合法权益，法庭庭审休庭时，主审人抓住原告显露对被告的愧疚和同情之心，进一步对其摆事实，讲道理，晓之以理，动之以情，最终促使双方当事人顺利达成调解协议，并对调解方案感到十分满意。

（四）慎判决，重效果，做好庭后调解

对庭审对抗激烈，当时难以调解和好的案件，法庭采取庭审后让当事人冷静思考一段时间，权衡利弊后，再抓住时机进行调解，从而使一些案件又得以调解成功。

二、创建“为民服务型”基层人民法庭

加强思想政治和司法为民宗旨意识教育，使法庭法官及其他工作人员牢固树立便民利民意识，增强坚持司法为民的自觉性。通过便民联系卡、聘请联络员等方式，建立镇、村、组便民服务网络，方便人民群众诉讼。同时，法庭积极从源头上下功夫，加强法制宣传，化解民间纠纷。主动把业务工作同服务经济社会发展结合起来，使能动司法落到实处。对庭审中对抗激烈，当时难以调和，但确有调解可能的，在庭审结束后五日内，让当事人冷静思考，权衡利弊，审判人员继续调解，使一些案件又得以调解成功。虽然调解率高，但杜绝压调、骗调、反复调、久调不决、有失公平、不分是非责任的“和事佬”式调解，十分注重调解原则和重视调解工作的规范化，真正把公开、自愿、合法的原则落到了实处。针对人民调解员法律水平有限而制约民事调解工作发展的现状，法庭先后对辖区内的人民调解员进行多次不定期集中培训，系统讲授适用法律法规，并结合辖区发生的典型案件进行剖析，以案释法。丰富他们的法律知识，提高处理纠纷的技能。在法庭的有力指导下，人民调解委员会的作用得到充分发挥，减轻法院民商事审判工作的压力，实现了人民调解与法院诉讼的良性互动。为便利群众，扩大办案的社会效果，全庭干警深入村庄院落、田间地头，现场办案，就地调解。调解1案，教育1片，收到良好的社会效果。

三、创建“勤政廉洁型”基层人民法庭

始终坚持从严治警的方针，严格管理，严格教育，防微杜渐，强化为警清廉意识，教育引导广大法官拒腐蚀永不沾，清正廉洁，无私无畏。法庭按照已制定的廉政制度，错案追究制度，严格要求干警把好立案关、执行关。从加强法官的职业道德教育入手，教育干警在审判活动中坚持原则、忠于职守，不办人情案、关系案，以事实为依据，以法律为准绳，磨炼法官职业道德意识，将职业道德规范变为法官自觉的内在要求，融入法官审判活动中，真正落实到公正的主旋律。在思想政治工作指导下，法庭的干警“讲奉献、为人民、树形象”已形成一种风气。全庭干警坚持每月不定期开展政治学习，始终保持高度的政治思想、大局意识、责任意识、法律意识、廉洁意识，按照政治坚定、作风优良、业务精通、公正司法、清正廉洁的要求，强化队伍建设。自觉接受当地党委、人大和群众的监督，对外公布“五个严禁”规定和举报电话，几年来法庭干警没有发生过违法违纪行为。为净化法官的周边环境，使审判员承办的案件都成为公平正义的铁案，还加强了“后防”工程的建设，多次召开干警家庭座谈会，让干警家属了解法庭工作的性质和廉政方面的规定，介绍干警的工作表现，赢得家属们对法庭工作的理解与支持，使全体干警时刻把握“工作圈”“生活圈”“社交圈”的原则和标准，筑牢反腐倡廉的坚实防线。猴场，红军长征中著名的猴场会议在此召开。革命先辈的教诲使每 1 名干警受教育，深感自己肩上的责任重大，面对法庭以后的工作，只能以饱满的热情更加努力积极投入到法庭审判业务工作中去，用优异的成绩回报社会、回报人民。

后　记

2016年10月，根据组织安排，交流到瓮安县人民法院工作，恰逢《瓮安县审判志》编纂完成，即将付梓，应编委会邀请为志作后记。

2014年6月，县法院按照《瓮安县部门志乡镇志专业志编纂工作实施方案》（瓮委办字〔2012〕104号）要求，决定编纂《瓮安县审判志》，遂成立编纂机构，落实编纂人员，广泛收集整理资料，理清编纂思路，精心设计志书篇目，坚持“尊重史实、厚今薄古、详近略远、承前启后”的原则，聘请退休干部并结合本院自有人力资源，于同年7月1日启动编纂工作。

志书真实记载了民国以来瓮安审判事业的发展变迁，主要内容始于1950年，止于2014年，跨度65载，全书53.1万字，分为概述、大事记、志、人物、附录等。编辑人员秉承严谨务实的态度先后在本院档案室、县档案局、福泉市法院、福泉市档案局、黔南州法院档案科、黔南州档案局查阅相关档案资料2000余卷，走访县内外有关人员80余人（次）。

耗时一年，形成初稿，广泛征求各方面意见，特别是县史志办给予了悉心指导和中肯建议，及时调整体例，补充史料，于2016年2月完成送审稿，再征求意见，数易其稿，于2016年11月终审定稿。

“看似寻常最奇崛，成如容易却艰辛。”编纂过程中，前任院长祝夜明（2016年10月调任）在百忙中提出编志计划，把握原则，确立框架，经常过问编写进度，三次审阅书稿并参与了最后的审查定稿，为本志的编纂倾注了大量心血。编辑部的同志潜心贯注、不遗余力，多次向州、县业务部门专家和离退休老同志请教，同时借鉴和参考了《黔南州审判志》《独山县审判志》《奉贤县审判志》等志书。院党组领导班子成员亲自对送审稿分章节细心批阅，在引文比对、数据审核、注释规范、插图选用、文字推敲等方面提出了诸多修改意见。全院干警积极参与，建言献策，众手成志。

志成，系瓮安县第一部司法审判志，秉笔直书，县法院在建国初期和改革开放以后的新时期严格依照法定诉讼程序和实体法开展审判活动，从而为地方社会安定和经济建设做出了积极贡献。本志汇瓮安司法之精粹、揽瓮安审判于一卷，较好地体现了“资治、教化、存史”的志书功能，达到了修志的初衷。

借此，谨代表县法院全体干警向关心支持志书编纂工作的各级领导、专家学者、有关部门、编委会、编辑部、本院离退休同志及部分家属等表示衷心感谢！

本志囿于史料缺失，编写时间仓促，定有不足和疏漏存于其中，盼请修志专家、学者、法律界同仁、读者批评指正。

瓮安县人民法院党组书记、院长

2017 年 1 月